Caro lettore,

il libro che hai tra le mani non è come tutti gli altri. È stato infatti prodotto attraverso un sistema di *print on demand*. Ciò significa che la tua copia è stata confezionata appositamente per te, in seguito al tuo ordine. Non è una copia stampata tra mille altre e lasciata lì in attesa che qualcuno l'acquistasse; è *tua*. Ti chiediamo dunque scusa se per averla hai dovuto sopportare qualche piccolo disagio, se hai dovuto affrontare spese di spedizione o tempi di attesa più lunghi del previsto; in compenso, questo sistema di stampa e distribuzione ti ha permesso di poter acquistare un libro – il tuo libro – che altri editori, legati ai sistemi tradizionali, avrebbero considerato inutile ristampare. Noi, al contrario, così facendo ti offriamo la possibilità di leggerlo.
Nel salutarti ti ringraziamo di avere scelto le Edizioni Trabant e ci auguriamo di rivederti sulle pagine di un altro volume.
Buona lettura.

                                                      le Edizioni Trabant

Pillole per la memoria – 16

Isbn 978-88-96576-18-2

Prima edizione: 2013
Seconda edizione: 2021
Edizioni Trabant – Brindisi
www.edizionitrabant.it
redazione@edizionitrabant.it

La presente opera è di pubblico dominio.
La veste grafica, le immagini, gli apparati di prefazione e note del curatore, ove non diversamente specificato, sono © 2013 Edizioni Trabant – tutti i diritti riservati.

Gaspero Barbera

Memorie di un editore

Edizioni
Trabant

IN PRINCIPIO ERA IL TORCHIO

Una volta che il *battitore* ha finito il suo compito, viene il momento del *torcoliere*. Il *battitore* ha appena inchiostrato, col suo tampone di cuoio, la forma di stampa pazientemente creata dal *compositore*; il *torcoliere* inserisce allora un foglio di carta nel *timpano*, chiude la *fraschetta* e, azionando una manovella, fa scorrere il carrello sotto al torchio; dopodiché raccoglie tutte le proprie forze e tira la leva. Il torchio fa aderire con forza la carta alla forma cosparsa di inchiostro: una volta libera, si sarà magicamente trasformata in una pagina a stampa da appendere, come panni di bucato, ad asciugare.

Per quanto esotico e lontano ci possa sembrare in questi tempi di *print on demand* e *self publishing*, tale sistema di stampa restò pressocché immutato per secoli e il procedimento non era molto differente agli inizi del XIX secolo, quando il piemontese Gaspero Barbera si accostò per la prima volta all'arte della tipografia. Certo, dai tempi di Gutenberg erano avvenute delle piccole innovazioni. Il torchio era di metallo e non più di legno e il battitore utilizzava, al posto del tampone, un più pratico rullo di caucciù; ma la sostanza del lavoro di stampa era la stessa, un delicato processo che poteva comportare fino a 50 secondi per la realizzazione di una sola facciata.

L'800 era però anche un tempo di progresso tecnologico, e così il protagonista della nostra storia, dopo avere avviato l'attività utilizzando il classico torchio manuale, verso la metà degli anni '50 decide che è giunto il momento di mettersi al passo coi tempi e affronta una lunga trasferta a Parigi per dotarsi di una moderna macchina da stampa automatica. Ne tornerà con un costoso modello Detartre, un'apparecchiatura che non ha più, come il torchio di Gutenberg, quell'aria vagamente sinistra così somigliante a uno strumento di tortura, ma un aspetto che farebbe la gioia degli appassionati di quello che oggi è chiamato *steam-punk*: un complicato groviglio di ingranaggi metallici e rulli, il tutto mosso dalla nuova forza dominante del secolo, il vapore. Tant'è che qualche anno dopo, man mano che la bottega si ingrandisce e il numero di macchine da stampa aumenta, Barbera dovrà porsi il problema di acquistare un nuovo stabile che sia al pianterreno e sufficientemente spazioso da ospitare queste poderose creature a carbone. È in questi dettagli che risiede, a nostro avviso, il fascino maggiore di queste *Memorie di un editore*.

Benché il suo nome sia oggi meno ricordato rispetto ad aziende di poco posteriori come la Utet o i Fratelli Treves, alla ditta di Gaspero Barbera, torinese di nascita ma fiorentino di adozione, allievo del grande Le Monnier, può a buon diritto essere assegnato il merito di avere fondato l'editoria moderna nel nostro paese. Come tutti i miti di fondazione, il racconto della sua vita trova perciò gli aspetti più attraenti nella descrizione di un'epoca pionieristica.

Vi era infatti un tempo in cui confezionare un libro era un'operazione lunga e laboriosa, appartenente, più che all'industria, a un fine artigianato. Raccogliere il testo significava incaricare qualcuno, spesso un giovane studente di poche pretese, di ricopiarlo a penna dal manoscritto originale dell'autore, magari custodito gelosamente dagli eredi. Voleva dire farselo spedire per posta, con tutte le complicazioni del caso, non ultimi i pesanti balzelli esistenti tra i confini dei vari regni, ducati e granducati che componevano l'Italia e le lungaggini dei controlli doganali dovuti alla censura. La censura, già: essendo ogni staterello dotato di un suo più o meno vasto indice dei libri proibiti, non era detto che ciò che era consentito leggere a Milano lo fosse anche a Torino o a Firenze. Una volta arrivato il testo, ammesso e non concesso che fosse stato ricopiato in modo fedele, andava posto nelle mani del *compositore*, che non era, come al giorno d'oggi, soltanto chi scrive la musica. Si trattava al contrario di un operaio specializzato, con il compito di trascrivere il testo in caratteri di piombo, componendo – appunto – ogni riga all'incontrario, in negativo, tipo dopo tipo (e basterebbe osservare le dimensioni di un corpo 11, come quello che leggete in questo momento, per farsi idea di quanto minuscole fossero quelle forme di piombo), e di riga in riga arrivare a una pagina, e di pagina in pagina a una forma di stampa composta di 4, 8 o 16 facciate a seconda delle dimensioni finali del volume. Un mestiere logorante, davanti al quale dovrebbero far sorridere le eventuali lamentele di un grafico contemporaneo, comodamente seduto davanti al suo pc. Andava poi, naturalmente, stampato, perché l'editore era generalmente anche tipografo e i libri era abituato a stamparseli da sé. E farli rilegare a mano, infine, da altri operai specializzati. Una volta pronta la prima edizione, in tirature tali che oggi sarebbero considerate forse troppo caute, iniziavano la distribuzione e la promozione, se così si possono chiamare il contatto diretto con le librerie, senza intermediazione alcuna di grossisti del libro, e la segnalazione sulle poche, ma diffuse, riviste letterarie.

In tutto questo processo non c'erano di mezzo editor, agenti letterari, fiere del libro o *booktrailer*; e se un'opera era rifiutata dall'editore, ciò era motivato in lingua italiana e non attraverso formule oscure come "è un crossover senza target".

Ciò apparirà forse casareccio, specialmente agli addetti ai lavori di oggi (forse un po' meno a chi opera in ambiti medio-piccoli). Bisogna però considerare che si era agli albori della professione, in un'epoca in cui, per esempio, non esisteva nemmeno una regolamentazione sulla proprietà intellettuale. Sarà anzi il nostro Barbera uno dei primi a battersi, inizialmente senza successo, per il varo di una legge sul diritto d'autore; e nel corso della presente autobiografia riporta qualche gustoso aneddoto a riguardo. Pensiamo a una buffa lettera di Silvio Pellico il quale, invitato a concedere l'autorizzazione alla ristampa de *Le mie prigioni*, ammette con candore di non sapere se può dare il suo assenso autonomamente o se non è il caso magari di contattare il primo editore. O ancora, in una sequenza più lunga al dodicesimo capitolo, Barbera racconta il ruolo da lui svolto come mediatore in una causa intentata da Alessandro Manzoni a Felice Le Monnier a proposito di alcune ristampe di *I Promessi Sposi*: l'editore francese, male interpretando il testo della nuova legge sul diritto d'autore, credeva di potere liberamente ristampare qualunque opera scritta prima della sua promulgazione; l'anziano scrittore, da par suo, abbandonando per un momento le alte disquisizioni sulla Provvidenza e i Sacramenti, reclamava il pagamento della propria percentuale.

E qui, indirettamente, abbiamo toccato un altro tasto importante della questione. Editoria degli albori, se da un lato significava semiartigianato, dall'altro voleva dire essere a contatto diretto con le più illustri personalità della letteratura. E così il nostro Barbera, di per sé un autodidatta e non propriamente un intellettuale, conosce di persona o intrattiene corrispondenza con molti tra i più grandi della sua epoca: sviluppa un particolare rapporto di affezione con Niccolò Tommaseo e Massimo D'Azeglio, ha tra i suoi collaboratori editoriali Giosuè Carducci, ha la possibilità di incontrare Alessandro Manzoni; e, se deve preparare la ristampa delle opere di Vittorio Alfieri, si preoccupa prima di tutto di conoscere il suo ex segretario personale, ancora in vita. Concedeteci la malignità: al giorno d'oggi, un editore è considerato di successo se, al massimo, ha uno scambio di e-mail con Fabio Volo.

Tanto basti per introdurre un'opera che è già in sé una tale miniera di informazioni da non abbisognare di troppe note aggiuntive. Sicuramente, come tutte le autobiografie, va presa con le dovute cautele: Barbera scrive intorno alla metà della propria vita, costretto all'immobilità dal male che lo porterà via qualche anno dopo (probabilmente una forma di sclerosi); ha in mente una sorta di opera didascalica ad uso dei figli e il tono tende all'esemplare, gonfia forse qualche episodio edificante, tace probabilmente qualche dettaglio, per esempio sulla sua vita pre-coniugale, che ci avrebbe restituito una immagine di lui più viva e in meno odore di santità. E tuttavia riesce a trasmetterci tutta la passione che lo ha tenuto in piedi per l'intera esistenza, attraverso il racconto delle speranze, i fallimenti e i successi, gli entusiasmi come le delusioni; e allo stesso tempo, per forza di cose, racconta uno spaccato di 60 anni di storia italiana, infarcendolo di retroscena su personaggi storici noti e meno noti. È, in buona sostanza, la storia come piace a noi. Da persone innamorate dei libri, non potevamo non accogliere un'opera del genere in una collana che dedica largo spazio a memoriali e autobiografie. Se condividete con noi entrambe queste passioni, i libri e la storia, non ci sarà bisogno di augurarvi una buona lettura: siamo certi che lo sarà.

MEMORIE DI UN EDITORE

PUBBLICATE DAI FIGLI

AVVERTENZA

Nostro Padre scrisse queste *Memorie* per occupare utilmente gli ozî incresciosi a cui era forzato da una infermità, che dopo sette anni di patimenti lo trasse alla morte. Egli non le destinava alla pubblicità, bensì all'educazione dei suoi discendenti, ai quali sentiva che avrebbe giovato la storia d'una vita piena di opere e senza macchie, cominciata nell'oscurità e finita in condizione onorevole e agiata.

Dopo averne scritta una parte (fino a tutto il 1854) lasciò che i figli e due amici fidati, il professor Giovanni Mestica e il deputato Filippo Marietti, la leggessero. Essi e noi lo esortammo a continuare e a permettere che quanto avrebbe scritto fosse pubblicato, pensando che una lettura, la quale sarebbe stata di generale utilità, non dovesse esser ristretta alla sola famiglia.

Nostro Padre consentì, ma pose una condizione, su la quale fu irremovibile; volle cioè che l'opera non venisse alla luce se non dopo la sua morte.

Avvenuta questa il 13 marzo 1880, trovammo nel testamento che Egli, confermandoci il permesso di pubblicare le *Memorie di un Editore*, incaricava noi sottoscritti di curarne la stampa. Commossi da tal prova di fiducia, volemmo però consigliere e compagno all'opera l'egregio prof. Mestica, al quale nostro Padre, e a voce e in iscritto, più e più volte aveva espresso il desiderio che, se si stampavano le *Memorie*, queste ricevessero le cure dell'illustre letterato marchigiano, giacchè aveva fiducia senza limiti nel senno proveto e nello squisito buon gusto di lui.

Sapendo di far cosa che era stata nelle intenzioni di nostro Padre, dividemmo le *Memorie* in sedici Capitoli, ai quali abbiamo aggiunto una Nota che racconta succintamente gli ultimi tempi della vita di Lui, dall'anno in cui Egli cessò di scrivere l'autobiografia al giorno della morte, non senza alcune notizie sulle sue consuetudini e sul suo carattere.

Nelle *Memorie* è detto che l'Autore vi avrebbe aggiunto una scelta di lettere di persone notevoli, e un Catalogo delle edizioni proprie. Le condizioni di salute non permisero a nostro Padre di attuare questo proposito. Solo trovammo un grosso involto di lettere a Lui dirette, sul quale era scritto di sua mano che fra esse potevansi scegliere le più importanti da pubblicarsi nelle *Memorie*.

Noi abbiamo compiuto il meglio che si poteva quello che Egli non giunse a fare; anzi s'è pensato di allargare il suo disegno, facendo precedere alle lettere a Lui dirette, quelle da Lui scritte. Questa, che è la prima parte dell'Epistolario, è riuscita più scarsa che non avremmo desiderato, non essendosi rinvenuta copia che di pochissime fra le infinite lettere scritte da nostro Padre, ed essendo inoltre troppo spesso riuscite vane le accurate ricerche presso i principali suoi corrispondenti.

Dopo l'Epistolario diamo il Catalogo per ordine cronologico, che c'è parso in questo caso il più proprio; e quando si sia avvertito che la Nota suddetta, la scelta delle Lettere e le poche note a pie di pagina segnate *F* sono totalmente nostre, avremo reso conto della parte da noi avuta in questo lavoro; senonchè ci resterà di esprimere al prof. Mestica la nostra indelebile riconoscenza per i suoi ajuti veramente amichevoli e magistrali nella pubblicazione delle *Memorie*.

Il predetto testamento paterno, all'articolo delle *Memorie*, nel dichiarare che il loro Autore ne permetteva la postuma pubblicazione, prescriveva che, se la vendita producesse un profitto, questo fosse destinato a qualche opera di beneficenza di scelta nostra.

Anche in ciò, naturalmente, la volontà paterna sarà da noi rispettata; senonchè ci riserviamo di decidere, dopo veduto l'esito, in che modo l'utile eventuale potrà essere erogato. Noi desideriamo dunque che le *Memorie di un Editore* abbiano uno spaccio sollecito ed esteso, non solo per una non volgare soddisfazione d'amor proprio e perchè crediamo ch'esse offrano una lettura assai proficua ai nostri coetanei e compatriotti, ma perchè vorremmo col ricavato di questa pubblicazione concorrere, nel caro nome di nostro Padre, a qualche opera di vera e sana beneficenza, che preferibilmente avesse attinenza con la popolare istruzione, alla quale si può dire ch'Egli consacrò tutta quanta la vita.

Dalla Tipografia, gennajo 1883.
Piero e Luigi Barbèra

Arcetri, 6 maggio 1874.

Una infermità, che mi colse alla gamba sinistra sul finire dell'anno 1873, e che ancora persiste, m'ha indotto a porre in alto un mio pensiero non tanto recente; ed è quello di lasciare qualche ricordo della mia vita, non per isfogo di volgare ambizione, ma con l'intento ch'esso possa riuscir giovevole ai miei figli e nipoti.

Da principio, quando mi determinai a questo lavoro, mi pareva bello potermi giovare del carteggio, che io ebbi con i principali letterati d'Italia, e così al mio racconto frapporre via via le lettere, che potevano avervi relazione; ma poi mi son dovuto persuadere che il mettermi continuamente accanto, da pari a pari, con alti ingegni e uomini eloquentissimi non poteva non turbare l'andamento della mia narrazione, che doveva procedere con la massima semplicità e senza fronzoli di nessuna sorte. Così ho pensato di esporre prima i casi più notevoli, e poi riunire insieme, nell'ultima parte del libro, tutte quelle lettere, importanti o per la materia o per lo stile, che vari letterati in vario tempo mi scrissero.

A me tipografo ed editore importa dichiarare che questa narrazione io l'ho fatta senza l'intenzione di esporla al pubblico. Parlando in famiglia, naturalmente vien fatto di non sfoggiare nella forma, e si sente vieppiù il dovere di ubbidire alla verità per non ingannare i parenti; la qual cosa non solo sarebbe vituperevole, ma, anzichè giovare, nocerebbe all'intento. Se però questi appunti riuscissero meno imperfetti di quello che il mio piccolo ingegno mi permette di sperare, e se da persona competente, estranea alla mia famiglia, fossero giudicati di qualche utilità ai miei concittadini, in questo sol caso, io approverei che in una stampa modesta e a buon prezzo fossero pubblicati a benefizio di qualche istituzione caritatevole.

CAPITOLO PRIMO

PRIMI ANNI

SOMMARIO: Nascita e primi studi – Un premio creduto insufficiente – Tirocinio presso Rivetti, Cornaglia e Rota – Primi amici – Il canonico Pino – Prime letture – Virtù di quattro versi del Parini – Letterati piemontesi – Una scappata in Toscana – Guadagnoli e Guerrazzi – Visita ad Antonio Rosmini – La lingua inglese – Un curioso maestro.

Io nacqui a Torino il 12 gennajo del 1818, e fui battezzato nella chiesa del Corpus Domini. I miei genitori[1] erano di piccolo stato. Avevano negozio di stoffe, da vestire piuttosto la gente di campagna che quella di città. Tuttavia mio padre ebbe di buon'ora il pensiero di mandarmi alle scuole pubbliche ed anche alle private, e persino alle une ed alle altre contemporaneamente; cioè di giorno alle prime, e di sera (come a ripetizione o ad imparare il francese) alle seconde. Le scuole pubbliche erano le Latine a San Francesco d'Assisi; poi le Italiane, aperte verso il 1830 nel cortile dietro la chiesa di San Carlo.

Gran stupore faceva allora quella novità di aprire scuole *italiane*; allora, che avevamo la Porta d'Italia, donde si passava per andare a Milano, e che quando si udiva parlare italiano, noi, piccini e grandi, guardavamo con maraviglia quei forestieri, e dicevamo tra noi: *E' son comici*. Non si sapeva supporre che potessero essere altro che *comici* coloro che parlavano italiano. Ciò verso il 1825.

Di scuole pubbliche ne ricordo una di un Don Lachelli, maestro di latino nella classe che allora chiamavano *quinta*. Egli godeva fama di uomo dotto, ma era di una severità eccessiva. La sua presenza intimoriva gli alunni, ed io ne tremava a verga a verga. Quando poi il professore assegnava i posti nella scuola secondo il merito del componimento, che ogni alunno aveva fatto, se egli dalla cattedra tardava molto a leggere il mio nome (indizio che mi trovavo fra gli ultimi),

---

[1] Il padre si chiamava Pietro (nato a Biella il 17 aprile 1791, morto a Torino il 10 febbraio 1858), la madre Rosa di Angelo Guerra (nata a Torino il 23 ottobre 1791 e ivi morta il 9 aprile 1864); ebbero tredici figli, dei quali Gaspero fu il primogenito. La sola sorella Carlotta, nata undicesima il 7 novembre 1829, gli è sopravvissuta. (*F.*)

non era raro il caso che io fossi preso da uno svenimento, e che dovessi esser recato altrove per ristorarmi o con un caffè o con una tazza di brodo. Il latino, che studiai tre anni, minacciato sempre dalle percosse di una larga riga, che il professore lasciava piombare su la palma della mano, non m'entrò mai nella mente, e non l'ho mai saputo, con mia vergogna e danno.

Piuttosto nelle scuole italiane mi feci più vivo, e quasi quasi gagliardo. Riuscivo ad avere anche spesso il primo posto fra i condiscepoli. Al primo e al secondo posto era annessa una medaglia d'argento con un bel nastrino azzurro di seta. Quando io aveva ottenuto quella medaglia, la portavo con molta soddisfazione anche fuori di scuola, come usava allora. Rammento che, quando avevo quel distintivo, mi pareva d'essere un uffiziale, e non m'intruppavo tanto facilmente con i compagni di scuola, nè mi fermavo su le piazze a fare il chiasso, come, quando non lo avevo, mi accadeva pur troppo.

Alla fine dell'anno scolastico vennero gli esami, e poi i premi. Preside di quelle scuole era un certo Suino, canonico del Corpus Domini, mia parrocchia, ed era nello stesso tempo mio confessore; quindi lo amavo, lo riverivo, e avevo con lui una certa rispettosa domestichezza. Questa famigliarità col preside mi diede agio di macchinare un disegno non tanto comune quando abbiamo otto anni, e quando siamo a scuola. Agli esami dovevano susseguire i premi. Io ricordo che quanto ero inetto nelle scuole latine, altrettanto mi sentivo coraggioso nelle italiane; quindi m'aspettavo un premio e non degli infimi. Avevo anche il favore dei compagni, che mi esaltavano, e mi andavano sobillando di ingiustizie, che avrei patite da chi m'aveva esaminato.

I particolari di queste dicerie non li ricordo più; so che fui aizzato al punto da venire a questo mal passo, del quale oggi per più ragioni mi vergogno. Seppi che nella tipografia Botta (la stessa famiglia che ora stampa gli *Atti del Parlamento* e la *Gazzetta Ufficiale*), che allora aveva sede a Torino in faccia al Senato o Corte Suprema di Giustizia, si stampava l'elenco dei premi; quindi volli assicurarmi in qual posto fosse il mio nome.

Come fare? Un certo Martini, compositore in quella stamperia, amico di mio padre, fu da me pregato di lasciarmi vedere l'elenco, non già per poter verificare l'ingiustizia, che io supponeva che mi venisse fatta, ma per godere anticipatamente (dicevo) del piacere d'esser premiato e di vedere il mio nome stampato e per la prima volta esposto al pubblico. A così discreto desiderio il Martini si arrese, anche per la speranza di avere quanto prima un desinare da mio padre; e perciò di buon animo mi condusse un dopo mezzogiorno nella stamperia. Vidi in piombo la lista apparecchiata, lessi a rovescio, additatomi dal Martini, il mio nome posto in fine della lista, e con sdegno maestrevolmente represso me ne venni via, e non posi tempo in mezzo a recarmi dal preside Suino, dichiarandogli che piuttosto che ricevere un premio tanto inferiore preferivo di non averne alcuno. Il buon prete mi obbligò a rivelargli chi mi avesse informato di tutto questo; io risposi semplicemente: Ho letto co' miei occhi l'elenco dei premiati, che ora si viene stampando.

Allora fu compromesso lo stampatore. Chiamato dal Municipio (il Botta era lo stampatore del Comune), si volle venir in chiaro del modo che avevo tenuto per vedere l'elenco dei premiati. Il Botta, che vedeva il rischio di perdere i lavori municipali, si dette un gran moto per iscoprire quello che allora ignorava, e a furia di ricerche, ajutato dalle mie deposizioni, potè far credere al Municipio che il mio orgoglio ferito avesse potuto suggerirmi di spiare dai vetri (che erano bassi su la strada, donde si vedevano i compositori a lavorare) il compositore che componeva la lista, e poi con destrezza introdurmi nella prima stanza della stamperia, ove lavorava appunto il Martini, e pregarlo umilmente a dirgli se vi era il nome di *Gaspero Barbèra*. Questa dichiarazione, non totalmente secondo verità, da me fatta al cospetto di un consigliere municipale o del Sindaco nel Palazzo di Città, valse a salvare il Botta da ogni addebito e, credo, il Martini dall'essere mandato via; ma tra i compagni di scuola se ne parlò molto, e io per ubbidire al preside e confessore non misi ad effetto il mio divisamento di non andare a ricevere il premio, e fui nelle sale del Palazzo di Città il giorno fissato, non più stizzoso, ma indifferente. Debbo confessare che non ho la menoma ricordanza dei meriti, che io m'arrogava per ambire a uno dei primi premi, e temo molto che sia stata vanità mia propria, eccitata da qualche compagno di scuola, anch'esso defraudato nelle sue speranze.

Venne il 12 marzo 1833, ed io ricordo come se fosse ora che, accompagnato da mio padre, un mattino alle ore otto entrai in un negozio di stoffe da vestire e da coprir mobili, che stava dirimpetto alla chiesa della Santa Trinità su l'angolo di via della Rosa Bianca, e aveva la ditta di *Rivotti, Cornaglia e Rota*. Vi rimasi qualche anno. Contentavo i miei principali per la buona volontà di lavorare, per l'ordine con cui tenevo alcune stanze affidate alle mie cure, e specialmente per la mia calligrafia. Durante il tirocinio di tre anni, prima di divenir commesso pagato, ebbi varie gratificazioni, qualche regalo in biglietti d'ingresso al Teatro Regio, e inviti a pranzo da uno dei principali, soddisfatto di me, soprattutto perchè aderivo volentieri quando mi si invitava a qualche lavoro fuori del giorno e delle ore consuete. Ed io n'aveva tanto gusto, pensando che con tale mia arrendevolezza mi sarei attirato la simpatia dei principali, e con la simpatia qualche graziosità, mentre gli altri impiegati cercavano sempre di sfuggire o con una scusa o con un'altra dal prestare questi servizi straordinari; ed ho poi avuto agio di notare che i sottoposti come questi ultimi vivono e muojono sottoposti più o meno meschini, laddove coloro che la pensano come la pensava io, presto o tardi, con capitali propri o imprestati da altri, riescono principali, e fanno fortuna. Che l'uomo operoso si distingue sempre dalla moltitudine, che suol essere accidiosa; ed una volta che uno è additato per qualità buone, è raro che non si presenti un'occasione, che gli faccia godere i favori della fortuna.

Degli anni passati in quel negozio quasi di lusso io non ho da ricordare nulla che mi faccia onore. In mezzo alla signoria dei clienti e dei commessi, che vestivano con eleganza, io sentiva umiliazione di appartenere a parenti, se non poveri, umili, e che si facevano ancora più umili per un gusto loro speciale di non curare nel vestiario poco più della decenza. Quindi passavo l'intero giorno tra negozianti agiati e tra signore d'alta condizione, e poi venivo a desinare e a cena in una famiglia, che affettava dispregio delle convenienze sociali. Da ciò un'antipatia, che crebbe a poco a poco in una ben determinata avversione ai costumi di mio padre e di mia madre, ed anche delle sorelle che allora avevo, e che si chiamavano Anna, Carlotta e Luciotta. Un fratello piccolo, che si chiamò Giuseppe, lo perdetti che aveva tre anni circa, e lo piansi lungamente, e, quantunque siano passati quarantott'anni, lo ricordo sempre con desiderio.

Nel tempo che rimasi in quel negozio, imparai a conoscere alcuni altri giovani avviati, come me, alla mercatura. Angiolo Bazzi, Pietro Mya e Natale Gino, i quali (cosa incredibilmente strana tra i commercianti di Torino in quei tempi) si occupavano un poco di politica e di letteratura. Il primo di quei giovani era svizzero del Ticino, repubblicano schietto, dotato di molto buon senso; il secondo, liberale, modesto, testa matematica, da commesso di negozio di panni divenne persino professore di scienze esatte nominato dal Governo;

l'ultimo, testa poetica, disordinata, lodava Byron e Foscolo, non amico del lavoro, ma lettore assiduo, riteneva molto facilmente a memoria ciò che udiva o leggeva, e si era formato un gusto squisito nelle belle lettere, ma con un criterio sempre un po' incerto. Amava i paradossi, ed esercitava la sua facile loquela nel sostenerli, facendosi notare come parlatore esimio, vivace ed arguto.

In questa combriccola, mezzo letteraria, mezzo chiassosa, tutta di giovanotti non preparati da studi fatti nelle scuole, ma da un amore innato alla lettura, gente tutta destinata ai negozi mercantili anzichè all'università, vi era un certo Garnarone, che allora aveva una bottega di canapajuolo di faccia alla chiesa del Corpus Domini. Costui, rozzetto di viso e di persona, aveva amore stragrande ai classici latini, e, ciò non ostante, ajutava con zelo e con assiduità sua madre, rimasta vedova e che esercitava lo stesso traffico. Il figlio portava di qua e di là per Torino le matasse di filo appese dietro le spalle, e con una mano infilata in una matassa davanti, che reggeva il mazzo di quelle appese dietro, teneva un libro che per il solito era un classico latino, e così camminava leggendo e facendo, ciò non ostante, quello che doveva fare pel disbrigo dei suoi affari. Ricordo che studiava anche la lingua inglese, e qualche volta si accompagnava con un certo Gibson, inglese, con cui discorreva di belle lettere, mentre egli aveva le matasse in ispalla, e l'altro era vestito con semplicità sì, ma non senza quell'aria di signore, che agl'Inglesi è comune.

Deve destare qualche meraviglia siffatta società di giovani, dediti alla lettura per elezione; e voglio anche soggiungere che oltre a questa io ne ricordo un'altra composta di persone meno giovanette di noi e di più elevata condizione, la quale senza formare accademie vere e proprie, pure si riuniva in casa di qualche amico per discorrere di belle lettere, mescolandovi talvolta un po' di politica; e ciò in un paese che allora era governato dai Gesuiti e dalla Polizia. Mi pare che fosse indizio certo di energia e di perseveranza nei cittadini, non ostante quei tempi, che taluni volevano inclinati all'oscurantismo.

Rammento persino che un buon prete del Corpus Domini, il canonico Pino, apriva una volta la settimana le stanze della canonica, che era di faccia alla chiesa di Santa Croce, per conversazioni letterarie, ove accorreva il fiore della gioventù studiosa e agiata di Torino. Si leggevano scritti letterari, e si facevano discorsi e polemiche a memoria, e già fin d'allora si rivelavano ingegni vigorosi: Ercole Ricotti e Pietro Giuria, l'avvocato Brignone e i due Valerio, Lorenzo e il fratello medico. Non so come mai potessi entrare o scivolare anch'io in quella compagnia di studiosi, che tutti mi parevano o frequentatori dell'università o di poco usciti. Torino deve ricordare con gratitudine quel degno prete, che incoraggiò tanti giovani a coltivare gli studi; parecchi dei quali divennero uomini insigni e nelle lettere e nella politica. Ogni volta che s'incontrava il buon canonico Pino per via, egli era sempre accompagnato da giovanotti, che lo amavano e lo riverivano con affetto figliale. Amabile e modesto, era questo canonico di modi alquanto signorili e d'animo, come d'aspetto, delicatissimo. Una volta che, supplicato, non potè rifiutarsi di accompagnare al patibolo un condannato, a mezza via dalla prigione al luogo del supplizio cadde svenuto a' piedi del paziente, ch'egli confortava con le sue raccomandazioni al Dio di misericordia.

Con i compagni poc'anzi rammentati ci trovavamo quasi ogni sera, e, passeggiando il più delle volte lungo i portici di Po, scambiavamo le nostre idee. Io mi trovava in un mondo nuovo; udiva parlare di cose frivole o peggio, poi sommessamente di qualche notizia politica del giorno, e più apertamente ed ampiamente di letteratura. Io non aveva cognizioni di nulla, e ascoltava i discorsi dei compagni con un poco di stupore. Mi animava il parlare di Gino, e presto mi venne vaghezza di fermarmi davanti a quei banchetti di libri all'aria aperta attorno ai pilastri di via di Po dalla parte dell'Università. La *Frusta letteraria* di Giuseppe Baretti torinese fu un titolo che mi dette nel naso, ed io comprai quel libro. Fu il primo libro che lessi; lo lessi avidamente, e ne approfittavo quanto più potevo, cominciando a discorrere con l'impetuoso Gino; ma facevo appena poche parole ch'egli mi schiacciava o con buone ragioni, che dimostravano la mia ignoranza, o col ridicolo in cui egli era valente.

Per discorrere più a nostr'agio prendemmo in affitto una stanza con pochi mobili, e là ci riunivamo, e venivano anche altri amici o conoscenti; poichè io appresi più tardi che si doveva far proseliti per il caso probabile e vicino di una rivoluzione. Io non era niente propenso alle violenze, e quando udivo parlare di uccidere il Re od altri, ne tremavo, e una volta, più per celia che per altro, domandato se avrei avuto piacere che il re Carlo Alberto fosse stato ucciso da un cittadino che ci togliesse il tiranno, io rispondeva: "Ma Carlo Alberto non mi ha fatto alcun male; perchè debbo desiderargli la morte?" E lì sghignazzate dei compagni, che vuotando il bicchiere colmo di vino compativano alla mia dabbenaggine. Pure, in grazia a qualche merito che io avessi, e che non ricordo più, quei compagni non mi detestavano, e si trattenevano anzi volentieri con me, forse perchè io rappresentava l'uomo d'ordine, e forse perchè avevo qualche lira da imprestare ad alcuno di essi, o anche perchè pagavo puntualmente la mia parte della pigione della stanza, o che so io.

Via via che progredivo nella lettura, m'accapigliavo con maggiore ardire con Gino, un vero gigante a petto a me, per questioni letterarie; a me che ero appena nutrito dalla lettura del Baretti e dal *Messaggero torinese* di Angelo Brofferio, che leggevo assiduamente e con grande attenzione. Erano letture, che mi offrivano parole e frizzi da polemica, e me ne giovavo immensamente; ma era poca polvere per combattere Gino, prepotente e strapotente, infarcito della *Storia della Rivoluzione Francese*, dei migliori scrittori francesi, non che del fiore dei poeti italiani, ch'egli sovente recitava a memoria.

Dopo la *Frusta* e il *Messaggero* lessi le *Lettere* del Baretti con infinito gusto; poi non pochi libri francesi, allora proibiti dalla censura di Torino. Ricordo il Lamennais, le opere tutte di Gian Giacomo Rousseau, alcuna di Giorgio Sand, le *Ruine* del Volney; poi le *Storie* del Botta, del Colletta, la *Vita del Sarpi* scritta dal Bianchi-Giovini; l'Alfieri tutto, tutto il Foscolo e il Parini. Poi l'*Assedio di Firenze* del Guerrazzi e la *Viola del pensiero*, che era una strenna che si pubblicava a Livorno da un certo Silvio Giannini, mezzo librajo e mezzo letterato, che coltivava le lettere con amore perseverante e insolito in un dilettante. Aveva a Livorno un gabinetto di lettura in Piazza Grande; e cotesta strenna conteneva scritti letterari pregevoli, poichè il Giannini metteva zelo in quella pubblicazione, che si doveva ripetere ogni anno, ma durò due o tre anni soltanto. Il mio amico Gino, vedendomi tutto intento a procurarmi un'istruzione da me, cominciava a stimarmi un po' più; non ostante egli era sempre più valente di me assai, ma io molto meno cucciolo e ignorante.

Verso questo tempo (1835) m'indussi a visitare un personaggio, che io guardava con ammirazione. Era il commendatore Cossato, uomo dovizioso e molto amato in Torino per bontà d'animo, il quale fu benevolo a mio padre, che, com'esso, era biellese. Questo signore aveva a Torino un palazzo su la piazza della Cittadella, accanto ai Bagni; un vero palazzo, con portone e terrazzo di pietra, sorretto da due colonne egualmente di pietra. Un'entratura imponente per me giovinetto, non abituato alle grandezze del mondo. Non m'ero mai mosso da Torino.

Ebbene, una mattina provai il desiderio o il bisogno di recarmi a visitare il signor commendatore per chiedergli un centinaio di lire in prestito. Per che farne? Non lo ricordo più. Fattomi annunziare dai domestici (che n'aveva più d'uno, e tutti mi conoscevano, e mi facevano festa quando mi vedevano), mi venne risposto che mi trattenessi un poco nella sala, il commendatore avrebbe finito di vestirsi, e m'avrebbe fatto passare. Rimasi perplesso un buon quarto d'ora, guardando sempre la bussola per vedere quando si apriva, e pensavo che cosa doveva dire per la prima parola; notavo che la bussola era dorata, e tosto mi vennero alla mente quei versi del Parini, che io m'attribuiva in quell'istante con molto ardire senz'esserne per alcun conto meritevole:

> Me, non nato a percotere
> Le dure illustri porte,
> Nudo accorrà, ma libero
> Il regno della morte.

E questi quattro versi ebbero virtù di farmi tosto muovere le gambe, prendere il cappello, e giù in strada senza veder le scale e senza aspettare la chiamata del commendatore, che non vidi mai più in vita mia. Seppi molti anni dopo ch'esso morì fuori d'Italia, in viaggio. Ora veda il lettore se io poteva vantarmi di fierezza, quando, se non avevo picchiato alle porte, avevo però sonato il campanello. Argomento da questo che il mio carattere non era ancora formato, e che non sapevo dominare i miei desideri, la qual cosa non credo di aver mai imparato abbastanza bene; eppure è di tanta importanza, e costituisce gran parte della nostra indipendenza e felicità.

Il Tommasèo verso il 37 o il 38 ritornato a Venezia pubblicava dalla tipografia del Gondoliere diversi volumi in 8°, stampati con buon gusto, e correttamente, intitolati *Memorie politiche*, *Scintille*, *Fede e Bellezza*, ec. ec. Io non esitai a comprar il primo volume con denari di tasca mia, e pieno di giubilo per quegli scritti ch'erano tutto amor di patria e di religione, li volli imprestare a Gino, come a provargli che uomini insigni, quale il Tommasèo, avevano sentimenti non dissimili dai miei, e che dunque io non aveva poi tutti quei torti che egli mi attribuiva con la sua virulenta intolleranza, perchè io era religioso, e perchè stimava che la religione fosse attissima a promuovere la liberazione della patria. Da quell'anno sino ad oggi io ho sempre seguito con la mente e col cuore la vita e gli scritti di Niccolò Tommasèo, e posso dire di aver letto gran parte delle opere sue; e non solo letto, ma riletto più volte quasi tutto il *Dizionario dei Sinonimi*, l'*Educazione*, ristampata poi dal Le Monnier, la *Vita* del suo maestro Marinovich, e lo *Scritto* biografico su Giampietro Vieusseux e il suo tempo. Credo di aver letto tanto gli scritti del Tommasèo da acquistare qualche sua qualità o piuttosto difetto nel mio modo di scrivere, come accade a chi, anche non volendo, imita, perchè sente come l'autore. Posso però dire che le opere del Tommasèo m'ispirarono sensi di umanità e di libertà, mi furono maestre del vivere, e mi formarono quel po' di gusto, che per avventura ho nelle lettere.

Divenuto un po' famigliare con i libri, volgo l'attenzione e l'affetto ai letterati. A Torino, se ben ricordo, pochi letterati vi erano allora: Silvio Pellico, Carlo Marenco, Angelo Brofferio, Davide Bertolotti, Felice Romani, Carlo Boucheron, Federigo Sclopis, Cesare Balbo, Luigi Cibrario; non rammento altri nomi di persone insigni nelle lettere. Nelle scienze non saranno mancate le celebrità, ma io non aveva occasione di conoscerle.

Delle persone qui sopra ricordate io guardava con religioso rispetto la nobile ed esile persona di Silvio Pellico. Udivo talvolta parlare con poca riverenza di lui per essersi (dicevano) dato troppo a' sentimenti religiosi e dimenticato troppo della patria, per cui egli aveva tanto sofferto; della quale imputazione si fece poi eco in Toscana anche il Giusti, se pure volle alludere principalmente a lui con quei versi:

> E l'ho con certi grulli di poeti,
> Che in oggi si son dati al bacchettone.

Le accuse di costoro però non facevano effetto sul mio animo; anzi ogni qual volta io incontrava Silvio Pellico o per via, o più spesso sotto i Portici di Po, mi levavo il cappello, e mi sentivo gli occhi empirsi di lagrime; e poi mi compiacevo a pedinarlo. In tal modo avevo agio di osservare come egli camminava, quali erano gli oggetti che lo soffermavano, fin dove arrivava nella sua passeggiata. E così facendo sempre, ogni volta che avevo la gran fortuna di abbattermi in lui mi avveniva di notare che uno dei piedi, credo il sinistro, lo moveva con molto minor agilità dell'altro; e potei poi indovinare, rileggendo le *Mie Prigioni*, che ciò derivava dalla catena che aveva portata al piede quand'era allo Spielberg. Che Iddio perdoni finalmente a chi fu autore di così barbare crudeltà, commesse verso individui che di null'altro erano colpevoli (se così può dirsi) se non di amare l'infelice loro patria con affetti puri, e piuttosto con le preghiere inalzate a Dio che con le congiure e le armi.

Molti anni dopo, quando io era dal signor Le Monnier, rividi Silvio Pellico a Torino, e gli dovetti parlare, perchè mi permettesse di ristampare le *Mie Prigioni*. Egli mi disse allora: "Quanto a me, non ho difficoltà, ma bisognerà sentire il Bocca, librajo: io non conosco abbastanza le leggi vigenti su la proprietà letteraria; ma, quanto a me, io do il permesso. Prego solo che alle *Mie Prigioni* non uniscano l'*Appendice* del Maroncelli; non perchè io non istimi e non ami l'autore; ma perchè l'indole di quel suo lavoro non ha nulla che fare col mio, ed invece di armonizzare l'uno coll'altro, messi insieme stuonano. Del resto, io ho amato tanto il buon Maroncelli, e lo amo sempre."

Una volta (era d'autunno) trovandomi a Sarzana per affari della casa Sella, colsi l'opportunità di due feste di seguito, e combinai con un vetturino pisano che mi portasse a Pisa senza toccar le tre frontiere, o dogane, che erano allora poco dopo Sarzana, la sarda, la modenese a Caniparola e la toscana a Pietrasanta. Il bravo vetturino volle 20 lire, il doppio di quello che si soleva pagare, ma mi condusse pulitamente a Pisa. Alla frontiera sarda e alla modenese mi fece scendere, e m'indicò di attraversare campi e passare per istradicciuole, ed a Pietrasanta discorse con le guardie di Finanza, che vennero all'albergo a cercarmi, e credo che pochi soldi dati per me dal vetturino bastassero a farmi augurare spontaneamente il buon viaggio.

Poche ore dopo io era a Pisa, che visitai con la maggior fretta del mondo. Notai che la gente all'aspetto pareva più allegra che da noi; molte persone in istrada, vestite con colori vivaci, e gli uomini al collo avevano cravattine mezze sciolte, poche tube, molti pioppini e qualche cappello di paglia. Tutt'insieme Pisa mi piacque. Visitai il poeta Guadagnoli, che trovai maestro in una scuola nei chiostri della chiesa in Borgo. Scambiai poche parole con lui, perchè egli era occupato a far lezione a giovanetti, ed io aveva fretta di arrivare a Livorno e presentarmi al celebrato Francesco Domenico Guerrazzi.

Un bell'uomo, grande e ben formato. Faceva il procuratore. Ciò mi fece senso. M'annunziai come un Piemontese, che veniva a riverirlo a nome dei molti suoi estimatori di Torino. Invece era per soddisfare unicamente la mia curiosità. M'accolse tra lo stupore e quel sorriso, ch'ebbe sempre, tutto suo, che rivelava molto accorgimento, come chi frequenta gli uomini d'affari, o lo è. Io penso ch'egli si avvedesse ch'io era un cucciolo, e si lasciò guardare per un'ora. Chiacchierò quasi sempre lui; di che cosa parlasse non ricordo più, rammento solo che per stecca da tagliare i fogli aveva uno stile o d'argento o inargentato, per fascia che legava la veste da camera una gran pezzuola di seta nera.

Più facilmente ancora potei restituirmi a Sarzana, ove avevo lasciato il calessino, il cavallo e gli affari miei. E questa fu una prima scappata.

Con i miei amici poc'anzi ricordati s'andava d'accordo nel desiderio ardente di veder unita e libera l'Italia, ma v'era contrasto sovente nelle idee di religione, la quale io un po' alla meglio professava; l'esistenza però di un Creatore la sentivo intensamente, e non ne ho mai dubitato poi. Bastava una passeggiata in campagna; osservare il cielo, il mare, i campi, la natura tutta per farmi sentire che tutto ciò non era opera del caso, e che grandemente infelice sarebbe colui che a tutte queste cose maravigliose fosse indifferente; coll'andar del tempo la negazione lo rattristerebbe al punto da fargli a una vita sì desolata preferire la morte. La fede è un bisogno del cuore, è un conforto nelle sventure, è una guida sicura nei pericoli, che talvolta crea la fortuna stessa.

Non saprei come avvenisse, ma potei indurre uno dei miei contradittori a tenermi compagnia nel fare una visita ad Antonio Rosmini, che aveva nome di buon prete e dottissimo, e che alloggiava nel Collegio dei gesuiti, al Carmine, dalla parte che guarda Dora Grossa, in Torino. Fummo senza difficoltà ammessi. Feci atto come di baciare la mano al padre, ed egli modestamente la ritirò. Gli esposi i dubbi ond'eravamo assaliti, noi giovinetti, su la verità della religione, parlando piuttosto di altri che di me per poter convincere il compagno con le risposte del dotto uomo; ed il Rosmini si limitò a dirci che bastava pregare Iddio ad illuminarci nella fede, ch'egli ci avrebbe esauditi sicuramente; intanto il desiderio stesso che avevamo di rafforzarci nella fede era già un passo, che mostrava la nostra buona inclinazione. Avendolo io pregato a volermi lasciare un ricordo di lui, scrisse sopra un foglio un passo della Bibbia, che esprimeva presso a poco quello che aveva detto a voce. Mostrato questo foglio a Gino, ne rise sgangheratamente, e predisse che la polizia ci avrebbe ben presto ritrovati, poichè avevamo avuta la dabbenaggine di andare a spiattellare le nostre idee in casa di un frate alloggiato dai gesuiti. Ma nulla di tutto ciò avvenne mai.

Con l'intento di superare in qualche cosa l'ingegno di Gino, e per rendermi in qualche modo agevole l'andare in viaggio, o nel resto d'Italia o fuori, per esempio in Inghilterra, da me fino d'allora vagheggiata più di qualunque altro paese straniero, mi posi d'accordo con l'altro mio amico Angelo Bazzi, e ci rivolgemmo ad un tale, che con la retribuzione mensile di poche lire prendeva l'incarico d'insegnarci l'inglese. Era un ufficiale in ritiro; povero, nè già Inglese, ma di Voghera, sposato a una Inglese, povera anch'essa. Avevano un piccolo figlio. Una soffitta piuttosto sudicia era la loro abitazione. C'insegnava con la pipa in bocca, e gradiva che durante le lezioni si fumasse anche noi. Il suo bambino, mal nutrito e mal vestito, piangeva spesso; avrà avuto tre anni povero piccino, e, quando faceva qualche mancanza, il padre per penitenza gli faceva recitare i numeri da uno a dieci in inglese: *one, two,* ec., e durante questa recitazione, accompagnata da lagrime, noi eravamo obbligati naturalmente di sospendere la nostra lezione. Quindi poco o nessun profitto; e noi perciò dopo pochi mesi abbandonammo quel maestro. Il Bazzi poi volle anche abbandonare l'inglese. Io lo continuai. Poco gajo di borsa, volli, ciò non ostante, presentarmi al maestro Millhouse, che mi domandò 20 franchi il mese per tre lezioni settimanali, dalle 10 alle 11 di sera. Nessuna diminuzione sul prezzo, e nessuna ora più comoda. La mia lezione era la penultima che il maestro dava, che l'ultima l'aveva fuori di casa, e nell'uscire alle 11 io lo accompagnava dalla via dell'Ospedale fin oltre la piazza di San Carlo verso la cittadella; e si andava sempre a gran carriera, sia che il maestro volesse sgranchirsi, sia per far presto. Le lezioni durarono sei mesi. Il maestro era valente ed esatto; mi riceveva coll'oriolo alla mano: "Signore, sono le 10 e 5 minuti: la vostra lezione sarà di 55 minuti soltanto; badateci un'altra volta." L'orologio di San Carlo ci avvertiva quando erano le 11 di notte.

Chi della mia famiglia leggerà queste pagine, sappia che fino all'età di diciotto anni circa, non mi sovviene di aver ancor fatto cosa lodevole, ma bensì ricordo con dolore qualche atto non bello; se non che la perseveranza dimostrata nell'imparare l'inglese non mi pare indegna d'encomio. Dallo studio dell'inglese ricavai in seguito uno straordinario beneficio, perchè la conoscenza di quella lingua mi procurò la relazione di vari Inglesi, che mi insegnarono come si formi il carattere (che io fin verso l'età di ventidue anni ebbi molto vacillante), come pure mi procurò la clientela d'Inglesi quando aprii in Firenze una tipografia in proprio. Alcuni di questi mi divennero amici così affettuosi e costanti, come essi sanno quando prendono a stimare e a benvolere qualcuno.

CAPITOLO SECONDO

DAL 1838 AL 1840

SOMMARIO: Un libro del Tommasèo e un barbiere francese – Denunzie alla polizia – L'amico Angelo Bazzi – Breve esilio volontario in Svizzera – Commesso viaggiatore della casa Fratelli Sella – I Quattro Poeti stampati a Parigi – Presso i librai Giannini e Fiore – Un salutare ammonimento.

Un barbiere francese, che abitava, in Torino, accanto all'albergo *La Bonne Femme*, m'arricciava i capelli nelle domeniche, e mi ripuliva col rasojo il viso (vedi che moda!) quasi imberbe. Costui andava una volta l'anno a Parigi per fare acquisti di saponi profumati, di cigno, di spazzole e di altre galanterie per la gioventù desiderosa di avere e mostrare che aveva roba di Parigi. Io già preso dall'amore dei libri in sul serio (avevo su i diciotto anni) gli diedi per iscritto l'incarico di portarmi la nuova opera del Tommasèo intitolata *Dell'Italia libri cinque*, colà pubblicata di recente; proibitissima a Torino, come quella che aveva pagine severe, e che facevan venire i bordoni a leggerle, intorno ai vari principi d'Italia, e soprattutto contro Carlo Alberto. Chiamarlo *traditore* era forse l'offesa meno grave che si leggesse in quelle pagine scritte con penna accesa dalla passione politica e dallo sdegno, che suscitano i dolori e i patimenti dell'esilio.

Il barbiere francese mi portò quello ed un altro libro, di cui non ricordo il titolo, serbò la mia lettera senza darle veruna importanza, e continuava ad acconciarmi per le feste (che bella figura devo aver fatta con tutti i capelli arricciati col ferro!), quando, astiato da una donna, che viveva seco non in modo legittimo, fu denunciato da questa alla polizia di aver portato libri proibiti da Parigi. Ed ecco la polizia del palazzo Madama diretta da un certo commissario Tosi venir a perquisire il domicilio del parrucchiere, trovar la mia lettera, pedinarmi la sera, imparare a conoscere non solo me, ma i miei amici e gli amici degli amici; quindi fare indagini e scoprir paese, fino a che un tal abate Rapello (ora dimorante a Parigi, maestro di letteratura italiana), noto per le sue idee liberali, invia da un paese nell'interno dello Stato un baule o sacca da viaggio piena di abiti e di libri al mio amico Angelo Bazzi, che era stato suo scolare.

La polizia sequestra la sacca, fa arrestare il Bazzi, e lo conduce a Fenestrelle. Fa processi di qua e di là. Io doveva essere arrestato e condotto parimenti a Fenestrelle. Fortuna volle che il signor Benedetto Operti, allora segretario generale del Municipio di Torino e segretario del Vicario di Città, che in quel tempo era il padre del conte Camillo Cavour, dovendo rispondere alle domande, che venivano fatte sul conto mio dal Ministro di Polizia e dell'Interno, il conte Lazzari, informò talmente a mio favore, da stornare ogni sospetto che io fossi un giovane di spiriti liberali. In tal modo fui salvo per opera amica dell'Operti, e senza che di questo suo atto avessi allora alcun sentore. Io ardeva di sentimenti liberali, ma non quanto i miei compagni, che si potevano chiamare arrischiati oltre modo, laddove io aveva idee di umanità, di giustizia per tutti e di religione. Mi tiravo su alunno di Niccolò Tommasèo, con un buon fondo del Rousseau, del Foscolo e del Parini. L'Alfieri mi pareva troppo alto, troppo drammatico, poco vero. E poi quei pugnali, quei tradimenti, quegli avvelenamenti mi turbavano lo spirito. Preferivo il Rousseau, che mi rendeva mansueto, affettuoso e quasi sentimentale.

Dopo sei mesi, dal novembre alla primavera del 1839, il mio amico Angelo Bazzi fu mandato via dal carcere di Fenestrelle. Un avviso giunto a Torino a un suo fratello, e che io potei vedere prima che a lui giungesse, m'informò che in quel giorno stesso il Bazzi veniva scortato alla frontiera svizzera sul lago Maggiore, e che il fratello, se lo voleva vedere, partisse, senza por tempo in mezzo, per Pinerolo, ove avrebbe potuto incontrarlo.

Eccomi in un calessino a un cavallo solo, verso le 24 nel mese di marzo o aprile del 1839, su la strada pericolosa di Pinerolo; dico così, perchè spesso vi seguivano grassazioni e anche omicidi. Poco dopo mezzanotte picchio all'ufficio dei carabinieri a Pinerolo; mi dichiaro fratello del detenuto Bazzi. Mi viene risposto che questi aveva proseguito il viaggio, e che pernottava nel paese di None, che è prima di arrivare a Pinerolo. Io allora di nuovo a None, e lì ripeto le stesse cose al brigadiere, che mi riceve assai bene. Comincia ad esser giorno, e subito sono condotto a un pian terreno chiuso a guisa di prigione. Mentre si apre l'uscio, io ho l'avvedimento di gridar forte: *Angelin, a jé to fratel* GIACO, *c'a ven da Turin per ambrassete*.[1] Egli subito capì che

---

[1] Angiolino, c'è tuo fratello Giacomo, che viene da Torino per abbracciarti. (*F.*)

io era *Barbèra*, e che per la grande amicizia mi era trasformato in *Giacomo*, nome del suo fratello maggiore, che dimorava a Torino. Abbracciatici lungamente, e chiacchierato alla meglio in presenza dei carabinieri, ci dividemmo ben presto, ed in segno di tenace affetto ci barattammo i pastrani; il suo era di buon panno turchino, il mio un fusolino stretto stretto di astrakan, che avevo fatto venire da Livorno. Potemmo rivederci ancor una volta a Torino per pochi istanti, nella gran caserma dei carabinieri, che allora era in piazza Carlina, ora piazza Cavour, quella in cui sorge il monumento eseguito dal celebre scultore e mio amico Giovanni Duprè.

Angelo Bazzi è di Brissago[2], primo paese nel canton Ticino sul lago Maggiore, dopo Canobbio. Colà giunto, egli si occupò a procurarmi un posto, che mi desse modo di vivere sotto un governo liberale, come era mio vivo desiderio. A Magadino mi trovò un umile collocamento di commesso in una casa di spedizioniere, certo Cesare Antognini. Ma io aveva l'animo sempre rivolto ai libri, anzichè, come era mio preciso dovere, agli affari. Fui alcuni giorni a Lugano coll'amico Bazzi quasi espressamente per vedere la stamperia, allora acclamata dai liberali italiani, di G. Ruggia. Comprai qualche libro, partecipai a qualche festa patriottica o piuttosto chiassosa, come si praticava in quel tempo di fiera, e poi ritornai a Magadino; ma dopo pochi giorni ebbi licenza per non essermi mai dimostrato zelante ed utile alla casa. E penso che l'addebito fosse giusto.

Non troppo mortificato, venni a stare con l'amico Bazzi a Brissago, distante un'ora da Magadino. L'amico m'accolse fraternamente, e mi diede ricovero in una casetta situata sul dorso di un monte, in alto, molto modesta, ma ben esposta; ed io godeva colassù una grata solitudine, un'aria eccellente ed una mirabile veduta del lago sottostante. Dopo un mese pensai di far ritorno alla casa paterna per non abusare più oltre della ospitale generosità dell'amico; e poichè vedevo il mio avvenire farsi piuttosto bujo, sentivo il dovere di adoperarmi con tutte le forze per rischiararlo.

Tornato che fui a Torino e riabbracciati i genitori e le sorelle, il mio buon padre fece il possibile per trovarmi un collocamento, e mercè gli sforzi suoi e di alcuni amici mi venne fatto di entrare nella rinomatissima casa dei fratelli Sella, Giovanni e Gregorio, fabbricanti a Biella

---

[2] Ivi morì il 19 febbraio 1877, pianto da tutto il paese, che gli era riconoscentissimo delle sue continue opere di carità. (*F.*)

di panni molto rinomati, con deposito dei loro prodotti a Torino. Quivi entrai verso il 1837. Benvoluto dal signor Giovanni, che dirigeva la casa di Torino, feci in breve passi da gigante nella nuova carriera. Presto fui nominato principale viaggiatore di quella casa (avevo diciannove anni); ero provveduto di un buon legno da viaggio e di un eccellente cavallo d'Ungheria, che era il paese donde si traevano le lane per la fabbrica di Biella. Io percorreva due volte l'anno i paesi, che formavano il Novarese, la Lomellina, l'Alessandrino, il Genovesato, fino a San Remo da una parte e fino a Sarzana dall'altra. Prendevo copiose commissioni di panni, e riscotevo ingenti somme dai debitori della casa Sella.

Cominciavo ad essere savio e laborioso. Ero diligente a notare le mie impressioni intorno ai clienti, che via via visitavo; informavo la casa dei raccolti della campagna, delle cose che udivo intorno al bene o al male di altre case commercianti consimili alla nostra; tanto che del mio zelo si mostrarono talvolta gelosi i compagni stessi di negozio, i quali, non potendo altro, tacciavano di affettate le mie espressioni epistolari, come quelle che mostravano che io bazzicava letterati, e che mi davo aria di superiorità intellettuale. Ciò può benissimo essere stato, e siccome allora ero sempre piuttosto ignorante, è probabile che mi dessi aria di non sembrarlo. Questo so e dico, e i giovani miei nipoti lo tengano a mente, che ciò mi nocque allora moltissimo, e fu causa che i compagni mi prendessero di mira per vedere se potevano appuntarmi in qualche cosa, e che venissero notati e forse esagerati tutti i miei falli. Se invece fossi stato più docile e mansueto, come si addice ad un giovane ben educato, m'avrebbero compatito, e non m'avrebbero osservato con quell'occhio critico, esploratore, sofistico, che tutto vede e intravede, intende e spesso fraintende, e malignando commenta.

Astiato dai compagni di negozio, perchè mi vedevano il prediletto del signor Giovanni Sella, ogni cosa che facessi di meno che regolare, sia in Torino, sia in viaggio, tutto veniva esagerato, fors'anche inventato, e si riferiva al signor Gregorio Sella; cosicchè nel 1840, quando la casa fu ceduta dal signor Giovanni (quasi sempre mezzo malato e cupamente lunatico) al fratello Gregorio, questi per prima cosa mi accordò tre mesi di tempo a procurarmi un altro impiego.

A vero dire io mi sgomentai poco di questo licenziamento. Già avevo dimestichezza con i principali librai di Torino. Ero amico di Giannini e Fiore, notissimi librai sotto i portici di Po, all'angolo di piazza Castello; avevo contratto relazione col valente e operoso

Giuseppe Pomba; molte conoscenze mi ero procurate con letterati, con giornalisti; un po' d'aria di letterato l'aveva anch'io. Mi dilettavo immensamente di bazzicare con gente che avesse frequenti contatti col resto d'Italia, con Milanesi, con Veneti, con Toscani e Napoletani; in quel cerchio di librai mi trovavo spesso, ed andavo matto di poter aver notizie di letterati, di libri, di clima, di monumenti del loro paese e di altre simili cose. A un Fiorentino associatore di libri m'accompagnavo incantato a udirlo parlare con quella pronunzia aspirata, che ora in Firenze non odo più, e ne godo, o l'avverto meno; insomma io era contento di potermi considerare non più mercante puro e semplice, e da dover piuttosto simulare ignoranza che intelligenza, e, anzichè amare il progresso, affettare sentimenti di egoismo per tutto e per tutti. Dedicarsi a una vita puramente materiale, e così non dar negli occhi alla polizia del paese, e non turbare la crassa ignoranza dei principali e dei compagni, ecco quello che si desiderava dai padri e dai superiori. Ora, mercè la libertà, Torino è grandemente mutata; ma allora era così. La polizia e i gesuiti lavoravano a più non posso per mantenere i cittadini ignobilmente sottomessi, egoisti e di animo poco sincero; e vi riuscivano a maraviglia.

Devo qui ricordare un fatto, che ebbe qualche influenza nella mia vita avvenire; ed è questo. L'ultima volta che ero stato a Genova (nel 1837) in qualità di commesso viaggiatore dei signori Sella, passando nelle Strade Nuove, quasi dirimpetto alla libreria Beuf, mi abbattei nella bottega di un librajo, certo Gravier. Io era solito di soffermarmi a guardare minutamente le vetrine dei librai con la stessa curiosità che altri, uomini e donne, giovanetti e ragazze, osservano le vetrine dei giojellieri. Quella volta mi venne fatto di notare dal detto librajo Gravier i Quattro Poeti italiani (Dante, Petrarca, Tasso e Ariosto) stampati a Parigi. Era un'edizione in 16° con copertina leggiera di color rosa chiaro. Non ricordo più se badai al nome dell'editore. Ebbene, alla vista dei Quattro Poeti stampati a Parigi, io esclamai tra me e me: "Come! ci si manda libri stampati a Parigi, che nessuna censura c'impedirebbe di stampare in Italia? Come! non ci sono editori in Italia, che abbiano coraggio a fare intraprese di esito così sicuro come è la ristampa dei nostri classici? È forse più agevole stampare l'italiano a Parigi che in Italia?"
Io ne trassi argomento di meditazione e di melanconia su la nostra inerzia, e finii col dire che la professione di Editore doveva essere in sul nascere in Italia, contuttochè fiorissero a Torino il Pomba, a

Milano lo Stella, a Firenze il Passigli e il Batelli, a Venezia il Gondoliere e l'Antonelli. Roma e Napoli non si nominavano neanche: vi erano case librarie di nessuna importanza a motivo di quelle censure inesorabili, stupide e smaniose di soffocare anzichè favorire gli studi di qualsiasi sorta, tanto quelli liberali quanto gl'innocui ed anche gl'insipidi. Non amavano che si parlasse di alcuna cosa; avean caro e favorivano il silenzio.

Quell'aria di mezzo letterato che avevo, o che mi davo, e la pratica di affari, che non potevo non avere uscendo da una casa così stimata come quella dei fratelli Sella, fecero sì che il librajo Fiore, saputo il mio licenziamento, mi accaparrò su due piedi per un posto nel suo scrittojo, e mi assegnò il carteggio con i librai d'Italia. In breve dovetti però avvedermi che io non adempieva al mio ufficio con sufficiente loro soddisfazione, forse perchè la specialità del lavoro richiedeva una maggior pratica degli usi librari, che io allora non poteva avere, forse perchè aprivo troppo spesso i libri e li leggevo, e mi permettevo anche di lodare o biasimare le opere e gli autori; forse perchè avevo troppa famigliarità con uno dei principali, il signor Fiore; forse perchè una donna amica di lui mi guardava di buon occhio, non ostante che io la sfuggissi, perchè non m'andava a genio; forse per tutte queste cose insieme. Fatto sta che io tre mesi dopo, nell'ottobre del 1840, mi trovava fuori dell'impiego, credo di comune accordo, senza amore, nè odio.

Nipote mio, o mio simile qualunque, ti raccomando di non porre attenzione a donna che appartenga a un tuo superiore. Può anche darsi che una confidenza con costei ti faccia fare passi da gigante; ma un bel giorno ti farà fare ruzzoloni da orbo, e potrà pregiudicare alla tua pace e al tuo avvenire. In fatto di donne, aspetta ad accasarti quando avrai mezzi da mantenere la sposa e la famigliuola, ma opera secondo le leggi, che ci governano. La gente che vive rettamente, per il solito vive anche saviamente.

CAPITOLO TERZO

FIRENZE

SOMMARIO: Offerta di un impiego a Firenze – È accettata con entusiasmo – Arrivo a Firenze con un francescone e due crazie – Una conversazione fiorentina – Quel che disse Lorenzo Valerio al Barbèra quando lasciò Torino – Il sor Paolo Fumagalli – Editori, librai e associatori – Rimasto fuori d'impiego, si raccomanda al signor G. P. Vieusseux – Marco Malagoli-Vecchi letterato editore – Lezioni di calligrafia nell'Istituto femminile Siri – Il Barbèra conosce il signor Felice Le Monnier.

Rammento che passeggiavo in piazza Castello a godere il sole, che nel novembre a Torino non dispiace, quando mi vien data una lettera proveniente da Firenze (che bel nome!), e scritta dal signor Giuseppe Pomba a me. Il Pomba faceva in quel tempo un viaggio per tutta Italia in compagnia di Cesare Cantù, allora fresco dei primi allori, che aveva ottenuti con la sua *Storia Universale*. Giunti colà, e non trovando da alloggiarsi in locanda, s'imbatterono in un certo Paolo Fumagalli, editore milanese, stabilito da vari anni a Firenze, il quale, sufficientemente agiato, offrì al collega Pomba ed al concittadino Cantù un alloggio nel proprio palazzotto, nei Fondacci di Santo Spirito, accanto al bel palazzo Rinuccini.

In uno dei colloqui, che il Fumagalli ebbe con il collega e amico Pomba, il primo uscì a dire che in Firenze non si trovavano commessi abili e volonterosi di lavorare; gente intelligente, se vuolsi, ma meno cupida di compenso che di festicciuole; cosicchè per loro la settimana spesso non era di sei giorni, e le ore della giornata diminuite o dalla festa del luogo, o da qualche usanza cittadina, o da una festa di villaggio presso la città. Questi discorsi fecero ricordare all'ottimo signor Pomba che io spesso alla sua presenza aveva manifestato il mio gran desiderio di venirmi a stabilire in Firenze a qualunque costo, avessi dovuto fare il cameriere. Così dicevo per figura rettorica, e solo per far sentire l'intensità del mio desiderio, non perchè fossi infatuato di diventar proprio cameriere, non mai. Anzi allora pretendevo un po' a letterato, ma era in me vanità pretta; che prima di venir a Firenze ero meno che mediocremente istruito, e qui a Firenze poco alla volta mi sono alla meglio rifatto.

Il Pomba allora scrivendomi mi offriva un posto nello scrittojo del Fumagalli, e ricordo che lo stipendio offertomi era di lire 100 toscane (84 lire italiane) al mese, con soprappiù l'appalto *gratis* al teatro del Cocomero, ora Niccolino. Noto le 84 lire allora bastanti per un giovinotto in Firenze; e più che altro, noto l'appalto al teatro, che allora era un bisogno pei Fiorentini, come ai Piemontesi e ai Lombardi era, e forse ancora è, un bisogno la bottiglia, o al caffè o all'osteria, dopo il desinare in casa.

Appena ricevuta la lettera dal Pomba, io, senza osservazioni o restrizioni di alcuna sorte, lo ringraziai di gran cuore, e risposi accettando, e mi preparai alla partenza. Ero pieno d'entusiasmo. Ne parlai a mio padre in modo, ch'egli mi confessò, quindici anni dopo in Firenze, di aver sentito allora uno scrupolo di coscienza a contradirmi. Si prestò anzi, come era necessario, alla mia partenza. Ero lì lì per la leva. Fece garanzia davanti al Sindaco per due mila lire, che poi pagò, perchè io potessi essere surrogato nella milizia. Più di questo ei non volle fare, ed in verità per le sue finanze era già molto. Avevo però da vestirmi un po' decentemente, cioè di nuovo; e in tasca, a Firenze, non doveva aver qualche soldo? Il mio buon padre, dopo il grave sacrifizio della garanzia, non volle proprio più far null'altro; cosicchè presi tutti i miei libri, che erano buoni e ghiotti, perchè quasi tutti proibiti dalla severa censura di Torino, e li vendetti a un librajo, che in tutto mi diede 150 lire. Con questa somma mi provvidi di panni comprati al Ghetto, abiti bonissimi e fors'anche troppo belli. Li pagai subito, e con i restanti denari partii per Genova con la diligenza Bonafoux, e da Genova per mare a Livorno con il *Colombo*, vecchio vapore molto arrembato. Prima però di mettermi in viaggio avevo pensato a procurarmi lettere di raccomandazione per alcuni Toscani, che potevano giovarmi, e n'ebbi, tra gli altri, da Lorenzo Valerio, che mi voleva bene, per Giampietro Vieusseux e Pietro Thouar.

Partendo da Torino per venire a stabilirmi in Firenze lasciai qualche debito: uno piuttosto grossetto (alcune centinaja di lire) con i miei antichi principali, che facilmente me lo condonarono; un altro di poche lire (credo fossero 35). Quanto a questo, per far tacere la mia coscienza, che mi rimordeva sempre di aver privato di una somma, benchè piccola, un povero sarto meschinissimo, carico di famiglia, dopo trentanni, risovvenendomene e sapendo per caso che il mio creditore era sempre vivo e sempre povero, ebbi la felice ispirazione di fargli pagare non solo il capitale, ma ancora i frutti sino a quel giorno; e incaricai un mio amico torinese di pagare al sarto Rodino lire 130.20. Nel rilasciarne la ricevuta egli mi fece dire che mi ringraziava dal profondo del cuore. Eppure io non feci altro che il mio dovere, e della colpa dell'indugio mi salvai col pagare spontaneamente i frutti, e l'interesse dei frutti.

Sorvolata Livorno, città che avevo già veduta, il mattino del 14 novembre 1840 verso le 8 io era in una carrozzella a quella porta di Firenze, che prende il nome da San Frediano. Quantunque non avessi che un bauletto stretto e lungo, comprato da un ombrellaio, il quale vi riponeva non più di una dozzina di ombrelli, quei gabellieri vollero vederne il contenuto. Stizzito di tanto rigore verso un mobilino, che mostrava anche esteriormente la sua povertà, non scesi dalla carrozzella, e porsi soltanto la chiave del bauletto. Intanto mi godevo la mortificazione di questo primo disinganno di Firenze, ove mi figuravo che tutto fosse poesia e niente realtà. Mi stizziva questa fermata alla porta della città, che io aveva tanto abbellita con la immaginazione, e mi coceva di essere lì fermo alla vista della prima via di Firenze dopo la porta, allora stretta, sudicia e piena di pentolai e di negozi tutt'altro che confacenti a una città qual era Firenze, e quale l'aveva popolata la mia giovane e ardente fantasia.

In questo stato dell'animo tra la poesia, che cominciava a stingere e divenire realtà, volli vedere quanti soldi mi rimanevano in tasca, non perchè profetizzassi ricchezze a venire, nè perchè temessi d'incontrare miserie; ma proprio per non saper fare di meglio in quel momento di sosta, necessaria per tirar giù e rimettere al posto i bauli, volli vedere, dico, con quanto denaro entravo in Firenze. Il conto fu presto fatto: possedevo un francescone e due crazie, cioè lire 5.60 del francescone, e 14 centesimi delle crazie!

La carrozzella, proseguendo poi il suo cammino, andò a fermarsi in una di quelle stradicciuole di via della Vigna, e quivi accaparrato un uomo, che mi portasse il baulino, lo condussi meco, attraversando il ponte alla Carraja, e poi nel Fondaccio, in casa del mio futuro principale Paolo Fumagalli, senza dire all'uomo nè dov'ero diretto, nè chiedergli schiarimenti di vie o di ponti, come se fossi stato altre volte in Firenze; avevo però studiato da Torino la conformazione di tutta la città sopra una carta topografica, e raccolte informazioni dai Toscani, che spesso capitavano a Torino, e che, se io aveva occasione di conoscerli, non lasciavo andare così per fretta. Il Fumagalli con accento milanese m'accolse rumorosamente, ed avendo allora la sua famiglia a Milano, mi trattenne a dormire e a desinare in casa sua.

Non so come, benchè solo, il sor Paolo riceveva la sera gente a conversazione. Una delle prime sere v'intervenni, invitato, anch'io, e vidi salita sopra una tavola piuttosto grande e rotonda una signorina, che faceva un racconto a tante sue compagne tutte all'intorno ammirando la facondia della dicitrice, che le divertiva tanto. Il soggetto del racconto non l'ho più a mente; ricordo che di tanto in tanto la signorina, che raccontava stando ritta sul tavolo, si chinava verso le compagne ascoltatrici, e ponendo una mano aperta accanto alla bocca diceva *Pinco*. E lì grandi risate di tutti, fuori che di me, che io non comprendeva punto quel vocabolo; io che per la solita albagia mi vantava di conoscere il toscano, e non ne sapeva proprio nulla. Curioso però di conoscere che cosa significasse quella parola, mi ritirai in camera; avendola cercata invano nel Vocabolario, volli chiederne alla Costanza, cameriera della famiglia, che per risposta mi fece una gran risata, e non volle spiegarmi niente. Il giorno dopo, dagli impiegati del signor Fumagalli seppi il vero significato del vocabolo, e allora ne risi anch'io, e potei cominciare a formarmi un concetto del modo un po' sciolto del vivere dei Fiorentini di quei giorni in confronto dei Piemontesi, e ripensai a quello che mi disse Lorenzo Valerio quando mi consegnò le lettere commendatizie per Giampietro Vieusseux e Pietro Thouar. Diceva egli che in Firenze avrei corso pericolo di perdere quel carattere fermo, comune ai Piemontesi, che è una loro qualità, e mi sarei snervato a quella spensierata vita dei Fiorentini. Ora (1874) credo che il carattere dei Fiorentini sia molto mutato in meglio, e per tre buone ragioni: 1° la guerra di Lombardia, di Curtatone e Montanara, che dai caffè trasse la gioventù su i campi di battaglia; 2° l'unità d'Italia, che li pose in contatto massime con l'Italia superiore, ove poterono ritemprare il carattere, visitando paesi, e molti soggiornando a Milano e a Torino principalmente nella milizia; 3° le tasse, che a poterle pagare, bisogna lavorare il doppio e godere meno agi di prima. Cosicchè venne poi fuori quel detto arguto: *Si stava meglio quando si stava peggio*.

In quella stessa sera della conversazione, verso le ore 10, dopo un par d'ore appena che avevo conosciuto tutte quelle signore e signorine con qualche babbo e fratello e amico, io conduceva per il lung'Arno la favellatrice a braccetto. Era nota in Firenze per il suo spirito vivace e senza ritegno. Figlia di un mercante in Vacchereccia, sposò poi un nobile fiorentino, che ella abbandonò per recarsi a

Parigi, ove condusse vita abbietta, per minor disgrazia lungi dal marito e dalla figlia. Questa era la ragazza, che in quella sera faceva tanta mostra del suo spirito, o spiritaccio, come dicono a Firenze, favellando di cose tanto sguajate.

Il giorno dopo di quella serata un po' curiosa, perchè nuova per me, eccomi nello scrittojo del signor Paolo Fumagalli, dimorante a Firenze da una decina d'anni, che nel parlare mescolava il milanese col toscano, capitato non so perchè, forse condotto dal Batelli, e allettato a venire a Firenze per esercitare la sua prim'arte, che fu d'incisore in rame; e sebbene mediocre, poteva forse essere utile per le pubblicazioni del Batelli, che si mostrava in esse di facile contentatura. Il Batelli non era uomo cólto, ma sempre un po' più istruito dell'Antonelli e del Silvestri, editori acclamati a que' tempi, e tutti e due quasi illetterati. Non così il Pomba di Torino, che cercava di istruirsi, e poteva, perchè era fornito di cognizioni apprese alle scuole.

Con questo strano uomo del Fumagalli, che pubblicava opere per associazione e con patti equivoci, come allora usavano i più degli editori italiani, io non potei reggere a lungo. Il mio vivo desiderio era di trovare un editore, che pubblicasse opere buone ed utili, da promuovere veramente l'istruzione, e che non fossero di caro prezzo; che io ho sempre veduto di mal occhio le pubblicazioni non abbastanza utili, stampate con lusso e arricchite d'incisioni a fine di poterle far pagare a prezzi favolosi ai signori ed a chi capitava nelle mani rapaci degli associatori-librai. Costoro adoperavano ogni sorta d'artifizi, anche colpevoli, per introdursi nelle case e con ogni sorta di blandizie, adulando perfino la vanità degl'individui, riescivano a carpir sottoscrizioni ad opere, da persone che non comprendevano quali obblighi si assumessero. Quindi liti immense per tutta Italia, e discredito all'arte libraria; che editore o librajo, e peggio ancora *associatore di libri*, era a quei tempi come dire *ribaldo*. Amatore appassionato dei buoni libri, provavo dolore all'udire e al vedere questo discredito, e non potevo viver d'accordo con coloro che partecipavano a render pur troppo vera quella trista nominanza, che erasi divulgata per ogni città d'Italia; perciò dopo pochi mesi, alla metà del 1841, uscii dalla casa del sor Paolo.

In questi sette od otto mesi passati in Firenze avevo fatto parecchie conoscenze, che si mutarono poi in amicizie. Primo conobbi Giampietro Vieusseux, poi il buon Thouar, poi vari di coloro che intervenivano ai giovedì del signor Vieusseux. Bellissime quelle serate, in cui conveniva il fiore dei letterati e scienziati dimoranti a Firenze, e quelli che passavano di qui, noti al Vieusseux o a lui raccomandati. Ebbi occasione di conoscere Guglielmo Libri, il principe di Canino; e vidi arrivare in Firenze il professor Parlatore, giovanissimo allora, il Rubieri ed altri.

Rimasto fuori d'impiego, mi raccomandai tosto al Vieusseux; il quale si mostrò inclinato a compiacermi, ma i tempi erano gretti, e ognuno temeva di aumentare le proprie spese. Allora si spendeva poco, ma si guadagnava anche poco. Il Vieusseux pensava di collocarmi a capo dell'amministrazione dell'*Archivio Storico*, che nel 1841 doveva cominciare le sue pubblicazioni. In aspettativa di questo tanto desiderato impiego, io accettai di tenere contabilità a un certo letterato, per nome Marco Malagoli-Vecchi, che prima traduceva pel Batelli, e poi si fece editore di alcune opere da lui stesso tradotte, e di un'*Imitazione di Cristo* del padre Cesari con Meditazioni tradotte dal francese. Era modenese; millantatore all'eccesso; pareva un comico, che recitasse e agisse in pubblico. Spiantato, meditava ognora imprese colossali, e carteggiava con certi Livornesi, ancora più di lui farabutti, per aver denari a prestito, nè si veniva mai ad alcuna conclusione. Egli si diceva liberale, e sarà anche stato; ma di un tipo come quello, privo di carattere e indifferente in ciò che un marito ha di più caro dopo i figli, io non mi fidava.

Egli non mi poteva pagare la piccola mesata, che mi aveva promessa, perchè quei pochi soldi, che guadagnava, gli bastavano appena appena per vivere. Sua moglie, che non conviveva con lui, ma abitava nella stessa casa, gli dava qualche ajuto per il desinare, ed egli, facendomi sperare ognora prossimo l'arrivo di denari dalla vicina Livorno, mi offriva intanto di partecipare al suo non lauto pranzo. Al che io di buon grado acconsentii, che in tal modo venivo a risparmiare la maggior mia spesa; poichè di abiti ero allora ben fornito, la camera (una buona soffitta stojata) mi costava 15 paoli (lire italiane 8.40) il mese; la cena 28 centesimi. Prima, quando andavo fuori a desinare, spendevo un paolo, cioè 56 centesimi, da un rosticciere in via del Ciliegio. Alle 2 pom. ci trovavamo otto o dieci giovanotti come me; gli altri erano quasi tutti artisti, e fra essi v'era il professor Pollastrini, il Tricca e il Bazzanti, che fece la statua dell'Orgagna sotto gli Uffizi. Ci davano una minestra, centesimi 7; un lesso con erbe, centesimi 14; un buon arrosto, sfilato allora dallo spiedo dal padron Pietro, che era il cuoco, centesimi 21; pane, centesimi 7; vino, centesimi 7. Mancia niente, perché era la padrona, la signora Maria, che ci serviva da sè con molta cordialità. Ho voluto lasciare questi appunti, perchè si veda come la vita era, nel 1841 o 42, a buon prezzo in Firenze; ma convien dire che alla gioventù bisognosa di campare rare occasioni si presentavano per aver lavoro e guadagnarsi il vitto. Felice chi aveva possessi! La rendita di 11 paoli al giorno (lire 5.60) era citata come un'entrata agiata. *Ha 10 paoli al giorno in tasca, e se la impipa:* l'ho udito dire come di una fortuna da Rothschild.

Mentre io stava nello scrittojo del Malagoli a mettere in ordine la meschina sua contabilità, un bel giorno d'estate vi capitò il tipografo Felice Le Monnier, che allora stampava per il Malagoli il *Kempis*, e veniva per chiedergli qualche accontarello. Il Malagoli, come portava la sua natura enfatica e ampollosa, mi additò al francese tipografo, mentre io, perchè egli era francese e io un po' rospo, lo guardava di sottecchi. Grandi cose andava dicendo di me il Malagoli, ed io spero che ne avrò arrossito. Non volli però o non seppi attaccar discorso col Francese, ma ricordo che ammiravo tacitamente la facilità con cui parlava il toscano pretto, con una pronunzia, a dir vero, stridente e gutturale, come sogliono avere i Francesi, ma la lingua ch'egli adoperava era fiorentina scria scria, e usava vocaboli propri ed evidenti, più che non avrei saputo usarli io allora. Confesso che ne rimasi ammirato, e un po' mortificato.

Dopo pochi giorni ricevo dallo stesso signor Le Monnier un biglietto, col quale m'invitava a passare da lui, perchè aveva bisogno di parlarmi. Notai che il biglietto era scritto correttissimamente. V'andai, ed egli mi propose un collocamento nel suo nascente scrittojo; che allora il signor Le Monnier aveva appena cominciato a pubblicare i primi tre fascicoli della *Storia d'Italia* di Giuseppe Borghi. Mi offriva lire cento toscane il mese (lire it. 84). Io doveva tenere i conti, ajutare la revisione delle stampe, andar fuori per eseguire sue commissioni; insomma dovevo servire il principale in più cose, e rimanere in uffizio dalle 9 del mattino alle 11 di sera, con 2 ore di tempo pel desinare e mezz'ora per colazione. Poichè aspettavo sempre la risposta, che aveva promesso di darmi il signor Vieusseux, a motivo di questa offerta del Le Monnier dovetti scrivere al Vieusseux pregandolo a decidersi. Mi rispose che non poteva ancora prendere un partito, e quindi mi lasciava libero.

Il Malagoli, non potendomi dare le due o tre mesate, che avanzavo per il mio lavoro di computista, mi lasciò una carta bollata, in cui dichiarava dovermi lire 150. Io però in quel frattempo che lavorava presso il Malagoli, aveva accudito a certe lezioni che una mia compaesana m'aveva offerto di fare nel suo istituto, o scuola privata, in via dello Studio. Era la signora Emilia Siri, separata dal suo marito, genovese e già dimorante in Torino. A sentir lei, esso aveva de' torti gravissimi, e tali da meritare di essere abbandonato. Non saprei dire, nè importa, chi dei due avesse torto o ragione; posso però affermare che nella sua condizione un po' incerta la signora Siri, donna piuttosto avvenente, seppe mantenersi con decoro suo e di due sue figlioline, che poi divennero grandi e, non per colpa loro, infelici; dacchè la madre, non priva d'ingegno e di volontà operosa, perde la vita verso il 1860, e allora l'Istituto ampliato, la casa materna ben fornita disparvero come fumo al vento. La Siri pubblicò anche qualche libretto su materie di educazione, nelle quali ella aveva qualche pratica e non comune intelligenza. Sapendomi essa disoccupato, o male occupato, mi propose di dar lezioni di calligrafia alle sue scolare, e alla fine del mese mi ricompensava con uno zecchino (lire italiane 11.20). Durai in tale modestissimo ufficio sino a quando entrai dal signor Le Monnier, e quelle lire 11.20 mi servivano per pagare la camera e la colazione. Sicuro, per i vizi non rinaneva nulla, ma allora non ci badavo; altre cure mi tenevano pensieroso; il vivere fino allora era per me sempre incerto. Eppure ricordo con piacere quei giorni di vita a stecchetto: buon umore, buon appetito, pochi bisogni, salute perfetta.

CAPITOLO QUARTO

LA TIPOGRAFIA LE MONNIER

SOMMARIO: Svariati doveri del nuovo impiego – Letture furtive – Il principale sospetta del commesso – È riconosciuta la sua innocenza – Alti e bassi dello stipendio – I clienti della Tipografia Le Monnier – La Società editrice fiorentina, e il signor Eugenio Albèri – Il canonico Borghi – La *Biblioteca Nazionale* – Separazione dal Le Monnier – Breve ingerenza nella Stamperia Granducale.

Nell'autunno del 1841 eccomi nello scrittojo angusto e bujo del signor Le Monnier. Uno sgabuzzino formato con vetri e telai di abete, ove io e il principale stavamo rinchiusi molte ore del giorno, e la sera fino alle 11, a rivedere stampe, a sbrigare la corrispondenza, a trattare di lavori di stampa con i clienti e altre faccende.

Nei primi tempi che stavo dal signor Le Monnier, m'accadde un fatto strano, e doloroso per me. Presso lo scrittojo, che io chiamo *sgabuzzino*, vi era una stanzetta a terreno, e una al mezzanino. In una di queste stanzette aperte vi erano molti volumi del *Panthéon Littéraire* (volumi in 4°, come ognun saprà, a due colonne), e vi erano pure opere ghiotte per me, che venivo dal Piemonte, ove gli scritti del Rousseau, del Voltaire e della Sand erano proibiti dalla censura, e quindi difficili a trovarsi a leggere, non che a comprare. Adocchiate coteste opere, quando il signor Le Monnier andava per la città a sbrigar faccende, io soleva schizzare nello stanzino, e, preso ora un volume ora un altro, mi trattenevo delle buone mezz'ore a leggere. Dopo un mese e più di quella mia frequenza nello stanzino, quando il principale era fuori, egli stesso venne a scoprire che gli mancavano alcuni volumi di quella Collezione francese. Il principale si preoccupa, come è naturale, di questa mancanza; ne parla col proto di stamperia e con qualcuno dei lavoranti, e viene a sapere che ogni volta ch'e' si assenta dalla stamperia, io m'inoltro nello stanzino, e vi rimango delle mezz'ore.

Ecco nati i sospetti sopra di me. Poco alla volta sono manifestati dal principale, ma con un garbo infinito. Poi datomi l'assalto in regola, io ammutolisco, e non mi curo di rispondere. "Ella mi par incapace di un furto; quindi si difenda"; così mi diceva il signor Le Monnier.

Ed io muto. Punzecchiato ancora, dico: "Non avvezzo a questa sorta di accuse, non so che rispondere. La verità si farà strada. Confido nella mia innocenza." E il Le Monnier a questo mio contegno, non mancante di austerità, rimane sempre più perplesso; non sa che cosa debba pensare, nè decidere; i pochi suoi amici, a cui racconta il caso, parlano spontanei in mio favore. Pareva che avessi un aspetto sincero e di buon giovane. Parlavano insomma tutti in mio favore. Ciò venni a sapere in seguito.

Pochi giorni dopo il Le Monnier tutto allegro mi annunzia che il ladro è scoperto. Era un Formigli, compositore nella Stamperia, che trafugava i volumi, mettendosene uno alla volta nei calzoni davanti. Stavo leggendo a riscontro con un ragazzetto, quando il signor Le Monnier tutto lieto mi dette quell'annunzio, e io rammento bene che non mi feci nè in qua, nè in là per la mia innocenza riconosciuta, e non interruppi neanco la lettura delle bozze. Ciò rammento benissimo, e ricordo che, pochi giorni dopo, il principale mi accrebbe lo stipendio stato poc'anzi scemato.

Ecco com'era avvenuto che fosse scemato il mio stipendio, fissato prima dal Le Monnier a 100 lire toscane. Egli mi credeva molto più valente di quello che in verità non fossi, negli studi letterari. Infarinato sufficientemente bene di letteratura contemporanea per aver divorato molti libri italiani moderni, ignoravo però il latino, e pochi avevo letti de' classici italiani. Il signor Le Monnier s'accorse ben presto ch'ero debole, e più dilettante che veramente istruito, come forse parevo, o forse m'aveva rappresentato il Malagoli; perciò dopo il primo mese mi scemò la paga niente meno di un terzo, ed io non feci opposizioni di alcuna sorta, sorbendo in segreto una buona dose di mortificazioni. Ma tutto questo giovò ad animarmi alla lettura sempre più estesa e sempre più accurata, a frequentar letterati il più che potevo, a prender note della lingua toscana e di storia letteraria e belle arti.

Quand'io entrai nella tipografia del Le Monnier, egli godeva fama ben meritata d'intelligente nell'arte sua e di uomo operoso. Stampava quasi tutto di commissione, e lavorava più che altro per la Società editrice fiorentina, che pubblicava a fascicoli opere piuttosto voluminose in 8° grande a due colonne; per esempio i *Poeti* e i *Prosatori greci*, in due volumi, le *Traduzioni* dei Poeti latini, la *Storia d'Italia*, tradotta dall'originale tedesco di Enrico Leo, e finalmente le *Opere* complete di Galileo, alle quali doveva precedere una *Vita* scritta espressamente per questa raccolta dal signor Eugenio Albèri, il quale non la pubblicò mai.

È noto come il granduca Leopoldo II avesse dimostrato più volte una viva simpatia, un vero culto per Galileo, onde promosse la pubblicazione delle sue opere, che venne assunta dall'Albèri. Ma coll'andar del tempo l'ardore scemò; per quali motivi, non saprei dire con sicurezza. So questo di certo che l'Albèri, interrogato da me quando avrebbe dato alla stampa la *Vita di Galileo*, promessa agli Associati, mi rispose così: "La scriverò, se il granduca mi promette di dare un giusto compenso alle mie fatiche." Il signor Albèri non è mai stato facoltoso, e deve campare col frutto dei lavori suoi o dei suoi figli.

Nato in Padova da famiglia bolognese, egli era direttore della suddetta Società; uomo colto, parlatore efficace, ingegno sveglio, acuto, prudente, nella molle società fiorentina fece qualche buon effetto, e potè raccogliere dalle borse dei patrizi un centomila lire d'allora, equivalenti a ottantaquattromila italiane, per fondare una Società editrice. E fu un miracolo. Essendo l'Albèri più letterato che amministratore, e fondando le sue intraprese librarie più sul sistema delle associazioni che sul vero commercio, che consiste nel produrre il meglio che si può e far poi ricercare la produzione, dopo sei o sette anni la Società editrice fiorentina dovè cessare. Nella scelta delle opere da ristampare non aveva certamente il gusto poco ragionevole dei Batelli, dei Passigli, dei Fumagalli, che badavano più che altro al titolo pomposo dei libri e alla gran mole dell'opera, preferendo quelle che erano adorne di rami o di vignette, per far effetto su gli associati e agevolare la via a larghi compensi pe' soliti viaggiatori, che procacciavano firme. Dio sa con quali artifizi; ma come persona cólta, nelle scelte mirava a riprodurre opere letterarie e scientifiche di fama incontrastata, e senza il lenocinio, spesso ingannevole, di incisioni, come usavano allora gli editori qui sopra menzionati. Forse al signor Albèri può rimproverarsi di non aver imitato i dotti editori, che lo precedettero, i quali nel ristampare i classici preparono essi stessi il testo con ogni diligenza di raffronti su i codici e su le stampe antecedenti, e arricchendo le nuove edizioni con note bibliografiche o filologiche. Dal Fumagalli all'Albèri si fece un gran passo, ma non s'arrivò al modo di lavorare del Gamba, del Pezzana, del Poggiali, e quindi del Le Monnier, il quale, se non faceva da sè, pagava perchè altri facesse per lui, e facesse bene.

Piacemi anche ricordare che questo signor Albèri si trovava nelle file dei liberali moderati, e allora correvano gli anni tra il 1840 e il

1845. Venuto il 1848, epoca della nostra maggior rivoluzione, egli fu con Massimo d'Azeglio a Vicenza, e fece tutta la campagna con i soldati pontifici, poi ebbe parte alla conclusione della pace con gli Austriaci; insomma fin allora mostrò di essere buon patriotta. Nell'aprile 1859, dopochè il granduca Leopoldo II ebbe abbandonato la Toscana per rifugiarsi in Austria, il signor Albèri si presentò con qualche mostra di arditezza al dittatore barone Bettino Ricasoli, uomo non facilmente accostabile e piuttosto rigido nei modi che affabile, come porta generalmente la natura toscana; il quale col non riceverlo volle forse dargli segno di noncuranza. Il fatto è che l'Albèri, invelenito da quel rifiuto, poco alla volta si ritirò tra le file degli amici della dinastia decaduta, e ben presto si trovò nel campo dei gesuiti e di quelli che avversavano il movimento italiano. Il marchese F. A. Gualterio e Celestino Bianchi entrambi si provarono a piegare l'animo del fiero barone a favore dell'Albèri, ma non riuscirono. Questo lo seppi dai suddetti amici miei. Fu detto ch'egli ricevesse stipendio dalla famiglia granducale per difenderne la causa. Io non lo posso assicurare; questo so ch'egli ebbe a patire insulti dai giornali liberali, che lo chiamavano retrogrado e peggio. Credo che gli abbiano infiacchito l'animo fin allora fidente, oltre quelle disillusioni che sopravvengono nel corso delle rivoluzioni politiche, non lievi disgrazie di famiglia, e infine una tendenza molto decisa a idee religiose, quando la sua vita cominciava a declinare. Il fatto è ch'egli visse molto ritirato in casa, assumendo aria misteriosa. Scrisse un'opera di filosofia, intitolata il *Segreto dell'umano destino*, in cui si vede il passato liberale e il nuovo clericale ardente. Quando cammina, volentieri rasenta i muri. Fino ad oggi (maggio 1874) vive con una sua figliuola, entrambi ascetici.[1]

Ritornando alla tipografia Le Monnier, ricordo che allora essa aveva sei torchi a mano, e più tardi, verso il 1850, accrebbe il materiale di un torchio a macchina. Questo laboratorio veniva in gran parte alimentato dalle cose, che faceva stampare il signor Albèri; onde si può dire che, indirettamente, egli contribuì a dar fondamento a quella ragguardevole tipografia e a tenerla operosa; tanto vero che ogni sabato il signor Albèri mi contava sempre dalle sette alle ottocento lire toscane per lavori di stampa, le quali bastavano per gli operai dello Stabilimento, e n'avanzava un duecento per altre spese.

[1] Eugenio Albèri, nato il 1° ottobre 1817, morì a Vichy alla fine del giugno 1878. (*F.*)

Il Le Monnier aveva allora intrapresa la pubblicazione della *Storia d'Italia* del Borghi, che poi non condusse a termine. Il Borghi, a vero dire, non era uomo da scriver la storia, ufficio, che, oltre alle doti di valente scrittore, richiede esperienza della vita e seri propositi, autorità di maestro, e quasi direi natura di filosofo. Invece egli era un letterato di buon gusto sì, ma non scrittore originale ed efficace, nè in prosa, nè in poesia, ma piuttosto un valente imitatore; non aveva nè sentimenti alti della dignità dello scrittore, nè pratica di mondo. Percorse l'Italia e la Francia preceduto da una certa fama poetica pei suoi *Inni sacri*, scritti a imitazione di quelli del Manzoni; ma la vita del Borghi, canonico, stonava troppo con quella del cantor di Maria e della Pentecoste. Egli viaggiava con una sua amica e con la figlia dell'amica. Gli erano fatti anche altri addebiti, che toglievano ogni prestigio all'ingegno; ma basta il già detto per comprendere che nè l'editore poteva sperar nulla di bene da uomo siffatto, nè le lettere da un letterato imitatore. E nell'imitare si reggeva per un tratto non troppo lungo, cosicchè i primi tre fascicoli della sua Storia furono detti per lo stile arieggiare al Davanzati, e nel séguito fu notato un divario notevole, o almeno una notevole trascuratezza. Nella mia famigliarità affettuosa con lui, io osava talvolta rimproverargli la differenza, che correva tra i suoi scritti e la vita ch'esso menava; ed egli a rispondermi: "Vedete il Monti; fece lo stesso." Non aveva pienamente ragione del confronto; ma pure il cattivo esempio fa sempre de' proseliti.

Il Le Monnier corse pericolo di trovarsi in gravi imbarazzi, quando il Borghi gli mandava in lungo la pubblicazione dei fascicoli, sintantochè, essendo questi venuto a morte in Roma, potè l'editore onestamente cessare dalla pubblicazione di codest'opera, e fu per lui una buona fortuna. Rivolse allora le sue cure a pubblicare quella *Biblioteca Nazionale*, che gli fruttò molti plausi e molti guadagni, ed è una raccolta di Scrittori antichi e moderni, di fama incontrastata.

Io m'immagino che arrivato a questo punto della mia narrazione, nessuno che m'abbia letto fin qui possa dire che io abbia narrato i casi miei con troppa baldanza; che anzi ho cercato di tenermi in un tono piuttosto rimesso, come domandano il soggetto e la verità. Giunto a questa età di cinquantasette anni, io giudicherei colpa intollerabile l'attribuirmi meriti che non ho, e, se anche ne avessi, ho abbastanza senno per intendere che le millanterie non piacciono al pubblico giudizioso e buon gustajo. Ebbene, premessa questa dichiarazione, oso dire che la pubblicazione della *Biblioteca Nazionale* è frutto de' miei pensieri e delle mie cure, destatemi nell'animo e fecondate dopo quella sorpresa provata a Genova davanti alla libreria Gravier. A conferma di quanto asserisco, oggi avrei vari testimoni, che allora mi vedevano a lavorare: Cesare Guasti, l'avvocato Galeotti, Marco Tabarrini, l'avvocato Tommaso Corsi, Pietro Fanfani, Zanobi Bicchierai, Francesco Perez, tutti ancora viventi (18 maggio 1874); e le lettere possedute da quei letterati d'Italia, che furono collaboratori alle pubblicazioni della Biblioteca suddetta, sino al principio del 1854, sono di mio carattere, e possono farne fede. Se vivessero il Vieusseux, l'avvocato Vincenzo Salvagnoli, il Guerrazzi, il Niccolini e il Tommasèo, potrebbero dirne qualche cosa anch'essi.[2]

Dopo aver passati quattordici anni col signor Le Monnier in occupazioni assidue per l'incremento delle sue intraprese, com'ebbe più volte a dichiarare egli stesso, talora anche alla mia presenza; dopo aver percorso varie volte e in vari tempi l'Italia per invigilare non solo l'andamento degli affari con i clienti librai, ma per rispondere a voce, eccitare o chiarire dubbi a letterati collaboratori della detta Biblioteca, i quali visitavo con non minor zelo, e fors'anco maggiore, dei primi, io m'immagino le ragioni, alcune buone, altre meno buone, per cui venni un po' a noja al signor Le Monnier; il quale lasciò più volte intravedere, e poi mi disse chiaro che quella specie di superiorità, che avevo, cominciava a dargli a' nervi. Perciò si convenne di separarci, e ci lasciammo nel maggio 1854, egli nell'auge della sua prosperità, io con lire diecimila di risparmi accumulati in quei quattordici anni.

---

[2] Fra le carte di nostro Padre esistono di sua mano numerose minute di corrispondenze con letterati che lavoravano per la *Biblioteca Nazionale*, appunti e bozze di prefazioni e manifesti, relativi a quella impresa. In Appendice poi troveranno posto non poche lettere di lui e a lui del tempo che stava dal signor Le Monnier, le quali illustrano ampiamente questo periodo delle *Memorie*. Qui intanto ci sia lecito riferire alcune parole di Francesco Silvio Orlandini ed Enrico Meyer, benemeriti pubblicatori delle opere di Ugo Foscolo nella Biblioteca suddetta. Essi dunque chiudevano così l'Avvertenza al primo volume dell'Epistolario foscoliano: « Resta che noi paghiamo un debito di riconoscenza ringraziando coloro che ci coadiuvarono in questa non leggiera fatica; fra i quali vogliamo particolarmente nominato il signor G. Barbèra piemontese, che molto si affaticò per raccogliere manoscritti, giunte ed emendamenti, acciò questo Epistolario riuscisse più ampio e corretto che fosse possibile » E quell'Avvertenza porta la data del 12 ottobre 1852, nel qual tempo nostro Padre era impiegato nella Tipografia Le Monnier, dove si stampavano le opere summentovate. Della parte ch'egli ebbe nella compilazione dell'Epistolario foscoliano abbiamo anche altri documenti fra le sue carte, dove esistono, raccolte da lui, cento e più lettere amorose di quell'insigne scrittore, le quali l'Orlandini e il Meyer non credettero allora di pubblicare per delicati riguardi, e che sono tuttora inedite. Vegganesi pure le lettere di Luigi Carrer nell'Appendice. (*F.*)

Entrai allora nella Stamperia Granducale come agente del fallimento, che i creditori le avevano dichiarato; e gli stessi creditori mi posero in mano le redini di quell'azienda, affinchè la dirigessi. In pochi giorni io però mi avvidi di essere in mezzo a raggiratori famosi, che avevano ingerenze in quella Stamperia o per parentela col principale, o per essere piccoli creditori; onde ne rimasi tanto disgustato da dover, dopo un mese, venirmene via, e andai a raggiungere la mia famiglia, che villeggiava alla Badia di Fiesole.

CAPITOLO QUINTO

INTERMEZZO

SOMMARIO: Alla Badia – Sguardo retrospettivo ed esame di coscienza – Peripezie di una cassa di libri – Letture da editore – Fanatismo pel Franklin – Altri autori prediletti – Ricordo di letterati conosciuti dal 1842 al 1854 – Il Padre Vincenzo Marchese – Un articolo del *Costituzionale* – Segue il ricordo dei letterati – Mazzini a Firenze.

Poichè la mia vita un po' procellosa ebbe qui una sosta di alcuni mesi in campagna alla Badia di Fiesole, e io quindi ebbi occasione di raccogliermi tutto e di riflettere seriamente ai casi miei, anche nella narrazione credo di soffermarmi alquanto, e penso di non defraudare il lettore di alcune notizie, che potranno forse illeggiadrire il mio racconto, conservando nello stesso tempo qualche utile ricordo del tempo.

Eccomi dunque uscito non illeso, ma salvo, da due burrasche, che un po' mi avevo attirate da me stesso, o almeno non avevo scansate come richiedeva la più volgare prudenza. Eccomi alla Badia a meditare su gli errori passati, su i tempi sereni trascorsi, e soprattutto sul partito migliore, che avrei potuto oramai prendere per raddirizzare il mio fragil naviglio sbattuto dalle tempeste. Quantunque per le accennate ragioni io mi trovassi in condizione tutt'altro che lieta, pure, se debbo dire quello che mi ricordo, io non era punto sgomento. Pensavo con tutte le forze del mio animo al modo di metter su una Stamperia e divenire editore. Ero pieno di fede in un Essere superiore, che m'avrebbe ajutato, avevo un grande amore al lavoro e nessuna superbia, e perciò molto coraggio. Meco stesso andavo pensando ai tanti letterati italiani conosciuti e alle varie relazioni commerciali che avrei potuto avviare con quel poco di buon nome, che m'ero già formato, soprattutto di uomo oculato e pratico nelle faccende riguardanti la difficile professione dell'editore in Italia.

Per tenermi al corrente delle pubblicazioni italiane e straniere, a fine di poter esercitare la mia arte con intelligenza e con alacrità, io leggeva Riviste letterarie, vedeva le Bibliografie, osservava continuamente il Manuale di Bartolommeo Gamba su i Testi di lingua, percorreva le Storie letterarie. Siccome poi mi pareva di non esser più quell'ignorante di quando stavo a Torino, nelle mie letture facevo attenzione speciale alla lingua, alle frasi ben tornite ed efficaci e ai fatti storici notevoli, ma più di tutto alle sentenze utili per la vita. La sera non m'addormentavo senza leggere qualche libro, che continuavo la sera dopo, e varie ore alla domenica m'intrattenevo similmente nella lettura.

Stavo ancora dal Le Monnier, ed era un po' prima del 48, quando mi arrivò una cassa di libri provenienti da Londra. Quei libri appartenevano a un certo signor Curti, piemontese stabilito a Londra, che li mandava a Torino al signor Giovanni Vassallo suo cognato; e questi non potendoli introdurre a Torino, perchè la censura colà in quel tempo era ancora molto rigorosa, pensò di mandarli a me in Firenze, ove essa non esercitava rigorosamente i suoi diritti, o arbitri che vogliano dirsi. A poco a poco ad amici e conoscenti, che frequentavano la stamperia Le Monnier, io potei vendere la maggior parte di questi libri. Saranno stati 300 volumi di opere italiane, francesi ed inglesi. Io per me riservai una decina di volumi, e tra questi un Franklin e un Machiavelli.

Del primo v'era l'*Autobiography* e le Operette stampate in un volumetto nel 1820 a Edimburgo; del Machiavelli v'era il solo *Principe*, stampato a Parigi nel 1825 coll'assistenza del Buttura. Un'edizioncina graziosa, alta dieci centimetri e mezzo e larga sei e mezzo, con la vignetta del monumento all'autore in Santa Croce. Quel libretto, fatto legare semplicissimamente in tutto marocchino color pulce, lo portavo sempre con me, quando andavo a far lunghe passeggiate in campagna. Lessi più volte in quella bella stampa il *Principe*, e potei sempre più apprezzare lo scrittore, sempre vivo ed evidente ancor oggi. Il formato veramente simpatico del volume mi fece nascere molti anni dopo l'idea della Collezione Diamante, di cui dirò a suo tempo.

Posso proprio dire che i libri m'educarono, mi dettero lavoro, mi procurarono lucro più che ragionevole. Del Franklin poi sento di non aver ingegno sufficiente per dire tutto il bene, che in me produsse; come pure non saprei dire quante volte io ne abbia letto la Vita e poi gli Scritti. Come la carne, che noi mangiamo, dicono che in parte diventa sangue nel nostro corpo, così io credo di esser diventato, a furia di leggere e meditare il Franklin, poco alla volta una centesima parte di lui. Certamente vi ha contribuito molto l'essere stato anch'esso tipografo e discendente da una famiglia poco agiata, e l'aver egli dovuto spatriare per buscarsi il vitto. Infine un'ultima rassomiglianza: l'amore ardente all'istruzione in generale, e specialmente a quella tale istruzione, che insegna a conoscere il nostro simile e a discernere in questo mondo il vero dal falso, le apparenze dalla realtà, non per via di un egoismo schifoso, ma per via di un retto criterio, non sfornito di una certa dose d'entusiasmo, che preserva l'animo dall'irrugginire. Al Franklin io dovrei inalzare una statua, perchè mi illuminò la via oscura, in cui mi trovavo; mi porse elementi per rassodarmi il carattere, e poi contribuì a svolgere il mio ingegno, che senza esser notevole seppe mostrarsi con semplicità quello che è. In seguito, ne trassi anche guadagno materiale, facendo ritradurre dal signor Pietro Rotondi la Vita di lui e le Operette minori, le quali si leggono come libri nuovi, divertenti e sommamente utili. E difatti gli Scritti del Franklin contengono una morale pratica e un buon senso oltre ogni credere. Tutto ciò ch'egli dice ed inculca è di una effettuazione facile e immediata.[1]

Quand'ero ancora scapolo, e abitavo una soffitta di faccia alla chiesa di San Barnaba, passavo varie ore delle domeniche nella lettura. La quale fu varia assai; ma la lettura, che mi accadeva di rifare più spesso, era la *Vita* del Cellini, le *Opere* del Firenzuola, la Traduzione di Tacito del Davanzati, e tutto quanto veniva in luce di Niccolò Tommasèo, che, nonostante i difetti che alcuno possa notare, fu sempre fino a questo giorno il mio nutrimento gradito per la bella lingua, che dice con molta proprietà quello che vuole e come pochi sanno, e per lo stile, che ha un'impronta tutta propria, e per i pensieri fecondi e peregrini. Percorsi tutti i volumi della vecchia *Antologia*, e lessi tutti per intero gli articoli degli scrittori valenti; fra i quali quelli del Tommasèo segnati in fondo X.

---

[1] Tanto era egli persuaso dell'efficacia educatrice di questo Autore, che, quando il suo primogenito ebbe dodici anni, gli regalò una copia delle Operette morali del Franklin, scrivendoci sopra queste parole: *Raccomando vivamente la lettura di questo aureo libretto al mio maggior figlio e miglior amico Pierino; e spero che da esso libro ricaverà utili e grati insegnamenti per il vivere socievole, e per scansare molti ostacoli che s'incontrano nella vita*. Agosto 1866. GASPERO.

Nella sua camera da dormire, vicino al letto, abbiamo sempre visto un ritratto del Franklin, stupendamente inciso in rame. Oltre i ritratti di famiglia, in camera teneva pure quelli del Thouar, dell'Azeglio, del Parini e del Bodoni; ma per quest'ultimo non ebbe mai eccessiva ammirazione, perchè stampava solamente edizioni principesche; tanto che in un banchetto in onore di G. B. Bodoni, da lui presieduto, dopo aver cominciato con le lodi del grande tipografo saluzzese passò a parlare di Giuseppe Pomba, che l'Arte tipografica aveva, tra' primi, fatto servire all'incremento della istruzione popolare. (*F.*)

Leggevo molto, ma non studiavo su i libri, nè a quei tempi, nè mai. Cosicchè ne ricavavo poco profitto. Scopo del leggere era di non trovarmi digiuno di lettere quando discorrevo coi letterati di libri da farsi, o da esaminare, se fatti, o per ristampe. Notavo sopra un quadernino, in Stamperia o in casa, più che altro le sentenze utili a conoscere l'animo dell'uomo nel corso quotidiano della vita.

Rivedendo col signor Le Monnier le bozze dell'*Histoire du Consulat et de l'Empire* di Adolfo Thiers, mi rinvigorii e corressi nella pronunzia della lingua francese; giacchè a Firenze, mentre si faceva un'altra edizione della traduzione in italiano, si ristampava anche l'originale; ma soprattutto mi pare di aver appreso un po' di contegno nel vivere sociale, di che prima (bisogna che lo confessi) difettavo moltissimo. La lettura di quest'opera voluminosa contribuì a educarmi grandemente, insegnandomi cose fin allora a me ignote circa il modo di trattare le faccende politiche, che formano gran parte delle faccende di questo mondo. Di carattere impetuoso fin allora, incapace di frenare i miei sdegni subitanei e di ammonire altrui con garbo e misura, io rimaneva di stucco notando come il Thiers facesse parlare i suoi personaggi con calma dignitosa, o riferisse le loro parole autentiche, che era uno stupore per me ancora poco esperto di politica e di diplomazia; e soprattutto ammiravo i giudizî, ch'egli recava di quando in quando come storico. Infine il Thiers mi pareva scrittore imparziale, giudizioso, profondo, sempre naturale, e perciò evidente. In verità riconosco di dover molto a questa seconda Storia del signor Thiers. Con queste idee però e con questi gusti, che io chiamerò utilitari, era naturale che preferissi la prosa alla poesia, per la quale non ebbi mai gran trasporto.

I quattro Poeti classici lessi più volte, e degli antichi non altri per allora: dei moderni tutto quello che scrisse Giuseppe Parini, mio autore prediletto, che con il Foscolo e il Niccolini m'educò. Mi piacquero le *Poesie* di Giacomo Leopardi e di Giuseppe Giusti, ma non m'appassionarono come i tre primi. Non risi mai ai *Versi giocosi* di Antonio Guadagnoli, nè sentivo le bellezze delle *Poesie* di Alessandro Manzoni, perchè allora mi pareva troppo cattolico romano, e troppo timido liberale. Poi ebbi a mutar giudizio e a vergognarmene.

Ai letterati mi mostrai sempre affettuoso e riverente, fuorchè a quelli che avessero nome di soverchiamente cupidi d'onori o di denaro, o che menassero vita in contradizione troppo manifesta con i loro scritti. Io era critico e censore troppo rigido e quasi direi arrogante; certamente non possedevo quella indulgenza, che se non deve approvare il male, quando lo vede, sa compatire e, quando può, perdonare. Io che aveva difetti propri da correggere, mi compiaceva a notar quelli degli altri, e per indole (che i Piemontesi hanno questo fare) e per il mestiere che facevo, quello cioè di revisore di stampe, che cerca il pel nell'uovo, e non si contenta mai.

Ma delle mie letture, non tutte fatte con la necessaria diligenza, ho parlato abbastanza. Se non si poteva più dire che fossi un ignorante, non potevo chiamarmi nemmeno dotto, nè letterato; al più potevo ricever senza arrossire la qualità che Giambattista Niccolini mi attribuì, scrivendo a Andrea Maffei che io era giovane *cólto*, in una lettera dove mi raccomandava a lui con fiducia che sarei accolto bene ec. ec.

A questo punto prego chi legge di condonarmi se mi compiaccio di porre qui in gruppo tutti i letterati che conobbi dall'anno 1842 al 1854. Non credo che sia del tutto inutile per la storia letteraria de' miei tempi; ed a me è dolce ricordare non i soli nomi illustri, ma taluni poco noti per contrarietà di fortuna, anzichè per mancanza di meriti; tutti poi degni della mia riconoscenza per uffici o cortesi od utili resi a me finallora ignoto.

Ebbi famigliarità riverente con Pietro Giordani, Giovanni Battista Niccolini, Francesco Domenico Guerrazzi e Giuseppe Giusti, dei quali dirò poi qualche particolarità. Famigliarità vera con Pietro Thouar, un fiorentino, che di moderno non aveva nè l'animo, nè il costume; l'avresti detto vissuto ai tempi di Niccolò de' Lapi, e pel suo amore alla patria e per l'austerità della vita e dei pensieri. Non minor intrinsichezza con Carlo Milanesi e Carlo Pini, illustratori valenti, stimati in Italia e fuori, della maggior opera di Giorgio Vasari.

Nella breve sua vita amai e fui riamato da Cosimo Frediani,[2] che non ebbe tempo di svolgere il suo ingegno elegante e nudrito di buoni studî; altrimenti egli avrebbe potuto dare maggior frutto di quello che dette allorquando per il Le Mounier pubblicò con nuove cure le *Lettere* del papa Ganganelli.

Vincenzo Nannucci, Brunone Bianchi e Pietro Fraticelli, vissuti tra loro in grande amicizia, e morti a breve distanza l'un dall'altro, furono filologi insigni, i primi due più del terzo; tutti e tre venuti da umili famiglie: preti un pochino alla carlona i due primi; librajo e tipografo il terzo, ma in queste professioni non degno di nota. Triade pregia-

---

[2] Intorno a questo giovane egregio è interessante leggere quello che ha testè scritto un suo amico e compagno di studi, Giosuè Carducci, nel suo recente libro *Confessioni e Battaglie*, II serie. (*F*.)

ta e temuta in Firenze per le sue acri questioni letterarie coi letterati. A me fu benevolo di consigli letterari il Bianchi, e dell'opera loro il Nannucci e il Fraticelli.

Ebbi conoscenza rispettosa con Silvio Pellico, come ho detto più addietro, con Cammillo Ugoni, bello e gentile uomo, amico sincero ad Ugo Foscolo; con Luigi Carrer, che mi porse modo di rimarginare su le stampe foscoliane, che preparava il Le Monnier, le trafitte, che l'edizione del Gondoliere, curata da esso Carrer, aveva ricevute dalla censura austriaca in Venezia.

A Cesare Guasti un'amicizia schietta e serena mi unisce da venticinque anni: uomo sinceramente pio; dotto, elegante e purgato scrittore; sobrio nel trattare, che della sua casa fece un convento a sè e a' suoi figliuoli; costantemente operoso nello studio, e di fama immacolata.

Ebbi opportunità di conoscere, giovane, Augusto Conti, fin d'allora molto studioso, fervente cattolico e poeta gentile; poi divenuto filosofo e scrittore di filosofia valentissimo. Debbo ad un altro amico mio la precoce conoscenza del Conti, voglio dire ad Antonio Caccia, milanese, che conobbi in Firenze nel 1842. Esiliato dall'Austria, riparò in Inghilterra, e ivi prese moglie. Venuto in Italia, si andava aggirando con la famiglia ancor piccola nelle varie parti della Toscana, ch'egli amava in particolar modo. Lettore assiduo di libri antichi e moderni, egli aveva a sua disposizione quattro lingue, che adoperava con famigliarità: l'italiana, la francese, l'inglese e la latina. Leggendo, prendeva nota delle sentenze belle o utili, dei vocaboli scelti, delle frasi ben composte o ben tornite, e tutto registrava poi in un suo quaderno sotto diversi titoli, come sarebbe: *Lingua, Politica, Religione, Filosofia, Belle Arti*, ec. ec; e di un quaderno divennero due grossissimi libri. Morendo il Caccia, quei libri rimasero ai figli, i quali non seppero cavarne costrutto. Affidati a un letterato paziente e di buon gusto, si poteva da essi trarre il fior fiore, e pubblicarlo ad onor dell'autore e ad utilità degli studiosi. Il Caccia pubblicò un saggio di traduzione del *Don Giovami* di Byron, e in questa occasione mostrò il suo valore letterario e l'intima conoscenza della lingua inglese e della italiana.

L'anno memorabile, che fu il 1848, ebbi occasione di discorrere alcune volte, nel suo viaggio trionfale per le maggiori città d'Italia, col celebratissimo autore del *Primato*, Vincenzo Gioberti, il quale ad avvicinarlo e a trattarlo non perdeva in nulla il prestigio, che aveva acquistato quand'era lontano, in terra straniera, e quando parlava agl'Italiani coi libri, e non colla voce.

Un modesto fraticello domenicano, il padre Vincenzo Marchese, che io onorava e visitava talvolta nella sua cella di San Marco in Firenze, uomo fornito di studî letterarî ed artistici, lodatissimo per le sue *Vite di Artisti Domenicani*, mi divenne amico riconoscente, perchè, accusato per ingiusti motivi, io potei difenderlo efficacemente col mezzo di un giornale. Ecco l'articolo mio, stampato anonimo il maggio 1851 nel *Costituzionale*, giornale di Firenze:

> Un fatto doloroso è avvenuto in questa città. Dalla Delegazione del Quartiere di Santa Croce è stato imposto lo sfratto entro ventiquattro ore al padre Vincenzo Marchese da Genova, dell'Ordine de' Predicatori, sotto la grave accusa di essere nemico alla religione, al papa e al governo. Sappiamo che a questa tremenda imputazione l'umile frate rispose protestando che per la nostra religione e per il sommo pontefice avrebbe sempre offerto la sua vita; che del governo erasi sempre astenuto di parlare, come cosa che non riguardava l'istituto della sua vita.
>
> Chi fosse questo padre Marchese, espulso con insolita acerbità di modi, e senza riguardi nè al grado, nè allo stato di sua salute infermiccia, non è facile immaginarlo da chi nol conobbe. I suoi costumi erano quali si possono desiderare in uomo, che professa ordini sacri: pio, mansueto, soave; aveva grande amore alle arti belle; scriveva di quelle cose con rara eleganza; in tutta la sua vita recava quella gravità, che a un tempo manifesta l'uomo grande e cristiano. In niuna cosa poteva o voleva essere acerbo; ed allorquando la demagogia imperversava, lo vedemmo nascondersi per non udire imprecare a Pio Nono, che egli amava, anzi adorava divinamente. Questi suoi pregi non erano ignoti a chi ha il supremo governo del suo Ordine, il padre Jandel, che lo chiamava a Roma nell'ufficio di segretario; ufficio che il padre Marchese non potè accettare.
>
> In verità non sappiamo quali siano i motivi che indussero il Governo toscano ad usare insolita acerbità verso un uomo innocuo a qualsiasi governo; utile alla religione col suo esempio, cultore operoso delle arti, principalmente di quelle che trattano fatti religiosi; e l'Italia e gli stranieri dotti lo ammirarono nella sua opera stupenda su gli Artisti Domenicani, le cui pagine sembrano dettate da quel bello sublime e celeste, che a lui ispirava raffresco del Beato Angelico nella sua cella. Noi siamo persuasi che l'Autorità meglio da noi che da altri avrà un giusto concetto del padre Vincenzo Marchese espulso.

Questo articolo, comparso in un giornale moderato di Firenze, procurò al padre Marchese molta soddisfazione; perchè a nome del Governo granducale il professor Bonaini gli fece, senza por tempo in mezzo, le sue scuse, e venne tosto revocato il decreto di espulsione. Ma il padre Marchese, ringraziando, non accettò.[3]

Terenzio Mamiani, Ercole Ricotti, Tommaso Grossi (che vidi a Milano nel suo studio di notajo nella Galleria De' Cristoforis, e che all'aspetto pareva fratello ad Alessandro Manzoni), Giampietro Vieusseux, Raffaello Lambruschini, Emilio Frullani, poeta gentile, Silvestro Centofanti, dotto nella letteratura greca, Tommaso Corsetto, domenicano studioso, degno di essere pregiato per la sua dottrina e pel suo contegno modesto e dignitoso, sono nomi tutti a me cari per aver ricevuto da essi segni di benevolenza.

Ricordo l'avvocato Vincenzo Salvagnoli, ornato parlatore e arguto, che non ebbe voglia di lasciare orma sicura del molto suo ingegno e del suo delicato sentire in belle lettere; [4] Silvio Orlandini ed Enrico Mayer, che adoperarono il loro ingegno paziente e coscienzioso a ordinare e illustrare tutti gli scritti di Ugo Foscolo; Luigi Polidori, erudito nelle cose storiche; Mario Pieri, che stampò in più volumi la piccola sua vita; Giuseppe Canestrini, versato nella paleografia, ma poco sicuro di quello che diceva, e di quello che stampava (lo sa il marchese Gino Capponi, che dovette far riscontrare e poi ricopiare vari documenti per la sua *Storia della Repubblica di Firenze*); Pietro Dal Rio, dotto nella letteratura italiana e nella latina; Giuseppe Manuzzi, compilatore del gran Vocabolario; Prospero Viani, filologo arcigno. Furono questi da me conosciuti in quel torno dal 46 al 54. Di Niccolò Tommasèo, da me venerato, dirò in più parti di queste Memorie.

Mi resta ancora da nominare alcuni, e spero di aver poi tutti menzionati i letterati, che allora conoscevo per avere avuto con essi qualche contatto. Subito qui registro Antonio Ranieri, fedele ed operoso amico di Giacomo Leopardi, che pubblicando le *Opere* di lui dal Le

---

[3] Vedi la lettera del padre Marchese al Barbèra, e la risposta di questi nell'Appendice. (*F.*)

[4] L'avvocato Salvagnoli ebbe molta amicizia e stima per nostro Padre, come risulta da molte lettere che gli andava scrivendo, benchè vivesse anch'esso in Firenze.

Nel 1853 avendo il Salvagnoli fatto stampare un suo discorso su Sallustio Bandini, economista senese, ne mandò una copia a nostro Padre, scrivendovi sopra queste parole a forma d'epigrafe: *All'amico del cuore e della mente - All'Ateniese delle Alpi - All'Inglese dell'Arno - All'italianissimo Barbèra - Vincenzo Salvagnoli.* - (*F.*)

Monnier acquistò al proprio nome qualche maggior lustro, che non gli potè dare il Fòro napoletano. Mi è dolce rammentare anche Antonio Cagnoli, poeta non ricordato troppo dopo la sua morte, e, finché visse, amato e lodato da persone d'ingegno nella sua Reggio di Modena.

Due letterati, che divennero poi personaggi eminenti nella Chiesa, furono Enrico Bindi e Gioacchino Limberti. Il primo, da letterato arguto e vivace, che scriveva persino in un giornale letterario di Firenze, la *Rivista*, divenne vescovo di Pistoja, poi arcivescovo di Siena. Il secondo lo conobbi prima rettore nel Collegio Cicognini a Prato, quando una volta fui a visitarlo con Cesare Guasti, e poi lo rividi insediato nel maggior grado della Curia arcivescovile di Firenze. Ambedue letterati di merito; di maggior valore il primo, cui abbonda l'ingegno e l'energia.

Terminerò con i nomi di uomini politici, con cui ebbi per alcun tempo relazioni più o meno familiari: Luigi Carlo Farini, Bettino Ricasoli, Guglielmo Digny, l'avvocato Leopoldo Galeotti, Marco Tabarrini, Giuseppe Massari, allora giornalista, e Filippo Antonio Gualterio.

Quando Giuseppe Mazzini nel 1848 venne in Italia, dimorando alcuni mesi a Roma e vari giorni a Firenze e a Milano, io ebbi modo di rinnovare la sua conoscenza, incominciata per cose del Foscolo quando egli stava a Londra. Lo trovai uomo cortese, infervorato nelle sue idee politiche, parlatore elegante e garbato, sì che, affiatatosi per mio mezzo con Gino Capponi, Leopoldo Galeotti e Marco Tabarrini, il primo, uscendo dalla locanda di Portarossa, ove abitava il Mazzini, ebbe a dire in que' giorni di grande confusione: "Con costui almeno ci s'intende."

Dal 1848 al 54 praticavo spesso in Firenze Massimo D'Azeglio, che era già salito in gran fama; e al nome eccelso di quest'uomo, che mi onorò della sua costante benevolenza, ho potuto aggiungere molti anni dopo, per le ragioni che dirò in seguito, i nomi illustri di Alessandro Manzoni, Gino Capponi, Antonio Panizzi e Alfonso La Marmora.

CAPITOLO SESTO

BOZZETTI LETTERARI

SOMMARIO: Il pettine di Pietro Giordani – G. B. Niccolini – Non era buon revisore di stampe – Sua bontà d'animo ed ingenuità – Giuseppe Giusti – Sua sostenutezza abituale – Le Opere del Parini, pubblicate dal Le Monnier con un Discorso di Giuseppe Giusti – Una visita a F. D. Guerrazzi nel Carcere delle Murate in Firenze – Conferma di un giudizio del Guerrazzi sul Giusti – Notizie e aneddoti relativi a Vittorio Alfieri, avuti col mezzo di Francesco Tassi, suo segretario – Influenza del nitrito di un cavallo su l'umore di un grand'uomo – Come i manoscritti dell'Alfieri furono lasciati alla Laurenziana – Ricordo di Emilio Santarelli scultore e floricultore.

Quando nel 1844 si stampavano dal Le Monnier, per cura di Antonio Ranieri, le *Opere* di Giacomo Leopardi in due volumi, Pietro Pellegrini e Pietro Giordani si proposero di raccoglier varî scritti minori del Leopardi, e diedero al volume il titolo di *Studî Giovanili*. Durante la stampa di questo volume ebbi varie volte occasione di scrivere al signor Pietro Giordani, ed ogni volta che dovevo passare per la città di Parma, non mancavo di procurarmi l'onore di visitare un sì celebrato scrittore. Abitava una modestissima casetta a un secondo piano, non molto distante dal Duomo. Egli era magro, piccolo, tutto sopracciglia, che gli davano un aspetto di uomo stizzosetto. Modestissimo l'alloggio, anche nell'interno; pochissimi mobili: un letto, senza parato, nè cielo, due o tre bauli, uno sopra l'altro, mi parvero la mobilia, se così può dirsi, di quella camera, ch'egli faceva servire anche da salotto e da scrittojo. Pochissimi libri in uno scaffale appeso alla parete vicino alla finestra, e davanti a questo scaffale un tavolinetto per iscrivere. Una camera un po' più grande di una cella, ma che di cella aveva tutto l'aspetto.

È noto che il Giordani fu frate per diversi anni a Piacenza, sua terra natale. Aveva pronunzia piacentina, ossia lombarda. Pareva che non avesse orecchio delicato, perchè mi giudicò fiorentino, e lo scrisse al professor Pietro Pellegrini: « Vi presento il signor Barbèra, fiorentino, ec. ec. » Amava superlativamente le persone che gli andavano momentaneamente a genio, e sdegnava del pari chi non era nel suo calendario. "Che fa Padre Inquisitore Niccoletto?" e intendeva dire del Tommasèo, di cui era fiero nemico e implacabile. Ma ne fu contraccambiato ad usura. Quando visitavo il Giordani, egli mi assediava d'interrogazioni: – Che fa quello; che fa questo? – In ciò rassomigliava ai re e alle monache e a coloro che menano vita solitaria; i quali, quando veggono qualcuno, lo assediano d'interrogazioni strane ed anche insulse. E lo stesso Tommasèo, la prima volta che lo vidi in Firenze, alloggiato presso le case dei Ridolfi in via Maggio, non mi domandò forse se sapevo quanto spendesse il banchiere Fenzi per la tavola?

Meravigliato che il Giordani avesse nel suo piccolo scaffale così pochi libri, seppi che, una volta percorsi o letti, come leggono i veri letterati, i libri moderni, leggendoli più qua, più là, li regalava, o ad amici o a giovani bisognosi d'istruzione. Insomma quell'abitazione di Pietro Giordani era notevole per esser quasi priva di mobilia e di libri.

Appunto durante la stampa del volume sopra ricordato, il Giordani scrisse che avrebbe avuto bisogno di esaminare le *Effemeridi Romane*; ove il Leopardi aveva pubblicato vari anni prima qualche scritto di erudizione. Dovendo in breve andare a Mantova, affretto la mia partenza, e porto io stesso il volume di quel periodico. Tre giorni dopo ripasso a ricevere gli ordini del signor Pietro. "Sapete? non ho trovato quello che cercavo; quindi potete andar avanti nella composizione degli *Scritti Giovanili*, secondo la nota." Riverito col massimo rispetto il Giordani, mi dirigo alla locanda della *Posta* col volume sotto braccio, senza aprirlo per istrada. Arrivato però in camera, apro il volume, e vi trovo un pettinino: "Oh bella! che cosa significa ciò?"

La mattina dopo eccomi alla dimora del signor Pietro col volume dell'*Effemeridi*, tal quale l'avevo avuto da lui. Incontro per via Luciano Scarabelli (al quale il Giordani aveva amore di padre), e si va insieme alla casa del signor Pietro. Intanto, strada facendo, gli narro l'accaduto e la mia maraviglia. "Le spiego subito l'enigma. Quando al mattino Ella è venuta dal sor Pietro, avrà notato ch'egli se ne sta seduto a letto, e in fondo io seduto sopra una seggiola a leggergli qualche scritto inedito di lui, o qualche brano di libro ricevuto in dono, o qualche passo di autore antico. E mentre io leggo, il Giordani si va pettinando con questo pettinino che Lei ha costì; se lo scritto piace al Giordani malgrado il fastidio che reca il pettinarsi, allora egli ritiene che quello stile sia perfetto."

Ad uno scrittore che in vita fu tanto amato e riverito non dai soli Fiorentini e Toscani, ma da tutta quanta l'Italia, e che ora e Fiorentini e Italiani non ricordano quasi mai, io debbo dar qui un posto speciale. Non dirò in questi cenni quello che di Giambattista Niccolini altri già disse e meglio di me, ma terrò conto di alcuni fatti, che mi sono noti per mia particolare osservazione, o per averli uditi da contemporanei non scrittori.

Il Niccolini onorò l'Italia con i suoi scritti sempre ispirati dai sentimenti del più puro liberalismo. Non tentennò mai in politica: fu ghibellino. Avversario implacabile della Corte di Roma, scrisse l'*Arnaldo da Brescia*. Fu detto miscredente; io lo nego: era dubitativo; non sapeva quanto dovesse credere, ma sentiva di aver bisogno di credere; nel personaggio di Edipo, nella sua tragedia di questo nome, mi è parso sempre di vedere l'animo, ondeggiante tra il dubbio e la fede, di Giambattista Niccolini. Uomo per altro, la cui vita letteraria incontaminata non fu mai smentita dalla vita privata. Alto ingegno, carattere ingenuo.

Letterato, aveva delle singolarità da ricordarsi. Studiava molte ore del giorno e di varie letterature antiche e contemporanee, e scriveva in versi e in prosa. Credo che pensasse molto prima di stendere i suoi componimenti, che correggeva ricopiando; e poi su le stampe non correggeva più, e quelle leggeva malamente; dico malamente, perchè gli scritti, che rivedeva egli, li sapeva tutti a memoria; quindi di quella lima, che i moderni scrittori con tanto utile adoperano su le bozze di stampa, il Niccolini, o l'ignorasse o no, non faceva uso. Una volta dato il manoscritto al tipografo, l'autore non aveva cose notevoli a fare, e non sapeva fare. In prova di ciò ricordo che rivedendo io le bozze dell'*Arnaldo*, in cui un verso non aveva la giusta misura, lo feci mettere nella stampa rovesciato, perchè l'autore correggendo si fermasse a quel punto. Il Niccolini non s'avvide di nulla, e nel restituire le stampe, mi disse: "Va tutto bene." – "E quel verso che non tornava l'ha corretto?" – "Quale? " – "Questo" – "O l'imbecille che sono!" – rispose il Niccolini con quell'accento suo tutto fiorentino.

Il Niccolini era di cuore generoso con gli amici e con gl'infelici. Rifuggiva dal rispondere ai letterati, che inviandogli le loro opere lo invitavano a dar su esse quei giudizi, che spesso non sono che ricambio di lodi con grave perdimento di tempo. Ma invece di lodi o di complimenti, richiesto di ajutare infelici non esitava a por mano alla borsa, e dava modestamente, e senza ostentazione.

Aveva gusti e costumi di estrema semplicità, che talvolta pareva dabbenaggine. Nella sua villa all'Agna presso Pistoja un giorno a pranzo con alcuni amici, tra cui era anch'io, lodatogli il pranzo squisito, egli disse: "Quel mio fattore è un degno uomo." – "Non il fattore, ma voi, Giovan Battista, avete il merito perchè, pagate profumatamente queste splendidezze," rispondeva la signora Certellini, sua confidente. Un giorno davanti a me aveva soggezione di pagare una parrucca, fatta fare a Parigi, forse perchè là si fanno meglio che da noi, ma certamente modesta, e in nulla differente dalle altre. Ordinatala in presenza mia a chi poi gliela recò a Firenze, in presenza mia aveva soggezione di pagarla.

Era versatissimo nella letteratura inglese. Un giorno presentatagli una *Rivista* inglese per domandargli se conosceva un articolo, ivi stampato, di Ugo Foscolo sul *Tasso*, egli si mise a leggere percorrendo due di quelle pagine piene e in carattere piccolo delle stampe inglesi; ma non leggeva, correndo, l'inglese, bensì la traduzione, che via via ne faceva in italiano. Segno che la lingua inglese gli era più che famigliare.

L'*Arnaldo da Brescia*, il suo maggior lavoro, credo, in poesia, aveva destinato di stamparlo a Parigi, perchè qui era vano sperare, non che il permesso, la restituzione del manoscritto. A mia preghiera l'autore scrisse a chi aveva affidato il manoscritto di volerlo senza indugio rimandare, e così fu fatto. L'ebbe il signor Le Monnier, che lo stampò a Marsiglia, e lo pubblicò qui con vantaggio suo, e con soddisfazione grande dell'autore e di molti suoi amici. Ringraziava il Le Monnier della stampa di questa e delle altre opere, per le quali non chiese mai il minimo compenso, e a coloro che si lagnavano di non trovar editori alle loro prime opere egli diceva: "Per la mia *Polissena*, ebbi a pagare al Piatti tanti belli e buoni scudi." Non credeva utili i privilegî o le proprietà letterarie, istituzioni ignote, diceva, quando venivano fuori i prodigi dell'ingegno umano; e ricordava Dante, il Machiavelli, Galileo, il Tasso e l'Ariosto.

Di Giuseppe Giusti, scrittore tanto acclamato in vita e dopo la sua morte, io non avrei cosa veramente degna di nota da registrare. La sua fama di poeta politico e satirico gliela fecero in prima i Toscani, i quali lodavano più l'uomo che con la sua satira pungente ajutava la rivoluzione a maturarsi, che il letterato; non già che questi non avesse il suo pregio. Divulgatesi poi nel resto d'Italia, specialmente durante le rivoluzioni dal 1846 al 50, i non Toscani le leggevano con avidità senza troppo intenderle, ciò dissimulando a loro stessi, ma ne applaudivano il concetto eminentemente patriottico.

Redenta la patria e costituita l'unità, essi, passando per Toscana o dimorandovi, giunsero finalmente a intender meglio, e taluni anche bene, la lingua parlata fiorentina; e comprendendo meglio le Poesie del Giusti, lo acclamarono sempre più, e gli rimasero obbligati di aver potuto, a motivo di quelle Poesie, addentrarsi nella bella lingua, che prima pregiavano, ma non comprendevano a sufficienza. Di qui plausi e plausi, accresciuti sempre più dalla morte immatura del Giusti, che in verità destò rammarico universale. Amici di lui pubblicarono dopo morte le Lettere, e allora nuovo fanatismo, quantunque quelle lettere sentano troppo dello studiato, che è natura contraria ai Toscani moderni, i quali nello scriver lettere forse si lasciano andar troppo al semplice.

Il lettore vedrà più oltre il giudizio, che ho riferito testualmente, di Francesco Domenico Guerrazzi sul Giusti. Io non metto bocca in questo, perchè a me non spetta di giudicare il merito letterario di un uomo che è divenuto celebre, nè la sua fama minaccia di oscurarsi; voglio dire piuttosto qualche cosa del suo temperamento e del suo carattere. Era l'anno 1845, quando proposi al Le Monnier di affidare al Giusti la scelta delle *Poesie* di Giuseppe Parini precedute da un Saggio su questo scrittore. Si storiò molto prima di avere una risposta dal Giusti, che allora dimorava a Pisa in casa Frassi; gli si chiedeva se volesse avere la compiacenza di accettare questo incarico. S'interposero, pregati dal Le Monnier e da me, vari amici comuni, ma non si arrivava ad alcun costrutto. Per rompere gl'indugi, dovendo recarmi a Bastia per far stampare l'Appendice ai due volumi delle *Opere* di Pietro Giordani (che la Censura non voleva permettere si stampasse in Firenze), pensai di presentarmi io stesso al signor Giuseppe Giusti, che allora era al colmo della sua gloria, e ricordo molto bene che era difficile di vederlo, difficilissimo poi di parlargli; uomo nervoso all'eccesso, atrabiliare, sdegnoso, pareva quasi sgarbato. Poi diffidava di tutto e di tutti; credeva di essere ingannato in cose d'interesse, e non pareva essergli indifferente il denaro, come, a dir vero, lo era a G. B. Niccolini e a molti letterati italiani contemporanei. Insomma, avvicinandomi alla casa Frassi in Pisa avevo l'animo perplesso, e non sapevo come mi sarei cavato d'impiccio in quel primo colloquio col gran Giusti. Pure eccomi davanti all'uomo del giorno: bel personale, bell'aspetto, un pochino arcigno il naso; aria di elegante anzichè no. Mi guardava dalla fronte ai piedi arricciandosi con una mano i baffi: ascoltava quello che io gli andava proponendo, e terminava col dirmi: "Se il Le Monnier mi scriverà i patti, che Lei ora mi dice, affinchè io assuma la cura della scelta delle *Poesie* di Giuseppe Parini e relativa Prefazione, può essere ch'io mi decida di accettare" Così fu fatto; il Le Monnier sottoscrisse la lettera, che io distesi per questo oggetto. Al Giusti piacque; quindi accettò. Il lavoro sul Parini da molti anni è sotto gli occhi del pubblico, il quale, se non erro, lo ha giudicato come cosa inferiore all'ingegno, che il Giusti dimostrò nelle Poesie sue.

Licenziatomi dal Giusti, che neppur in fine del colloquio divenne più amabile (è un po' la natura dei Pesciatini[1] agra, lesinina, diffidente, forse perchè sono accosto a Lucca), corro a Livorno. Vedo il Guerrazzi. Pieno di entusiasmò, gli racconto il colloquio col Giusti, e la speranza di aver vinto le esitanze; ero tutto giulivo. Al Guerrazzi non parve che avessi fatto un gran che: "Oltre le Poesie, il Giusti nel suo cervello non ha più nulla; credetelo a me: non ha studi fortemente fatti, ma letture e vita a zonzo in casa di amici vecchi, e sentimentalismo più o meno schietto con signore." Poche ore dopo io veleggiava per Bastia.

Recherò adesso un mio scritto, che ricorda la visita che feci al Guerrazzi il 7 settembre 1850, quando egli era in prigione. Eccolo nella sua integrità, quale mi uscì dalla penna il giorno stesso che fui a parlargli.

> Quest'oggi, sabato, alle ore due pomeridiane sono andato in compagnia dell'avvocato Tommaso Corsi a far visita all'illustre Francesco Domenico Guerrazzi, detenuto politico nelle carceri delle Murate in questa città. All'annunzio, dato dalle guardie al Guerrazzi, dell'arrivo del Corsi suo avvocato difensore, egli precipitosamente è corso verso di noi, come a me pare che farebbe un uomo preso da qualche mania: ci ha accolti affabilmente, e fattomi sedere sul canapè accanto a lui, ed il Corsi sopra una seggiola di faccia, ha incominciato a discorrere, presente, come è d'uso, il sottodirettore delle Carceri, certo avvocato Del Rosso. Parlava il Guerrazzi con molta festosità e quasi direi con allegria convulsa. Subito ha diretto al Corsi alcune domande riguardanti il suo processo, e ad ogni parola seria frammetteva arguti e pungenti detti, che dimostravano, come è ben naturale, quanta amarezza avesse nel cuore. Rivoltosi a me, e domandandomi delle cose mie, o per dir meglio dell'andamento delle imprese tipografiche, e saputo che ero allora allora

---

[1] Il Giusti veramente era nato a Monsummano, ma trasferito sin da piccolo a Pescia, là crebbe e visse; onde comunemente era detto Pesciatino. (*F.*)

ritornato da un viaggio in Lombardia e nel Veneto, il discorso è caduto sul Grossi, intorno al quale il Guerrazzi ha detto cose onorevoli quanto all'ingegno ed anche quanto alla bontà di quel valentuomo, benchè non l'avesse visto mai. Ricordandosi che il Grossi aveva rogato l'atto di fusione della Lombardia col Piemonte, mi ha domandato con premura: "Ebbe forse molestia per codesto fatto?" Al che ho risposto di no. Dell'ingegno del Grossi e delle poche opere da lui fatte e del suo addio alle lettere il Guerrazzi m'ha detto: "Il Grossi aveva un fiaschetto d'olio finissimo di Lucca: lo ha versato nella lucerna, la quale mandò luce purissima e bella a vedersi; ma, finito il fiaschetto, il povero Grossi non ebbe più umore, e la lucerna si spense." Del Manzoni ammirava più l'*Adelchi* e il *Carmagnola*, che non i *Promessi Sposi*, osservando che la lingua con cui questi sono scritti non è cosa da menare quel gran rumore che se ne faceva, dacchè quando un Toscano parla anche da sguajato, un po' più un po' meno, dice quelle frasi che nei *Promessi Sposi* si vedono collocate a far mostra di sé.

Quantunque amico e ammiratore del Giusti, credeva che di lui si fosse fatto più caso che i suoi scritti propriamente meritassero. Diceva che i tempi gli erano stati favorevoli; forse la sua fama non potrà mantenersi in quel pregio d'ora; giovò alla santa causa; ma al sopraggiungere del cannone, il rumore delle sue fucilate non s'udì più. Diceva non esservi paragone tra il Giusti e il Parini: questi sarà d'ogni tempo, perchè ebbe ingegno e mire più vaste; quello no, perchè alla non sempre facile favella univa mire molto ristrette e quasi toscane. Le più popolari poesie del Giusti, cioè il *Gingillino* ed altre, al Guerrazzi piacevano meno; laddove *La terra dei morti* gli pareva sempre cosa perfetta e inimitabile.

Frammetteva a questi discorsi di letteratura motti arguti e pungentissimi su lo stato politico del giorno e su certe persone, accompagnandoli con quell'amaro sorriso, che facilmente s'immaginerà da chi abbia parlato una sola volta con quell'uomo tanto celebre e singolare. Mi faceva gran senso vedere il Guerrazzi sì allegro, ma di allegria non naturale, e in un baleno trasmutarsi in profonda mestizia, che si potrebbe rassomigliare ad una nera nube, che all'improvviso copra con denso velo un sole splendidissimo; ma tosto si rimetteva, e domandava a qual punto si era del discorso. Io gli diceva: "Perchè non conforta l'animo, applicandolo a qualche lavoro d'immaginazione?" – "Immaginazione in carcere? Checchè ne dicano, non la so trovare: il mio ingegno tenta di sollevarsi, ma subito illanguidito ricade: percorro cento volte il giorno il locale, che mi è concesso di girare: vo su, vo giù: parlo co' lavandai del carcere; mi trattengo con le guardie del reclusorio; visito la cucina, ammiro quei lucentissimi arnesi, me li figuro risplendenti come lo scudo d'Achille; ma quei panni al sole, quei soldati (buona gente, veh!), quelle casseruole non mi destano alcuna fantasia. A Volterra, se l'aria non fosse nociva alla mia salute, sarei stato più volentieri: là mi pareva d'essere in campagna: avevo da passeggiare largamente; vedevo il sole e il mare nella loro ampiezza, e ciò mi recava consolazione; ma qui sono veramente rattristato, e mi sento imbolzire: veda il viso e questo corpo com'è floscio e stenuato! Io così operoso! Là in Palazzo Vecchio moto continuo, ordini incessanti, vita insomma, e vita rapidissima. E poi, chi sa quando questi miei carnefici mi vorranno liberare: all'orecchio mi giungono parole di amnistia: dura cosa in verità dopo sedici mesi di carcere accettare l'amnistia, pure l'accetterei, ed una volta libero so ben io quel che dovrò fare. Credo non improbabile questa amnistia, dacchè non pare che vogliasi affrontare lo scandalo, che ne verrebbe da un dibattimento."

Parlando della Commissione Governativa, formatasi il 12 aprile 1849, disse: "Quegli uomini dello *Statuto* (giornale) sono pur maligni; negano essermi stata fatta proposizione di partire dalla Toscana. Io ricordo bene che quella sera del dì 12 vennero a me tre persone, il Digny, il Martelli e lo Zannetti; mi dissero che per la quiete del paese dovessi fare un viaggio. Risposi: – Non uno, ma due, se questo giova al paese. – Non avendo con me danaro, dissi: – Prego lei, signor Martelli, di andare a nome mio dal Capponi (è vero che non siamo d'accordo in politica, ma non avrà perciò scordato l'amicizia, che da tanto tempo corre fra noi) a chiedergli se mi impresta 2000 lire contro una mia tratta a vista sopra il mio agente a Livorno; poichè altrimenti non avrei di che pagare le spese di viaggio, e da qui a Genova per me e la mia famiglia (eravamo sei) 2000 lire bastano sicuramente, e così mi porrò subito in viaggio per la via di terra. – No, rispose il Martelli, ella avrà denari dal Governo, anzi dalla Comunità; ella deve riscuotere la sua mesata di Ministro; non sarebbe giusto che facesse sacrifizio di quello che le spetta. Creda a me, signor Guerrazzi, accetti quanto le offriamo noi a nome della Comunità. – Allora dissi che 1000 lire mi sarebbero bastate; e tosto mi furono portati due rocchietti, di 500 lire ciascuno. Ed è tanto vera questa cosa, che alla Comunità si trova accesa una partita, che dice: *A F. D. Guerrazzi, lire 1000*. Ora quei signori dello *Statuto*, imitando l'esempio di Pio Nono, che disse di non aver trattato con l'Inghilterra, perchè aveva trattato con Lord Minto, dicono che nessuna profferta mi fu fatta dalla Commissione Governativa, volendo dimostrare che quei tre uomini mi abbiano parlato per conto loro. Ma io saprò a tempo e luogo metter in luce queste ribalderie, e li rimeriterò delle loro ipocrisie a mio danno. È pur singolare l'accanimento, che ha con me il Digny; io certamente non scenderei a difendermi dai morsi, che mi avventano nemici imbelli come il Digny, il quale mi figuro sia sopra di me, e vada percuotendomi, ed io sotto a mangiar vipere. Oh che bel disegno sarebbe mai questo!"

La camera ove Guerrazzi dimora è piuttosto grande, e serviva prima da refettorio. Quattro colonnine sostengono il soffitto; è piuttosto lunga che larga; vi sono due letti, uno parato per il Guerrazzi, con un tavolino a scrittojo; poco distante, stufa e canapè. In fondo della camera medesima vi è l'altro letto, che servirà per un inserviente del carcere, e ciò forse per cautela voluta dal governo.

Il Guerrazzi poteva carteggiare per i suoi affari nello Stato e fuori. Ben inteso, le sue lettere si mandavano prima al governo, il quale non dava corso a tutte; il Guerrazzi disse che non gli rimandavano quelle che erano trattenute.

Il Guerrazzi è stato molto variamente giudicato dai suoi contemporanei; la sua vita è stata divulgata da amici e nemici, e nulla potrei dire di nuovo. Pur troppo era uomo di passioni accese, e perciò facilmente trasmodava negli affetti e negli odî; ma se m'astengo di giudicarlo come uomo politico, debbo però dichiarare che come letterato ho sempre riconosciuto in lui molta modestia per il suo ingegno, in quei tempi celebratissimo. Giovò molto con le sue opere eccitatrici a fatti magnanimi per la redenzione della patria da straniere dominazioni. Fu scrittore accurato e forse talvolta troppo *agghindato* (vocabolo ch'egli soleva usare); ricopiava volentieri con elegante calligrafia i suoi scritti; quindi correggeva poco su le bozze di stampa. Aveva però un modo non lodevole di punteggiare la sua prosa, e per questo motivo alcuni periodi rimangono un poco oscuri. Punteggiava come i legali le loro Memorie. Lettere e manoscritti partivano dal suo studio profumati di muschio: notevole questa quasi direi delicatura femminile in uomo, che ambiva alla fama di terribile.

Ai primi dell'anno 1850, quando meditavo una ristampa delle *Opere* di Vittorio Alfieri, vivendo ancora il segretario di lui, pensai di avere con esso una lunga conversazione alfieriana, della quale presi memoria subito dopo. Ecco lo scritto mio d'allora, in data 20 gennajo 1850.

Questa sera (domenica) sono stato in casa del professor Francesco Tassi, Accademico della Crusca, già segretario di Vittorio Alfieri negli anni 1802 e 1803. Il professor Tassi m'ha raccontato vari fattarelli intorno all'Alfieri, ed i seguenti mi pajono degni di essere ricordati.

Mi ha detto che egli nell'estate recavasi a far lettura all'Alfieri quando ancora trovavasi a letto, cioè dalle 6 alle 8 del mattino, e d'inverno dalle 8 alle 9; e che inoltre in tutte le stagioni vi si recava dalle 2 pomeridiane sino alle 4; dopo la qual ora l'Alfieri andava a pranzo.

Aveva l'Alfieri ottima pronunzia, parlava fiorentino volentieri, e quando non si trovava con i suoi amici intimi letterari, quali il D'Elei, il Baldelli ed altri pochi, la sua conversazione era insignificante, ed egli per lo più se ne stava taciturno. Quando l'abate Caluso veniva in Firenze, l'Alfieri discorreva con lui talvolta in piemontese, ma più spesso e volentieri in fiorentino, e molto si studiava di parerlo quanto alla parlata. Tratto caratteristico dell'Alfieri, secondo quello che il Tassi mi ha detto, era il seguente. Egli soleva andare il mattino a cavallo insino alle Cascine; là giunto, ed attaccato il cavallo a un albero, si poneva a leggere. Dopo un poco, accostatosi al muso del cavallo, con la mano gli andava carezzando il labbro; se il cavallo nitriva, l'Alfieri per tutto quel giorno era di umor gajo; altrimenti, se ne tornava a casa mesto. Quando accadeva questo secondo caso, la contessa d'Albany aveva cura di dire al Tassi appena egli entrava in casa: *Tassi, bisogna avere riguardi; il cavallo non ha riso.* La passione dei cavalli durò nell'Alfieri sino a' suoi ultimi giorni.

L'Alfieri terminò di scrivere la sua *Vita* in Firenze. Fu pubblicata nel 1804 insieme ad altre *Opere postume* per cura del Tassi e della signora d'Albany con i tipi del Piatti. Alla *Vita* furono levati parecchi brani, che la contessa d'Albany diceva non essere conveniente vedessero la luce, e tra gli altri anche quello ove l'Alfieri racconta sdegnosamente il rifiuto di Pio VI di accettare la dedica del *Saul*. Il Tassi mi ha inoltre detto che il manoscritto originale della *Vita* dell'Alfieri è stato *smaniato* (fatto sparire).

Una volta che il troppo schietto segretario volle far sentire all'Alfieri che le sue Commedie non erano di tale perfezione da accrescergli gloria, n'ebbe in risposta *tre o quattro impertinente*. Così mi disse il Tassi. Questi inoltre mi ha assicurato che il ritratto di Vittorio Alfieri, dipinto dal Fabro ed esistente nella Galleria degli Uffizi, è perfettamente somigliante.

Parlando della contessa d'Albany, il Tassi mi ripeté più volte ch'ella era donna amabile, cólta e di prodigiosa memoria per i fatti storici. Il poeta Pananti, che fu una volta ammesso alla conversazione di lei, presentatole dal Tassi, non ebbe più licenza di ritornarvi per espresso divieto dell'Albany, la quale così disse al Tassi: *Non mi conduca mai più, quel ciabattino.* Anche il Giordani non andò mai a genio all'Albany; e per questa cagione, forse, egli la maltrattò nello scritto intorno a Edoardo Stuart.

Per opera del Tassi la contessa d'Albany, mediante un codicillo, donò alla Biblioteca Laurenziana i libri ed i manoscritti di Vittorio Alfieri, che tuttora ivi si conservano e si fanno vedere a coloro che ne fanno ricerca. Non si sa per qual ragione, ma è certo che l'Albany aveva destinato questo lascito alla Biblioteca di Brera a Milano. "E perchè, signora contessa, vuol privare le Biblioteche di Firenze di un dono sì prezioso? Firenze non è forse stata la seconda patria dell'Alfieri? Non l'amava egli assai? Che titoli maggiori ha Milano per avere tanta preferenza in questa occasione?" Persuasa la signora delle ragioni addotte dal Tassi, volle compiacerlo, e lasciò gli scritti alla Laurenziana.

È anche opinione del Tassi che si debbano ristampare tutte le Opere edite ed inedite dell'Alfieri. Dacchè l'Albany volle pubblicare le Opere postume, il non darle ora sarebbe farle desiderare dal pubblico che verrà, e render sempre più rara l'edizione che il Piatti fece delle *Opere Postume.*

Il Tassi, già in età avanzata, e distante un mezzo secolo dalle cose che a me riferiva intorno all'Alfieri, non si sarà ricordato che il manoscritto della *Vita* non era stato *smaniato*, poichè esiste anche oggidì nella Biblioteca Laurenziana in Firenze, e fu da me tenuto a riscontro con l'edizione, che pubblicò nel 1853 il Le Monnier. Ricordo qualche omissione trovata nella stampa del Piatti, su la quale si componeva l'edizione Le Monnier, e ricordo ancora che queste omissioni o sviste vennero tosto corrette nella nuova edizione, ma non mi sono accorto dei molti brani tolti per espresso volere della signora d'Albany, come diceva il Tassi. È stato evidentemente un abbaglio del vecchio segretario nel raccontare il trafugamento del manoscritto della *Vita*.

Il Tassi era uomo asciutto del fisico e del morale, vivace e casalingo. Dell'Alfieri possedeva una copia del *Misogallo* con una lettera a La Grangia.

Sapendo che lo scultore Emilio Santarelli aveva avuti in eredità dal pittore francese signor Fabre, il quale era di Montpellier, e colà mandati alcuni oggetti preziosi riguardanti la memoria d'Alfieri, fui sollecito di pregarlo a volermi mostrare ciò che gli rimaneva. E avendo egli ben volentieri condisceso al mio desiderio, io così potei vedere pochi libri, una ciocca di capelli (probabilmente data dall'Alfieri al pittore Fabro quando gli faceva il ritratto) e il portafogli coperto di pelle rossa. Mi fece senso, nell'esaminare quel portafogli scritto in carattere così nitido e in modo così ordinato da trovarvi un conto di spese mensili, nel quale a puntino pareggiavansi l'entrate con le spese, come se fosse un libro di computista.

Tra le mie carte trovo ancora una nota sul Santarelli, e la trascrivo qui sotto, pregando il lettore di condonare questa digressione a un'affettuosa amicizia.

Il professor Emilio Santarelli non è solamente un valente scultore e un perfetto gentiluomo, ma un appassionato raccoglitore di disegni antichi e moderni di celebri maestri italiani e stranieri. Si può dire che il suo palazzo sia una Galleria di quadri e di disegni preziosissimi; tra' quali, alcuni di Raffaello, di Michelangelo, di Leonardo da Vinci, di Andrea del Sarto. Di questo possiede i disegni originali, fatti a chiaroscuro in tela, di piccola dimensione, degli affreschi che esistono nel chiostro dello Scalzo in Firenze.

Uomo cólto e vissuto ne' primi anni della sua vita artistica a Roma in qualche ristrettezza, fu ivi allievo del celebre Thorwaldsen. Fatto ricco, mercè l'eredità che gli venne alla morte del signor Fabro (del quale era un creato), si mostrò molto caritatevole verso i poveri; soccorse generosamente alcuni artisti suoi coetanei; ma n'ebbe spesso ricambio d'ingratitudine e dispiaceri. D'indole per ordinario mansueta, diveniva furioso quando s'imbatteva in quella mala genía degli ingrati. Essendosi lo scultore livornese Demi, dopo essere stato sovvenuto d'ingente somma dal Santarelli per condurre a compimento ordinazioni avute, burlato del suo benefattore, questi, per le ingiurie ricevute montato in furore, ebbe il coraggio d'inseguire il Demi tre giorni consecutivi per Firenze con una pistola carica in tasca. Fortuna volle che in que' giorni non lo incontrasse, e così l'ira ebbe tempo di sbollire.

Il Santarelli è rinomato pe' suoi bassorilievi. Fra le statue di tutto rilievo, oltre al *Michelangelo*, scolpito per le Logge degli Uffizi, la sua *Madonna della Concezione* (che ora è a Montpellier) destò molta ammirazione in Firenze nell'anno 1840. È autore della bella statua colossale a Leopoldo Secondo, che adorna la piazza del Voltone a Livorno, e di un'altra statua, che rappresenta la *Fortezza*, e che fa parte del gran Monumento a Cristoforo Colombo in Genova.

Per dir tutto di questo esimio artista, col quale io desinava quasi ogni giorno alla trattoria Bonciani, e perciò lo conobbi intimamente dal 1845 al 1850, noterò che egli è un amatore appassionato di fiori, e li coltiva con plauso. Possiede, oltr'Arno, nella via d'Ardiglione, un giardino rinomato e visitato, e probabilmente avrà il premio promesso dalla Società Britannica a chi sarà il primo in Europa a possedere la *camelia bleu*, che si è fatta per la prima volta vedere nel giardino Santarelli.

CAPITOLO SETTIMO

IL MATRIMONIO

SOMMARIO: Propositi di prender moglie – Un quartierino da scapolo, che vuol cessare di esserlo – Idee sul matrimonio – La signorina Vittoria Pierucci – Il primogenito – Un mecenate – La Ditta Barbèra, Bianchi e Compagni.

Soddisfatto, nel miglior modo che ho saputo, il debito di gratitudine verso letterati e altri personaggi, che mi furono benevoli o utili, a questo punto della mia narrazione non mi rimane da ricordare dei fatti precedenti se non i casi, che mi indussero a contrarre matrimonio. Il matrimonio è l'atto della più alta importanza nella vita, e tale da meritare che io raccolga ben bene le mie idee e con la solita sincerità io qui le deponga a insegnamento dei miei figli e nipoti.

Non trovandomi soddisfatto di me stesso, e presentendo tutto il gaudio, che si prova ad essere accanto a donna, che si possa chiamare coll'affettuoso nome di *consorte*, io dal 1851 a tutto il 1854 andava studiando come potessi incominciare una vita nuova. Conoscevo, dai letterati infuori, poca gente. Praticavo pochissime case in Firenze, e queste erano d'Inglesi e una di Francesi. Pure lasciai intendere ad alcuni amici, che avevo intenzione di accasarmi. Ero allora un commesso, e avevo in serbo non più di diecimila lire, di risparmi fatti in quattordici anni. Poca roba per attrarre l'attenzione di forestieri.

Pure alle poche famiglie, che conoscevo, mi pareva d'ispirare fiducia. Avevo messo su casa: roba nuova, bella, ben disposta e in un locale piacevolissimo. Era in via Faenza, N° 77; cinque stanze recentemente costruite, che davano sopra al giardino Franchetti, e in fondo del giardino appariva la chiesa di Santa Maria Novella col suo alto campanile. Quando splendeva la luna, questo punto della mia casa, o, per dir meglio, delle mie finestre, aveva un aspetto romantico; di giorno poi si può dire che fossi in mezzo a vari giardini. La domenica solevo dare colazione a qualche amico. Il mio bell'alloggetto contribuì a darmi nome di giovane assegnato, di un futuro buon marito. Se non che io mi era creato un impiccio, che, se non bastava a tenermi avvinto, non mi lasciava però totalmente libero, come è necessario che sia un giovane, che deve far carriera.

Per carità di loro stessi, io raccomando e prego i miei discendenti di fare in modo da essere senza legami nè d'onore, nè poco onorifici, come era il mio, perchè sono fatalissimi per la vita avvenire, e segnano sempre un punto nero, che si rammenta con rincrescimento per lungo tempo. Quindi, contrariamente a quello che pensai per un pezzo e a quello che feci io (mi maritai a trentacinque anni), consiglio e prego i giovani di anticipare il matrimonio a venticinque anni anzichè contrarre abitudini con persone, che abbiano vincoli, e peggio ancora impegnarsi con ragazza inesperta del mondo. Dico *impegnarsi con ragazza* quando non si ha volontà ben determinata di sposarla, ma si fa all'amore così per passatempo; che allora possono nascer degl'inconvenienti seri; può accadere che la fantasia della ragazza si riscaldi tanto da commettere delitti o verso altri o contro sè stessa, e in noi rimane un rimorso eterno e cocente, che rende tristo tutto il nostro avvenire, che per altri riguardi potrebbe dirsi felice. L'ultimo anno per compiere questo atto, che si può ben dire il più solenne di tutta la vita, sarebbe il trentesimo, perchè a cinquant'anni il padre ancor fresco d'età potrebbe vedere la famiglia allevata; ma poi non nego che possano esservi circostanze tali da modificare con buone ragioni questi precetti.

Io indugiai a trentacinque, perchè non mi trovavo in condizione per fare questo passo. Ma infine mi risolsi, ajutato dal caso e da un presentimento che mi stava ben fisso in mente, che, cioè, col contrarre matrimonio io avrei potuto mettermi in una via più decorosa, ed avrei acquistato reputazione di uomo dabbene, che non ricusa di sopportare i carichi sociali; e che finalmente, non mancando a me il desiderio ardente di lavorare, la Provvidenza m'avrebbe ajutato. E così fu!

Una donna, che conosca una ragazza buona e un giovanotto affettuoso e maturo al matrimonio, il quale vi si prepari coll'allestirsi il nido, cioè la casa, è molto facile che si faccia componitrice di matrimonio. Così avvenne a me. Io non aveva pretensione, nè desiderî di dote, perchè avevo idee molto meditate sul matrimonio. La donna, andando a marito, deve salire uno scalino, non scenderlo; così io non ambiva donna da più di me. Io aveva pochi soldi, ma molta probabilità di farne; e ciò mi dava lena sufficiente a proseguire il cammin della vita.

Eccomi proposta una signorina, figlia di un medico condotto d'un piccolo paese di Toscana, la quale conviveva fino da piccola con uno zio prete e una zia, che dimoravano con qualche comodità la più parte dell'anno in campagna. Nè ciò guastava il mio amore, anzi lo favoriva. Andando a far giterelle alla Badia di Fiesole in casa della gentile mediatrice (esimia sonatrice di pianoforte), avrei potuto vedere la mia futura e udirla parlare senza obbligo di rivelarmi.

Era d'aprile. La campagna, la primavera, la giterella non troppo lunga, e che facevo comodamente a piedi, tutto contribuì ad accettare di buon animo, ma un po' trepidante, l'invito. Andavo ogni mercoledì, e vi durai per un mese. L'intervallo da una settimana all'altra dimostra che io ponderava il passo che stavo per fare. A capo a un mese mi rivelai come aspirante alla sua mano, ed entrai in casa a conoscere meglio la zia e lo zio prete, che chiamavano il *Sor Priore*. Poche parole bastarono per metterci tutti d'accordo. Udii le solite millanterie di chi vuol allogare una ragazza, ma io ebbi il buon senso di non farne gran conto. Ero disinteressato come se fossi un ricco signore, e n'andavo superbo.

Da quel tempo ad oggi sono passati ventun anno, e mi lodo sempre di un tale disinteresse nelle trattative del matrimonio, massime nella condizione sociale e finanziaria, in cui mi trovavo allora. Adesso, però, nel dire che approvo quel disinteresse, soggiungo che se alla bontà ed alla modestia la nostra fidanzata unisse una discreta dote, ciò ci assicurerebbe sempre più di non dover subire i capricci della fortuna. E la fortuna cambia naturalmente senza poter dire neanche che sia capricciosa. Quando ci si marita, siamo giovani, siamo sani, siamo due; poi vengono i figli: essi crescono, portano spese d'ogni sorta, ed allora qualche rinfranco anche da parte della moglie non guasterebbe. Ma una moglie savia, sana, che sappia e voglia fare, è un capitale che frutta il dieci per cento, e che io valuto non meno di cinquanta mila lire. Quanti risparmi cotesta donna, come la immagino io, procura alla famiglia!

La mia futura sposa aveva nome Vittoria Pierucci.[1] Molto piacente d'aspetto, non troppo alta di statura, occhio nero e chioma nerissima, dava però indizio d'indole un po' indifferente e quasi direi rustichetta. Del resto ogni buona qualità. Non priva d'ingegno naturale; piuttosto tranquilla, ma accorta; paziente e inclinata a' lavori di casa. La

---

[1] Nostra madre è figlia del dottore Luigi Pierucci, morto nel 1877 medico condotto a Chiusure nel Senese, che da Marianna Petrucci, dello Stato pontificio, ebbe sette figli, i maggiori dei quali, Celso e Vittoria, furono presi dal fratello prete, Don Giambatista, già priore di Montalceto, che stava in Firenze Cappellano de' Vanchetoni. Questo buon sacerdote li educò con grande affetto; collocò convenientemente la ragazza, e fece studiar medicina al giovinotto, che invece di prender la laurea andò in America, dove ha vissuto e vive vita avventurosa. (*F.*)

sposai dopo sei mesi, con una dote, che non arrivava a 3000 lire, e con un modesto corredo. Lo zio era una specie di Don Abbondio, politico, liberale e pauroso all'eccesso. Faceva il prete un po' alla carlona, come usava allora. La zia, donna accorta, laboriosa e con qualità gioviali e affettuose; una buona massaja.

Ora che scrivo (1874) sono trascorsi, come ho detto, ventun anni tutti interi, e ringrazio sempre la Provvidenza d'avermi fatto incontrare con una compagna, che con la sua saviezza e con la sua operosità ha tanto contribuito a formarmi la presente fortuna, la quale dal niente è salita ad una somma, che si potrebbe dire ragguardevole.

Sposai il 14 novembre 1853, e il 21 agosto dell'anno seguente nasceva felicemente il mio primo figlio Piero, che, non compiuti i 20 anni, già si fa notare come giovane volonteroso di lavorare, d'ingegno pronto e di carattere ben delineato; cosicchè è il mio maggior conforto in quest'ultima parte della vita, e ne ringrazio la Provvidenza, che volle benedire le cure adoperate per la sua educazione.

Innanzi di chiudere questo Capitolo delle *Memorie*, riferirò come feci per uscire da una situazione, trista qual era allora la mia, cioè di sposo novello, padre d'un figliolino e privo d'impiego, e per riuscire ad inalzare poi una tenda così ampia, che non solo da ventun anno ricovera me e la mia famiglia, ma mi ha permesso di dar lavoro a tanti uomini, che da dieci che erano in sul primo, salirono talvolta sino a cento; e non accadde mai che al sabato mi mancassero i denari per pagarli. Io benedico la Provvidenza di un'assistenza sì costante, e benedico il mio paese natale, che m'infuse l'amore al lavoro e la rettitudine come norma sicura della vita.

Anche prima che mi accadesse quella burrasca, per cui dovetti uscire dalla tipografia Le Monnier, io fui sempre attento con l'animo, se per avventura mi venisse fatto di scoprire un uomo generoso, che potesse darmi qualche ajuto valevole nel caso che pensassi d'aprir laboratorio da me; voglio dire un di quei benefattori, che a motivo delle perfidie degli uomini sono divenuti oggidì sì radi, e sono poi rarissimi in Toscana, dove la buona fede ebbe tante disillusioni, principalmente in cose di Società. *Chi non si lega non si scioglie*, è proverbio antico e sempre vivo in Toscana; *Fidarsi è bene, non fidarsi è meglio*, vivo qui e forse anche altrove; aforismi che ad ogni modo dinotano l'indole dei tempi, centrali ad accordare fiducia. E pur troppo ogni giorno mi confermo che questi sono dettati sapienti e di una verità a tutta prova, e l'esperienza sola può averli rivelati.

Eppure la prima volta che vidi il marchese Filippo Antonio Gualterio, notai la sua indole generosa, affabile, signorile. Lo coltivai. Egli era della mia età; pregiava i giovani non tiepidi nell'onorare, come ognun poteva, la patria. Conversava con me molto volentieri, e m'incoraggiava nel mio desiderio d'emanciparmi e di far da me l'editore con intenti patriottici. Mi faceva talmente animo con la sua affabilità, che un bel giorno presi coraggio a richiederlo d'ajuto: "Quanto occorre per metter su una Stamperia?" egli mi dice. Rispondo: "Cinquantamila lire. E di mio n'ho appena diecimila!" – "Lasciatemi riflettere," replica il Gualterio, e vi saprò poi dire qualche cosa tra una settimana."

Così avvenne. Dopo pochi giorni chiamatomi in casa sua, mi spiegò com'egli avesse una buona somma impegnata nella Stamperia dei Fratelli Bianchi (Beniamino e Celestino). "Vedete," mi soggiunse, "se con quello che avete voi, con questo materiale esistente nella Tipografia dei Bianchi, che è mio, e con l'ajuto che io posso darvi, mettendo a profitto la vostra intelligenza e operosità, riuscite a combinare qualche progetto e presentarmelo." E io a immaginare e a fare proposte tali, che vennero subito accettate dal marchese Gualterio e dai Fratelli Bianchi, i quali, per la poca loro operosità e poca intelligenza dell'arte, avevano la Tipografia quasi in rovina. Da questi progetti in breve sorse la Tipografia BARBÈRA, BIANCHI E C., che s'aprì al pubblico nell'ottobre 1854.

CAPITOLO OTTAVO

BARBÈRA, BIANCHI E C.

SOMMARIO: [1854] Da Piazza Santa Croce a Via Faenza – L'appello al pubblico – Una lettera del Tommasèo – *Lo Spettatore* – [1855] La prima pubblicazione: *Il supplizio d'un Italiano a Corfù* – *Non bramo altr'esca* – Una Prefazione-programma – Di varie pubblicazioni, e più specialmente dei *Pensieri e Giudizi* del Gioberti – Filippo Ugolini e il suo Vocabolario – Il Cholèra-Morbus e la Compagnia della Misericordia – [1856] Nuove pubblicazioni fortunate – Il filologo Nannucci autore del *Manuale della letteratura del primo secolo* – La Collezione Diamante – Viaggio a Parigi – Curioso modo di farsi scarrozzare – Monsieur Dutartre – Ricordo di Giuseppe Molini – [1857] Pubblicazioni sfortunate – L'editore Brockhaus a proposito della fortuna delle edizioni – La stampa delle opere di Francesco Guicciardini – Due pubblicazioni mal riuscite – Giuseppe Arcangeli – Alfredo Reumont – Nascita del mio secondogenito.

Combinata la società coi fratelli Bianchi e i loro azionisti, fu mio primo pensiero di traslocare la piccola stamperia, che si trovava al primo piano di uno stabile in piazza Santa Croce, a mano sinistra di chi entra nella piazza suddetta da Via del Fosso, quasi dirimpetto allo stabile che ha gli sportici e le mura dipinte a fresco su la facciata.

Una stamperia a un primo piano, e con stanze piccole, è cosa che non può stare, specialmente se si vuol dare sviluppo all'arte coll'introdurvi torchi a macchina, motori a vapore e tutte quelle migliorie ormai necessarie per accostarci ai progressi, che l'arte tipografica va facendo nella celerità e nel perfezionamento del lavoro.

Nella via Faenza verso la fortezza di San Giovanni, detta *Fortezza da basso*, dirimpetto allo stabile dei marchesi Strozzi di Mantova, trovai un pianterreno vasto, con ampi stanzoni, che avevano servito finallora per deposito di grano. Feci trasportare in questo nuovo locale la stamperia dei fratelli Bianchi, nettando, assestando, ordinando ogni attrezzo, ogni scaffale, tutto insomma, per modo che i lavoranti stessi s'avvedevano che il nuovo Direttore aveva il sentimento della nettezza e dell'ordine. Infatti l'aspetto della stamperia vecchia nel locale nuovo era decente. Compiuto il trasporto, mi posi all'opera. Non più di venti lavoranti avevo nel novembre 1854; pochi lavori, mal pagati o pagati poco; che in quei tempi nessuno aveva animo di scrivere o far stampare, vedendo i Toscani percorse le vie delle città da truppe tedesche chiamate dal granduca Leopoldo II, allora regnante in Toscana, a sedare la rivoluzione suscitata nel 1848 per un vivo e assai generale desiderio dell'indipendenza italiana.

Era forza per far nascere un po' di lavoro ch'io mi dessi alla professione dell'editore. Annunziai agli amici, ai librai e a quanti potesse interessare, l'apertura di una nuova Stamperia e Casa editrice, con una circolare, che qui reco per intero, perchè è, a così dire, il mio primo atto pubblico, e perchè i sentimenti in essa espressi attirarono alquanto l'attenzione del pubblico d'Italia.

Firenze, 10 novembre 1854.

Signore,

Ci è grato potervi annunziare che sotto il nostro nome abbiamo aperto una stamperia, la quale ha per scopo principale eseguire lavori, che ci verranno ordinati. Non saremo però alieni dal pubblicare Opere per conto nostro, acquistando manoscritti o remunerando le fatiche dei letterati, quanto lo consentono le non liete condizioni librarie in Italia. A quale specie di pubblicazioni ci dedicheremo, non ancora possiamo dire: pensiamo sia opportuno, innanzi tutto, studiare di quali libri la Penisola più abbisogni, onde per noi non si moltiplichino i libri non utili; i quali, mentre aumentano la svogliatezza nei lettori, arrecano danno ai librai e niuno incremento alle Lettere. Possiamo fino da questo momento dichiarare che l'intento nostro è di esercitare la nostra arte con amore e con diligenza; e saremo tutto zelo, discretissimi nei prezzi, puntuali nell'eseguire qualsiasi lavoro, che ci verrà affidato. Consideriamo l'arte nostra qualcosa più d'un traffico; e perciò intendiamo di contribuire, per quanto da noi si potrà, al decoro delle italiane Lettere. La stessa cura, che daremo alla stampa delle nostre pubblicazioni, intendiamo adoperare nella stampa delle opere, che piacesse agli Autori o Editori affidarci.

Nella nostra intrapresa abbiamo a collaboratore il signor *Celestino Bianchi*, noto e caro ai cultori delle Lettere. E per ciò che si riferisce alla parte amministrativa, essa è affidata al nostro socio *Barbèra*, il quale passò molti anni non inoperosamente presso il signor *Le Monnier*, il cui nome è un elogio. Le relazioni estesissime, che il nostro Barbèra si è procurato con i suoi viaggi in tutte le province d'Italia, ci pongono in grado di dare molta e rapida pubblicità alle opere, che saranno impresse coi nostri tipi; e speriamo che questo importante vantaggio sia apprezzato da voi, o signore, all'occorrenza.

La nostra stamperia è già fornita del necessario per assumere qualunque lavoro tipografico; ma i provvedimenti, che via via prenderemo per mantenerci alla pari coi più accreditati stabilimenti tipografici in Italia, ci fanno sperare che la nostra stamperia potrà essere annoverata fra quelle che onorano la nostr'arte.

Confidiamo nella vostra benevolenza, e ci dichiariamo con sentimento di stima

affezionatissimi servitori
BARBÈRA, BIANCHI E C.

Questo appello al pubblico produsse un certo risveglio, principalmente tra i letterati, i quali mi davano incoraggiamenti assai lusinghieri. Due o tre delle più importanti fra le molte lettere ch'essi mi scrissero, verranno stampate in fine di queste *Memorie*; ma siccome Niccolò Tommasèo fu quegli che vieppiù m'incoraggiò con la grande autorità del suo nome e con la ricchezza dei suoi concetti in cose letterarie, di lui piacemi qui recarne una non ancora stampata, e spero che sarà letta con piacere.

Torino, 18 novembre 1851.

Pregiatissimo signore,
L'aver parlato dell'antico suo socio con lode è cosa lodevole per più ragioni.[1]

Desidero che le sue nuove imprese le fruttino; e sebbene de' miei consigli ella non abbia punto bisogno accanto a tanti uomini espertissimi delle cose di educazione, ciò nondimeno per soddisfare alla sua domanda le dirò che il proporre, una raccolta di libri pe' giovani solamente, mi pare un restringere a sè stesso lo spaccio, e che al fine morale e di civil-

---

[1] Accenna all'editore Felice Le Monnier. Io però non era socio, ma commesso di lui. Forse il Tommasèo lo credeva, vedendo tanto zelo nel trattare a nome del Le Monnier con i letterati e nel disbrigo delle sue faccende.

tà potrebbesi, secondo me, servire egualmente con proposta più ampia. Chi dicesse: *Letture educatrici della gioventù e dell'uomo morale in tutte le età della vita*, o cosa simile, s'agevolerebbe e lo spaccio e la scelta. Confesso che libri semplicemente puerili, anco che virile ne sia l'intendimento, io non li vorrei tanto e tanto moltiplicati, e che passi tolti da libri fatti per gli uomini mi pajono meglio acconci a educare i fanciulli. Quanto all'ammaestrarsi, per piano che sia il libro e proprio fanciullesco, sempre si richiederà la voce viva del maestro che lo dichiari, e buono e avveduto maestro. Io darei dunque il fiore della letteratura italiana e il meglio delle altre in quanto può tornare piacevole e utile a' giovanetti e alle donne e a quanti non facciano professione di lettere; e noterei alla fine i passi più specialmente adattati alla gioventù, giusta l'età e condizioni varie. Io sto per raccolte di passi scelti, non d'interi trattati, se non pochissimi, e so che questo a molti non piace; ma fra le altre ragioni parecchie una mi pare buona assai, ed è che nè giovanetti, nè uomini, e nemmeno letterati e dotti giungono a leggere per intero le opere anco di scrittori eccellenti. Nella scelta avrei l'occhio segnatamente alla gioventù e alle donne; escluderei non solo gli oggetti o gli accenni pericolosi, ma quelli pure che ammolliscono l'anima; abbonderei nella storia, commettendo per mezzo di brevi sunti l'una narrazione con l'altra, trascegliendo gli esempi del bene, lasciando quelli del male, anco che da ultimo riesca punito, se non quando il male dà al bene occasione e risalto. Ne' libri che sono di mèri precetti, sia di morale, sia d'altro, andrei parco. Se se ne avesse a comporre di nuovi, amerei Vite, ma Vite di buoni e di grandi. Poesia poca e alta. Non prometterei libri di scienza, ma, avutili, belli e fatti, li darei; sì piuttosto libri d'arti e mestieri in linguaggio veramente toscano. E un Dizionario d'arti e mestieri, col francese accanto, sarebbe dono, e alla lingua e alla civiltà, prezioso. Ma queste cose ella sa e vede meglio di me. Accetti gli auguri del suo

N. Tommasèo.

 Debbo confessare che stetti in forse se dovevo o no seguire i consigli del Tommasèo, il quale prediligeva in modo singolare le antologie, o quella specie di lavori che ad esse assomigliano; e forse codesti estratti, qualora vengano scelti con gusto, coordinati con diligenza e con opportuni anelli di congiunzione, possono riuscire utili; ma nei tempi in cui si era (1854), riuscivano generalmente al pubblico poco accetti, perchè incutevano il sospetto che quelle falcidie fossero opera delle Censure governative, che forse non permettevano la stampa delle opere nella loro integrità. Ad ogni modo ho creduto bene di esporre un'opinione letteraria del Tommasèo, che egli conservò per tutta la sua vita.

Il mio socio Celestino Bianchi, letterato molto gradito ai Toscani e non ignoto nel resto d'Italia, se non prendeva parte con me al pensiero di pubblicare una collezione di opere, aveva però un'idea fissa, ed era la creazione di un giornale letterario, che poi fece, ed intitolò *Lo Spettatore*. Ottimo pensiero, accolto molto bene dal pubblico, e giovevole all'incremento della Stamperia.[2]

Quel giornale durò poco più di un anno. O che i tempi volessero letture non puramente letterarie, o che il direttore si sentisse troppo scarsamente retribuito dai pochi associati che il giornale contava, il fatto è che questo visse non di quella vita rigogliosa, che promette di giungere alla virilità, ma andò via via scemando d'importanza sino a cessare le sue pubblicazioni, che erano settimanali.

La Toscana, la Lombardia, le Province romane e il Regno di Napoli parevano tranquilli dopo i disinganni del 1848, ma avevano l'occhio e l'orecchio intenti al Piemonte, dove gli ordini costituzionali rimasero intatti per virtù di quel re e di quel popolo. Un editore non può fare a meno di studiare attentamente le inclinazioni del pubblico, non molto diversamente da un impresario teatrale; ed io che leggeva i giornali letterari del Piemonte e della Lombardia, vedeva che la critica letteraria si era molto imbevuta delle idee politiche per allora sopite, non spente.

Fu appunto Niccolò Tommasèo che da Torino mi fornì il primo manoscritto col titolo *Il supplizio di un Italiano a Corfù*. Il titolo mi piaceva; lo scrittore era tra i pochi, di cui si potevano stampare le opere a chius'occhi. Accettai. Nell'aprile 1855, cinque mesi dopo l'apertura della Stamperia, uscì questo volume, che incontrò il genio del pubblico e per l'opera in sè stessa e anche per la stampa alquanto accurata. Nel medesimo anno venne fuori il *Vocabolario di parole e modi errati* dell'Ugolini, che fu accolto con straordinario favore. Pubblicai poco dopo le *Lezioni di Mitologia* del Niccolini; lavoro non all'altezza di quel sovrano scrittore, ma siccome dal 1848 egli si era ritirato dalla società, e viveva molto appartato da tutto e da tutti, l'apparizione non tanto dell'opera, ma del nome amato e, dirò anche,

---

[2] In nota era riportata una lunga lettera del Tommaseo al Barbèra; per ragioni di brevità, nella presente edizione abbiamo preferito inserirla in appendice (*NdR*)

venerato in Italia e massimamente in Firenze, fu un avvenimento gradito, e del quale il pubblico si mostrò riconoscente agli editori solerti. L'edizione si è venduta. L'opera aveva qualche pregio per i molti brani di poeti greci e latini tradotti dall'autore; ma il testo era trascurato, nè il Niccolini, impedito dalla non buona salute, potè rivedere le bozze e farvi quelle carezze, che gli autori sogliono fare alle loro opere prima della stampa.[3] In quell'anno stesso mandai fuori le *Commedie* del Cecchi e le *Lettere precettive* raccolte dal Fanfani; le une e le altre poco avvertite dal pubblico.[4]

Voglio qui antivenire il desiderio di qualche amatore di libri, che desiderasse di aver la spiegazione dell'emblema posto innanzi alle mie edizioni: *Non bramo altr'esca.* È un verso del Petrarca.[5] L'ape che s'avvicina alla rosa indica abbastanza il mio proposito di trascegliere, nelle mie pubblicazioni, le opere più pregiate e non andare a casaccio. Questo pensiero mi fu suggerito dall'amico Cesare Guasti.

Non debbo nascondere che al libro, *Il supplizio di un Italiano a Corfù*, io volli premettere un mio breve scritto. Riguardandolo ora, vent'anni dopo, quasi mi vergogno del mio ardire, e non so che cosa avrà detto il Tommasèo al vedere la mia squallida prosa congiunta al suo stile vigoroso e incisivo. Pure quel mio scritto rivela sì bene i pensieri che allora mi andavano per la mente, ch'io non credo di poterlo omettere, e qui lo reco per intero. Sono gli Editori che parlano, ma io solo distesi lo scritto:

> Premettere a questo libro di Niccolò Tommasèo alcuni nostri pensieri intorno all'arte dell'editore e agli scrittori in Italia, ci sarà conceduto (non ne dubitiamo) e dalla benevolenza grandissima dell'Autore verso di noi e da quella de' lettori, che molti ne avrà questo libro. Non a modo di promessa, ma per via di discorso amichevole tra i Lettori e noi, diciamo che questo volume sarà il principio di una Collezione di opere belle ed utili, che vorremmo pubblicare, se troveremo autori, che con-

---

[3] In un articolo di giornale, dove era parlato molto di nostro Padre e delle sue edizioni, si leggeva, fra non poche altre inesattezze, che il Niccolini *regalò* il manoscritto di queste *Lezioni*. Dai registri della Casa risulta invece che egli ebbe lire tosc. 1500, compenso non scarso per editori novellini, e a quei tempi. (*F.*)

[4] Avverto chi leggerà che il titolo delle opere, da me pubblicate, nel testo del racconto si troverà non sempre per disteso, riservandomi di darlo compito nel catalogo di tutte le mie Edizioni alla fine delle *Memorie*.

[5] "Ch'io non curo altro ben nè bramo altr'esca." *Canzoniere*, parte I, sonetto 114. (*F.*)

tinuino a somministrarcene la materia. Perchè, a vero dire, di scrittori di opere nuove, utili e dilettevoli, ogni giorno ci pare ne vada scemando il numero; e i tempi non procedono favorevoli nè allo scrivere, nè al leggere, e perciò neanche allo stampare. Pure qualcosa bisognerà fare; e il Balbo ci ha detto che si può fare il bene, scrivendo in ogni tempo e sotto qualsiasi dura condizione. La dura condizione di oggidì è la incertezza dello scopo: letteratura senza politica pare sia cosa accademica; e la politica con la letteratura non da tutti si sa congiungere opportunamente e con temperanza e con serenità di mente. Gli scrittori provetti o non fanno, o, se pur fanno, non si sa; i giovani non ardiscono, perchè non incoraggiati nè dall'attenzione dei lettori, nè dagli ajuti degli editori; la maggior parte in Italia (non possiamo dire se altrove) esercitano la loro professione con vedute poco estese. Anzichè fare l'ufficio di sollecitatori di opere presso i letterati, gli editori se ne stanno a ciò che vien loro profferte da essi; e poichè i letterati vivono molto appartati dal mondo, così non rivolgono sempre i loro studi a ciò che può piacere e istruire, ma si affaticano intorno ad opere che i più non curano. Da ciò deriva quel difetto notato dall'egregio Bonghi nelle sue lettere stampate nello *Spettatore,* che l'alimento apprestato dai letterati italiani con studi e fatiche grandissime non sempre si affà al palato della maggior parte dei lettori (diciamolo pure) svogliati, incerti, confusi da tanto frastuono di scrittori e di torchi da stampa.

Che al letterato giovi l'istigazione dell'accorto editore, n'abbiamo un bell'esempio nel Pomba di Torino; il quale dal carcere di Alessandria, ove fu rinchiuso per cagioni politiche, formava il progetto di una *Storia Universale*; ed appena sprigionato correva a Milano, e ne teneva discorso con Cesare Cantù, il quale, approvando il concetto dell'Editore torinese, lo esegui in modo da far ricco sè e lui di fama e di averi. E questo esempio dovrebbe animare gli editori italiani a studiar diligentemente di quali libri più abbisogni l'Italia, e le proprie riflessioni conferire co' letterati e da quelli ricevere ampliazione e perfezionamento alle loro idee. Stampare un libro perchè buono, non basta; basterebbe certamente, se fosse nuovo o raro; altrimenti, si aumentano le edizioni senza pro nè delle lettere, nè dei librai, con danno poi grandissimo di chi ha nei magazzini le edizioni non recenti.

È vero che non tutte le edizioni fatte in passato sono buone o belle; ma le nuove sono elleno sempre bellissime, comodissime? E di ristampe di classici, o di opere già conosciute di autori celebrati, se ne fanno tuttodì e da alcuni lodevolmente, e ciò dovrebbe bastare. Ma quello di che l'Italia ha bisogno, e bisogno urgentissimo, è che si facciano libri di cui manca; libri che non solo servano a ingentilire l'animo e nobilitarlo, ma a corregger gli errori presenti, de' quali è ingombra la mente dei più che sognano avere noi Italiani nelle opere dell'ingegno quella preminenza su le altre nazioni, che a vero dire oggi non abbiamo. L'avevamo certamente; ma per gloriarcene dobbiamo faticar di più a riacquistarla, e vantarla meno; che i vanti indicano sempre debolezza.

Il Giordani, in certa sua breve scrittura, lamentando come in Italia uscissero troppo frequentemente libri inutili o peggio, soggiunge: *Gli stampatori stampano i libri che si vendono; se si comprassero i libri buoni, questi a preferenza di quelli essi darebbero fuori.* Ciò non è al tutto vero. Gli editori per lo più fanno stampare a caso, o ciò che vien loro offerto dagli scrittori; e di queste loro produzioni forniscono il banco del librajo, il quale alla sua volta fornisce le scansie dei compratori di libri. E compratori consueti di libri vi sono come di ogni altro oggetto; e in mancanza di libri buoni comprano libri inutili. Nè sappiamo che alcun editore operoso e intelligente in Italia abbia mai rimesso di suo quando ha pubblicato opere buone, stampate correttamente e bene, e, per il prezzo e la quantità delle copie, adattate al rispettivo numero dei lettori della materia.

Ritornando al principio del nostro discorso, vogliamo qui notare che adopreremo lo scarso nostro ingegno e la buona nostra volontà grandissima a far in modo che si accresca l'operosità tra i letterati giovani, che delle loro fatiche anelano a giusto premio, e viva di vita non tisica, ma gagliarda il commercio librario; che esercitato con senno è certamente un commercio, nè meno lucroso, nè meno nobile di qualunque altro. E in Germania e in Francia vediamo uomini ragguardevoli e facoltosi essere o editori o tipografi ed anche librai.

Noi (se l'appoggio degli scrittori e dei lettori non ci manca) vorremmo occuparci a preferenza di due specie di pubblicazioni: 1° di opere letterarie possibilmente inedite italiane, e talora anche di alcune principalissime, tradotte dalle lingue non molto divulgate tra noi; 2° di una serie di Dizionari.

Preferiamo le opere letterarie, perchè, quanto alle politiche, il Piemonte può e deve produrne meglio di noi; e qui in Toscana le lettere, a concessione di tanti, sembrano avere più gradita e lieta dimora che altrove; i Dizionari (per ragioni facili a intendersi) dovrebbero da gran tempo farsi quasi esclusivamente qui e divulgarsi poi nel resto d'Italia e fuori, nel modo che vediamo praticarsi da un'immensa officina alemanna, che stampa di ogni lingua Dizionari e di più lingue insieme, e li sparge per tutta Europa.

Non dissimuliamo che ad unire in iscambievole ajuto editori e autori è non piccolo ostacolo una parte importante d'Italia, la quale finora non ha stimato suo utile aderire alla legge su la proprietà letteraria; e noi crediamo che quel Governo, ostinandosi nel rifiuto, non provveda all'interesse di coloro cui intende favorire. Se Napoli aderisse al resto d'Italia su questa materia, le opere degli scrittori di quel Regno sarebbero meglio conosciute e più lette fuori; quindi ne verrebbe un maggiore spaccio delle loro edizioni, ed il Governo, insegnando agli editori a rispettare la proprietà dell'ingegno, crediamo che sotto verun aspetto non ne scapiterebbe.

E in fine diremo che il Balbo e il Foscolo bramavano che all'Italia fosse data un'opera, che insegnasse agl'Italiani il modo di percorrer la Penisola utilmente e dilettevolmente; e gl'Italiani, scrittori e lettori, viaggiando imparerebbero più cose in un mese che non in un anno su i libri. L'Alfieri, il Foscolo e il Tommaseo debbono ai viaggi la originalità e la varietà piacevolissima che è nelle loro scritture; e queste doti, di che vanno forniti gli scrittori stranieri, non si apprendono stando da un anno all'altro sotto il campanile o nella bottega degli speziali.

Queste cose abbiamo voluto brevemente accennare, non già per erigerci a maestri, noi che ci presentiamo per la prima volta al pubblico col titolo di Editori, ma per dire con quali intenzioni saremo editori [...]

Aprile 1855.

Con queste pubblicazioni da me annoverate ebbe compimento l'anno 1855, il primo dell'apertura della Stamperia, che io aveva cominciato a dirigere e come tipografo e come editore. Ero abbastanza soddisfatto dell'incominciato movimento nelle faccende sì dell'una che dell'altra professione. Oltre ai lavori meschini degli antichi avventori, vedevo con gioja sopravvenirne dei nuovi, non solo meglio ricompensati, ma ordinati con meno gretteria e per la qualità della carta e per la stampa; che gli antichi avventori dei fratelli Bianchi erano gazzettieri disperati, o legali sordidamente avari, i quali mandavano gli originali scritti sul dorso di lettere vecchie e cenciose. Invece, verso la fine del 1856, ebbi ordinazione di stampare un'Antologia italiana ad uso degl'Inglesi per conto di un editore di Londra, che fu Pietro Rolandi, ed il Rapporto dell'Esposizione di Firenze; due volumi che potevano far onore alla Stamperia, ed erano pagati ragionevolmente. Io che non aveva grandi capitali (un 10,000 lire forse), m'industriava per ottenere lavori di commissione, i quali una volta fatti od anche ammezzati, davano coraggio a chiedere il pagamento od un acconto, e così soddisfare il cartajo con i denari ripresi. Invece, se facevo l'editore, la faccenda non andava così liscia. Fatto il volume, viene addosso la spesa dell'autore (se pure non viene prima) e la spesa della carta e stampa; poi, venduto ai librai, bisogna attenderne il pagamento. I librai allora si trovavano anch'essi non gai a denari, molestati com'erano da ogni sorta di rigori per parte della Censura governativa, dalla lentezza degli spedizionieri e infine dalle spese di dogana. Arrivato finalmente il libro al suo destino, la Censura esaminava una ad una le opere, che il librajo voleva introdurre nello Stato, e respingeva quelle che non andavano a genio al suo Governo. Il librajo di Milano o di Napoli, dopo un mese (se non era d'inverno), poteva ritirare i libri dalla dogana dopo aver subito i rigori della Censura capricciosa e dopo pagato il dazio dei libri rimastigli. Dico capricciosa la Censura, perchè, sebbene in Italia i diversi Stati fossero retti tutti a forma monarchica assoluta, pure frequente era il caso che a Milano si permettesse ciò che era negato a Napoli e a Roma. La Toscana sola non ebbe a soffrire questa sorta di tribolazioni; non già che gli uffici di Censura qui non vi fossero, ma erano esercitati con la massima discretezza, e perciò nessuno se ne doleva.

Nell'anno 1855 l'Italia era piena ancora della fama, che ovunque risonava di Vincenzo Gioberti; le opere di lui si leggevano con avidità, si commentavano dai lettori, porgevano liete speranze per i futuri nostri destini. Io leggeva queste opere a brani e bocconi, perchè ripiene di filosofia, di dialettica, qua e là di lunghi tratti di letteratura con concetti a me nuovi e abbaglianti per la bellezza dello stile e per i raffronti insoliti e immaginosi. Io diceva a me stesso: – Se fossi un signore, vorrei farmi copiare questi brani che trattano di letteratura, che soli comprendo e posso gustare, e li vorrei riuniti in un grosso quaderno per leggerli e rileggerli a mio talento. Ma non sono forse un editore? E invece di farli copiare, non potrei io farli trascegliere da un letterato, che abbia gusto e criterio sicuro, e farmene poi un volume? Chi sa quanti Italiani si trovano nel caso mio, di non poter cioè gustare tutte intere le opere del Gioberti, e che gusterebbero moltissimo i lunghi tratti, che riguardano giudizi o pensieri intorno alla letteratura nostra e straniera? – Entrato in questa idea, mi rivolsi a Filippo Ugolini, profugo in Arezzo, maestro di scuola, uomo se non di ampi studi, versatissimo nelle lettere italiane e di gusto squisito, lavoratore indefesso e per indole e per bisogno, che dalla scuola ritraeva troppo scarso guadagno per mantenere sette figli. Oltre a ciò anch'esso, come la più parte degl'Italiani, era invaghito delle opere del Gioberti. Accettò quindi a braccia aperte la mia proposta, e in meno di sei mesi m'allestì il volume, che s'intitola *Pensieri e Giudizi letterari di Vincenzo Gioberti*, con Prefazione del Raccoglitore. Il volume fu accolto con plauso immenso da tutta Italia, e fu da me in pochi anni ristampato quattro o cinque volte.

L'Ugolini, poco dopo liberate le Legazioni, le Marche e l'Umbria, nel 1861 fu da Lorenzo Valerio, allora commissario regio nelle Marche, nominato provveditore degli studi per la Provincia di Pesaro e Urbino. Poco egli potè usufruire quell'impiego, che ai 9 di gennajo 1865 morì povero com'era vissuto. Nato in Urbino il 26 marzo 1792, fu segretario comunale del suo paese; poi, nel 1831, messo in prigione e sospeso dall'impiego per ragioni politiche. Nel 1848 fu Deputato alla Costituente Romana; ma, restaurato il governo del Papa, riparò in Arezzo ove l'abbiamo veduto maestro di scuola. Era scrittore efficace e schietto, come si rileva dalle poche pagine che precedono il volume del Gioberti, e nella lingua era accurato, ma non lezioso, nè pedante come molti filologi. Oltre il *Vocabolario di Modi errati*, già ricordato, scrisse una *Storia dei Duchi d'Urbino*. Questo lavoro egli lo potè compiere e stampare, mercè sottoscrizioni di alcuni suoi amici, ricordati da lui con riconoscenza in principio dell'opera; i quali gli dettero modo di provvedere a sè ed alla numerosa famiglia e nello stesso tempo attendere alla sua *Storia*. Compilò inoltre una *Storia Romana* e una *Storia Greca* ad uso delle scuole; curò la pubblicazione delle *Prose e Poesie scelte* di Bernardino Baldi (queste opere non furono peraltro stampate da me); e dettò varî articoli nell'*Archivio storico* del Vieusseux, senza contare quelli che prima aveva scritti nei giornali di Roma al tempo delle libere istituzioni sotto Pio IX, e poi nei giornali letterari toscani verso il 1859.

Mi pare opportuno ed anche doveroso di lasciare ricordo dell'epidemia, che colpì la Toscana, e specialmente Firenze, nell'estate dell'anno 1855. Il *Cholèra-morbus* da due anni infestava l'Italia, Firenze però finallora n'era rimasta illesa. Quantunque impreparata a ricevere il morbo, dal quale era stata preservata per una ventina d'anni, tuttavia sostenne l'avversità senza timori esagerati, senza apprensioni funeste. « Non sgomento, non emigrazioni, non abbandono.

Nella casa ove alcuno rimaneva colpito, non solo i congiunti gli si adoperavano intorno senza ripugnanza e con tutta amorevolezza, ma e i pigionali stessi, se occorreva, si profferivano e si prestavano con ogni premura. I conforti della Religione erano portati dai parrochi con la solennità e l'apparecchio, che si usa nei casi ordinari; l'assistenza assidua e senza riguardi; i medici corrono infaticabili qui come in ogni parte della Toscana, ove prodigano la loro vita, e molti, generosi! trovano la morte nell'esercizio del loro penoso ministero.»

Mi compiaccio di aver recato queste parole, che Celestino Bianchi scrisse nello stesso anno 1855 su questa epidemia, del lodevole contegno della popolazione, ed in particolare del servizio reso all'umanità dalla Compagnia della Misericordia di Firenze, istituzione di carità antichissima e sempre fiorente. Anzi in quei giorni al numero già grande di confratelli (se ne contavano 1440) se ne aggiunsero un centinajo e più, venuti non dal basso ceto, nè dalla campagna, ma dalla giovane aristocrazia di Firenze, che fino a pochi giorni prima frequentava le conversazioni e i circoli signorili, o le passeggiate in cocchi eleganti. Questo concorso di gente abitualmente gaja, quasi spensierata, nelle stanze della Compagnia produsse un salutare effetto su l'animo dei cittadini; inanimò i deboli, e fece perseverare i coraggiosi. Tutti sotto la cappa di Fratelli, nuovi venuti e vecchi aggregati, portavano per turno il cataletto, e adempivano gli altri uffici, che non erano pochi nè leggieri, e per alcuni (come il recarsi in braccio i cadaveri ove le scale e gli anditi erano stretti per deperii nel cataletto rimasto sulla via) richiedevasi vera forza d'animo e abnegazione molta. Queste opere di segnalata pietà faceva la Compagnia della Misericordia in Firenze nell'agosto 1855.

L'anno 1856 si apriva con lieti auspicî; un editore che si vede andar via a ruba un'edizione, prende coraggio e confidenza col pubblico, e questi due elementi fanno spiegare il volo a maggiori intraprese. In quell'anno pubblicai il *Canzoniere* di Dante con note del Fraticelli, la *Geografia fisica* di Maria Somerville, tradotta dall'inglese; le *Commedie e Satire* dell'Ariosto; i *Canti popolari toscani*, raccolti dall'abate Giuseppe Tigri; i *Primi quattro secoli della letteratura italiana* della Ferrucci, e il primo volume del *Manuale della letteratura del primo secolo* di Vincenzio Nannucci.

Tutte queste opere furono graditissime, e alcune dovei ristamparne. Il solo Ariosto cominciò molto adagio, e l'edizione dura ancora oggidì (1875); non già che esso non sia un volume pregevole, massime per le *Satire*, ma forse perchè il gusto del pubblico si era un poco cambiato. Il pubblico preferiva letture d'argomento moderno, o d'istruzione pratica, come l'opera della Somerville, che scrisse di scienza popolarmente, o come il volume del Gioberti, che, discorrendo dei nostri classici, li vivificava con la potenza del suo ingegno e della sua fantasia ariostesca.

In quest'anno, com'ho detto, rimase finito di stampare il primo volume del pregevolissimo *Manuale* del Nannucci; e già sì era messo mano al secondo quando l'Autore fu sopraggiunto da fiera malattia che lo condusse a morte il 2 giugno dell'anno dopo, obbligandomi di affidare questa pubblicazione, attorno alla quale l'Autore aveva faticato moltissimo, alle cure d'un altro filologo, il signor Giovanni Tortoli. Vincenzio Nannucci era nato in San Mauro vicino a Signa, distante sette miglia da Firenze, il 1° settembre 1787, visse lunghi anni in Grecia, spinto ad esulare spontaneamente per dissidi cagionati piuttosto dal suo umore atrabiliare che per fatti seri. Era profondo conoscitore dei principi di nostra lingua; scrisse varie opere filologiche; lavorò molto, pregato, per Lord Vernon, che qui in Firenze ed a Londra pubblicava, con splendore britannico, varie cose attinenti alla *Divina Commedia*. Nè solo il Nannucci, ma anche Brunone Bianchi e Pietro Fraticelli gli prestarono la loro opera. L'Inglese fu ad essi generoso rimuneratore, e si mostrò grato finchè visse degli ajuti ricevuti.

Il Nannucci viveva modesto e appartato, o con pochi amici fidati. Morì povero, che di averi non si curò mai. Riposa nel cimitero di San Marco Vecchio, ove gli amici fecero porre una lapide, che ricorda il valente filologo, fino ad oggi da nessun altro superato. Chi desiderasse più ampi ragguagli su la vita e principalmente su le opere di lui, non ha che a leggere in principio del secondo volume del *Manuale* un pregevole lavoro di Giovanni Tortoli, allora poco più che ventenne, ora accademico della Crusca. So che quel lavoro, da me affidatogli, giovò alla sua nomina; ma ignoro perchè egli non mi abbia serbato l'animo suo benevolo, se non grato.

Nel 1856 le faccende della Stamperia arguisco che andassero molto bene, se prima che finisse quell'anno ebbi il coraggio d'intraprendere un viaggio a Parigi con lo scopo di acquistare un torchio a macchina. In Firenze non si conoscevano torchî a macchina, che avessero riputazione di essere buoni arnesi, al più si credevano atti per stampare giornali, non già opere; l'impressione veniva arrabbiata e il registro[6] non corrispondeva per niente. Non erano ancora in voga i torchi a macchina, semplici, che in seguito surrogarono tanto lodevolmente i torchi a mano di ferro, non punto celeri.

Partii per Parigi nell'aprile dell'anno 1856. Strada facendo ebbi agio di intrattenermi con un librajo di Torino, il quale mi suggerì di ristampare i quattro Poeti nell'edizioncina piccola del Passigli, che non si trovavano più, ed il Passigli non era più tipografo, condotto disgraziatamente in rovina dai suoi nipoti scialacquatori. Accettai il suggerimento del librajo di Torino, e lo estesi non solo ai quattro Poeti, ma ai più famosi Prosatori e Poeti antichi ed anche moderni. Così nacque la *Collezione Diamante*,[7] che mi fruttò molti elogi e in pari tempo molti guadagni. Gli elogi si riferivano alla scelta delle opere stampate in quella, ed al modo col quale venivano stampate.

Di questa *Collezione Diamante* ho fatto varie ristampe. I volumi più fortunati furono i quattro Poeti (già si sa), la *Divina Commedia* più di tutti; ricordo non meno di sei edizioni, ognuna a non meno di tremila esemplari. Poi venivano *Le Mie Prigioni* di Silvio Pellico; l'*Imitazione di Cristo* del Kempis; le *Satire* dell'Alfieri; le *Autobiografie*; il *Decamerone* del Boccaccio; le *Poesie* del Giusti; l'*Iliade* d'Omero; le *Poesie* del Monti; l'*Eneide* di Virgilio, ed altri autori che non sto a nominare. Questi volumi ebbero più edizioni, ognuna non minore di duemila esemplari.

Non sarebbe agevole descrivere il fanatismo, che produsse in Italia e fuori questa Collezione, che dai più si comprava come un trastullo, un ninnolo da tenere o da regalare. Certamente più d'una volta mi avvidi che con questi miei volumettini facevo concorrenza ai venditori di oggetti da regalo. Infatti si facevano e si fanno legare riccamente, talora semplicemente in carta-pecora con una modesta filettatura d'oro, e gli amatori di libri si deliziavano in quei piccoli oggetti da non averne idea. Un ricco negoziante di Livorno, ottenuta, non saprei come, una croce di cavaliere, al comm. Luigi Cibrario, che era il primo segretario dell'Ordine, voleva fare un regalo. – Ma cosa regalare che possa essere accettato senza offendere il giusto amor proprio

---

[6] Chiamasi *registro*, in termine tipografico, il perfetto combaciare della pagina stampata sul *verso* d'un foglio, con quella stampata sul recto. (*F.*)

[7] *Diamante* è il nome di uno dei più piccoli caratteri tipografici e fu per ciò scelto con felice trapasso a significare un formato dei più minuscoli. (*F.*)

del Commendatore? Oro, argento, gioje, brillanti? – Non pareva il caso. Al ricco negoziante venne additata una cassettina d'ebano intagliata, che io aveva messa a una Esposizione in Firenze, nella quale erano parecchi volumi della Collezione riccamente legati dall'abilissimo e accurato Gaetano Tartagli di questa città. Ecco da me il Livornese: cerca l'oggetto, lo esamina, gli piace, chiede il prezzo, accetta; e da un gioielliere di Ponte Vecchio mi fa pagare lire mille. Cotesta cassetta dev'essere a Torino in casa degli eredi del Cibrario. Altra cassetta di meno prezzo si deve trovare a Pisa, acquistata per occasione di nozze e un'altra ancor meno ricca della precedente deve essere a Pavia presso gli eredi del conte Arnaboldi. Una più grande e molto più ricca delle precedenti e per conseguenza con molti più volumi, è presso l'amabile Principessa Margherita sposa al Principe Umberto, erede al trono.[8]

Nei miei viaggi in Germania, in Francia e in Inghilterra trovai legatori nelle città principali, che conoscevano la mia Collezione per averne avuto in mano qualche volume da legare. Insomma per essa ebbi, come ho detto, onori e soddisfazioni dell'amor proprio infiniti. Il primo volume della Collezione Diamante fu la *Divina Commedia* di Dante Alighieri, messa fuori nell'agosto; l'edizione si esaurì in poco meno di un anno.

Non essendovi ancora strada ferrata da Torino sino a Lione, il viaggio non era così rapido e comodo come è ora. Vidi Parigi stupefatto, e le principali stamperie sbalordito per la loro ampiezza, per le molte macchine, per lo straordinario numero dei lavoranti, e per l'ordine e la disciplina che regnavano in mezzo ad essi.

Credevo di trovarmi a Parigi come un grano di sabbia in mezzo al mare; non pensavo di essere conosciuto, e non sapevo come potermi far conoscere, m'immaginavo di rimaner confuso, annichilito. Tutto il contrario. Da ogni parte trovavo schiarimenti, consigli, istruzioni. Svegli com'essi sono, i Parigini sembra che a primo aspetto indovinino chi è sveglio, e si farà strada col lavoro. Vidi le principali stamperie di Parigi; conobbi quel signor Teotiste Lefevre, autore di un *Manuale* su la Tipografia, opera molto accurata e lodata, il quale allora stava nello Stabilimento Didot in qualità di correttore di stampe,

---

[8] Vedi nell'Epistolario, pag. 573 (pag. 401 della presente edizione, NdR), la bella lettera di ringraziamento che scrisse a nostro Padre S. A. R. la Principessa di Piemonte. (*F.*)

che in Francia è una professione onorata e ricompensata. Ebbi da tutti quelli con cui parlavo informazioni su le migliori fabbriche di torchi a macchina, su i fonditori di caratteri, su le fabbriche d'inchiostri e di carta.

Rinfrancato dalla buona accoglienza dei Parigini, che in mezzo ai loro difetti sono pure la gente più amabile e servizievole che io mi conosca, dopo il secondo giorno andavo visitando fabbriche e stamperie, non già a piedi, ma entro una specie di carrozzone, che aveva la parte di dietro destinata a riporre scatole o barili d'inchiostro, oppure fagotti; dalla parte davanti v'era posto per due e anche tre persone, accomodate come in una mezza carrozza; e lì ci stava il commesso di una Casa che faceva il commercio in città degl'inchiostri della fabbrica Lawson. In tal modo io aveva agio di visitare le più importanti tipografie di Parigi e di ammirare le grandi vie e le grandi botteghe della città. Col commesso, che era un antico torcoliere, si parlava continuamente di stampa; stampa di testo e principalmente di vignette. Egli mi fece conoscere presso il signor Claye, *rue Saint Benoît*, uno Strasburghese, certo Giuseppe, e un suo figlio che stampavano l'opera di Armengaud intitolata: *Capolavori d'Italia*, con molte belle e finissime incisioni in legno, non al torchio *a mano*, ma *a macchina*, mossa dal vapore. Rimasi di stucco a vedere la rapidità e la precisione della stampa con macchina semplice, che aveva un gran cilindro, e faceva i punti per ottenere il registro nella stampa della carta-volta. Prendo subito il nome del fabbricatore di macchine tipografiche così perfette. È Monsieur Dutartre, *rue de Sèvres, N. 100*. Sono preventivamente avvertito che è il fabbricante più caro degli altri in Parigi, ed anche un po' rustichetto con gli avventori, perchè è superbo de' suoi prodotti.

L'indomani il commesso della casa Lawson mi aspetta di prima mattinata col suo carrozzone per far le solite gite dai clienti. Quella mattina ci avviammo subito nella *rue de Sèvres, N. 100*. Al portinajo (*concierge*) il commesso di Lawson dice: – "*Monsieur veut acheter une mécanique.*" – *Passee, Messieurs*" – Il commesso poi mi avvertiva che senza quelle due parole, il portinajo avrebbe probabilmente risposto: "*Monsieur Dutartre est hors de la maison.*"

– Cospetto (dissi fra me); questo Dutartre non sembra parigino. Qui si trova in tutti, dal grande al piccolo, una garbatezza squisita, che non è arte e forse neppure tutta educazione, ma direi quasi natura. Basta; vedremo questo M. Dutartre. – Eccolo, si avanza; in giacchetta a uso lavorante, con maniche tirate su, aspetto serio, ancor giovine, tinto le mani e il viso di filiggine. Ci scambiamo poche parole, scelgo la grandezza della macchina, 55 per 72; ne domanda quattromilatrecento franchi, sei mesi di tempo per la consegna, mille franchi subito; il resto a scadenze di lire cinquecento mensili dopo sei mesi dalla consegna. Insisto per levare i trecento franchi, parendomi che non avessero a che vedere. Tutto inutile. "Ritornerò" dissi: "Tempo perso" rispose: *"Pensez, Monsieur, que les courses sonù longues à Paris."* Finii per accettare i patti. La macchina arrivò a Firenze. Dopo vent'anni lavora ancora bene; ma il prezzo che pagai fu di 300 lire troppo alto. Lo verificai in modo che esclude ogni dubbio. La misura della macchina era nel *Prix Courant* di Dutartre messa a 4000 franchi. In seguito seppi che i 300 franchi erano per l'intermediario, il commesso di Casa Lawson, e su questo non v'è nulla da ridire; se non che il Dutartre non doveva aggravare su me il prezzo della senseria, ma diminuire il suo guadagno. Eppure era uomo già ricchissimo, quantunque non avesse che 40 o 45 anni, e stava per sposare una giovane, che gli recava in dote mezzo milione di lire.

In questo primo viaggio a Parigi non ebbi comodità che di vedere le cose alla sfuggita, andando in omnibus o nel solito carrozzone da un'estremità all'altra della città. Data l'ordinazione della macchina, io non aveva altro che mi trattenesse a Parigi, e partii senza indugio per Firenze con l'animo tutto pieno di gioja nel desiderio di rivedere la mia consorte e il mio Pierino, che allora aveva un pajo d'anni.

In Firenze il 20 dicembre di quell'anno moriva il Nestore dei bibliografi italiani, Giuseppe Molini, nella età di 84 anni. Benchè avessi avuto occasione di parlare con lui pochissime volte, pure io lo conobbi un uomo superiore ai suoi confratelli in arte. Come bibliografo egli venne acclamato maestro valentissimo da quanti letterati si dilettavano ai suoi tempi di siffatte materie, e ciò nel 1826 gli valse l'onore di essere chiamato dal granduca Leopoldo II a bibliotecario della Palatina. Come erudito e letterato, lasciò fra vari altri lavori i due volumi dei *Documenti storici italiani*, da lui diligentemente raccolti e copiati nella Biblioteca di Parigi. Come editore pubblicò molti volumi di classici italiani e latini, che dimostrano il suo buon discernimento nella scelta delle opere e nel seguire le migliori lezioni ed inoltre una forma esteriore del libro piuttosto accurata, alla qual cosa allora poco si badava dagli editori in Italia. Il Molini si venne formando il gusto del libro ben lavorato, con lo stare di continuo in mezzo a quelle belle edizioni francesi e specialmente inglesi, di cui era abbondantemente fornito il suo grande negozio in via degli Archibusieri. Le sue edizioni sono eseguite accuratamente, ma lasciano forse un poco a desiderare a motivo della piccolezza dei caratteri. Questo difetto proviene da due cause, che voglio dire: primo, perchè il Molini era miope, e poi per aver egli preso a modello della sua collezione (che chiamava *portatile*) la raccolta dei classici inglesi dell'editore Walker; e si sa che gl'Inglesi adoperano volentieri i caratteri piccoli per far entrare più materia, e poi in generale essi sono miopi.

A dare un saggio della valentia del Molini nel ripubblicare i nostri classici ricorderò quello che io stesso notai a proposito della sua edizione fatta nel 1832 della *Vita di Benvenuto Cellini*. Antecedentemente a questa del Molini, il tipografo Piatti pubblicava la stessa opera con le cure di Francesco Tassi; il quale nella sua lezione seguiva l'edizione di Milano del Carpani, e si valeva nello stesso tempo dell'autografo, che fino dal 1825 esisteva nella Biblioteca Laurenziana. Il Molini invece giudiziosamente modellava addirittura la sua edizione su l'autografo soltanto, e ci dava una lezione più genuina, non imbrattata dalle sofisticherie di editori pedanti, a cui pesa troppo di lasciar correre un periodo senza tutte le norme grammaticali; anche quando, come è il caso del Cellini, l'autore non sa di logica grammaticale, ma possiede quel dono naturale e rarissimo di scrivere secondo detta la sua natura d'artista. Dopo questa edizione del Molini abbiamo avuto un'altra ancor più pregevole edizione della *Vita di Cellini,* ed è quella curata da Brunone Bianchi, la quale maggiormente si avvicina all'autografo, ed è inoltre fornita di note filologiche ingegnose ed assennate. Il lavoro del confronto tra la edizione Molini e l'autografo fu fatto da Carlo Milanesi e da me; il Bianchi faceva le note su le nostre stampe collazionate.

Quantunque Giuseppe Molini fosse molto operoso, ed avesse una rara intelligenza nella sua arte e fortuna nelle varie imprese editoriali, e le sue edizioni si comprassero con sollecitudine così dagli studiosi, come dagli amatori di edizioni belle, tuttavia i suoi interessi ebbero a subire più d'una volta quegli arrenamenti, che pregiudicano grandemente la riputazione di un uomo d'affari. Le occupazioni letterarie credo che lo distraessero troppo dall'attendere alla parte mercantile, e perciò si dovesse affidare all'inesperienza o poca vigilanza di quelli che facevano per lui; i frequenti e troppo prolungati viaggi alla diletta Parigi cagionarono spese superiori alle sue forze; ed infine la montatura di casa e quelle sue consuetudini all'inglese non saranno state ultime cause del decadimento di questa famiglia fino al 1848 così florida. Giuseppe Molini è sepolto a San Miniato al Monte.

Ora sono a raccontare dell'anno 1857. Siano stati i buoni successi degli anni precedenti, o semplice caso, io, quell'anno, incappai male in alcune pubblicazioni. È vero che l'editore Brockhaus di Lipsia, in un colloquio che ebbi con lui qui in Firenze, mi disse che un editore su dieci intraprese ne sbaglia cinque, ne indovina discretamente tre, ne imbrocca di slancio due, che rimediano a tutto. Così la pensava quel mio collega tedesco.

In quest'anno pubblicai i primi tre volumi delle *Opere* di Francesco Guicciardini, della cui stampa gli eredi, conti Luigi e Piero Guicciardini, avevano affidato a Giuseppe Canestrini la cura. Oltre a farmi pagare il prezzo del manoscritto a una stregua insolita nel commercio librario italiano, e che confermava il nome, che quei signori Conti avevano in paese, di troppo amanti del denaro, erano tanti i rigori che essi mettevano nell'adempimento del contratto, da farmi sentire il peso insopportabile del prezzo stabilito per i diritti d'autore. Rammento che dovevo pagare circa lire 2500 per ciascun volume. Mi fu forza per ciò alzare il prezzo dei volumi, e la vendita s'inceppò, quantunque l'edizione fosse piuttosto bella, se non ricca, e fatta in 8° ad uso di Biblioteche. Aggiungasi che il lavoro della revisione del testo, ricavato dagli autografi che esistono nella casa Guicciardini in Firenze, non era soddisfacente; le copie degli autografi non mi parevano troppo esatte, nè il Canestrini era tale da saper sempre rendersi ragione dei passi oscuri, incerti e a volte anche inintelligibili. Per questi motivi l'intrapresa delle opere del Guicciardini abortì: i volumi seguenti, dopo il terzo da me pubblicato, furono stampati in altre tipografie per conto degli eredi, i quali, aumentando ancora il prezzo dei volumi, resero di questa pubblicazione quasi nullo lo smercio; e il Canestrini (che era uomo bisbetico, poco accurato, nè di propositi seri, e piuttosto pratico di archivi che vero letterato), non deve aver mai adoperato le cure e lo studio necessario a rendere cotesta pubblicazione meritevole di encomio.

In quell'anno non solo il Guicciardini ebbe poco buon accoglimento dal pubblico, ma ancora le *Prose e Poesie* di Giuseppe Arcangeli, curate da Enrico Bindi e Cesare Guasti. Il Bindi compose la Vita, e ajutò il Guasti a raccogliere in due volumi gli Scritti. Forse l'essere due volumi di scrittore noto e pregiato assai in Toscana, ma non egualmente conosciuto nel resto d'Italia, nocque allo spaccio; e forse perchè il Bindi disseminò nella Vita (scritta con rara eleganza) taluni sentimenti retrogradi, che non piacquero agli amici dell'Arcangeli, que' due volumi neppure in Toscana ebbero grande successo.

Giuseppe Arcangeli, natura d'artista e ingegno prettamente toscano, arguto, festivo, facile e bel parlatore, nacque in San Marcello nella montagna pistojese. Fu scolaro di latino e d'italiano del valente maestro Giuseppe Silvestri. Scriveva in prosa e in poesia, in ambedue le lingue con eleganza e con facilità, e le insegnava con maestria; molto si dilettava di musica, e credo che imparasse persino il contrappunto. Al contrario dei preti e dei Toscani, occupava le vacanze autunnali in viaggi lontani e anche fuori d'Italia; e, viaggiando, visitava con particolar cura le scuole di quei paesi. Fu vicesegretario dell'Accademia della Crusca, e ne adempiva l'ufficio con zelo. Io ricordo di lui molte cose, che lo rendono sempre caro alla mia memoria. Impaurito dal morbo asiatico, che nell'estate del 1855 funestava molte parti della Toscana e principalmente Firenze, l'Arcangeli, giunto da San Marcello a Prato, s'ammalò di cholèra, riuscito poi in febbre di tifo, e in poche ore morì. Era il 18 di settembre 1855. Egli aveva l'età di quarantasette anni.

Altra pubblicazione mancata, in quest'anno, furono le *Prose* del Gravina affidate alla cura di Paolo Emiliani Giudici. La Prefazione doveva essere un tratto di storia letteraria, che parlasse del Gravina e de' suoi tempi; doveva riuscire (come avrebbe saputo e potuto fare il Giudici) un lavoro moderno, che rinfrescasse il lavoro di estetica del Gravina, che il Gioberti, a quel tempo tanto acclamato, aveva messo in evidenza nelle sue opere allora allora pubblicate. Il Giudici, invece non prese a cuore l'assuntosi incarico. Mi avvidi che neppure le stampe del testo del Gravina rivedeva con attenzione; testo pieno di citazioni greche: cosicchè dovetti farle rileggere da un grecista fiorentino (l'abate Gelli), che vi trovò moltissime correzioni da farvi, dalle quali argomentai che il Giudici non sapesse il greco, o che egli, inclinato agli stravizi del bere, non guardasse più che tanto le stampe. Il fatto sta che di quel Gravina io ristampai più foglietti, e il pubblico non ebbe nulla a ridire; ma l'Autore, tanto decantato dal Gioberti, venne accolto freddamente.

Qui hanno fine le piccole miserie di un editore nell'anno 1857. Debbo però registrare che in quest'anno pubblicai con buon successo gli *Scritti inediti* del Machiavelli, il volume 2° e il 3° delle *Opere minori* di Dante, le *Rime* del Petrarca, la *Gerusalemme liberata* del Tasso, le *Autobiografie* e la *Cronaca* di Dino Compagni nella Collezione Diamante; un piccolo *Vocabolario latino* del Mandosio (che ristampo quasi ogni anno a motivo del suo tenuissimo prezzo), la *Cupola del Duomo di Firenze* del Guasti, il Segni, *Storie*, le *Poesie* della Bon Brenzoni veronese, le *Lettere scelte* di Pietro Giordani, *L'arte di scrivere in prosa* di Basilio Puoti, e finalmente la *Diplomazia italiana* di Alfredo Reumont. Tutte queste pubblicazioni, alcune interamente esaurite, altre ristampate, talune prossime ad esaurirsi, mi hanno compensato delle perdite fatte nel naufragio, che incontrarono le opere da me poc'anzi specificate, e mi resero più cauto e più oculato coi letterati con cui m'immischiavo, almeno per alcuni anni vegnenti, in cui non avrò da registrare simili disastri.

Vorrei dire del barone Alfredo di Reumont di Aquisgrana; ma quale persona cólta non lo conosce? Un perfetto gentiluomo, dotto in cose storiche germaniche e italiane, che ama questi due paesi con eguale affetto, che fu rappresentante in Firenze del re di Prussia fino dal 1848. Egli passa il suo tempo tra l'Italia e la Germania; ma quasi quasi si trova più a suo agio a Firenze che altrove. Scrive l'italiano con correttezza, e difficilmente si contenta di traduzioni fatte da altri dal suo tedesco. Così avvenne della *Diplomazia italiana*, tradotta dal valente Tommaso Gar: il Reumont, correggendo, rifece la traduzione su le stampe, che rivide più volte. L'*Archivio storico* ha quasi ad ogni fascicolo suoi articoli. Il Reumont, quantunque tormentato dall'asma, che lo fa soffrire non poco, scrive sempre, non si stanca mai; ora negli Archivi a rovistare documenti, ora a lavorare per i giornali tedeschi. Conosce la storia civile, letteraria e artistica di Firenze antica e moderna; molti anni sono, egli stampò le *Tavole Cronologiche della Storia fiorentina*. Amico grande di Gino Capponi, che lo ascolta con diletto, e dice che da lui apprende sempre cose utili. Ora (1875) il Reumont, benchè giunto ad un'età che non si discosta molto dai settanta anni, lavorando da sè nella casa stessa del suo amico Capponi, prepara non la traduzione, ma una buona compilazione, ad uso degli Italiani, della Storia di Lorenzo il Magnifico, pubblicata in due volumi l'anno scorso a Berlino, della quale intanto a Londra si sta apparecchiando o già si stampa la traduzione in lingua inglese.

Prima di chiuder la serie dei fatti dell'anno 1857 ho il grato dovere di ricordare che il 23 gennajo mi nacque il secondo figlio, a cui fu posto nome Luigi, il quale in questo tempo già mi presta un valido ajuto in Stamperia.

CAPITOLO NONO

PUBBLICAZIONI POLITICHE

SOMMARIO: [1858] Processo per la *Storia del Concilio di Trento* – Condizione degli animi in Italia – Inopportunità di quel processo – L'avvocato Galeotti difensore: Assoluzione: Popolarità acquistata – Pubblicazioni del 1858 – La *Vita del Tasso* di P. Serassi – A proposito di lingua parlata – Morte del Padre – [1859] Una pubblicazione sbagliata – Popolarità compromessa – La *Biblioteca civile dell'Italiano* – L'opuscolo *Toscana e Austria* – La notte del 17 marzo 1859 – Una perquisizione arbitraria e illegale – Il *Parere* dell'avvocato Galeotti – Un decreto serotino – Il granduca Leopoldo II – Di alcune pubblicazioni politiche – Rifiuto di una commissione dal governatore Ricasoli – Pubblicazioni letterarie – *La Nazione*, giornale politico quotidiano – Fine della ditta *Barbèra, Bianchi e C.*

Siamo al 1858. In quest'anno debbo raccontare di una mia pubblicazione, che fece molto rumore in Firenze ed anche qualche poco nel resto d'Italia, quantunque non fosse un'opera del giorno, o, come si dice, di *attualità*; ma un'opera pubblicata già da dugento trentanove anni, e che oramai non avrebbe più dovuto recar molestia alla Curia papale. L'opera è la *Storia del Concilio di Trento* di Paolo Sarpi.

Prima di entrare nei particolari di questa pubblicazione, importa ricordare da quali umori politici fosse dominata in quei giorni l'Italia; la quale, tenendo lo sguardo rivolto al baluardo della libertà nazionale, che era il Piemonte, sperava e temeva a misura che quell'elemento politico si ordinava o si commoveva. In Piemonte vi erano esuli di tutta Italia, e se non potevano di colà venire giornali (eccetto la *Gazzetta Ufficiale* piemontese, e la *Gazzetta di Genova*, semiufficiale), venivano lettere frequenti, che ragguagliavano dei casi politici di quel tempo e di quel paese, che ogni buon Italiano considerava come proprio; e nei caffè e in altri ritrovi si discorreva di quel Parlamento e di quei Deputati come cosa nostra.

Or bene, nell'aprile di quell'anno mi prese vaghezza di pubblicare la *Storia del Concilio di Trento* del Sarpi. Erano quattro volumi, che uscirono in pochi mesi; cosicchè nel giugno dello stesso anno erano tutti pubblicati. Condussi l'edizione su la prima, che ha la data di Londra 1619 sotto il nome di Pietro Soave Polano, per opera di Marcantonio De Dominis, e credo che effettivamente sia stata impressa colà. Alcuno, in seguito, mi disse che il testo autografo (altri, vogliono che sia scritto di mano di Fra Marco Franzano, copista del Sarpi), esistente a Venezia nella Marciana, abbia diversità notabili dalle stampe. Invece, persone autorevoli di Venezia, Agostino Sagredo ed Emanuele Cicogna, mi assicurarono per lettera che nessuna variante notabile avevano trovata nel saggio di lettura dell'autografo, fatto a riscontro della mia stampa.

Ebbe questa mia edizione del Sarpi un esito inaudito, nonostante la serietà dell'opera, che richiede lettura meditata, e la quantità dei volumi, e perciò di un prezzo non alla portata di tutti. Costava lire 16. Eppure l'edizione venne in gran parte spacciata nel periodo di un anno. È vero che contribuì in parte al pronto smercio la libera introduzione dell'opera stessa nel Lombardo-Veneto, che il Governo austriaco in questioni teologiche si riservava molta libertà di operare, e dissentiva spesso e volentieri dalla Corte pontificia, ove la *Storia* del Sarpi era sempre scomunicata e l'Autore odiato come quando viveva. Infine questo fenomeno di vedere un' opera tanto grave, e non moderna, andar via come fosse novità letteraria e politica è pur avvenuto sotto gli occhi di tutti; nè si può dire che fosse stata piccola la tiratura, essendosene stampati milleseicentocinquanta esemplari.

Pochi mesi dopo, senza considerare i tempi, che preannunciavano burrasca politica benchè latente, senza tener conto che gli animi erano tutt'altro che tranquilli, perchè ognuno che non fosse indifferente per la patria stava spiando il modo con cui il temporale doveva scoppiare, il nostro arcivescovo, monsignor Giovacchino Limberti, spinto molto probabilmente dal Vaticano, porse querela al Procuratore regio, perchè in Firenze si era pubblicata un'opera, per la quale occorreva avere, prima della stampa, la permissione della Curia; ed esser questa la *Storia del Concilio di Trento*, che trattava *ex professo* di religione. Il Procuratore regio, menando buono l'invito dell'Arcivescovo, rimette l'affare alla decisione del Tribunale, il quale m'intima di comparirgli dinanzi, in via criminale, come i malfattori, per il giorno 19 novembre 1858.

Una tale notizia, diffusa come lampo in Firenze, destò in molti la meraviglia come mai la *Storia* del Sarpi venisse giudicata una storia religiosa; e questo caso fece sciogliere la lingua a molti, ed era un discorrerne infinito per tutto il paese. Gli amatori di novità vedevano in questo processo un'occasione ad agitarsi, a commuovere l'opinione pubblica e a far discussioni; una grata occupazione infine per chi era desideroso di suscitare fastidì alla Corte pontificia.

Dovendo comparire davanti al Tribunale, m'era forza scegliermi un difensore, che all'abilità congiungesse un nome autorevole, e che facesse un'impressione buona su l'animo de' miei giudici e del pubblico. La questione era politica anzichè criminale, come aveva dovuto intitolarla la Corte, perchè la legge considerava criminali le contravvenzioni in fatto di stampa. Dopo molto riflettere, scelsi per mio difensore l'avvocato Leopoldo Galeotti, antica mia conoscenza. Uomo riputato abile, onesto e liberale, era però eccessivamente timido, ed aveva consuetudini signorili, e menava vita quieta; cosicchè in su le prime non pareva volersi immischiare in un *processo criminale*. Tornato una seconda volta, lo trovai disposto a difendermi; e mi difese con calore, con bella dottrina, sorretto dall'aura popolare, che soffiava in paese, non già nell'aula del Tribunale; poichè ai primi cenni di agitazione della folla intervenuta all'udienza il giudice che funzionava da presidente, ed era il signor G. Targioni Tozzetti, fece sgombrare la sala dalla forza pubblica.

Quest'ordine di sgombrare mi fece penosa impressione. Io sedeva accanto al mio avvocato, non già al banco dei rei; vi rimaneva tuttavia una discreta quantità di persone, attinenti al ceto legale, dalle quali ricevevo segni di simpatia e di rispetto.

Il Pubblico Ministero procedeva col massimo riguardo verso il mio difensore; i giudici mi parevano inclinati a benignità; il pubblico in paese mi aveva già assoluto, riversando il suo sdegno su la Curia arcivescovile, e più che altro su la Corte di Roma, dalla quale dicevasi venuto l'ordine di farmi il processo con la speranza che i Tribunali toscani mi condannassero.

Invece, dopo un lungo dibattimento, il Tribunale giudicò che io non aveva offeso la legge su la stampa, e mi assolveva da ogni addebito, ritenendo che la *Storia del Concilio di Trento* non era opera che trattasse *ex professo* di religione, ma storia civile.

Il pubblico si rallegrò a questa notizia, che dimostrava essere i Tribunali toscani indipendenti dalle voglie insane della Corte papale. Io pubblicai la difesa, che fece il mio avvocato davanti al Tribunale. Essa fu venduta subito, onde io potei rinfrancarmi alquanto delle spese, che avevo incontrate per farmi difendere, e da quel giorno in poi il mio nome acquistò qualche maggior simpatia nel pubblico. Fin allora non ero conosciuto che poco; questo processo mi diede fama di editore ardimentoso e promotore del progresso letterario e politico.

In questo medesimo anno 1858 pubblicai nella Collezione Diamante le *Mie Prigioni* di Silvio Pellico, le *Satire* di Vittorio Alfieri, l'*Orlando furioso* dell'Ariosto, i *Ritratti* del Guicciardini, le *Poesie* di Michelangelo Buonarroti, la *Secchia rapita* del Tassoni, le *Poesie* del Parini, il *Principe* del Machiavelli, le *Poesie liriche* del Monti e l'*Apologia* del Caro: pubblicazioni tutte indovinate e gradite dal pubblico.

Pubblicai pure con buon successo le *Poesie* di Ippolito Pindemonte nella Collezione in sedicesimo e con minor successo la *Vita del Tasso* scritta dall'abate Serassi. Erano cent'anni che nessuno aveva pensato alla ristampa di quest'opera; perciò edizioni moderne non esistevano. Il libro era lodato dall'autorità di Pietro Giordani, giudice ascoltato e riverito. Mi pare che egli lo giudichi, nella Lettera al marchese Gino Capponi, un libro che si legge come un romanzo, e che è nondimeno ricco di storia letteraria e civile. Bella raccomandazione e forti eccitamenti a ristamparlo. Curò la mia edizione quel Cesare Guasti, che aveva assistito alla ristampa, fatta dal Le Monnier, delle *Lettere* dello stesso Tasso; e ognuno sa con quanta diligenza il Guasti attenda ai suoi lavori. Ciò non pertanto questa *Vita del Tasso* non ebbe accoglienza molto favorevole. Si è venduta e si vende, e si venderà; ma l'edizione durerà per altri vent'anni (scrivo nel 1875). Che siano le note che affogano il testo? o i due volumi, che si potevano ridurre in uno? Anche i libri hanno i loro misteri!

Pongo termine a quest'anno 1858 col ricordare due altre pubblicazioni, che ebbero un ottimo successo: la *Vita di Santa Caterina* del Padre Capecelatro, che la scrisse senza bigotteria, con sapore letterario e in maniera dilettevole, pur non discostandosi dalla verità storica; e la *Storia d'Italia* di Luigi Sforzosi, ampliata da Celestino Bianchi con l'ajuto principalmente delle opere storiche, che allora pubblicava Cesare Balbo. Lo Sforzosi era emigrato dello Stato Pontificio; dimorò lunghi anni a Parigi insegnando l'italiano, e colà scrisse questa *Storia*, ovvero un ristretto di questa *Storia*, che poi ampliò egli stesso anche prima che fosse posta nelle mani del suo successore, che fu il Bianchi. Vorrei dir di più di Luigi Sforzosi, quasi ignoto agl'Italiani, ma non lo conobbi, nè lo vidi mai; ebbi il manoscritto da un librajo fiorentino, che l'aveva acquistato, credo, dall'Autore, passato per Firenze, e poi non s'arrischiò di stamparlo, perchè l'avevano fatto accorto che in esso vi erano espressi sentimenti troppo liberali, e però, a detta di coloro, nocivi alla gioventù.

Un'ultima pubblicazione di quest'anno è *La Povera e la Ricca* del mio amico e insigne commediografo Tommaso Gherardi Del Testa; un grazioso romanzo dilettevolissimo, ricco di quella lingua parlata in Toscana, che ora si pregia tanto in tutta Italia. A proposito di lingua, voglio esprimere un mio pensiero, ed è che se i libri dei Toscani giovano a studiare la lingua parlata, è di necessità somma, volendo servirsene nelle opere, di venire qui in Toscana per apprenderla anche cogli orecchi, altrimenti si corre rischio di far come coloro che hanno buona voce e potrebbero cantar bene, se l'orecchio dicesse il vero, e li salvasse dalle stonature.[1]

Al principio di quest'anno (il giorno 10 febbrajo) ebbi la grande sventura di perdere mio padre in età di sessantasett'anni. Egli era di Biella; uomo retto, cordiale con tutti e smanioso di fare il bene più ad altri che a sè ed ai suoi. Come padre, lo stimai piuttosto rigido; indi l'allontanamento mio da Torino.

[1859] Ho già detto che gli animi degl'Italiani erano molto commossi, ed intenti a quello che dovesse accadere in principio di quest'anno. Camillo Cavour era stato a visitare Napoleone in a Plombières fino dalla metà dell'anno precedente. Che cosa si fosse parlato in quei colloqui, ognuno voleva sapere, o congetturare; ma intanto la diplomazia e il popolo italiano sentivano approssimarsi qualche grande avvenimento. In un libro che pubblicai nel 1875, la *Vita di Nino Bixio* scritta da Giuseppe Guerzoni, trovo così ben dipinto quel solenne momento storico, che non so ristarmi dal riferire qui le parole con cui comincia il capitolo quinto, alla pagina 115: « Entrava il 1859: Napoleone aveva già detto all'Hubner le celebri parole: "Sono malcontento del vostro Governo"; la stella di Cavour spuntava, e attirava gli sguardi. I disegni del convegno di Plombières cominciavano a trapelare; la condotta del Piemonte e del suo Re, fedeli per dieci anni al patto nazionale, andava di giorno in giorno rassicurando gli animi più ombrosi e inanimando i più scorati; un'aria calda, foriera di prossimo uragano, correva tutta l'Italia. »

---

[1] Nonostante il suo grande amore per la lingua toscana e gli studi diligenti che vi aveva fatti, come ne fan fede molti quaderni di spogli e di appunti, nostro Padre non si piacque mai di toscaneggiare, contento di avere acquistato, dimorando a Firenze, nel parlare e nello scrivere, quella proprietà e quel garbo, che dovrebbero essere, ci sembra, il desiderio di tutti gl'Italiani, non essendo punto desiderabile, secondo nostro Padre, che i non Toscani si sforzino di apprendere quei modi d'uso troppo esclusivamente locale, che è poi ad essi sommamente difficile di adoperare a proposito. (*F.*)

Ebbene, con questa temperatura politica molto grave, io caddi in un errore di criterio che fa maraviglia a me stesso, e lo racconto per disteso nella speranza che si legga con qualche diletto, se non con istruzione, perchè casi simili non saranno forse per rinnovarsi mai più in Italia. Ferdinando Ranalli, scrittore provetto e non alieno, come tanti letterati del suo tempo, dal volgere la mente a cose politiche, benchè molto propenso a studi di lingua e di classici, venne a offrirmi un suo manoscritto, che era intitolato *Del Riordinamento d'Italia*. Io lo lessi d'un fiato. Mi parve che l'argomento fosse oltremodo ghiotto e di vera attualità; la lettura n'era dilettevole, perchè scritto con grazia e senza quegli arcaismi, che l'autore talvolta aveva adoprati in altri suoi scritti. Però esitavo a pubblicare quest'opera, e siccome il Ranalli mi disse di averne parlato e letto dei brani al ministro sardo in Firenze, comm. Carlo Boncompagni, volli recarmi dal medesimo e sentire dalla sua bocca un giudizio su la opportunità della pubblicazione.

Il Boncompagni era uomo veramente savio e dotto assai, ma lento a pensare come all'esprimersi. Egli credeva di sapere i pensieri segreti del primo ministro conte Cavour, ed invece io credo che sapesse soltanto quello che il Cavour voleva che si sapesse da tutti i suoi rappresentanti, nascondendo però i suoi intimi pensieri, i quali egli lasciava trapelare a voce, in gran segretezza, ai caporioni del partito costituzionale, che s'era formato in Toscana come in altre province. Al suo ministro in Firenze non faceva scrivere che di affari comuni. Ad un uomo poco sveglio, com'era questo diplomatico, la partita che il Cavour giocava di sotto mano, fuori della Legazione sarda, rimaneva non solo nascosta, ma egli non ne aveva alcun sentore; dimodochè, quand'io fui a interrogarlo, mi disse chiaro e tondo che quello che si vociferava in Firenze di prossima guerra e di alleanza con la Francia non aveva fondamento alcuno di vero; ed aggiunse queste precise parole: "Io credo di essere un liberale; eppure non desidererei che in questo momento il Piemonte rompesse la guerra all'Austria." Il che contradiceva alle voci, che facevano correre con più o meno prudenza gli adepti, gli amici e gli agenti del conte Cavour. Dopo questa affermazione del ministro Boncompagni non esitai a stampare con la maggior celerità il libro del Ranalli, ed a pubblicarlo.

Non l'avessi mai fatto! Io che era portato in palma di mano come editore patriottico, quasi quasi pareva che fossi stato pagato dal ministro d'Austria a fare una simile pubblicazione, che, secondo i liberali fiorentini, indettati col conte Cavour, parve che turbasse i maneggi segreti di un'alleanza con la Francia, e la guerra che ne doveva seguire.

Il libro si vendeva; ma io non ne era soddisfatto, perchè in paese mi si faceva broncio per questa pubblicazione; nè furono davvero accorti i consigli, che prima avevo invocati dal ministro sardo. Io non vi capiva più nulla; giornali non ne venivano, e poi non parlavano della politica di Cavour; i soli caporioni del partito costituzionale davano de' cenni avviluppati, ai quali, per esser discordi dai cenni espliciti del ministro Boncompagni, non prestavo fede.

Dopo pochi mesi, cioè verso l'aprile, il denso velo si strappò: la guerra è intimata dal Piemonte all'Austria; l'alleanza francese annunziata. Ai 26 di aprile i Francesi sbarcavano a Genova, dove il 12 maggio furono raggiunti dallo stesso loro Imperatore; il 17 di questo mese entravano in Toscana trentamila Francesi capitanati dal principe Napoleone, cugino dell'Imperatore, che doveva dalla parte di Parma avvicinarsi a Mantova.

Eppure prima che seguissero questi grandi avvenimenti, cioè dal gennajo al 27 aprile, il Governo della Toscana dormiva, come si suol dire, tra due guanciali: conosceva le voci che si alzavano palesi, e nei caffè e nei privati ritrovi, e lasciava fare; o che non credesse possibile la guerra, che tutti ormai prevedevano vicina, o che si lusingasse di scampar dalla bufera con il pensiero di dichiararsi neutrale. Allora si diceva che questa fosse la segreta speranza del Governo granducale. E quindi i giovanotti andavano a frotte di Toscana in Piemonte, e quasi quasi il Governo si rallegrava pensando che queste partenze avrebbero diminuita l'agitazione degli umori politici nel paese.

Cosimo Ridolfi, Bettino Ricasoli, Ubaldino Peruzzi, Tommaso Corsi, Leopoldo Cempini e Celestino Bianchi eransi fatti editori di una *Biblioteca Civile dell'Italiano*, e si vide dipoi esser loro i caporioni del partito costituzionale, che il conte Cavour dirigeva da Torino con la più gelosa segretezza, senza farne mai cenno allo stesso ministro sardo in Firenze.

Questa *Biblioteca Civile* pubblicò poche opere,[2] che non fecero grande impressione nel pubblico. Verso l'aprile 1859 la detta società di amici politici si proponeva di mandar fuori, come segnale della battaglia, un libretto intitolato: *Toscana e Austria*. Era scritto da

---

[2] Eccone il titolo: *Apologia delle leggi di Giurisprudenza, Amministrazione e Polizia ecclesiastiche, pubblicate in Toscana sotto il regno di Leopoldo I*, un volumetto. - *I Piemontesi in Crimea*, narrazione di Mariano d'Ayala, un volume. - *Dell'avvenire del commercio europeo e principalmente degli Stati europei*, ricerche di Luigi Torelli, tre volumi.

Celestino Bianchi, ma ispirato dagli uomini suddetti, i quali sottoscrissero l'opuscolo, a fine di rendersi solidali tutti quanti dirimpetto alla legge su la stampa, nel caso che il Governo volesse perseguitare un libro, che altro scopo non aveva che di propugnare l'indipendenza dello Stato, e di mostrare appunto i danni, che a questa indipendenza erano provenuti per la preponderanza dell'Austria in Italia e per la occupazione austriaca in Toscana nel 1849 e negli anni successivi.

L'opuscolo doveva comparire ai primi di aprile. Io lo stampai con la massima sollecitudine per evitarne il sequestro prima che avessi avuto tempo di diffonderlo almeno in Firenze. Le mie cautele non valsero. Gli stessi editori, sopra nominati, impazienti non potevano stare alle mosse. L'estensore dell'opuscolo ne parlava quasi pubblicamente nelle botteghe de' librai. Infine, il 17 marzo 1859, la Corte granducale e la Granduchessa, più che il Principe, s'impaurirono della notizia, giunta sino ai loro orecchi, della prossima apparizione di quello scritto con que' nomi illustri degli editori; e allora, fatto chiamare il Ministro dell'interno Leonida Landucci, le Loro Altezze gl'intimarono la immediata perquisizione e il sequestro del tanto temuto opuscolo. Avendo il Landucci fatto rispettosamente osservare che la legge su la stampa considerava delitto sol quando l'opuscolo fosse stato pubblicato, la Granduchessa si animò maggiormente, e disse queste testuali parole: "*Coûte que coûte;* l'opuscolo dev'essere sequestrato, e subito, immediatamente." Il ministro Landucci, non ostante che un tempo fosse stato di sentimenti liberali e fosse addottorato in legge, avendo l'animo suo inclinato al rigore e alla strapotenza, prestavasi facilmente a questa illegalità, in guisa che, appena uscito da palazzo Pitti, si recò egli stesso in sul far della sera a un piccolo corpo di guardia di gendarmi, che era in principio di Valfonda, davanti all'attuale sbocco di via Nazionale. Giunto a questo corpo di guardia, domandò dell'uffiziale, e verbalmente gli ordinò di recarsi a perquisire la Tipografia Barbèra, nella quale avrebbe trovato *un manoscritto di Celestino Bianchi, che parlava della Toscana.*

Infatti alle ore dieci della stessa sera di mercoledì, 17 marzo, non meno di dieci gendarmi con due uffiziali si presentarono alla mia Stamperia, chiedendo di un manoscritto, che asserivano essere del signor Celestino Bianchi, contenente un'opera su la Toscana. Interpellati da me se fossero muniti di regolare mandato, risposero di non averne, ma che avrebbero pensato subito a procurarselo. Intanto comparve un capitano del Corpo della gendarmeria, il quale disse di voler procedere alla commessagli perquisizione, giacchè di mandato in iscritto egli non aveva bisogno. Protestando che cedevo alla forza, aprii la Stamperia (a quell'ora chiusa), e presi un contegno strettamente passivo, rifiutandomi di dare qualunque spiegazione alle insistenti richieste del capitano; ignoravo chi fossero gli editori, e dichiaravo che non sapevo leggere, per far loro intendere che speravano inutilmente una qualunque minima assistenza, come me n'aveva espresso il desiderio quel capitano. Erano le due dopo la mezzanotte, quando i gendarmi erranti per la Stamperia trovarono vari fogli stampati dell'opuscolo; ne fecero tre fagotti, e se n'andarono.[3]

Immagini il lettore che alto rumore si sollevasse in Firenze a motivo di questa perquisizione, affatto arbitraria e che aveva violato il domicilio e la proprietà di un suddito sardo. Ne parlarono i giornali, piemontesi ed esteri, e se ne fece un gran dire per tutta la Toscana. Di lì a tre giorni uscì in istampa un PARERE dell'avvocato Leopoldo Galeotti (lo stesso che mi aveva difeso nell'affare Sarpi), col quale si dimostrava *nulla, illegale e arbitraria* la perquisizione fatta alla mia Stamperia. A questo PARERE aderirono per iscritto e per istampa un centinajo circa dei principali legali di Firenze, e non vi mancò la sottoscrizione dello stesso avvocato della Corte granducale, che era Vincenzo Landrini.

Il mio contegno colla forza pubblica fu lodato da tutti i miei concittadini, granduchisti, costituzionali e repubblicani. Ero proprio divenuto l'uomo del giorno. Per modestia la sera non andavo nei caffè o nei luoghi pubblici, per non farmi soverchiamente notare; ma il mio nome era su le bocche di tutti.

Nè qui si ristette la mia ardimentosa, ma prudente operosità. Dopo fattami la perquisizione, il Governo non mi diede più altro fastidio, e mi lasciò tranquillo. Nei giorni susseguenti al 17 io feci ricomporre il libro, di cui la gendarmeria mi aveva portato via un foglio, e guastata in parte la composizione, che dovetti rifare; v'impiegai i giorni 18, 19, 20, 21 e 22, e in questo giorno, che era lunedì, pubblicai l'opuscolo sequestrato e perseguitato.[4]

Il giorno dopo (martedì 23 marzo) venne fuori un decreto granducale, che vietava la stampa di opuscoli politici, di qualunque mole essi

---

[3] Avrebbero anche voluto sigillare una macchina, ma desistettero, in seguito all'avere il perquisito fatto notare che era suddito sardo e che avrebbe ricorso al suo ministro. (*F.*)

fossero.⁵ Cosicchè, mentre io, usando di un mio diritto, faceva una pubblicazione che la stessa legge su la stampa in Toscana non mi poteva impedire, il Granduca impiegò un giorno più di me a sottoscrivere un decreto di poche righe. Pareva che al Governo granducale tutto andasse a rovescio, e che tutto favorisse invece il partito costituzionale. Che risate matte facevansi a Firenze del decreto, che chiudeva la stalla quando i buoi erano scappati! Da quel giorno in poi il Governo granducale si trovò talmente imbrogliato, che non sapeva più che si fare. Se ne stava immoto, e udiva le risate e i frizzi del pubblico. Intanto la marea saliva; già le armi in Piemonte s'apparecchiavano, i misteri politici si scoprivano; tutto pareva imminente; e il Granduca dentro di sé sentendosi più tedesco che italiano, si dava in braccio all'Austria, a suo credere invincibile.

Il 26 aprile sbarcavano i Francesi a Genova, e la mattina seguente il popolo di Firenze irruppe in una straordinaria dimostrazione. Il piccolo esercito granducale si affratellava con la cittadinanza, e sul forte di San Giovanni s'inalberò la bandiera tricolore, piantata da un ufficiale toscano.

Il Principe, per non rimanere in mezzo a un popolo, che gli si era fatto nemico, perchè egli aveva mancato agli obblighi assunti a Gaeta di mantenere le libertà costituzionali,⁶ si allontanò da palazzo Pitti, e con tutta la famiglia prese la via delle Filigari per Bologna, Verona e Vienna, in casa del suo parente l'imperator d'Austria. Al confine toscano fece una protesta, che diresse alle Corti amiche; e questa lasciò il tempo che trovava.⁷ Rimane però la memoria in chi visse lunghi anni in Toscana che il Principe era uomo di buone intenzioni, buon padre di famiglia, amico delle lettere e delle scienze, e soprattutto prediligeva le opere di Galileo e le poesie di Lorenzo il

---

⁴ Quest'opuscolo si è venduto oltre ogni credere. Per timore della Polizia non tenni ricordo scritto delle copie che ne stampai, ma, a memoria, ricordo che furono dalle dieci alle dodicimila, e vendute in pochi giorni. Eppure l'opuscolo riguardava la Toscana soltanto! In altri tempi le tirature ordinarie dei miei libri, che giravano tutta l'Italia, erano di 1650 copie, e non si spacciavano che nel corso di vari anni.

⁵ La legge su la stampa prima di questo decreto permetteva la stampa di opuscoli, che trattassero materie politiche, senza l'obbligo di ottenerne il preventivo permesso governativo, purchè l'opuscolo non fosse minore di pag. 64. Era questa larva di libertà, che si voleva sopprimere con la pubblicazione del detto decreto.

⁶⁻⁷ Vedi i documenti stampati in Appendice all'opuscolo *Toscana e Austria*.

Magnifico; non era alieno dal promuovere *ogni maniera di morali e civili vantaggi* (sono sue parole);[8] ma tutto ciò con ordine, con misura, a suo senno. Se non che in tempi procellosi come erano i presenti, l'animo di lui, perplesso tra l'Italia e l'Austria, non sapeva prendere un partito, che lo facesse o italiano pretto o tutto austriaco; tentennava sempre, e si lasciò così sopraffare dalla marea, che andava ognor crescendo. Non sapendo decidersi, partì protestando che gli si voleva far violenza. È giusto il far fede che la sua indole quieta e tarda fece sì che la Toscana avesse un governo mite e lento, il quale permetteva alla stampa, ai gabinetti di letture e ai ritrovi letterari di respirare una qualche aura di libertà o almeno di tolleranza; infatti di Toscana uscivano certi libri, che altrove non si lasciavano neppure introdurre stampati. In tal modo si alimentarono spiriti liberali, che contribuirono grandemente a produrre i tempi di libertà, di cui godiamo presentemente, e se la Provvidenza e il senno degli uomini lo permetteranno, aggiungerò *perennemente*.

Leopoldo II recatosi in Roma negli ultimi mesi del 1869 durante il Concilio Ecumenico, colà convocato, cadde infermo, e il 24 gennajo 1870 vi morì, compianto da coloro che, obliando le debolezze del Principe, riguardavano le qualità buone del suo animo.

Dovrò io chiedere scusa se mi sono un po' troppo allontanato dalle faccende della mia Stamperia e de' miei libri per narrare gli eventi politici, a cui ho preso qualche parte? Spero che la mia narrazione non sia inutile alla storia contemporanea, la quale avrà in questo racconto i particolari dei preparativi di quella rivoluzione, che, operatasi in Firenze il 27 aprile 1859, condusse poi nell'anno seguente all'annessione, e infine nel 1870 all'unità d'Italia con Roma capitale.

Questo periodo di storia toscana è stato descritto in un libro inglese del signor Trollope, intitolato press'a poco così: *Tuscan Revolution*, e stampato a Londra. I fatti da me più sopra descritti sono da esso narrati in modo assai più ristretto; pure il mio nome vi è ricordato. Conobbi il signor Trollope, che visse molti anni in Firenze; scriveva corrispondenze per i giornali inglesi, e credo facesse anche qualche romanzo, nel qual genere di letteratura era celebre la madre di lui.[9]

Trovo ne' miei ricordi che in quell' anno 1859 io feci varie pubblicazioni politiche, che si spacciarono in insolita quantità di copie. Si

---

[8] Decreto del 5 maggio 1852.

sentiva che lo spirito degl'Italiani si ridestava, e che essi provavano il bisogno di mettersi al corrente degli avvenimenti, che succedevano in Europa, e di prender parte ai medesimi. Pubblicai di Don Neri Corsini una Lettera a suo figlio, che aveva il titolo brillante di *Storia di quattr'ore* (dalle 9 ant. all'1 pom. del 27 aprile 1859). Egli rendeva conto degli sforzi fatti a fine di persuadere il Granduca a mostrarsi fautore sincero dell'indipendenza italiana. Poi venne l'opuscolo *Breve nota a una Storia di quattr'ore*, scritto dal marchese Cosimo Ridolfi; poi il *Dominio Temporale* del Giorgini, quindi l'*Assemblea Toscana* del Galeotti, il *Segreto dei fatti palesi* di Niccolò Tommasèo, *Napoli ed Austria* di Carlo Gemelli, i *Doveri del Soldato* di Augusto Conti, e, più importante di tutti, l'opuscolo *Il Papa e il Congresso*, tradotto dal francese, pubblicazione ispirata a Parigi da Napoleone III.

A proposito dell'ultimo dei qui ricordati opuscoli, mi piace raccontar questo fatterello. Ne avevo già spacciate un diecimila copie, quando la vigilia di Natale ricevetti invito dal barone Ricasoli, allora governatore della Toscana, di recarmi da lui, la sera alle 11, in Palazzo Vecchio. Ricevutomi, il Barone mi disse: "Passi dal mio segretario, e le dirà che cosa desidero da lei." Celestino Bianchi mi disse che il Barone voleva far stampare l'opuscolo *Il Papa e il Congresso* (che in quei giorni faceva tanto rumore in Italia e in Francia) a un numero stragrande di copie (parmi ottantamila), e spargerlo nelle campagne, dandolo in dono. Risposi pronto al segretario: "Senta; di quell'opuscolo n'ho già vendute diecimila copie io solo, ed altri l'hanno pure stampato; quindi non mi par più il caso di farlo conoscere." Ognuno l'aveva letto e su i giornali e in opuscolo. Io, come cittadino che paga le imposte, consigliava il Governo toscano di astenersi da quella spesa non abbastanza giustificata. Ne convenne subito il segretario Celestino Bianchi, e disse che ne riferirebbe al *padrone* (che così per ischerzo si chiamava il Barone), e infatti la cosa andò in fumo. Nel 1859 io era ancora in stato di bisogno, pure per un certo amor proprio, o per altro sentimento che non saprei ben definire, ricusai una commissione di circa quattromila lire. Forse temevo anche le critiche della stampa. Il fatto si è che ricusai di seguire il concetto del Ricasoli, e fui sempre un po' superbo di tale atto.

---

[9] È questi il tuttora vivente signor Tommaso Adolfo Trollope, figlio della signora Francesca Trollope, scrittrice inglese ben conosciuta per le sue numerosissime opere, e fratello del reputato novelliere Antonio. (*F.*)

Tutte queste pubblicazioni politiche, alcune delle quali si spacciarono in pochi giorni a quattro e cinquemila esemplari, non impedirono che venissi fuori cogli *Scritti d'arte* di Pietro Selvatico, *La contessa Matilde* del padre Tosti, le *Vite* di Vespasiano da Bisticci, il *Vocabolario Dantesco* di L. G. Blanc, gli *Elogi* di Ippolito Pindemonte. Stampai inoltre parecchi volumi nella sempre acclamata Collezione Diamante: *Il Principe* di Vittorio Alfieri; i *Capricci e Aneddoti* del Vasari; le *Poesie* di Lorenzo il Magnifico; la *Cronaca* di Dino Compagni; le *Poesie* del Giusti; la *Fiammetta* del Boccaccio; le Poesie del Redi. Tra i volumi ristampati in quest'anno nella Collezione medesima trovo le *Prigioni* del Pellico, le *Satire* dell'Alfieri, le *Autobiografie*, la *Divina Commedia*, la *Gerusalemme* del Tasso; nella collezione grande, i *Pensieri* del Gioberti: nè di questo fortunato volume fu l'ultima ristampa, che ne ricordo altre due edizioni.

Prima di chiudere la narrazione di quest'anno tanto memorabile, mi corre l'obbligo di parlare del giornale intitolato *La Nazione*, che io fui il primo a pubblicare.

Ho ricordato poc'anzi che Napoleone III sbarcava in Genova il 12 maggio 1859. La guerra era stata dichiarata il 6 maggio. Il famoso proclama di Napoleone in agl'Italiani, che prometteva di voler l'Italia libera *dall'Appennino all'Adriatico*, venne fuori da Milano l'8 giugno. Ma la guerra finì ben presto; il 12 luglio si stipularono i preliminari della pace a Villafranca. Il trattato di Zurigo, che confermava quei preliminari, ebbe effetto non prima del 10 novembre 1859. In questo frattempo reggeva i destini della Toscana il barone Bettino Ricasoli, uno degli editori della *Biblioteca dell'Italiano*, e Celestino Bianchi era il suo segretario generale. Gli amici costituzionali opinavano che durante la guerra non si dovesse dar vita a giornali, i quali, per il solito, anzichè raddrizzare le questioni, sogliono fuorviarle, e talvolta abbuiarle. Nè quelli erano tempi di discutere, ma di operare; bisognava concorrere con soldati e denari alla guerra, che si stava combattendo con l'ajuto di un potente alleato, acciocchè quest'ajuto fosse più dignitoso per gl'Italiani.

All'annunzio però dei preliminari della pace di Villafranca, giunto in Firenze la sera del lunedì 18 luglio, gli amici costituzionali sentirono subito la imprescindibile necessità di metter su un giornale per difendersi dall'accettare i patti equivoci di quella pace alquanto affrettata. Quella stessa sera alcuni di essi mi cercavano per Firenze, affinchè il giorno dopo mi preparassi a stampare il primo numero della *Nazione*, che per cinque numeri dovette uscire a mezzo foglio per non aver trovata pronta la carta adattata.

I promotori e proprietari del giornale erano: Carlo Fenzi, Piero Puccioni, Leopoldo Cempini, Ferdinando Bartolommei, Tito Menichetti. Non cavarono di tasca neppure un soldo. Alessandro D'Ancona direttore in capo; io amministratore del giornale e stampatore.

Imparai tosto a conoscere più da vicino l'indole toscana della gioventù d'allora: molto spirito, facilità in tutto, sodezza poca. Io mi arrabbiava col direttore, che si affannava molto in Palazzo Vecchio a dar consigli e a far raccomandazioni, ma nel giornale lavorava poco; eppure era pagato abbastanza bene, per i tempi; eppure aveva ingegno facile e non timido. Ma era così, ed io mi arrabbiava, perchè sapevo che i promotori e i proprietari non avrebber senza gran difficoltà messo fuori di tasca la benchè minima somma per supplire alle perdite; anzi i più di loro speravano guadagni, se non pingui, discreti. Infatti per quattro o cinque anni si ebbero dalle quattrocento alle cinquecento lire ciascuno per utili di un capitale, che non sborsarono mai.

Questi dissensi fra alcuni collaboratori della *Nazione* e me, facendosi sempre più vivi, finirono per render necessaria una separazione. Dopo circa dieci anni il giornale usciva dalle mie mani, e fu portato a stampare altrove. Se allora il modo, a dir vero, mi dispiacque, d'altra parte ne fui contento, perchè erano ormai troppe le cose su cui non s'andava d'accordo, eppoi perchè, liberatomi dalla stampa e dall'amministrazione del giornale, potevo dedicarmi tutto alle cose mie.[10]

Terminava col 1859 la mia scritta di Società coi fratelli Bianchi; ed a Celestino, collocato già in alti uffici, feci proporre da un comune amico un accomodamento, ch'egli accettò senza difficoltà. Con gli altri soci m'ero già aggiustato prima che terminassero i cinque anni;

---

[10] Nostro Padre non s'interessava mai a mezzo alle imprese cui aderiva, e ci fu un tempo che gli affari della *Nazione* erano da lui tenuti a cuore come i propri. Le dissensioni anzi provennero da questo suo grande interessamento, giacchè egli avrebbe voluto certe riforme, che agli altri non garbavano. A ogni modo della sua solidarietà con gli scrittori della *Nazione* dette prova in qualche occasione che essi furono attaccati, e non senza violenza. Vedasi a questo proposito in appendice una lettera di nostro Padre (4 marzo 1863) e la ribattuta pronta del Guerrazzi, (9 marzo). (*F.*)

ed essendo rimasto con tutti in ottima relazione, debbo conchiudere che io abbia soddisfatto convenientemente ai loro desideri come direttore della Stamperia, che d'allora in poi assunse il mio solo nome: TIPOGRAFIA DI G. BARBÈRA.

CAPITOLO DECIMO
DITTA G. BARBÈRA

SOMMARIO: Cose politiche del 1860 – Secondo viaggio a Parigi per la macchina della *Nazione* – Perreau e L'Hôpital – La fondita dei caratteri in Italia – Claudio Wilmant – Industria nazionale e industria estera – Un consiglio ai nostri fabbricanti – Pubblicazioni del 1860 – Ricordo di Giovanni Frassi e del torcoliere Simone Soliani – [1861] La tipografia di Perugia – Pubblicazioni politiche di prelati italiani liberali – Monsignor Liverani – Altre pubblicazioni – Maria Somerville – Morte di Camillo Cavour – Cenni su Vincenzo Salvagnoli, Pietro Thouar, G. B. Niccolini e Alessandro Torri – Ricordo di un altro torcoliere, Giorgio Della Lunga.

Entriamo ora nel 1860. Quantunque fossero trascorsi appena pochi mesi dacchè godevamo le istituzioni libere, pure la Lombardia, i Ducati e gran parte dello Stato pontificio, liberati dagli antichi governi, avevano subito preso una vita tutta nuova, e s'affratellavano vieppiù colla Toscana. Così anche il commercio librario assunse maggior estensione e maggiore speditezza. Se non si vendevano classici, s'impiantavano giornali, si pubblicavano opuscoli politici. Ognuno voleva dir la sua, e i nuovi paesi liberati prendevano molta parte ai destini della Toscana.

Avevamo ferma speranza di poter conservare queste libertà; pure dall'agosto del 1859 in poi la nostra vita politica era molto incerta. Chi, fidando in una espressione un po' equivoca dei Preliminari di pace[1] sperava di veder *rientrare* i Principi spodestati; chi voleva ridotta in meno parti l'Italia, dando al Piemonte i Ducati di Parma e Modena con la Lombardia allora conquistata, e alla Toscana le Romagne con le Legazioni sino ad Ancona. V'era chi seriamente s'agitava per il principe Girolamo Bonaparte, coll'intento di renderci

---

[1] I Preliminari di pace di Villafranca dicevano: "I principi fuggitivi *rientreranno* nei loro Stati." Tosto il popolo italiano aggiunse di suo *se chiamati*, e così per questa frase incerta (*rientreranno*) rimasero un po' in bilico i principi. In seguito non vi fu più parola di *rientrare*.

benevolo il cugino imperatore; ma a tutti i progetti sovrastava nell'animo della maggioranza dei Toscani l'idea di congiungersi al Piemonte per formare, quando che fosse, un regno forte. Infatti l'Assemblea toscana, convocata poco dopo i Preliminari di Villafranca per decidere su la propria sorte, deliberò nell'adunanza del 20 agosto 1859: « Esser fermo voto della Toscana di far parte di un forte regno costituzionale sotto lo scettro di Re Vittorio Emanuele. »[2]

Mancava però a questo voto una sanzione legale. Di qui l'incertezza su la futura nostra sorte politica; poichè, se la Toscana si offriva al Re Vittorio Emanuele, non vuol mica dire che egli l'accettasse subito a braccia aperte, come ne aveva certamente il desiderio; anch'egli doveva fare i conti colla diplomazia e soprattutto con Napoleone III, già in parte deluso ne' suoi calcoli, naturalmente ambiziosi. Alla fine, dopo sei mesi e più, il Re accettò *formalmente* la dedizione dei Toscani, e venne a Firenze, e vi fece solenne ingresso a cavallo, con grande seguito di uffiziali e di cittadini, il 16 aprile 1860, recandosi al Duomo, ove fu ricevuto alla porta del tempio dall'arcivescovo Giovacchino Limberti. Dopo quella volta Monsignore non si lasciò più rivedere dal Re, rimproverato forse dalla Corte pontificia per quell'atto ossequioso. La venuta del Re a Firenze troncò molte dicerie; non tutte le spense; ma infine mise nell'animo dei cittadini alquanto più di fiducia in un avvenire più stabile.

Con questa prospettiva politica, spinto anche dal bisogno di aumentare i mezzi meccanici per la stampa, io volsi le mie cure a provvedermi di un torchio meccanico per la stampa del giornale *La Nazione*, che in quei tempi aveva molto smercio, perchè era considerato giornale semi-officiale del Governo toscano. Recatomi a Parigi, e visitate più agevolmente le principali stamperie, perchè conoscevo le località e i proprietari delle medesime, conobbi che al mio bisogno soddisfarebbe egregiamente la fabbrica di macchine tipografiche Perreau e C., rue Vanneau, 50.

Invece dell'orsacchiotto Dutartre, rammentato al Capitolo ottavo, trovai gente affabile oltre ogni dire, di modi cortesi e schietti, e in pochi discorsi fummo d'accordo su la grandezza, sul prezzo, sul modo di pagamento. Rammento che da questi lavoranti divenuti principali ebbi ogni sorta di agevolezze, e li ho sempre sperimentati in appresso

---

[2] Vedi GALEOTTI, *L'Assemblea toscana*. Firenze, Barbèra, 1859.

non solo abili nella loro arte, ma gente seria e leale, meritevole di una sorte migliore, quale non ebbero nè il buon Perreau, che morì tocco di pazzia, nè il suo socio L'Hôpital, che si suicidò. Questi aveva aspetto e modi gentili, disegnava di meccanica nitidamente e con precisione, aveva figli che amava con tenerezza; nè io ho mai saputo capacitarmi della fine infelice ch'egli ha fatto in età che non poteva oltrepassare i trenta anni. Ho voluto fare questo affettuoso ricordo, perchè Perreau e L'Hôpital erano veramente gente di garbo; e il loro tratto scevro da ogni affettazione risaltava tanto più ai miei occhi, in quanto che a Parigi tutto mi pareva ammanierato (se vuolsi, gentilmente ammanierato), cominciando dall'architettura dei palazzi sino ai cartelli delle botteghe.

Dopo aver aumentato attrezzi di stampa era naturale che volgessi il pensiero ai caratteri. Non dispiacerà ai miei lettori (che io immagino miei parenti; uno dei quali, o alcuni dei quali, eserciteranno la stessa mia professione) che io faccia un breve cenno intorno alla fondita dei caratteri in Italia a quel tempo. Dico adunque che in tutte le principali città italiane si contava una e anche più fonderie. Alcune tipografie ne avevano anche in proprio. Con tutto ciò, i tipi che ne uscivano non potevano reggere al confronto coi tipi stranieri. Prima del 1840 esisteva in Milano Claudio Wilmant, tedesco, che fu capo della sua famiglia, la quale vive ancora ed esercita la fonderia. Questo primo Wilmant giunse a una certa perfezione nella fusione dei tipi per quel che riguarda l'allineamento, ma non riuscì a correggere il difetto di una mestura troppo debole, sicchè un suo tipo o lettera, stretta tra due dita di ciascuna mano, anzichè rompersi a un tratto come vetro, alla fine si rompeva, piegandosi. E questo o è difetto della qualità del piombo, o è, come credo meglio, insufficienza di antimonio, che i fonditori devono mescolare al piombo per dargli resistenza; poichè, se i caratteri cedono anche minimamente alla pressione del torchio, in poco tempo si logorano; invece, se la mestura è salda, il carattere si logora bensì col tempo e col lavoro, ma si logora soltanto l'occhio della lettera e non tutto il corpo del carattere. Oltre al Wilmant suddetto, avevano qualche riputazione come fonditori il Ponthenier a Genova e l'Alessandri a Firenze. Ma ancorchè i nostri vendessero i loro caratteri a minor prezzo, i tipografi avveduti, e che avevano capitali, preferivano di ricorrere all'estero per le loro provviste pagandole più, e se ne trovavano contenti. È opinione di chi conosce l'arte che i tipi inglesi siano i migliori, più saldi di mestura e più perfetti nell'allineamento; poi vengono i tedeschi e i francesi; i loro tipi sono a più buon prezzo degl'inglesi, e le loro fonderie sono più corrive a ricevere commissioni dall'Italia, che non siano state mai le inglesi.

Io fui costretto di rinunziare ai fonditori italiani sino dal principio dell'anno 1860, invaghito anche dalla forma, talvolta elegante e classica, dei caratteri stranieri. Rivolgeva le mie ordinazioni in Francoforte sul Meno alla fonderia Flinsch, che mi ha continuato a servire con zelo e cura speciali; giacchè il caso volle che io fossi il primo che facessi conoscere quella fonderia nell'Italia centrale. I nostri fonditori compravano bensì dai fonditori stranieri le matrici, e riproducevano gli stessi tipi, ma questi non venivano mai così nitidi, nè così allineati come i caratteri fusi all'estero. Pare che la vivacità degli Italiani non si presti a quel lavoro minuto, diligente, faticoso e piuttosto nocivo alla salute. Insomma, nè prima che l'Italia avesse la libertà e l'unità, nè dopo, quest'arte ha potuto sostenere il confronto coll'estero, mentre altre arti affini, come la fabbricazione della carta e la stampa, se in certi specialissimi casi non arrivano alla perfezione degli stranieri, nei casi ordinari non lasciano più desiderare i prodotti esteri.

Quello che si è detto della fusione dei caratteri può dirsi della fabbricazione dell'inchiostro da stampa. In Italia abbiamo non molte fabbriche, nè tutte buone.[3] Ho sempre comprato l'inchiostro da stampa all'estero; prima a Londra, poi a Parigi e da molto tempo ad Hannover. È della massima importanza il comprare questo genere da case riputatissime e di vecchia conoscenza, perchè è facile di essere sedotti dai prezzi e poi ingannati nelle qualità. I nostri fonditori di caratteri e i fabbricanti d'inchiostri da stampa, che avessero amore all'arte loro e capitali sufficienti, farebbero bene di far venir dall'estero alcuni capifabbrica (*contremaîtres*) pagandoli molto più che nei loro paesi nativi. Se non possono aver *contremaîtres* (che è un poco difficile), si procurino lavoranti abilissimi, e questi siano messi a capo delle nostre fonderie. Così facendo, non dubito che si desterà nei

---

[3] Si noti che nostro Padre esprimeva questa opinione otto anni fa. Se potesse esser chiamato a dare un giudizio oggi, crediamo che avrebbe manifestato più fiducia verso l'industria nazionale, la quale, se sarebbe presunzione soverchia il mettere già alla pari con quella estera, non si può negare che è in via di progresso, sicchè speriamo fra non molto di poterci emancipare finalmente dai prodotti stranieri. (*F.*)

lavoranti nostrani l'eccitamento a imparare e a divenire, tra qualche tempo, anch'essi buoni produttori al pari dei forestieri.

Quest'anno 1860 portò grandi avvenimenti politici e militari, che affrettarono molto l'unità d'Italia. Nonostante questi turbamenti, che ai sinceri erano cagione di allegrezza, il commercio librario continuava a fiorire. Di pubblicazioni nuove ho poco da registrare; sono piuttosto ristampe; che a comporre opere non si ha la mente disposta allorquando nel paese accadono sì grandi rivolgimenti. Ristampai dunque nell'edizione in-16° i *Canti popolari* di Giuseppe Tigri, le *Lettere scelte* di Pietro Giordani, le *Lettere scelte* di Torquato Tasso, edizione curata e annotata da Cesare Guasti, la *Storia d'Italia* dello Sforzosi; nella Collezione Diamante le *Poesie* del Giusti e la *Vita e le Poesie* di Michelangelo Buonarroti. Nella medesima Collezione Diamante furono stampati per la prima volta: *La Tirannide* di Vittorio Alfieri, *L'Eneide* di Virgilio tradotta dal Caro, le *Poesie* e le *Lettere* di Vittoria Colonna, le *Novelle* di Franco Sacchetti, le *Satire* di Salvator Rosa; e in un'edizione molto democratica, una *Vita di Giuseppe Garibaldi* scritta da Giuseppe Ricciardi, lavoro meschino, fatto colle forbici, non degno del Ricciardi e dell'eroe leggendario.

Pubblicazioni più importanti feci in sul finire dell'anno; una del Tommasèo, che mi curò le *Lettere di Santa Caterina da Siena*. Sono quattro volumi; le lettere tutte riordinate secondo il criterio del Tommasèo, il quale corredò il lavoro anche di molte note storiche e letterarie, e prepose al primo volume una *Vita* della Santa, che destò l'ammirazione di chi la lesse, e fu giudicato un lavoro dei meglio pensati e dei più forbiti del valente scrittore.

Pubblicai inoltre di Pietro Fraticelli il Commento già edito alla *Divina Commedia*, e ritoccato accuratamente per questa mia edizione, più elegante e adorna di qualche incisione che non aveva quella, che il Fraticelli stesso soleva fame in una sua Collezione popolare. Questo Commento è stato vieppiù apprezzato dalla mia edizione in poi, e dalla prima che pubblicai nell'ottobre non saprei agevolmente dire quante ristampe n'abbia fatte. Dico *ristampe* e non *edizioni*, perchè dopo la seconda edizione, della quale veramente rifeci la composizione, le altre furono tutte stereotipe; eccellente sistema per poter dare i libri di scuola a poco prezzo, ristampandoli senza lo scomodo e la spesa della ricomposizione tipografica.

Prima di chiudere quest'annata, tanto feconda di avvenimenti, stimo bene di ricordare due fatti piuttosto culminanti nella politica italiana. Il primo è la cessione alla Francia di Nizza e Savoja, sacrifizio doloroso, ma necessario a quietare le gelosie dei Francesi pei nostri ingrandimenti. Il secondo è l'incitamento che Napoleone III diede al Farini ed al general Cialdini, allorquando, latori di una lettera di Vittorio Emanuele, si recarono nell'agosto a Chambéry per presentarla all'Imperatore; il quale, udito il disegno di togliere al Papa le Marche e l'Umbria, rispose loro queste precise parole: *Fate, ma fate presto*. In seguito a questo colloquio, il general Cialdini si affrettò di trasferire il suo quartier generale da Bologna a Forlì, nella direzione della Cattolica (agosto 1860). La battaglia di Castelfidardo avvenne il 18 settembre; Perugia cadde in mano dei nostri soldati in quello stesso giorno, e il 29 dello stesso mese seguì la presa di Ancona, ove il generale Lamoricière a capo delle truppe pontificie si era trincerato. Come si vede, il consiglio di Napoleone III fu eseguito a puntino.

Mi sia qui permesso di ricordare anche la morte, avvenuta in Pisa il 7 di marzo, di un modesto e virtuoso cittadino. Giovanni Frassi fu un bell'esempio di operosità e di abnegazione ai suoi compaesani. Nel momento in cui la Toscana davasi al Piemonte, cioè all'Italia, il Frassi, quantunque di naturale pacifico e alieno dall'inframmettersi, per concorrere al mantenimento dell'ordine nel suo paese non rifuggì dall'indossare l'uniforme di uffiziale dei Carabinieri sardi, allora allora introdotti in Toscana, e adempieva al suo uffizio con senno e con zelo esemplare. Le lettere devono moltissimo a Giovanni Frassi per la *Vita* che egli primo scrisse di Giuseppe Giusti, premessa all'*Epistolario* da lui stesso raccolto. Questa *Vita*, scritta con sicura cognizione dei fatti, giovò grandemente a coloro che in seguito scrissero dei *Saggi* sul Giusti, come quelli del Carducci, di Giovanni Fioretto e d'altri. La perdita di Giovanni Frassi recò sincero dolore ai molti amici che aveva in Toscana. Credo che fosse nativo di Pisa.

In un ricordo, destinato principalmente alla mia famiglia e a soddisfare la curiosità dei discendenti, non mi pare irragionevole che io vada registrando le perdite dei principali operai della mia Tipografia. E ricorderò per primo Simone Soliani, israelita, torcoliere, nato a Reggio di Modena nel 1804, che venne nel 1825 in Firenze. Qui lavorò nella rinomata tipografia Passigli, che pubblicava opere stampate con insolita cura a quei tempi. Oltre all'arte tipografica conosceva un po' la meccanica in genere, e si divertiva al tornio, che aveva in casa. Questo lavorante, onesto, intelligente, un po' brontolone, mi venne dalla stamperia dei fratelli Bianchi, e lo perdei con rincrescimento ai primi di febbrajo di quest'anno.

[1861] Il commercio librario in mezzo a queste novità politiche continuava a fiorire come quello che era il primo, a risentire i benefizi di tanta parte d'Italia liberata dalle armi straniere e dal dispotismo, e per conseguenza il popolo italiano vedeva con giubilo l'atterramento di quei confini, che tenevano Sicilia e Napoli e le province romane divise dal resto d'Italia. Dopo gli avvenimenti meravigliosi del 1860 è ben naturale che nell'anno seguente si facessero discussioni libere e ardenti su l'assestamento definitivo del nostro paese, ora che gli scrittori avevano minori ostacoli a manifestare le loro opinioni, ora che gran parte d'Italia poteva accogliere in sicuro ostello e scrittori ed editori, e il territorio s'era tanto accresciuto per trovar lettori e per lo spaccio di libri, di giornali e opuscoli.

Segno delle speranze liete di quest'anno fu l'aver io avuto animo di aprire una nuova Stamperia a Perugia, a ciò invitato calorosamente dal Prefetto di quella città, il marchese Filippo Antonio Gualterio, mio amico, e che tenne a battesimo il mio primo figlio Piero. A' suoi ripetuti inviti recatomi a Perugia, ebbi in sorte di trovare lì per lì, nella vicina Assisi, una piccola stamperia, in buono stato, che allora giaceva inoperosa per mancanza di lavoro. Comprai tutto il materiale per il valore di circa dodicimila lire; lo feci trasportare a Perugia nel già convento di San Severo, e quindici giorni dopo si cominciò a lavorare.

Annunziai al pubblico l'apertura di questa Tipografia con la seguente circolare:

« Perugia, 1° febbrajo 1861.

Illustrissimo signore,
L'operosità intellettuale e industriale, a cui è chiamata l'Umbria, sì bella parte d'Italia, mi ha indotto a stabilire in Perugia una tipografia, che potesse sopperire ai crescenti bisogni della civiltà progrediente.

L'acquisto da me fatto della ben conosciuta e accreditata tipografia Sgariglia in Assisi, che ho già trasportata interamente a Perugia, mi pone in grado di ricevere ed eseguire fino da questo giorno lavori di ogni sorta, sia per uffizi, sia di opuscoli o di opere ec. Nonostante che la tipografia da me acquistata fosse ben fornita di caratteri nuovi e di torchi usciti dalle migliori officine, sarà mia cura arricchirla di altri nuovi caratteri e di macchine, da potere eseguire celeremente ed economicamente ogni sorta di lavori; e sarà per me cagione di grande soddisfazione, se fra non molto, la nobile e simpatica città di Perugia avrà uno stabilimento tipografico, che concorra allo sviluppo della civiltà in ogni parte d'Italia.

A ottenere questo nobile intento le mie forze sole non bastano; invoco il concorso del pubblico intelligente, delle Amministrazioni e dei Municipi, che hanno frequente bisogno della stampa.

Dovendo estendere la mia sorveglianza all'importante Stabilimento di Firenze e a quello incipiente a Perugia, ho procurato che in questa città vi fossero alla direzione della mia Tipografia due valenti artisti; uno uscito ora dal mio Stabilimento di Firenze, che è il signor Carlo Martini fiorentino, e l'altro il signor Giovanni Boncompagni di Assisi, che lavorava nella Tipografia da me acquistata. Ambedue questi artisti hanno capacità sufficiente da poter dirigere sotto la mia sorveglianza la Tipografia di Perugia.

Nella lusinga che non mi mancherà l'onore de' suoi comandi mi è grato potermele dichiarare

devotissimo
G. BARBÈRA. »

Poco dopo un anno stimai bene di cedere questa Stamperia ai due lavoranti, che avevo messi a dirigerla, accordando ad essi molte agevolezze nel pagamento, senza voler lucrare un centesimo nella vendita, anzi rimettendoci di tasca mia alcun poco; volli venderla, non già perchè la Stamperia mancasse di lavoro, ma perchè io m'avvidi che il Martini non era giovine abbastanza accorto, come io l'avrei creduto. Pensavo ch'egli, non essendo più dipendente, avrebbe cresciuto d'operosità, e invece, divenuto principale, si abbandonò alle chiacchiere di politica, e quindi agli svaghi e ai perditempi; il Boncompagni però, veramente savio e morigerato, finì per restar padrone della Stamperia, e il Martini, ritornato in Firenze, potè bensì ritrovare un posto presso di me, ma non più come lavorante salariato fisso, bensì come compositore a fattura.

Prima di ogni altra pubblicazione fatta da me in quest'anno ricorderò le *Questioni urgenti* di Massimo D'Azeglio, che diceva follia l'impresa d'impadronirsi di Roma con le armi alla mano; nè saprei dire con quale intento accennava in detto opuscolo al trasporto della capitale da Torino a Firenze. L'opuscolo fu acerbamente criticato, e non ebbe neppure grandissimo smercio. In quei giorni gl'Italiani un po' radicali gridavano: *Roma o Morte!* e non era facile smuovere i gridatori dalla loro opinione.

Il prof. G. B. Giorgini pubblicò da me un suo lavoretto politico, lodato assai, che si intitolava *La Centralizzazione,* nel quale caldeggiava l'idea di riunire in un Governo centrale le maggiori attribuzioni dello Stato, anzichè sparpagliarle, facendo notare i vantaggi della centralizzazione e i danni dei piccoli Stati, dei Governi *a domicilio,* com'egli li chiamava. Pubblicai tradotti vari opuscoli francesi: *Francia e Italia,* del La Guerronière, uscito nel marzo a Parigi, che dicevasi ispirato da Napoleone, come *Le Pape et le Congrès,* e altri opuscoli senza nome di autore, che alcuni pretendevano della stessa origine, alcuni addirittura assicuravano che fossero di Napoleone III. Questi opuscoli francesi venivano letti in tutta l'Italia con molto interesse, essendo scritti e pubblicati a bella posta per dirigere e ispirare la politica del nostro risorgimento.

Nè gl'Italiani si ristettero dal proseguire la discussione per via di opuscoli, e il curioso era che incominciavano in quest'anno a far capolino i preti liberali. Abbiamo un cardinale, un monsignore, un canonico, due abati. Di maggior mole è il libro di monsignor Liverani, romagnolo, amato già e accarezzato da Pio IX, che aveva conosciuto la madre di lui, quando era arcivescovo a Imola. Al Liverani Pio IX conservò il suo affetto quasi paterno sino a poco tempo fa, e fu da lui inalzato alla dignità di canonico lateranense. Allorquando nel giugno 1860 il Liverani pubblicò il *Papato e l'Impero,* a Roma seguì un grande scandalo tra i clericali e la Corte pontificia per i fatti in quel libro denunziati, i quali rivelavano turpitudini, ignoranza estrema e raggiri infiniti d'ogni sorta in quella città che chiamavasi eterna, come a dire santa. È notevole che il Papa, quantunque un po' malmenato in quel libro, non dimostrò di adirarsi contro il suo protetto (fu chi disse il suo *figlioccio,* ma lo stesso Liverani lo contraddice, con modi urbani, nel suddetto suo libro), e sì che lo poteva agevolmente fare, cassandolo dal novero dei canonici lateranensi. Questa pubblicazione ebbe un esito finallora non mai visto in Italia,[4] e destò una grande attenzione, perchè si vedeva che

---

[4] Gli esemplari venduti oltrepassarono i diecimila; ma la vendita poi cessò a un tratto. — Si veda quel che ne pensasse il D'Azeglio nella lettera 17 giugno 1861. (*F.*)

alla discussione dei patriotti italiani per la redenzione della patria si univano prelati non oscuri, come, oltre monsignor Liverani, il cardinale De Andrea, il valente canonico e scrittore Eusebio Reali di Ravenna, il chiaro e arguto ingegno dell'abate Filippo Perfetti, già segretario del cardinale Marini, e l'abate Girolamo Bobone di Siena.

A questo libro del Liverani tenne dietro nell'ottobre *La Curia Romana e i Gesuiti;* nel quale opuscolo si raccolsero scritti dei ricordati De Andrea, Reali e Bobone. Poi nel novembre uscì un altro opuscolo del Perfetti *Sulle nuove condizioni del Papato*; e il mese dopo, dello stesso Autore, *I Ricordi di Roma*. Infine, per notare tutte le pubblicazioni politiche, che destarono gran clamore in Italia e fuori, fatte da preti in favore della causa italiana, ricorderò una lettera in latino del padre Passaglia, gesuita di molta dottrina, e che godeva gran fama nell'episcopato cattolico. Come di gesuita e di scrittore eloquente, questa lettera destò grande commozione tra il partito cattolico ed il partito liberale in Italia e fuori. L'opuscolo, pubblicato pei tipi Le Monnier il 23 settembre, dalla Curia Pontificia fu messo con molta solennità all'Indice il 9 ottobre. Ognuno pensi che fermento producesse in Italia questa guerra combattuta in terra e in mare, con armi a taglio, con fucili e cannoni, e con gli scritti politici d'Italiani e Francesi, di laici e di preti, tutti cospiranti contro Roma e contro l'oppressione dei governi dispotici.

Malgrado questo fermento, che teneva agitati gli spiriti e dei timorosi e degli anelanti al progresso, attesochè gran parte d'Italia era liberata dagli Austriaci e dai Borboni di Napoli, io trovo ricordato un notevole aumento di lavorazione in Stamperia. Pubblicai in quest'anno i primi volumi della *Storia della monarchia piemontese* di Ercole Ricotti, che poi arrivarono a sei; i *Prolegomeni della Storia universale della Chiesa* di Luigi Tosti, monaco cassinese. Nella Collezione Diamante, oltre le ristampe dell'*Orlando Furioso*, della *Divina Commedia*, della *Secchia rapita*, delle *Poesie* del Parini e di quelle del Giusti, pubblicai le *Poesie* del Rossetti, *Il Decamerone* del Boccaccio, *Gli ammaestramenti degli Antichi* di Fra Bartolommeo da San Concordio, *Le Memorie* di Carlo Goldoni, il *Malmantile* del Lippi; e nell'edizione grande poi vide la luce il primo volume delle opere minori di Dante (*Il Canzoniere*) con i confronti e le dotte annotazioni di Pietro Fraticelli, e dello stesso la *Vita di Dante*. Questi volumi, con altri già rammentati o che rammenteremo in appresso, vennero a formare la mia Collezione Dantesca, la quale ottenne e continua ad ottenere il gradimento del pubblico. Nell'edizione stessa feci la ristampa della *Contessa Matilde* del Tosti; del *Vocabolario di Modi errati* dell'Ugolini; della *Storia Moderna* di Celestino Bianchi e delle *Prose e Poesie scelte* per uso delle scuole.

Stampai *La Famiglia Bolognani* di Lorenzo Neri, che è una serie di lettere da lui scritte con toscana eleganza, e che hanno lo scopo di educare l'animo e d'istruire la mente. L'Autore, nativo d'Empoli, morì poco dopo nella più squallida miseria per esser sempre stato fin dalla nascita molto povero, malaticcio e di umore melanconico. Il Tommasèo in qualche suo scritto ha parlato del Neri con lode. Io non lo conobbi mai di persona, ma ebbi con lui un lungo carteggio.

Feci pure in quel tempo una ristampa della traduzione corretta e accresciuta della *Geografia Fisica* di Maria Somerville; un'opera che fruttò molto plauso all'Autrice e in Inghilterra e tra noi. Pubblicai ancora della stessa Autrice la *Connessione delle Scienze fisiche*, traduzione della contessa Pepoli; ma, esauritane la prima edizione interamente, non ebbi poi occasione di ristamparla. La signora Somerville, che conobbi a Firenze nel 1856, era una modesta e gentile signora già attempata, che in seguito andò a dimorare a Napoli, ove la rividi nel 1871 in un quartiere a Chiaja. Conobbi pure il suo secondo marito, vecchio anch'esso, già capo del dipartimento medico nell'esercito scozzese; eccellente uomo, socievole e non somigliante ai suoi compatriotti, in generale ispidi ed eccentrici e a volte addirittura prepotenti, forse troppo innamorato della sua buona consorte, a cui premorì; certamente fanatico dell'ingegno di lei abbondante, vasto, e della gran riputazione, che aveva nei due mondi, di donna eminentemente cólta. Conobbi anche le sue due figlie, da essa educate e istruite nelle scienze più difficili e anche nelle arti, specialmente nella pittura, carissima a lei, perchè sentiva che le faceva meglio gustare le maravigliose bellezze dell'universo; ciò che era in lei sorgente di alti godimenti, sia che osservasse i contrasti di luce e di ombre nella sua prediletta campagna romana, o che contemplasse i magici tramonti della baja di Napoli.

La Somerville, dottissima nelle scienze fisiche, era molto religiosa, ma tollerante e caritatevole. Conosceva ed amava l'Italia, ed essa e la sua famiglia s'interessavano vivamente alle sorti nostre, e si tenevano in relazione con uomini insigni del nostro paese, facendo voti costanti per la nostra prosperità politica. Morì in età avanzata a Napoli il 29 novembre 1872, ed ivi è sepolta nel cimitero degl'Inglesi. Fra le cose curiose che mi raccontò la signora Somerville su la propria vita e su i costumi del suo paese, ricordo che mi disse che sua madre avea voluto che essa frequentasse da ragazzina la bottega di un confetturiere per imparare a fare i dolci. Di recente si sono istituite in Inghilterra vere e proprie scuole di culinaria, giacchè gl'Inglesi pensano che ciò sia utile all'igiene e al buon andamento delle famiglie. Quello che mi sorprese in una donna, che fin da giovane aveva mostrato attitudine alle scienze esatte, fu di sentire che essa era stata appassionatissima pel ballo.

Parlando io un giorno con la detta signora di sistemi librarî e di *tredicesime*, che è quella specie di agevolezza che costumiamo fare noi editori a' librai che acquistano dodici copie di un libro regalando loro la tredicesima copia, ella mi raccontò che in Edimburgo esisteva a' suoi tempi un uso curioso, cioè che i venditori d'ostriche a un *penny* la dozzina, rilasciavano anch'essi la tredicesima, ma mediante un bacio alla compratrice o della compratrice, non ricordo bene! Noialtri editori siamo più discreti.

Non grandi fatti politici e militari seguirono in quest'anno 1861. Il 24 gennajo vennero per la prima volta in Firenze i due figli di Vittorio Emanuele, Umberto e Amedeo, e fecero l'apparizione a un corso di carrozze, ove il popolo li acclamò calorosamente. Il 18 febbrajo fu aperta la nuova Camera dei Deputati a Torino, della quale facevano parte i Toscani e i Napoletani, e altri delle province liberate. Vi fu perciò gran giubilo; veramente si cominciava a vedere il principio di un consolidamento. La rivoluzione dalla piazza tumultuosa accoglievasi alla fine nei consigli di un'assemblea politica; questa il dì 14 marzo approvò all'unanimità la legge, che proclamava Vittorio Emanuele Re d'Italia, e dal giorno 17 la *Gazzetta Ufficiale* assunse il titolo di *Gazzetta Ufficiale del Regno d'Italia*. Il ministro conte Cavour, rispondendo a un'interpellanza del deputato Audinot, diceva: « *Roma dev'essere capitale d'Italia...* Si deve anzitutto convincere con ogni mezzo l'Europa della necessità della separazione dei due poteri in Roma, e dell'utile che ne verrà alla religione. Il Papato dopo l'89 fu sempre schiavo. Appena saremo a Roma, proclameremo la libertà della Chiesa, la quale vorrà essere scritta nello Statuto, e guarentita nel modo più sicuro. »

Questo discorso era pronunziato il 25 marzo in Parlamento ed alla presenza di un pubblico affollato nelle tribune. Il 27 il Parlamento proclamava *Roma capitale d'Italia*. Da queste date si può argomentare come si facesse presto a prendere risoluzioni magnanime, ancorchè rischiose; ma si esprimeva con parole ciò che era nella coscienza universale. La Roma dei preti aveva fatto il suo tempo: non più moribonda, poteva dirsi morta. Nella città eterna intanto si organizzavano grandi e piccole bande di veri briganti destinati a scorrazzare su i confini napoletani e toscani, e una, tra l'altre, di queste bande, era composta di cinquecento reazionari politici, di cattivi Italiani e di ogni razza di stranieri, e comandata dal colonnello La Grange.

Ma se Roma imbestialiva, il Governo italiano procedeva con senno e con serenità di mente. Quantunque fossero recenti i grandi fatti, che avevano commosso non solo l'Italia, ma il mondo politico, ecco che la mente dei nostri governanti già è rivolta alle arti di pace. Il Re giungeva il 15 settembre in Firenze, ed inaugurava la grande Esposizione Nazionale fatta presso alle Cascine, nell'antico locale che fu la prima stazione della ferrovia di Livorno. Poco dopo, il 7 decembre, si apre con grande solennità, similmente in Firenze, l'Istituto di Studi superiori; e Cosimo Ridolfi, che primo n'avea formato il disegno ed essendo egli stesso ministro della pubblica istruzione avea fatto il decreto di fondazione, lesse in mezzo al giubilo del pubblico, accorso numeroso ed eletto, un discorso che fu molto applaudito.

Il 6 giugno moriva in Torino il grande ministro, che insieme all'Imperatore dei Francesi e a Vittorio Emanuele potè formare questo Regno d'Italia, allora allora creato. La morte di Cammillo Cavour giunse tremenda all'Italia. Tutto faceva credere che quello che era stato fatto sin allora dipendesse dalla vita di lui;[5] la sua morte riempì di profonda malinconia i liberali, rianimò invece gli spiriti abbattuti dei reazionari di tutte le parti d'Italia, e anche fuori d'Italia, principalmente a Roma come in Francia. Pareva che tutto l'avvenuto fin qui fosse da questo luttuoso fatto messo in pericolo. Napoleone, a cui premeva di non lasciare illusioni di facile rivincita ai retrivi, comprese l'alta importanza di porre un freno alle rinascenti speranze di costoro; e, con sollecitudine meritevole di gratitudine e degna di nota, riconoscendo egli stesso e facendo riconoscere dagli altri Stati d'Europa il Regno d'Italia senz'altro indugio, volle anche porre un gran contrappeso al colpo fatale, che aveva ricevuto l'Italia con la perdita del suo più grande uomo di Stato. Non dirò il lutto universale che produsse questa perdita. In tutta l'Italia s'inalzarono ferventi preci nelle maggiori chiese; il Parlamento sospese per alcuni giorni le

---

[5] Si veda nell'appendice la lettera a nostro Padre di Massimo D'Azeglio (17 giugno 1861). (*F.*)

sue sedute. A Parigi e in altre città dell'estero si fecero egualmente onori funebri al grande statista italiano. Qui in Firenze, nella Chiesa nazionale di Santa Croce, ebbe luogo una messa solenne con musica sceltissima e con apparato sontuoso; vi fu concorso immenso di ogni ordine di cittadini. A Torino si pensò a un gran monumento che, fatto dallo scultore toscano Giovanni Duprè, fu inaugurato vari anni dopo. Tutta Italia rimase per qualche tempo tramortita dal gran colpo. Al ministero Cavour succedeva il ministero Ricasoli.

Altri uomini benemeriti dell'Italia (alcuni amici miei) mancarono in quest'anno. Morì in Pisa, il 21 marzo, Vincenzo Salvagnoli, che ho già ricordato in principio di queste *Memorie* come benevolo alle mie intraprese bibliografiche. Fu avvocato di grido, stimato per l'elegante sua parola; promotore delle idee liberali in Toscana, amico del conte Cavour, conosciuto e consultato da Napoleone III, scrittore, se non facile, ornato, che avrebbe potuto arricchire il suo paese con opere di polso, se non avesse (come allora usava in Toscana) versato il suo ingegno in conversazioni ed in amichevoli ritrovi, anzichè nella paziente meditazione dello scrittojo. Morì non ancora vecchio. Diresse il giornale *La Patria*, e vi collaborò; pubblicò qualche opuscolo, uno dei quali in quest'anno, ultimo della sua vita, intitolato *Dell'indipendenza d'Italia*; e fu applaudito assai. Scriveva anche in versi, forbiti e robusti come la sua prosa; ma tutto ciò a frammenti, niente di lena un tantino lunga; ispirazioni, capricci, fantasie passeggiere. In tutti i suoi scritti v'era alquanto di turgidezza come il suo volto e il suo corpo. L'arguzia, l'epigramma lo dominavano, ed egli dominava con quelli.

Una perdita veramente grande fecero l'Italia e le lettere educative in Pietro Thouar, morto il 2 giugno in Firenze nella ancor fresca età di anni cinquantadue. Uomo modesto e virtuoso, bel tipo di scrittore popolare e indipendente, quando non era ancora in voga questo genere di letteratura schiettamente democratica. Egli, senza artifizi di sorta, bensì col lavoro intelligente e con rettitudine piuttosto antica che moderna seppe conciliarsi da' suoi concittadini stima ed affetto. Giovò all'incremento della patria coi piccoli suoi lavori letterari, fossero racconti o articoli per giornali. Questi suoi scritti, originali o tradotti o compilati, sono infiniti, e a farne il catalogo occorrerebbero più pagine. Fondò le *Letture di Famiglia*, giornaletto di educazione popolare, che dura anch'oggi. Nato povero e di poveri genitori, egli si procurò con le sue fatiche una condizione modesta sì, ma decorosa. Tra le sue occupazioni giova rammentare l'insegnamento privato, e, venuti i tempi liberi, quello pubblico. L'istituzione d'una scuola magistrale governativa fu opera sua. Aveva avuto gran torto il Governo del Granduca a perseguitare il Thouar col togliergli l'ufficio a lui tanto adatto di Direttore della Pia Casa di Lavoro. Uomo veramente raro tra i suoi concittadini, non di vasto ingegno, ma di qualità preziose; operoso, parco e nel vivere e nel parlare. Le doti dell'animo seppe infondere in chi leggeva i suoi scritti e in chi lo praticava. Infatti, alunni e amici superstiti, dopo tredici anni dalla sua morte (scrivo nel 1874), ad ogni anniversario si vedono salire, riuniti, il Monte San Miniato a visitare la modesta tomba e ad implorare da Dio pace eterna a quell'anima veramente cristiana.

Non dissimile da Pietro Thouar per le virtù cittadine fu Giambattista Niccolini, nato ai Bagni di San Giuliano vicino a Pisa il 29 ottobre del 1792 e morto in Firenze il 20 settembre 1861. Ho già fatto menzione di questo grande scrittore nel Capitolo sesto. Gli ultimi dieci anni della sua vita li passò ritirato e sequestrato dal consorzio dei suoi amici: un fratello, il capitano Achille, e un segretario, l'avv. Vincenzo Ginanneschi, fecero questo ufficio non lodevole, fingendo di risparmiare al Niccolini noje e soverchio conversare, causa a lui d'inquietudini, facile com'era all'adirarsi. Ma il rimedio fu peggiore del male. Intanto, non partecipando al movimento del suo paese, il Niccolini non scrisse più nulla, e finì per isterilire la sua mente già proclive, dopo il 1848, a illanguidirsi in un'inerzia soverchia. Dal Niccolini al Thouar la differenza è questa. Il primo, gran poeta, gran prosatore, conoscitore di varie letterature antiche e moderne; anima dantesca, costumi antichi e semplici, perfetto galantuomo; nato in condizioni ristrette, un'eredità lo fece ricco oltre al suo desiderio. Il secondo, di minore e diverso ingegno, senza grandi studi, con animo bene allevato, scrisse modestamente per l'incremento della educazione popolare; ma col Niccolini ebbe sempre l'intento al decoro e alla gloria del proprio paese, e ciò in tempi di servitù. Entrambi questi scrittori si adoperarono nella loro propria sfera a richiamar le lettere a più nobili uffici, all'eccitamento delle virtù cittadine; entrambi uomini seri in una città, e in un periodo di tempo, che non aveva nulla di proprio se non *il barzellettare*. Confido che i tempi cambieranno l'ambiente della nostra Firenze; e già vedo i segni di una serietà e operosità maggiori.

I concittadini del grande poeta nazionale idearono, seguita appena la morte, di erigergli un monumento in Santa Croce. Dopo tredici anni non sorge ancora quel marmo, che deve testimoniare l'amore e la venerazione, di cui l'Italia, non che Firenze, è debitrice a quel grande e magnanimo scrittore. Ingratitudine e singolarità dei tempi, tanto proclivi a decretar medaglie, busti, statue, monumenti a chi è morto *jeri*, non sempre discutendo per la sottile i veri meriti dell'estinto, ma non curanti di mandare i progetti a compimento. E nessuno più del Niccolini era amato, onorato, applaudito, idolatrato dai Fiorentini e dagli Italiani. Il proverbio paesano: *Chi muore giace, e chi vive si dà pace* è di una verità prodigiosa.[6]

Prima di chiudere quest'anno 1861, troppo funestato da morti illustri, debbo anche annoverare la perdita di un modesto letterato veronese, Alessandro Torri, avvenuta a Pisa il 13 giugno, ove da lungo tempo egli aveva preso stabile dimora. Doveva egli prepararmi la raccolta intera delle *Opere* d'Ippolito Pindemonte; senonchè la morte lo impedì di compiere questo disegno da lui tanto vagheggiato. Raccolse soltanto le *Poesie*, e ne curò la stampa. La Prefazione è opera di Pietro Dal Rio, filologo e maestro pregiato, nato a Cotignola in Romagna il 18 febbrajo 1803, morto in Firenze il 12 settembre 1862. Affidai al Dal Rio il detto lavoro intorno al Pindemonte per questa ragione, che il Torri, oramai vecchio e cagionevole, era piuttosto un erudito in bibliografia, che scrittore di polso, e io aveva bisogno di ornare questo volume di Poesie con uno scritto, che vi facesse elegante cornice. Il Dal Rio, quantunque tendente a pedanteria (si guastò col prediligere soverchiamente il Bartoli), pure del Pindemonte parlava con calore d'affetto e con giusto criterio. Allora dunque pregai il Torri a volermi concedere di far scrivere al Dal Rio il Saggio che precede le *Poesie*. Egli di buon grado acconsentì, e questo fu dei lavori più pregiati e lodati, che il filologo romagnolo abbia mai scritti.

Siami lecito di qui ricordare un mio operajo, molto modesto e molto accurato nei suoi lavori, Giorgio Della Lunga, nato in Firenze nel 1822, e venuto all'arte del torcoliere nel 1841. Gli fu maestro un altro torcoliere abile a quei tempi, che venne a lavorare da me moltissimi anni dipoi, Fabio Cappelli. Questo Giorgio Della Lunga aveva

---

[6] Possano queste parole affrettare l'adempimento d'un voto, che è al tempo stesso un dovere; altrimenti si avrà ragione di ripetere ancora ciò che nel 1853 Giosuè Carducci giovinetto scriveva, volgendosi appunto al Nicocolini:

> Or fra' duo mari e da Pachino al monte
> Sola un'oblivione i petti implica.

(*F.*)

grande amore all'arte sua, era timido oltremodo e un po' permaloso. Dal torchio a mano passò agevolmente al torchio-macchina, conservando la sua accuratezza nel lavorare da meritar sempre i miei elogi. Fu malato molto; io perciò mi feci premura di ajutarlo, e, quando era all'ospedale, gli procurai un letto a parte nella sezione distinta.[7] Egli moriva nell'anno 1861, dopo lunga e penosa malattia, compianto sinceramente dai suoi compagni e da me.

---

[7] Giova avvertire che nostro Padre, quando scriveva queste *Memorie*, non pensava ancora che un giorno si sarebbero pubblicate. È naturale quindi che contrariamente al suo costume ricordasse qui un suo atto di beneficenza, non per vanto, ma per incitamento ed esempio a noi suoi figli. (*F.*)

CAPITOLO UNDECIMO

IL 1862-63

SOMMARIO: *Camorra* e *Brigantaggio* – Pubblicazioni di questo biennio – Progetto di associazione in difesa della proprietà letteraria – Preti, frati e santi – F. L. Polidori – Giosuè Carducci – Il *Manuale* dell'Ambrosoli – Altre pubblicazioni – Di Giampietro Vieusseux – Necrologia di Pietro Rolandi – Giuseppe La Farina – Il proto Angiolo Tofani.

Negli anni 1862 e 1863 l'Italia meridionale fu travagliata dal flagello del *Brigantaggio* e della *Camorra*. Non si leggevano che questi nomi su i giornali, e questi stessi nomi io li ritrovo in quel tempo frequenti nei registri di Stamperia.
Ai miei tipi e alle macchine tipografiche in questo biennio è uno svizzero-fiorentino-napoletano, il signor Marco Monnier,[1] che fornisce materia di una certa operosità co' suoi opuscoli sul Brigantaggio e la Camorra nel Napoletano. Al resto d'Italia questi due flagelli erano noti soltanto di nome. Vederli registrati in opuscoli, divulgati, letti da tutta Italia, era un fatto nuovo, perciò la curiosità del pubblico dell'Italia superiore era oltremodo destata; quindi la vendita straordinaria, che si fece di questi due opuscoli, ch'io stampai e ristampai più volte. Il Monnier li scriveva in francese per essere pubblicati in Francia; l'avvocato Piero Puccioni li traduceva, con disinvoltura di linguaggio, in italiano. Il Monnier maneggia da maestro la lingua francese; dell'uno e dell'altro soggetto faceva bozzetti leggiadri e attraenti; narrava i fatti con piena esattezza, conoscendo bene i suoi polli, giacchè da molti anni viveva in mezzo ad essi. Con queste pubblicazioni presto si guadagnò la simpatia degl'Italiani.
Da Cesare Cantù ebbi nel 1862 il *Beccaria e il suo secolo*. Lavoro assai buono, e se fosse stato pubblicato dieci anni prima, quando il nome dell'Autore era nel suo fiore, sarebbe stato molto applaudito.

---

[1] Marco Monnier nacque a Firenze nel 1829 da padre francese e da madre ginevrina, dimorò lungamente a Napoli, e n'ebbe per decreto del Comune la cittadinanza. (*F.*)

Non si può dire che questo volume fosse accolto con indifferenza dal pubblico, ma non fu festeggiato; il concetto, in cui era tenuto l'Autore, di papalino, di codino, di ostile al risorgimento italiano, nocque e nocerà sempre ai suoi futuri lavori. Al Cantù non si nega ingegno da nessuno, ma tutti conoscono la sua indole più di compilatore, che di scrittore ispirato e diligente. Io credo che la smania di esser nuovo e di stuzzicar la curiosità di chi legge lo sforzi a parer originale. È querulo, è ispido, vuol far parte da sè; ma che sia proprio codino io non l'ho creduto mai; ad ogni modo sarebbe il solo scrittore un po' chiaro in Italia che sia codino.

Quasi nello stesso tempo pubblicai la storia di *San Pier Damiano* di Alfonso Capecelatro napoletano, prete dell'Oratorio di Napoli; quello stesso che scrisse così bellamente la *Vita di Santa Caterina da Siena*, da me pubblicata due anni prima. Ma questo libro di *San Pier Damiano* fu un lavoro mancato, e lo spaccio scarso e lento lo dimostrò. Quale ne sia stata la cagione, non saprei dire. Forse i tempi non erano propizi alle vite de' Santi.

Una ristampa dell'*Armonia Universale* dell'abate Vito Fornari fu accolta con favore. La prima edizione era stata fatta in Napoli dall'Autore stesso, che, su l'esempio degli autori d'una volta, faceva stampare e vendeva da sè i suoi libri. Il Fornari è scrittore di maggior polso che non il Capecelatro suo discepolo. Questi però è modesto ed umile come il chiostro insegna; quegli sa di essere un potente scrittore e pensatore, e i suoi amici e ammiratori napoletani hanno cura di rammentarglielo.

Prima di passare all'anno seguente ricorderò che nel 1862 le ristampe della Collezione Diamante furono le seguenti: *Il Principe* di Niccolò Machiavelli, la *Cronaca* di Dino Compagni, la *Gerusalemme* del Tasso, le *Poesie* del Giusti, *I Ritratti* del Guicciardini, le *Mie Prigioni* di Silvio Pellico e le *Liriche* di Vincenzo Monti. Nella medesima Collezione per la prima volta stampai le *Storie* di Tacito, volgarizzate da Bernardo Davanzati, i *Viaggi in Terra Santa* del Frescobaldi, le *Commedie* di Niccolò Machiavelli, i *Poemetti* di Vincenzo Monti, le *Poesie* di Cino da Pistoja e l'*Aminta* del Tasso.

Quest'ultimo volumetto ebbe le cure di Silvio Orlandini, quello stesso che insieme a Enrico Mayer dette all'Italia la raccolta delle opere di Ugo Foscolo. Nato a Livorno l'11 maggio 1805, l'Orlandini morì in Firenze il 25 dicembre 1865. Chi ebbe la ventura di conoscerlo, lo ricorda come modello di buon cittadino e di scrittore liberale nei pensieri e nei costumi.[2] Quel gran facitore di libri che è Pietro Fanfani, filologo acuto ma non abbastanza diligente, m'improntò il *Vocabolario dell'uso toscano*, che pubblicai nel 1863. L'edizione che ne feci non tanto scarsa (duemiladugento copie) fu esaurita nel corso di dieci anni; ma nè io, nè il pubblico che ha pratica di studi filologici rimanemmo gran che soddisfatti. Fu giudicato un lavoro abborracciato, degno piuttosto di esser messo in un giornale letterario che in un libro, ove il lavoro si giudica tutt'insieme, e, se vi è mancanza di armonia tra le parti, si vede.

L'abate Antonio Perfetti, già da me nominato (pag. 179),[3] che aveva riputazione di dotto e di pensatore, mi offrì uno scritto, ch'egli volle intitolato *L'Uomo*. Il libro non ebbe verun buon successo, e m'accorsi tardi ch'era un lavoro, che non avrei dovuto prendere a stampare. Seppi posteriormente che il Perfetti lo aveva messo insieme non so come, con l'intento di levarmi di sotto un cinquecento lire; e che quasi ne rideva tra sè e sè, quando rivedeva le stampe, o piuttosto non

[2] Nostro Padre avrebbe dovuto a questo punto ricordare un progetto di molta importanza da lui messo fuori appunto nel 1862.

Impensierito dei danni incalcolabili provenienti alla libreria italiana per i continui attentati contro la proprietà letteraria, che impunemente si commettevano da una masnada di pirati sparsi dovunque, ma più che altro numerosi e arditi nelle province napoletane, egli pensò che bisognava prendere sollecitamente provvedimenti energici, e gli parve che il miglior partito fosse quello di fondare una Società di autori e editori con lo scopo di tutelare i diritti di proprietà letteraria.

Fermato ciò nella mente, non pose tempo in mezzo, e con una circolare del 15 gennajo 1862, in cui esponeva brevemente il carattere della sua proposta, egli mise fuori un ben *organizzato* progetto di statuto, che avrebbe dovuto discutersi il 1° del vegnente aprile, se a' 15 di marzo si fossero raccolte almeno cinquanta firme.

Strano a dirsi! mentre da ogni parte si deploravano le audacie dei contraffattori, mentre tanti ne erano colpiti, le adesioni al progetto di un'Associazione che avrebbe scemato le difficoltà e le spese per chiamare i colpevoli in giudizio, furono così scarse da persuadere nostro Padre a rinunziare per allora alla sua idea. Di questa sua saggia e nobile proposta, noi però abbiamo voluto far cenno ora che le male arti dei contraffattori, lungi dallo scemare con rassestarsi di tutte le cose, sono invece andate crescendo, grazie all'impunità di cui godono per l'insufficienza della legge su la proprietà letteraria e pel poco zelo dei pubblici funzionari. E abbiamo voluto ricordarla anche per un'altra ragione; che ora a Milano si è fondata finalmente una Società degli autori, il cui statuto con quello già progettato da nostro Padre ha molti punti di contatto. La qual cosa, se ci ha fatto piacere, non però ci ha sorpreso, giacchè avevamo avuto cura di comunicare il progetto paterno a chi ebbe parte nella compilazione dello statuto della nuova Società, la quale, se sarà governata con saviezza ed energia, non potrà non produrre i risultati più benefici, convalidando le previsioni di nostro Padre. (*F.*)

[3] Pag. 119 della presente edizione, NdR.

le rivedeva, com'ebbe egli a dirmi una tal volta qui in Firenze, mentre, trovandosi in mezzo a un crocchio di amici, non gli riuscì a trattenere quella sua ironica più che burlevole natura, a imitazione degli abati romani, tra cui era vissuto, sollazzandosi in ogni maniera, egli romagnolo e segretario di un Cardinale.

Un infelice successo toccò alle *Lettere* di Fra Paolo Sarpi, raccolte con fatica qua e là nelle biblioteche d'Italia, e principalmente a Venezia. Filippo Luigi Polidori curò l'edizione con l'amore e con la diligenza a lui consuete. Il Perfetti a mia istanza scrisse la Prefazione, che riuscì non indegna del suo nome di conoscitore delle cose di Roma ai tempi del Sarpi e d'ora. Ma nulla valse a salvare dall'indifferenza queste *Lettere* di un autore, che ha sempre goduto tanta fama. Dell'edizione, a millesicento copie, è andata via appena una decima parte; e pensare che la *Storia del Concilio di Trento*, in quattro volumi, era stata venduta così in fretta! Vicende non infrequenti a un editore. Stiano attenti i miei successori a queste bizzarrie del caso. Le medesime cagioni, che fecero fallire la pubblicazione del *San Pier Damiano* del Capecelatro, su per giù influirono alla non riuscita delle *Lettere* del Sarpi: preti, frati, santi, ai tempi che corrono non sono nelle simpatie del pubblico che legge.

Di questo Polidori, amico mio e filologo e scrittore se non de' primi, certamente non ispregevole, voglio lasciare un ricordo. Nato in Fano il 23 febbrajo del 1801 venne a Firenze nel 33, e vi rimase dieci mesi coll'abate Manuzzi a collaborare al suo gran Dizionario; poi vi ritornò stabilmente nel 1837, ricoverandosi sotto le grandi ali dell'editore Giampietro Vieusseux. Questi lo fece conoscere al marchese Gino Capponi, del quale, già divenuto cieco, per circa sei mesi fu bibliotecario o, meglio, lettore. Era il Polidori uomo onesto, ma volubile molto; ora si doleva de' suoi nervi, ora della difficoltà di procurarsi il necessario per godere una vita un po' più agiata. Cortese com'era, curava gli amici presenti e lontani; ai quali scriveva lettere che a lui portavano via tempo, e qualche soldarello nella posta. Al Vieusseux prestò l'opera sua efficace nella fondazione dell'*Archivio Storico*, e assistè varie edizioni del Le Monnier. Scrittore non inelegante, ma lezioso e minuzioso; metteva scrupoli, era perplesso in cose da nulla; costume anche del Vieusseux e della compagnia letteraria che lo frequentava. Dava treno a certi atti, che si potevano compiere con minor sussiego. Ma, ripeto, il Polidori era onesto, studioso, coscienzioso, d'indole buona e inclinato agli affetti domestici. Morì in Firenze il 12 ottobre 1865.

Un bello e buon volume pubblicai di Angelo Poliziano: *Le Stanze e le Poesie*, con un ammirabile Discorso di Giosuè Carducci. Questa Prefazione è forse la prosa più perfetta che egli abbia mai scritto. In essa si sente l'ammiratore del Giordani come scrittore e del Foscolo come pensatore. Il Carducci è salito poi in maggior grido come poeta, ma come prosatore non lo credo. L'eccitabilità del carattere può, sotto un certo aspetto, giovare all'estro poetico, ma nuoce indubitatamente alla prosa, che vuol mente pacata e ragionatrice. I suoi amici, tra i quali ho motivo di collocarmi, gli desiderano maggior tranquillità di spirito per conservare la bella fama che egli si procacciò in mezzo ad elementi così contrari alle qualità vere del suo ingegno nè democratico, nè plebeo, ma nobile e di natura greca e latina.

Al Carducci sono di buon grado debitore di savi consigli datimi in vari tempi circa alle ristampe di libri divenuti rari, eppur sempre utili. Tra gli altri voglio qui ricordare quello che mi diede nel 1862, per la ristampa del *Manuale della Letteratura italiana* di Francesco Ambrosoli. Accolsi immediatamente il consiglio come quello che mi pareva sicuro, e tale poi veniva giudicato unanimemente da altri letterati e amici miei carissimi. Ma l'impresa di arrivare all'Autore, ancor vivo, per ottenere il permesso di ristampare l'opera sua (benchè datasse dal 1830) e combinare il compenso, alla prova mi riuscì, contro la mia aspettativa, assai difficile. Francesco Ambrosoli, sotto il dominio dell'Austria, fu impiegato a Milano nel dipartimento governativo degli studi; da ciò i suoi concittadini gli davano segni quasi di disprezzo, fuggivano lui e i suoi. L'Ambrosoli in fondo era un eccellente uomo e di gran sapere. Alla sua volta disgustato di Milano e dei Milanesi, dopo la partenza degli Austriaci dalla Lombardia egli seguì il suo uffizio nell'istruzione pubblica a Vienna. Io scrissi colà più volte, facevo recapitar lettere al suo domicilio, ma niuna risposta veniva mai. Ero d'accordo col Carducci che se l'Ambrosoli insisteva a non lasciarsi trovare e a tacere, e così dar segno di abbandonare l'opera sua tanto pregiata e di tanta utilità agli studiosi, egli, il Carducci, avrebbe preso l'assunto di rivedere tutto il *Manuale* e farvi quelle aggiunte che stimasse opportune. Questo divisamento del Carducci per disteso scrissi all'Ambrosoli, il quale alfine vinto dalle mie ripetute insistenze mi scrive, e viene a buoni patti: in un anno mi darebbe in gran parte il *Manuale* corretto e aumentato; quanto al compenso, io accettai la sua proposta, che fu di duemila lire per la cessione perpetua dell'opera.

I Marmi del Doni, pubblicati in quest'anno, non ebbero gran successo; incominciava a venir meno l'amore per quei libri, il cui pregio principale fosse la lingua. Invece, la traduzione dall'inglese di un compendio fatto da Guglielmo Smith della grande storia di Edoardo Gibbon, *La Decadenza e Rovina dell'Impero Romano*, ebbe buon incontro anche nelle scuole.

Ristampai la *Vita di Santa Caterina* del Padre Capecelatro, e adagio adagio questa nuova ristampa si esaurì dopo dieci anni: incominciava, come risulta anche dai fatti narrati precedentemente, l'intiepidimento per la letteratura religiosa. Invece, come ho detto in principio di questo capitolo, *Camorra* e *Brigantaggio* di Marco Monnier erano spesso sotto il torchio, ed alimentavano e addestravano le macchine a far tirature su la stereotipia.

Nella Collezione Diamante stampai di prima il *Fior di leggende del secolo XIV*, due volumi a cura di Isidoro Del Lungo; la *Vita Nuova* e il *Canzoniere* di Dante; le *Poesie* di Gasparo Gozzi; gli *Annali* di Tacito volgarizzati dal Davanzati; le *Rime* e le *Lettere* del Berni; infine il *Sallustio*, volgarizzato da Fra Bartolommeo. Di ristampe in questa Collezione ebbi soltanto la *Divina Commedia*, le *Rime* del Petrarca, e le *Autobiografie*.

A compiere la narrazione di quello che a me pare notevole in quest'anno 1863, abbastanza torbido (e pel brigantaggio e pel recente doloroso fatto di Aspromonte) e che troppo non si discosti dal mio soggetto, debbo mestamente ricordare la perdita che l'Italia fece di un cittadino virtuoso, e che ha lasciato abbondanti memorie delle sue virtù; voglio dire di Giampietro Vieussaux, del quale i biografi non furono scarsi, nè tiepidi. Sicchè a me basterebbe rammentare il suo nome, perchè sia un elogio. Tuttavia la rispettosa famigliarità che ebbi col *Sor Pietro* (così lo chiamavano gli amici) m'invita a dire di lui qualche parola.

Nacque da genitori ginevrini ad Oneglia nel 1779. Nella sua gioventù matura datosi al commercio in grande, ebbe occasione di viaggiare in paesi lontani fuori d'Italia per il lungo corso di venti anni. Nel 1819 capitò a Firenze; aveva allora quaranta anni. Ricco di molta esperienza degli uomini e delle faccende, fornito di operosità non comune, innamorato del bello congiunto all'utile, gli venne il pensiero d'istituire in Firenze, affollata allora più che adesso di forestieri, un Gabinetto di Lettura, non solo di giornali, ma di libri italiani e stranieri. Il Governo non vide di mal occhio il tentativo del Sor Pietro, in quanto esso conferiva a trattenere più a lungo gli stranieri in Firenze, che era creduto il principale rincalzo in questa città un po' sfaccendata. I Fiorentini essi pure accolsero lietamente questa utile e dilettevole istituzione, che ebbe principio nel 1821. Presto il Vieusseux s'attirò l'attenzione di quanti uomini insigni erano in Firenze, o toscani, o italiani riparati qui per isfuggire le sevizie dei propri governi, o stranieri che si godevano il giocondo e quieto vivere della città dei fiori. Oltre alla famosa *Antologia*, giornale che dopo cinquanta anni è ancora vivo nella memoria specialmente degli uomini colti, il Vieusseux pubblicò molte opere ricordate dai suoi biografi;[4] ma le sue pubblicazioni avevano tendenze piuttosto alte, erano dirette cioè non tanto all'istruzione del popolo, quanto agli studi di cui si dilettano i dotti, ed erano destinate ad arricchire le grandi Biblioteche. Più che un editore commerciante, il Vieusseux aveva un non so che, che lo faceva apparire un editore letterato, benchè letterato veramente non fosse. Aveva garbo e molto tatto nel conversare con gli uomini di diversi paesi e di varie opinioni; nel suo parlare si mostrava pratico di cose politiche, e ai suoi tempi, molto chiusi a chi fosse estraneo ai Gabinetti d'Europa, egli, approfittando delle svariate sue conoscenze, con qualche successo cercò di perorare a favore d'Italia con private sue lettere a un diplomatico austriaco.

La probità, che metteva in ogni suo atto, gli procacciò la stima di tutti quelli che lo conobbero; e nel commercio librario, allora generalmente poco pregiato in Italia, la sua parola era più che una cambiale sottoscritta da molti. E ciò contribuì a rialzare questo ramo di commercio, che per la sua indole non dovrebbe mai esser basso. Il Vieusseux visse una lunga vita, onorata e utile più agli altri che a sè, ed in mezzo al compianto di Italia e dei molti, che lo conoscevano in Europa e in America, morì a Firenze il 28 di aprile 1863.

Amico a questo valentuomo era Pietro Rolandi, editore librajo a Londra, la cui morte precedette quella del Vieusseux un par di mesi. Una succinta biografia di lui, scritta da me in quel tempo, mi pare che ritragga l'indole dell'amico e l'animo mio; cosicchè stimo di recarla qui per intero.

---

[4] In un lavoro intitolato *Di Giov. Pietro Vieusseux e dell'andamento della civiltà italiana in un quarto di secolo*, scritto da Niccolò Tommasèo, e pubblicato nel 1863 in Firenze, vi sono interessanti e sicuri particolari su l'uomo e su i tempi che il Tommasèo prese ad illustrare.

PIETRO ROLANDI.

L'amicizia, che da molti anni mi legava a questo valentuomo, m'induce a scrivere un ricordo semplice e breve della vita di lui. I numerosi amici che in vita gli diedero tante prove d'affretto, e che ora, perduto, lo rimpiangono con tanta acerbità di dolore, vedranno quanta ragione avessero di amare e riverire un uomo, che alla cultura della mente accoppiava animo gentile e altamente benefico.

Nacque il 4 marzo del 1801 in un piccolo paese chiamato Quarona, a breve distanza dal Sacro Monte di Varallo nel Novarese. Il suo genitore, quantunque di umil lignaggio, ebbe spiriti generosi da far educare altri suoi figli nelle arti liberali; ma o le difficoltà di compiere un'educazione in una piccola terra, o la sorte toccatagli non propizia nella scelta dei collegi, persuasero il buon uomo ad aver mire più modeste nell'allevare il nostro buon Pietro, il quale, arrivato all'età di circa sedici anni, fu dal padre messo all'arte di stipettajo, in cui si esercitò per quattro anni in Torino.

La buona stella, che spesso guida i passi incerti della gioventù operosa, diede al nostro Pietro, giovane stipettajo, un fratello ingegnere nel Genio civile del Regno d'Italia, chiamato Giovanni Battista. Il quale, al cadere delle sorti di quel breve e fortunoso Regno, emigrò a Londra, ove dava lezioni di lingua italiana.

Ritornato nell'anno 1822 in patria, e fermatosi un poco a Torino, con piacere misto a stupore abbracciò il suo Pietro, che gli si parò innanzi garzone stipettajo. Giovanni Battista, che era uomo di varia coltura, nè ignaro del modo con cui si apprende l'indole altrui anche da fatti ad occhio volgare indifferenti, visto che il suo giovane fratello aveva disposizione al disegno lineare, e mostravasi molto inclinato alla lettura, con ardito pensiero, ma con savio discernimento, gli propose di lasciar pialletto e triangolo e partire con lui. Il nostro Pietro raccontava la gioja del suo animo nell'udire quella profferta, che subito accettò. Savio com'era, Giovanni Battista, prima di condurlo in Inghilterra, volle che il nostro giovine passasse qualche tempo in Firenze.

Quivi Pietro rifece la sua educazione, imparando con la lingua i costumi gentili. Poi, a cura e a spese sempre del benemerito e affettuoso fratello, passò a Roma, ove studiò un po' il disegno; e di là partito alla volta di Francia, e visitate varie di quelle principali città, arrivò finalmente a Londra verso l'anno 1824. Subito si occupò in cose librarie, consigliato sempre e diretto dal fratello, il quale lo presentava a quanti amici e conoscenti avesse in quella popolosa città, ove non rari esempi mostrano come gl'Italiani abbiano saputo proccacciarsi l'affetto di quella generosa nazione. Infatti il nostro Pietro ebbe tosto incarico da un illustre Inglese di recarsi di nuovo a Roma per trar copia dei geroglifici messicani esistenti in quell'alma città (1825). Intento a questo primo lavoro, forse a lui geniale, perchè paziente, faticatore e vago oltremodo di muoversi, ecco sopraggiungergli trista novella, che lo costringe a lasciare in tronco la copia e ripartire per Londra. Era morto il suo fratello, il suo amico, il suo benefattore, Giovanni Battista, che lo lasciava erede di tutta la sua modesta fortuna, accumulata con fatiche e con studio durante l'esilio.

Allora il nostro Pietro potè darsi tutto al commercio librario, e colle sostanze ereditate aprire una bella libreria italiana in una delle principali vie di Londra, denominata *Berners Street*. Era l'anno 1826, il primo in cui i nostri libri italiani ebbero un luogo speciale e conveniente per mostrarsi al pubblico. Vanto e gloria del nostro Pietro, che da allora in poi di quella libreria fece l'unica sua occupazione. Convenivano colà i più illustri emigrati italiani, che le passate nostre sventure costringevano ad abbandonare la patria. L'Ugoni scrivendo al Pecchio gli diceva: « Innanzi tutto pregoti di porgere da parte mia tanti ringraziamenti a quell'egregio Rolandi, che è veramente uno dei nostri compatrioti, che io vado ogni dì più stimando, e perchè di lui non odo mai se non buone azioni, fra le quali brilla quella ch'egli usò delicatissima e generosa con Pellico. » Queste parole dell'Ugoni suonano sommamente onorevoli al nostro Rolandi. Anche Ugo Foscolo, Giovanni Pecchio, Gabriele Rossetti, Giovanni Berchet, Camillo Ugoni, Antonio Panizzi, Carlo Pepoli, Giuseppe Mazzini, Giovanni Arrivabene, il Renna ed altri, intervenendo nella libreria Rolandi accrescevano splendore a quel luogo, ove erano raccolte le opere del senno italiano antico e moderno.

Alla fiorente libreria l'operosità del nostro Pietro volle aggiungere un Gabinetto di lettura; e correndo propizie le sue intraprese, ebbe animo (che allora poteva parere audacia) di pubblicare a sue spese varie opere italiane, tra le quali il testo e il Commento della *Divina Commedia* secondo la lezione di Ugo Foscolo, e una Crestomazia di Poeti italiani con note filologiche ad uso degli Inglesi per cura di Carlo Arrivabene. L'edizione del *Commento* fu eseguita dopo la morte del Foscolo; e il Mazzini la curò, lodando nella prefazione dell'opera il Rolandi di avere acquistato il manoscritto da un editore inglese (probabilmente il Murray), ne' cui scrigni sarebbe rimasto lungamente, se non per sempre. Il Rolandi ad onorare le lettere italiane riscattò il manoscritto per la somma di quattrocento lire sterline, e si sobbarcò all'ingente spesa dell'edizione, dalla quale non potè ritrarre che una piccola parte delle sue spese.

Ardua impresa fu quella di porre un'orma sicura in mezzo all'industriosa capitale dell'Inghilterra; Pietro Rolandi vi riuscì con utile e decoro suo e della patria. Pure, ch'egli abbia durate fatiche non comuni, sarebbe facile immaginare; se non che di questi suoi sforzi, di queste sue trepidazioni, e delle gioje che seguono a quelle è fatto ricordo nel suo testamento olografo del novembre 1860.

Oserei asserire che il malore, che accompagnava da più di vent'anni il nostro diletto amico, fosse effetto di quel clima insalubre di Londra. Quindi lo vedemmo nell'anno 1844 partire da quella città e prendere stanza in Livorno, occupato però sempre in cose librarie. Il mite clima d'Italia e il giocondo aspetto della natura indussero finalmente il nostro amico a dare un assoluto addio all'Inghilterra; lasciando nel 1854 ad un suo benaffetto il proprio nome e la importante libreria di *Berners Street*.

Da questo tempo il Rolandi, facendosi la sua salute ogni anno peggiore, non più intento a cose librarie, si diede sollecito a visitare paesi e amici, che aveva ovunque. Coi viaggi cercava distrazione o lenimento a' suoi incomodi, i quali talora gli permisero di visitare lontani paesi e percorrerli con curiosità studiosa e con gusto inglese. Visitò molte volte le varie città d'Italia; viaggiò in Francia, Spagna, Belgio, Inghilterra, Turchia, Egitto, e fu anche a Gerusalemme. Ritornando da ogni suo viaggio, soleva portare con sè qualche oggetto, che dimostrava la sua indole paziente e osservatrice. Era proprio un gusto pe' suoi amici veder questo piccolo viaggiatore in moto sempre, o per città lontane o vicine, e udirlo favellare modesto, ma non privo di arguzia, di casi e di aneddoti gioviali avvenuti a lui e a suoi conoscenti in varie parti del mondo.

Nel 1860 ritornato alla sua terra natale, portò con sè una cassa piena di libri di non piccolo valore, la più parte riguardanti belle arti, e perciò ricchi di pregevoli disegni e stampe, che volle donati, unitamente a vari oggetti di storia naturale, alla Società d'incoraggiamento allo studio del disegno eretta in Varallo, della quale era socio. La Società d'incoraggiamento in una delle sue sale ha un bellissimo ritratto a olio di Pietro Rolandi; il qual ritratto credo fatto in Inghilterra. Nell'anno stesso, fece costruire a sue spese un viadotto, che per un tratto di mille metri recasse l'acqua a Quarona che ne aveva penuria; e nel suo testamento provvide al mantenimento di quella sua opera benefica e generosa, legando gran parte (più di centomila lire) de' suoi averi a quel Municipio, affinchè con cura costante pensasse al mantenimento dell'acquedotto.

Aveva l'amicizia di uomini chiari in scienze e lettere italiane, tra cui il celebre professore Giovanni Battista Amici, Antonio Panizzi, Giovanni Flechia; e non di rado avveniva che cospicui stranieri, passando per Livorno, ove il nostro Pietro soleva rimaner una parte dell'anno, chiedessero di lui, e lo riverissero come persona, che aveva lasciato desiderio di sè in terra straniera. I nipoti del Rolandi possiedono moltissime lettere ereditate da lui, di letterati illustri, cominciando da Ugo Foscolo sino a Giuseppe Mazzini. Cotesto voluminoso carteggio potrebb'esser consultato con utilità da chi volesse trar notizie per arricchire la storia letteraria e civile dei nostri tempi.

Così viveva il nostro amato Pietro sino al decembre 1862, in salute non prospera, ma in condizione del resto invidiabile; sobrio, non querulo, amico di tutti i buoni, scrupoloso osservatore delle sue promesse, instancabile benefattore dei poveri non col dare che umilia, ma col soccorrere che conforta, patriota sincero e fiducioso nel compimento dei destini della patria; allorchè contro l'avviso dei suoi amici, a inverno già fatto volle affrontare i disagi di un viaggio per mare, da Livorno a Napoli, ove giunse verso il 12 di quel mese; e là fermatosi una trentina di giorni, volle partire per Palermo. Ma il clima di Sicilia riuscitogli contrario alla salute, frettolosamente si ridusse a Napoli, ove giunto appena, si ammalò gravemente, e morì il 7 febbrajo del 1863 alle 8 della mattina per malattia polmonare.

Quest'uomo, che aveva molti amici e sinceri, forse non ne vide alcuno nelle ore estreme. Tutto cuore e zelo verso gli altri, la sua timida e modesta natura lo persuadeva a non occupare mai gli altri di sè. Fu seppellito nel nuovo cimitero di Napoli, nel sotterraneo della cappella della Confraternita di San Filippo Neri. Il N° 8 distingue la sua dalle altre tombe. Gli amici unanimi fanno voti perchè dalla pietà dei suoi ottimi eredi sia posta una lapide, che ricordi il nome e le virtù di Pietro Rolandi, amato da tutti in vita, ed ora compianto.

Un'altra perdita faceva in quest'anno l'Italia. Moriva il 5 settembre Giuseppe La Farina. Questo operoso patriotta e scrittore benemerito nacque a Messina il 20 luglio 1815. Incominciò la sua carriera politica all'età di tredici anni, dividendo col padre la prigionia, sotto il governo borbonico. Nel 1834 ebbe la laurea dottorale in Catania. Essendosi compromesso nei moti del 1837, fu costretto ad emigrare; rimpatriato nel 1839, si diede ad esercitare l'avvocatura. Ebbe in seguito occasione di fondar vari giornali: *Lo Spettatore di Messina*, *Il Faro*, *La Sentinella del Faro*, che dal governo borbonico furon soppressi; come pure lo stesso governo gli proibì di pubblicare i suoi

Ricordi su Roma e la Toscana. Indispettito emigrò novamente, e presa stanza a Firenze, attese alla pubblicazione di alcune opere storiche, la più importante delle quali è la *Storia d'Italia narrata al popolo italiano*. Nel 1847 fondò in Firenze il giornale l'*Alba*, che a taluni parve, per i tempi che correvano allora, anche come giornale democratico, troppo avanzato. Avversava apertamente il potere temporale della Chiesa.

Scoppiata nel 1848 la rivoluzione in Sicilia, il La Farina accorse colà, e combattè accanto ai suoi concittadini contro gli sgherri del dispotismo. Eletto rappresentante al Parlamento siciliano, propose il dì 8 di maggio il famoso decreto, che dichiarava decaduto per sempre Ferdinando di Borbone dal trono di Sicilia. Venne mandato il mese successivo in missione straordinaria prima a Roma, e poi a Firenze. Di ritorno a Palermo, fece parte del Ministero di agosto tenendo il portafoglio dell'istruzione, dei lavori pubblici, dell'interno e anche della guerra fino al febbrajo 1849.

Soffocata nel sangue la rivolta dell'Isola, il La Farina dovette emigrar novamente, e si ricoverò a Torino, dove ebbe occasione di stringersi in amicizia col conte di Cavour. Negli anni precedenti al 1859, avendo egli fatto suo il programma di Daniele Manin, adoperò ogni mezzo perchè tutte le province d'Italia si riunissero sotto lo scettro di Vittorio Emanuele; e messosi a capo dell'Associazione Italiana, rese con essa utili servigi alla causa nazionale. Con ciò si attirò l'ira degli intransigenti, che lo riguardarono con diffidenza, quasi apostata degli antichi principi. In quegli anni di esilio scrisse la *Storia della Rivoluzione della Sicilia negli anni 1848 e 1849*, la *Storia d'Italia dal 1815 al 1850*, la *Storia delle controversie tra il potere civile e il potere ecclesiastico*, e collaborò alla *Rivista enciclopedica italiana*. Nel 1859 prese parte di nuovo alle faccende politiche, e caldeggiò l'annessione dei diversi stati d'Italia alla monarchia del re Vittorio Emanuele.

Allorchè nel 1860 il generale Garibaldi ebbe liberata la Sicilia e proclamato il Governo dittatoriale, il La Farina fu dal conte di Cavour mandato nell'Isola consigliere della Luogotenenza, ma si dimise da quell'ufficio quando scoppiò la rivolta mazziniana nel gennajo 1861. Tornato quindi a Torino, ed eletto rappresentante al primo Parlamento italiano per la città di Messina, rese ancora utili servigi alla patria; appoggiò il Ministero Rattazzi, dal quale fu nominato Presidente della Società Nazionale Italiana; fino a che còlto da improvviso malore, dopo una vita travagliata da molte peripezie, che sogliono accadere a chi si occupa vivamente di cose politiche in tempi di rivoluzione, moriva a Torino il 5 settembre dell'anno 1863.

Patriotta sincero, ardente, letterato non senza merito e per l'ingegno e per la prodigiosa attività, lasciò molti amici, che ricorderanno sempre la sua morte con mestizia.

In questo stesso anno, il 2 maggio, moriva improvvisamente il proto della mia Stamperia, cioè il capo de' miei compositori, che aveva nome Angiolo Tofani, nato in Firenze nel 1818 da genitore egualmente tipografo, dal quale apprese l'arte in modo così mirabile, che all'età di nove anni egli sapeva comporre il *greco* e l'*ebraico* con esattezza e nettezza straordinarie. Si mantenne sempre un compositore esimio, inappuntabile quanto alla bontà del suo lavoro, rispettato per il suo merito artistico dai compagni e amato per la sua indole soave e modesta.

CAPITOLO DUODECIMO

VIAGGIO TIPOGRAFICO

SOMMARIO: Confidenze d'un generale – Propositi all'aprirsi del 1864 – L'Istituto Svizzero in Firenze – La lite Manzoni-Le Monnier; offerta di mediazione; lettere commendatizie di Azeglio e Tommasèo; colloquio col Manzoni; un plenipotenziario sconfessato – Manzoni a Firenze; una sua osservazione su la lingua parlata in Galleria; una sua visita al Tommasèo – Carlsruhe – Francoforte – Uno sposalizio – Lipsia – Le stamperie di Lipsia – Il commercio librario in Germania – Un libro modello – Berlino – Da Berlino a Calais – Londra – In un omnibus – Stamperie inglesi – Il tipografo della Regina – La stamperia del *Times* e quella della Banca d'Inghilterra – Il Museo britannico e Antonio Panizzi – Morte della madre – Pubblicazioni del 1864 – *I Misteri del Chiostro Napoletano* – Su le opere del Monti nella *Diamante* – Un libello famoso – Lettera di G. Barbèra alla *Nazione* – I fatti di Torino – Morte di un bimbo.

La materia che formerà soggetto di questo capitolo è varia, e a me pare che debba riuscir curiosa. Prima di tutto debbo raccontare come feci a divenir proprietario dello stabile ove attualmente sorge, e sorgerà per un pezzo, se Dio lo vuole, il mio Laboratorio tipografico in via Faenza, N° 66, accanto alle Monache di Foligno. A voler narrare per filo e per segno questo avvenimento importante della mia vita (io divenir proprietario di uno stabile! allora mi parve un sogno, e non ne avevo sentito mai un vivo desiderio), dovrò colla memoria ritornare alla seconda metà dell'anno 1863; che se io entrai in possesso di questo stabile il 1° di maggio del 1864, le origini del fatto si rapportano all'anno antecedente. Ed ecco come.

Il general Manfredo Fanti, valoroso e dotto soldato liberale dell'esercito italiano, mi aveva dato a stampare un suo opuscolo, che trattava di cose militari. Per aver l'onore della sua conversazione io gli portava da me le stampe del suo lavoro con alcune correzioni od osservazioni mie; e così dalle bozze spesso si veniva a parlare d'altro, essendo egli uomo affabile e niente superbo dell'alto suo grado. Un giorno (eravamo nel settembre del 63) egli entrò a parlarmi della probabile guerra con l'Austria per toglierle finalmente la Venezia che ci apparteneva. "Se avverrà la guerra con l'Austria, come presto o tardi avverrà," diceva il Fanti, "bisognerà allora trasportare immediatamente la capitale del Regno a Firenze."

A tali parole io apersi ben bene gli orecchi, spalancai gli occhi, e risposi: "Generale, mi permetta di dirle che io non saprei discutere l'opportunità strategica di questo movimento, ma domando come sentiranno questa notizia i generali piemontesi?" – "Dal Re all'ultimo generale," rispose il Fanti, "siamo tutti d'accordo su questo punto."

Non dissi altro, mi licenziai dal Generale, e tutto stupito di siffatta rivelazione in quello stesso giorno feci al signor Giuseppe Bindi la domanda di acquistare la sua casa, che ora ha il N° 68 in via Faenza, e che è attigua a quella ove abito al presente. Si fecero molti discorsi, perchè il Bindi, che trattava con me di vendere, veramente non era libero di farlo, come seppi in seguito, ed egli non osava dirlo, sperando forse di sormontare gli ostacoli; ma questi non sparivano, ed io era impaziente di concludere. Stizzito col Bindi per il suo contegno non franco, mi ero allontanato da lui, e credevo andato in fumo l'affare. Ma l'animo mio non era persuaso di questo cambiamento di parola del Bindi, che sapevo allora piuttosto bisognoso di levar di mezzo certe sue passività, ed io era uomo corrente negli affari, e il Bindi lo sapeva; di modo che non doveva dispiacergli di trattare con me.

A farla breve, con la semplice intromissione di un mio computista, Angiolo Molinelli, che riferì al Bindi alcune mie parole, si fece subito la pace con lui: ma invece dello stabile N° 68, che era fino allora oggetto delle trattative, si convenne per quello attuale, più ampio, più adatto al mio bisogno.

Svegliatomi il primo giorno del gennajo 1864, io rivolsi la mente a tre argomenti importanti:

1° alla famiglia, cioè ai figli, allora di undici anni il maggiore, e di nove e mezzo il minore, Piero e Luigi;

2° all'incremento degli affari, giacchè mi ero aggravato di spesa coll'acquisto della casa;

3° al riattamento della medesima ed alla fabbricazione del locale della Stamperia.

Pieno di vigore, con le faccende che andavano a gonfie vele, io pensai per la prima cosa, appena terminato il grosso del verno, di collocare i due miei figli nell'Istituto Svizzero in Firenze, ove difatti entrarono il 1° di marzo 1864. A un istituto fiorentino preferii quello svizzero, sperando, non invano, che alla istruzione andasse congiunta una certa educazione virile e morale, che non era facile a quei dì trovar nelle scuole paesane, ove se poteva lodarsi il modo d'insegnare la letteratura italiana e latina, non così era abbastanza lodevole la disciplina, alquanto fiacca. Oltre di ciò, non era egualmente agevole l'apprendere altrove le lingue, che formavano il principale vantaggio dell'Istituto Svizzero di Firenze; che il francese, il tedesco e l'inglese là s'imparavano con minore difficoltà per essere quell'Istituto frequentato da stranieri di ogni paese, specialmente da Svizzeri, che parlavano la lingua francese correntemente, ed era questa la lingua con la quale si faceva nella scuola l'intero insegnamento. Condotti da me a scuola il 1° di marzo 1864, con mia soddisfazione la frequentarono assiduamente fino al 1871.

Allogati in questa maniera i miei due figli, rivolsi l'animo alle faccende di Stamperia. Ne vedevo il naturale incremento; ma questo anzichè lasciarmi contento, mi eccitò maggiormente a studiare più da presso i progressi dell'arte nostra fuori d'Italia, che qui avevo già conseguita la riputazione di valente tipografo e d'intelligente editore. Questi elogi, derivati più dalla bontà de' miei colleghi che dal merito mio, mi spinsero a visitare i principali stabilimenti tipografici di Francoforte, di Lipsia, di Berlino, di Londra e Parigi. Fui anche a Carlsruhe, espressamente per vedere il signor Hasperg e il suo laboratorio di stereotipia, in quanto che con ragione lo dicevano il più abile stereotipo di Germania.

Dovendo intraprendere un viaggio assai lungo e dispendioso, e trovandomi, come ho già detto, in condizioni liete sotto ogni aspetto, diedi ascolto ad una voce interiore, che mi suggeriva un atto buono a vantaggio di un mio emulo nell'arte, un atto per me di molta soddisfazione, che mi avrebbe dato il modo di accostare il più gran letterato del nostro tempo, Alessandro Manzoni.

Felice Le Monnier da più di dieci anni sosteneva una causa mossagli dal Manzoni per aver ristampato il celebre romanzo *I Promessi Sposi*. Io posso assicurare che il Le Monnier, confortato dal parere di valenti avvocati toscani, credeva che le opere che avevano veduto la luce anteriormente alla promulgazione, che seguì nel 1840, della legge italiana su la proprietà, non potessero invocar quella legge. Il Manzoni sostenne che la legge suddetta proteggeva le opere tutte, solo non puniva le stampe fatte avanti il 1840, e che queste non si potessero più ristampare senza incorrer nelle pene pecuniarie sancite da quella.

Più degli avvocati e dei tribunali, il Manzoni aveva studiato da sè quella legge, e in dieci anni aveva meditato e svolto le ragioni, che lo facevano pensare in quel modo suo; cosicchè egli veniva per tal modo illuminando la mente degli avvocati e dei giudici, sia con lettere e discorsi avuti col suo difensore, avvocato Giuseppe Panattoni, sia con qualche suo scritto che mandò alla stampa, uno dei quali era diretto all'avvocato Girolamo Boccardo di Genova, che fu l'ultimo difensore del Le Monnier.

Questa contesa, nuova per l'Italia, e che in su le prime non destò grande interesse, durava da più di dieci anni. Il Manzoni vinse sempre nei diversi tribunali, a cui dovette ricorrere. Gli rimaneva soltanto da far giudicare la somma che aveva diritto di pretendere dal Le Monnier pel rifacimento dei danni derivati dalla stampa e ristampa dei *Promessi Sposi* in quel periodo non breve, che aveva durato la contesa. Consigliato da gente inclinata o interessata all'esagerare, il Manzoni chiedeva nientemeno che 150 mila lire d'indennità. Il Le Monnier, colpito da tante condanne in diversi tribunali, aggravato da spese enormi nel pagare i suoi difensori, che furono diversi e non dei più discreti, ne rimase sconcertato. Le sue faccende andavano bene, ma una scossa stragrande come quella non l'avrebbe potuta sopportare con indifferenza. Egli sempre ardimentoso, sempre fidente nella propria stella, dopo aver avuto vari e continui trionfi nella sua carriera di editore, era divenuto pensieroso, melanconico, perplesso.

In questo stato di cose io pensai di offrire al Le Monnier la mia mediazione tra lui e il Manzoni. Io era abbastanza indipendente per offrire il mio ajuto al Le Monnier; ero stato suo commesso quattordici anni, avevo veduto nascere la questione dei *Promessi Sposi*, ne conoscevo tutto l'andamento. Emulo suo nell'arte, la mia parola in questo caso pareva che dovesse essere ascoltata con speciale fiducia dal Manzoni, animo nobile, elevato, candido.

Su le prime il Le Monnier non accettò; poi, consigliato da qualche amico suo, venne egli stesso a ringraziarmi del gentile pensiero, a farmi sentire che aveva fiducia nel mio tentativo, che gli pareva sotto più aspetti opportuno, e mi consegnò per Alessandro Manzoni una lettera aperta, che qui posso riferire, perchè ne tenni copia.

Firenze. 7 marzo 1864.

Chiarissimo Signore,
Il signor G. Barbèra con squisita gentilezza mi si è offerto per un ten-

tativo di composizione con la Signoria Vostra nella dolorosa Causa che si agita oggi per la determinazione de' danni che le possa aver cagionati la ristampa de' *Promessi Sposi*; ed io non solo accetto volentieri l'amichevole offerta del signor Barbèra, ma gli do piena facoltà di devenire ad un accordo con V. S., rimettendomene interamente a lui, che per l'antico legame che ci stringe, e per poter egli testimoniare della buona fede con la quale io sono caduto in fallo, è più di chiunque altro adattato a rappresentare le parti di paciere.

Nella ferma speranza che egli possa riuscire nel suo intento, ho l'onore di presentare a V. S. Chiarissima i miei distinti ossequi, e me Le dichiaro col massimo rispetto

umiliss. Servitore
FELICE LE MONNIER.

Giova ricordare che questa vertenza tra il Manzoni e il Le Monnier naturalmente era venuta in uggia ai librai, allora non troppo teneri della proprietà letteraria; e neppure ai letterati piaceva, massime dopo che si seppe l'enorme somma che il Manzoni, istigato, chiedeva per il rifacimento dei danni avuti per le ristampe fatte dal Le Monnier; cosicchè mi fu agevole ottenere e da Massimo D'Azeglio e da Niccolò Tommasèo una loro lettera d'introduzione al Manzoni, perchè mi ricevesse come paciere, e volesse agevolarmi nelle trattative. Ecco queste lettere.

Pisa, 5 marzo 1864.

Caro Papà,

Il signor Barbèra, incaricatosi del benefico ufficio di *paciere* fra te e Le Monnier, spera che vorrai anche te accettarlo a questo titolo. Tu certamente lo conosci, se non altrimenti, di nome, e quindi è forse inutile la presentazione. Ciò nondimeno te lo presento, te lo raccomando; ed auguro ad ambedue che l'accordo si conduca a buon fine.

Tuo di cuore
M. D'AZEGLIO.

Questa lettera mi era accompagnata dall'Azeglio con un biglietto che credo a proposito di riferire.

Pisa, 5 marzo 1864.
Signor Barbèra gentilissimo.
Le auguro buon successo nel suo arduo mestiere di far combaciare 15 con 150.
Altro che bottiglia! Ella m'ha mandato una cassa! Bisogna che mi consideri come suo debitore; e son felice d'esserlo, essendo il vino veramente ottimo.[1]
Le auguro buon viaggio, e mi creda

suo devotissimo
M. D'AZEGLIO.

Ecco ora la lettera del Tommasèo.

Firenze, 6 marzo 1864.
Riveritissimo e caro Don Alessandro,
Ella non s'aspetta da me questa lettera, nè che gliela porti il signor Barbèra piemontese, editore in Firenze, noto del resto a Lei per averle col mezzo del signor M. D'Azeglio onoratamente chiesto di far servire le sue stampe a quello che non romanzo e non libro, ma è opera che non potrà *edax abolere vetustas*. E questo latino mi conduce subito nel bel mezzo della materia, giacchè si tratta di mangerie di editori, delle quali Ella a ragione si dolse, nè altri poteva rivendicare i diritti dell'ingegno con più autorità. Ma quando Ella saprà che il punito sarebbe dalla gravità della pena fatto impotente a scontare essa pena, non Le farà di bisogno riconoscere che l'indulgenza può rendere il risarcimento meno inadeguato di quel che potrebbe la stretta giustizia, non Le farà di bisogno sapere cotesto per usare indulgenza, e per adoprare la potenza del nome e della virtù, acciocchè gli altri l'usino, s'altri è sottentrato ne' diritti di Lei. Ella accolga il signor Barbèra non come mediatore de' soliti, ma come intercessore degno d'essere ascoltato da Lei; essendoché la rivalità per lunghi anni corsa fra lui e il signor Le Monnier rende la spontanea profferta d'intromissione non immeritevole d'esser numerata tra le opere pie e generose. E io, poveretto, che del signor Le Monnier non ho

---

[1] Accenna ad alcune bottiglie di vino di Macon, che gli mandai in dono, avendomi egli detto che a Pisa beveva male.

da lodarmi gran cosa, ardisco anch'io soggiungere, tuttochè superflua, la mia preghiera non meno fervente degli auguri che fo d'ogni consolazione alla benedetta sua vita.

Sempre più suo affez. obbl.
TOMMASÈO.

E con questo bell'involtino di lettere, tutto giulivo dell'onorevole incarico avuto, che doveva per la prima volta pormi a contatto col maggior letterato italiano dei nostri tempi, io partii per Milano, ove arrivai il giorno 8 di marzo.

Sentivo tutta l'importanza della mia missione, e cercavo di adempierla scrupolosamente. Pensai di recarmi subito a trovare il signor Francesco Ambrosoli, l'autore del *Manuale di Letteratura*, per consigliarmi con lui sul modo d'introdurmi presso il Manzoni. L'Ambrosoli mi suggerì di lasciare a lui le lettere del Tommaseo, del D'Azeglio e del Le Monnier; egli le avrebbe date a persona famigliare di casa Manzoni, e nella stessa giornata mi avrebbe saputo dire l'ora del ricevimento. Infatti ecco ciò che egli mi scrisse.

9 marzo 1864.

Pregiatissimo Signore, Le sue lettere saranno consegnate questa sera a Don Pietro, figlio di Alessandro Manzoni. È necessario parlare primamente col figlio, al quale Ella potrà presentarsi domani. L'amico, a cui ho dato questo incarico, crede che Don Pietro potrà essere trovato in casa dalle ore 11 ½ alle 12.

Devotissimo suo
AMBROSOLI.

Intanto dall'Ambrosoli seppi alcuni particolari sul Manzoni e i suoi due figli e su la ristretta società che frequentava quella casa. Egli non rifiniva dal lodare le virtù veramente rare di Don Alessandro, ma molto dissimili erano i suoi giudizi sopra i figli di lui, e su coloro che consigliavano il Manzoni in questa lunga questione col Le Monnier; ma non alludeva a quella società eletta che frequentava casa Manzoni, come il Rossari, il Ratti e pochi altri, gente degnissima di ossequio, bensì al tipografo Redaelli, uomo alquanto torbido, ch'era uscito dalla Polizia austriaca, e ne aveva le sembianze. Mi accennò a Pietro e ad un altro figlio anch'esso ammogliato. Di questo non volle parlare, giacchè ne parlava troppo il pubblico milanese, e con giustizia; di Pietro, redento dopo il suo matrimonio con una ballerina di teatro, parlava con riguardo. Ma ci volle una ballerina (la signora Angiolina, buona e garbata donna, che aveva amore e riverenza grandissima al vecchio papà Manzoni) per recar in casa un po' d'ordine e di buon accordo.

Mi raccontava l'Ambrosoli che di questa vita sregolata dei figli gli amici del Manzoni lo avvertirono più volte, ed egli a risponder loro: "Lo so: li ho ammoniti già due volte;" e lì troncava il discorso, o parlava d'altro, o seguitava i suoi lavori, o riprendeva le sue letture.

Venuto il mattino del giorno 10 di marzo, alle 11 e mezzo eccomi all'uscio di casa Manzoni. Chiedo del signor Pietro: mi riceve in modo cortese, ma circospetto. Al vederlo mi fece l'effetto di un uomo alla buona. Arieggiava a chi si occupa di faccende di campagna; alto, grosso, ben pasciuto, nulla aveva di suo padre. Gli parlo della mia missione, e dopo un dieci minuti mi fa passare da Don Alessandro. A questo punto convien che io confessi che provai in me una massima confusione, mista di contentezza; come quando, alcuni anni dopo, (e lo racconterò a suo luogo) mi presentai al cospetto di Vittorio Emanuele, mio re.

Eravamo in una stanza terrena, circondata tutta di scaffali pieni di libri; pareva la stanza di un legale. Gli scaffali erano di noce, come si usa molto in Lombardia, ed avevano le vetrine. Due finestre mettevano sopra un giardino non grande con gli alberelli ancora sfrondati di foglie. Nel mezzo d'una parete eravi un caminetto non molto acceso.

Il Manzoni mi accolse benissimo, ma con un certo riserbo, molto naturale. Disse che desiderava conoscere tutta la verità; ed a quella si arrenderebbe facilmente. Ignorare egli questa sorta d'affari; l'indennità chiesta era una cifra suggerita dal suo editore Redaelli; mi avrebbe fatto parlare con lui, e se vi fosse da scemare dalla chiesta, scemerebbe volentieri, non desiderando egli di commettere ingiustizia neanche con chi aveva recato danno per sì lungo tempo agl'interessi della sua famiglia.

Questo colloquio da solo a solo durò un'ora. Fatto chiamare il Redaelli, che era nella stanza accanto col signor Pietro, in presenza di tutti e tre (Alessandro Manzoni, Pietro suo figlio e Redaelli editore) dissi sul mio onore che il Le Monnier, in quel periodo d'anni che durò la lite, aveva venduto 24 mila esemplari della edizione dei

Promessi Sposi, e il guadagno doveva su per giù essere di 24 mila lire ("se sbaglio nella cifra del guadagno," soggiunsi, "il signor Redaelli tipografo ed editore è pregato di correggermi"); che il frutto di queste 24 mila lire, rimaste in mano del Le Monnier in media sei anni, potevasi calcolare un sei mila lire: cosicchè la somma di 30 mila lire parevami il giusto compenso che il Le Monnier dovesse dare all'Autore dei *Promessi Sposi*.

Questa seconda parte del primo colloquio con il Manzoni durò un pajo d'ore. Quei signori mi parve che rimanessero un po' scossi dalle mie osservazioni e da' miei calcoli. Dissero che avrebbero fatto le loro riflessioni, e si fissò di rivederci il giorno dopo alle 11. Congedatomi col massimo rispetto da Alessandro Manzoni, egli mi porse la mano; io feci atto di baciarla, ma egli non lo permise.

Telegrafai subito in Firenze al Le Monnier la buona accoglienza e la speranza di trovar un punto equo, su cui basare l'accomodamento di ogni vertenza.

Il giorno dopo, esatto come il riscotitore di una cambiale, mi trovai nella stanza terrena col Manzoni, che stava attizzando il focherello del caminetto; non v'era nè il signor Pietro, nè l'editore Redaelli. Li aspettammo. Intanto Don Alessandro discorre di tutt'altro fuorchè della vertenza col Le Monnier: rammenta Firenze e i letterati più celebri; parla del Piemonte e dei Piemontesi con entusiasmo. Ricorda il detto di un sergente piemontese, che nell'istruire i soldati uscì in queste parole: « 'l regolament a dis d'ciamé *bi-gon-ciolo* 'l seber; ma as' ciamrà sempre *seber*, sempre *seber*. »[2] E pronunziava il piemontese con accento vero. Non è a dire quanto il Manzoni ridesse nel fare questo breve racconto, che si riferiva a un discorso precedentemente avviato su la lingua parlata, suo tèma favorito.

Nel discorrere di Napoleone I disse ricordarsi allorquando egli stava per arrivare a Milano, condottiero dell'esercito francese in Italia. Domandato chi fosse il comandante di quell'esercito, gli fu risposto: – *Un certo Napoleone Bonaparte*. – E lo stesso modo di dire veggo da lui adoperato molt'anni dipoi, scrivendo la prima sua lettera a Giuseppe Giusti: « Quando uno, per farmi un regalo, mi dette la prima volta a leggere de' versi d'*un certo* Giusti ec. »[3] Non avendo lì

---

[2] "Il regolamento prescrive di chiamare *bigonciuolo* il *seber*; ma si chiamerà sempre *seber*, sempre *seber*. " (*F.*)

[3] Lettera dell'8 novembre 1843.

per lì preso ricordo di questa geniale conversazione, non posso trarre dalla memoria null'altro se non il fin qui riferito.

Arrivano il sor Pietro e il Redaelli. S'intavola il discorso dell'indennità: il Manzoni tace, s'avvicina di più al focherello, armato di molle e di pezzetti di carta per ravvivarlo. Il sor Pietro, come un Giurì, o Presidente di Tribunale, Redaelli, come un Pubblico Ministero, mi fanno sentire che per riguardo mio e per riguardo alle lettere di cui ero latore allo scopo di comporre amichevolmente la vertenza, era stato deciso di portare la cifra del compenso per i danni sofferti da Alessandro Manzoni nella ristampa dei *Promessi Sposi* fatta da Le Monnier, a 40 mila lire: 10 mila da pagarsi all'atto del contratto; il resto, due mila lire al mese, pagando un frutto a scaletta del 6%. Non stimavano necessaria una discussione sul tema del componimento: accettare o sciogliersi.

Io telegrafo il risultato di questo convegno al Le Monnier nel modo più esatto e perentorio. Il signor Le Monnier, che aveva scritto quella lettera al Manzoni pochi giorni prima, ispirata da molta fiducia in me, udito che da 150 mila, io aveva fatto scendere l'avversario a 40 mila, a un tratto riprese lena, e in modo assoluto, ancor più che il telegrafo esiga, manda un dispaccio con l'offerta di sole 25 mila lire.

Alla sera stessa, verso le 7 ½, eccomi in casa Manzoni a cercare del signor Pietro. Con lui, in una stanza al primo piano, mi trattengo a discorrere della proposta del Le Monnier; deploro che siamo ancora discosti di lire 15 mila; e dico tutto quello che so e posso per far scendere ancora uno scalino a Don Alessandro, o per meglio dire a Don Pietro.

Seppi poi che dietro ad una bussola della stanza, ove io era in colloquio col signor Pietro, ci stava ascoltando Don Alessandro, il quale ebbe poi a dire, dopo che fui partito, che era stato sorpreso dello zelo con cui trattavo la conciliazione. Ciò mi ridisse il signor Pietro il giorno dopo, e ciò valse a smuovere ancora un'ultima volta le pretese del Manzoni.

La mattina del giorno 11, poco prima del mezzogiorno, eccomi alla presenza di Don Alessandro, alquanto irrequieto della durezza del Le Monnier, il quale, anzichè conciliare, mandava telegrammi imperatorii dietro consiglio de' suoi amici legali.

Da paciere ed arbitro io era in un batter d'occhio divenuto il commesso del Le Monnier. Il Manzoni s'avvede di questo rigiro, e mi dice alquanto risentito: – "Scusi, signor Barbèra, che plenipotenziario è Lei? La lettera del signor Le Monnier dice che Ella ha facoltà di fissare la indennità con me, e poi vedo che ora le lega le mani con telegrammi!" – Rispondo io: "Don Alessandro, il suo risentimento è giusto; vedo anch'io che il signor Le Monnier mi muta la parte. Ebbene, facciamo venire un legale che vegga se è in regola la lettera del Le Monnier, colla quale egli m'investe della facoltà di trattare con V.S. per l'indennità, e, se è in regola, io sottoscrivo l'accordo di pagare lire 34,000, le spese legali a carico di ciascuna parte."

"Pietro (dice Don Alessandro), va' a chiamare il procuratore....... che venga qui."

Partito il sor Pietro, ed assentatosi Don Alessandro un istante dalla stanza a terreno ove eravamo a discorrere, egli nel far ritorno mi disse: "Senta, Barbèra, il procuratore sarà inutile che venga. Io ho riflettuto che l'accomodamento, che si è or ora detto, non si può fare; io so ch'Ella farebbe cosa contraria alla volontà del Le Monnier, epperciò sarebbe per me una cosa non liscia. Sospendiamo tutto. Non si faccia più nulla di questa conciliazione. Sciogliamo le trattative, e lasciamo andare le cose per il loro corso."

Esco di casa Manzoni, corro al telegrafo, e mando al Le Monnier un dispaccio così concepito: « *Manzoni mi ha lasciato partire. Redaelli dice che con 34 mila lire l'affare è ancora accomodabile. Sono dolente della sua durezza. Con 34 mila lire tutto finisce bene. Confido Ella considererà posizione mia. Aspetto risposta con la valigia chiusa.* » Ecco la risposta che ricevo due ore dopo: « *Non durezza, convinzione circa il giusto. Insisto nell'offerta (sempre 25 mila). Pagamento a contanti tutto in una volta alla stipulazione del contratto.* – LE MONNIER. »

Ricevuto questo telegramma, io parto per Torino, diretto alla volta di Ginevra e Francoforte. Trascorsero pochi giorni, e una lettera del Le Monnier mi raggiunse in viaggio. In essa egli mostrava dispiacere che io fossi partito da Milano senza concludere col Manzoni, e mostrava un qualche rincrescimento della sua insistenza su l'offerta di 25 mila lire. Anche per mostrare come un Francese sia giunto a scrivere con tanto garbo l'italiano, voglio recare qui per intero la lettera del signor Le Monnier.

Firenze, 15 marzo 1864.

Carissimo signor Barbèra,

Debbo confessarlo? Aspettavo una sua lettera da Milano o da Torino; e doppiamente mi rincresce di non averla ricevuta, perch'Ella m'avrebbe scritta qualche particolarità che il laconismo de' dispacci non comportava, e che avrebbe potuto influire sopra una mia determinazione definitiva; e perchè il suo silenzio mi lascia sospettare ch'Ella abbia voluta farmi sentire che avrei dovuto abbandonarmi del tutto a Lei e lasciarla fare. Desidero ingannarmi. Il fatto è però che se, invece di trattare col mezzo di dispacci, avessimo avuto l'agio di scriverci una volta o due, ovvero io avessi potuto dare una corsa a Milano, come me ne era balenato il pensiero, chi sa che non avessimo potuto trovare lì per lì il punto di un accordo? Ma io sono stato inchiodato qui; e poi il dover rispondere sul momento a un dispaccio non lascia lo spirito libero da preoccupazioni.

Comunque sia, Le rinnovo i miei cordiali ringraziamenti per l'impegno amichevole ch'Ella ha portato in questo mio affare; e se, come non ne depongo la speranza, potrò con un accomodamento prevenire la sentenza del tribunale, avrò sempre con Lei l'obbligo dell'iniziativa presa, dispiacentissimo che i suoi affari non Le abbiano permesso di restare qualche giorno dì più a Milano per compire l'opera incominciata.

Le auguro felice prosecozione del suo viaggio, e la prego di gradire una cordiale stretta di mano dal suo

affez. Amico
FEL. LE MONNIER.

Risposi al Le Monnier da Francoforte, consigliandolo a recarsi a Milano per trattare personalmente l'accomodamento. Egli vi si recò infatti, e concluse, alle precise condizioni che avevo ottenute io, il patto con Alessandro Manzoni. Ecco le due lettere, l'una del Le Monnier e l'altra del Manzoni, con le quali mi si annunziava questa conclusione. La seconda veramente me la scrisse il signor Pietro; ma egli esprimeva i sentimenti di Don Alessandro, e chi sa che non la dettasse il padre. Per ordine di data, devo recare prima la lettera del Le Monnier.

Milano, 2 aprile 1864.

Carissimo signor Barbèra,

Prima di lasciar Milano, voglio scriverle due righe, perch'Ella sappia da me che ho terminato dianzi l'affare Manzoni.

Dopo aver ben riflettuto a quanto Ella mi scriveva da Francoforte, mi sono deciso a venir da me, giacchè ad ogni modo la mia presenza sarebbe stata necessaria per la stipulazione del contratto.

Ho accettato la cifra di 34,000 lire, pagamento 20,000 fine corrente; le altre 14,000 in due rate fine marzo e fine settembre 1865, senza frutto.

Ad ogni modo volevo uscirne, e benchè le condizioni siano gravose assai più di quel che dapprima avevo creduto, mi sono rassegnato.

Ripeto che Le sarò sempre grato delle premure ch'Ella si è prese per questo affare, e della offerta rinnovata di venir di nuovo a Milano per riprendere le trattative e terminarle.

A rivederci a Firenze. Faccia buon viaggio, e mi abbia sempre per

suo affezionatissimo
Fel. Le Monnier.

Milano, 8 aprile 1864.

Pregiatissimo signor Barbèra,

Voglio sperare che le poche righe che le scrivo di volo la troveranno ancora a Parigi.

Io stava scrivendole in risposta alla pregiatissima sua di Berlino per ragguagliarla dei vari passi fatti dal signor Le Monnier presso persone di qui onde cercare di ottenere condizioni assai diverse da quelle su le quali ci eravamo intesi con Lei, condizioni su le quali mio Padre fu sempre irremovibile, come Ella può ben pensare, molto più che s'era ripetutamente risposto che, se si era scesi ad una cifra tanto minima, era stato in gran parte per un riguardo speciale verso il signor Barbèra che s'era con tanto cuore impegnato a voler vedere finite queste pendenze.

L'altro giorno capitò a Milano il signor Le Monnier stesso. Molto e con molti si discusse, e jeri finalmente si conchiuse in via perfettamente legale la convenzione per la transazione, della quale credo mio dovere darle in succinto conoscenza.

Viene transativamente assicurata la somma di L 34,000, L. 20,000 al 30 corrente, 7,000 al 31 marzo e 7,000 al 30 settembre 1865. Rilasciate tre obbligazioni cambiarie per le dette somme ed epoche ec. ec.

In caso di ritardo al pagamento di qualunque delle tre scadenze, viene ritenuta come nulla e non avvenuta la transazione, e proseguirebbe la lite per la liquidazione giudiziale dei danni, e i pagamenti già riscossi sarebbero ritenuti come acconti sul danno che venisse giudizialmente determinato, con esplicita dichiarazione che la somma accettata per amore della pace in questa transazione è lontana dal rappresentare le legittime pretese esposte in lite dal danneggiato ec. ec. su le quali dichiara che dovrebbe insistere. Le spese fiscali, dietro specifica del signor avvocato Panattoni, a carico del signor Le Monnier, come pure tutte le

spese relative alla convenzione, tasse, bolli ec. ec.
Il signor cav. Le Monnier dichiara sul proprio onore di non possedere esemplari, nè lastre, nè di proseguire ec. ec.
Eccole, o Signore, malamente scarabocchiate le principali condizioni della fatta convenzione, per la quale, come Ella vede, se non abbiamo avuto la fortuna di averla come attore, ci siamo però strettamente attenuti alle intelligenze fatte con Lei.

Mio Padre ed io saremmo ben dolenti che il suo passaggio da Milano non dovesse aver luogo per aver noi in sua assenza celebrata una pace che è dovuta alla cordiale sua iniziativa. Speriamo dunque di aver presto il piacere di vederla; a ogni modo però la prego a voler gradire coi nostri vivissimi ringraziamenti l'espressione dei sentimenti di stima e considerazione, coi quali ho l'onore di dirmi di lei, pregiatissimo Signore,

obb. Servo
PIER LUIGI MANZONI.

L'invito cortese del Manzoni di rivedermi a Milano mi lusingava molto; però me ne astenni pensatamente e con qualche rincrescimento, sembrandomi che andassi a ricevere i ringraziamenti a voce da un tant'uomo. Onde nello scrivere al signor Pietro addussi il motivo di ritornare rapidamente in seno alla famiglia dopo un'assenza di più d'un mese.

Ebbi la sorte di riveder pochi mesi dopo in Firenze Don Alessandro. Il 10 di giugno 1864 attraversavo la piazza del Duomo. Davanti alla porta del Ghiberti, dirimpetto alla facciata del Duomo, vedo il professore Giambattista Giorgini; e nel salutarlo mi accorgo che v'era lì accanto, con un cappello che gli copriva tutta la fronte, Alessandro Manzoni in ammirazione dell'opera del Ghiberti. Faccio riverenza a Don Alessandro; egli mi saluta come un'antica conoscenza, e dopo poche parole mi domanda se io so indicargli l'abitazione di Niccolò Tommasèo. – "Se si contenta, avrò l'onore di condurvela io stesso." Con un leggero inchino, accompagnato da un sorriso, il Manzoni mi fa intendere che accetta l'offerta.

Niccolò Tommasèo abitava in Lung'Arno, discosto di poco dal Ponte alle Grazie, ove oggi si vede una lapide che ricorda la sua dimora. Con Don Alessandro, il Giorgini e la signora Angiolina, moglie del figlio Pietro, ci avviamo per via Calzajuoli in piazza della Signoria. Dirimpetto a Palazzo Vecchio il Manzoni si ferma a un tratto, e col capo alzato verso il balcone dice: "Si potrebbe vedere la sala ove l'Assemblea Toscana votò l'annessione?" Il Giorgini risponde di sì, e ci avviamo su per lo scalone. Inutile! Trovatala chiusa, e non essendovi lì per lì chi teneva le chiavi, suggerisce il Giorgini di salire un altro piano: "Papà (così chiamavano quei di famiglia Don Alessandro), se ti senti in gamba, quassù v'è un balcone donde si può vedere benissimo la sala, ma vi sono ancora quattro scale da fare." – "Ebbene, facciamole," rispose Don Alessandro.

Osservata la sala con tacita ammirazione, ci moviamo di là, e si riscende le scale fatte. Giunto al primo piano, domanda il Manzoni: "Ov'è il passaggio per cui da Pitti il Granduca veniva qua?" Rispondo: "È cotesto costì; vuole entrarvi? Si passa per la Galleria sopra gli Uffizi."

Sonato un campanello, l'uscio ci viene aperto. Don Alessandro percorre tutte le sale senza far parola. Vede però di quando in quando cartellini appesi, ove manca un quadro, e legge: *Copiasi*. Egli nota: "Se s'avesse a parlare, si direbbe *Si copia*, ma, scrivendo, è un altro affare; si deve scrivere *Copiasi*. Se gl'Italiani, o almeno i Toscani, si persuadessero d'intingere la penna in bocca anzichè nel calamajo!!"

Dopo avere percorso per lo spazio d'un'ora varie sale della Galleria, il Manzoni manifestò una gran debolezza alle gambe, e m'invitò a procurargli una carrozza per il breve tragitto che rimaneva ancora a fare per andare alla casa del Tommasèo. Ben inteso, fu subito ubbidito; e, scesi dalla Galleria e saliti nella carrozza, Don Alessandro, Giorgini, la signora Angiolina ed io, in un attimo fummo alla presenza del Tommasèo, tutto confuso dell'onore che il Manzoni gli faceva. A questa visita appunto il Tommasèo accenna con le seguenti sue parole:

> L'ultima volta ch'io lo vidi (il Manzoni) in Firenze, e egli consolava di visita pia il vecchio quasi cieco, e faceva sentire la cara sua voce in quella stanza ove langue da anni la povera compagna della mia povera vita, intanto che gli altri, venuti seco, stavano discorrendo tra sè, noi due parlando piano, ma non sì che gli astanti non potessero udire volendo, si venne a questa del progresso negli ordini della pubblica vita. Egli allora, con quell'antiveggenza arditissima dell'avvenire, che gli era ispirata dallo studio delle passate cose sereno, appariva in quel punto l'artista

dipintore e di Don Abbondio e del Cardinale, e diceva: – Gli uomini che consumano un moto civile, pervenuti a quel punto della salita che par comodo a loro, senza riguardare se altra salita vi sia, possibile o necessaria, s'arrestano su quel ripiano, esclamando: *Fermiamoci qui*. – Non soggiunse comenti in parole; ma io avevo allora tuttavia tanta luce da discernere il gesto che le parole illustrava; e il gesto almeno potevano gli astanti scorgere, ponendoci mente. Era l'atto di chi s'avvede che la fermata non sarà a tutti comoda, ma pur vuole sedersi, e fa delle gomita dall'una parte e dall'altra appuntate laborioso sostegno per non si muovere e per non cadere, come chi tenta i bracciuoli d'un seggiolone mal sicuro, nella troppa sicurtà diffidando non sai se del seggiolone o delle gomita circostanti o di sè. Appare chiaro ch'egli intendesse, come anche questa del secolo decimonono fosse, a somiglianza delle altre, una tappa; ma non assicurava a'suoi posteri che, volendo fuor di tempo e con gambe fiacche montare, non capitombolerebbero ne' ripiani di giù.[4]

Io non ebbi la fortuna di udire quelle sapienti parole dette dal Manzoni a Niccolò Tommasèo, perchè credetti mio dovere di licenziarmi giunti che fummo in quella casa, parendomi buona educazione di lasciarli liberi a parlar tra loro; e da quel punto non rividi mai più Don Alessandro. È noto ch'egli, nato a Milano il 7 marzo 1785, ivi morì alle 6 della sera del 22 maggio 1873 dopo una lunga e penosa agonia, e ch'ebbe onori funebri col concorso spontaneo di tutta Italia. Il maestro Verdi scrisse in occasione della morte del grand'uomo una messa funebre, che, eseguita nella chiesa di Sant'Ambrogio in Milano per il primo anniversario dalla morte, ebbe molti e straordinari applausi.

Molto tempo dopo, trovatomi in colloquio col marchese Gino Capponi, e venuto a discorrere del Manzoni, egli mi disse che nel 64, quando gli parlò l'ultima volta, aveva avuto indizi che de' suoi versi non amava udir parlare; poichè nella conversazione essendo avvenuto al Capponi di citare alcuni versi di lui, il Manzoni s'imbroncì, e borbottando cambiò seggiola, scostandosi, come per non voler udire quella citazione.

Della soddisfazione che provava per la caduta del potere temporale non faceva mistero a nessuno che gliene parlasse; anzi pare (così mi

---

[4] *Archivio storico*, 3ª Dispensa del 1873, pag. 544 e seg.

narrò il Capponi) che dopo l'entrata di Porta Pia, e dopo essere stato fatto cittadino romano, avesse gran voglia di recarsi a Roma, e ce ne volle per trattenerlo. Ognuno ricorda la lettera che scrisse in quell'occasione al Sindaco di Roma.

Queste è il poco che so, e che non sia stato ricordato dai suoi biografi, intorno ad Alessandro Manzoni. Ora riprendo a dire del mio viaggio da Torino a Ginevra, e da questa città a traverso la Germania sino a Berlino, poi di là a Londra e a Parigi.

Passando da Torino per recarmi a Ginevra ed a Carlsruhe, mi trattenni nella mia città nativa poco più di un giorno. Visitai il Parlamento, che era nel palazzo Carignano, strinsi la mano a vari amici toscani e piemontesi, lombardi e veneti, che erano deputati; uno dei quali fu Valentino Pasini da Schio, che avevo conosciuto in Firenze nel 1859, e ricordo di avergli stampato alcuni scritti politici che rivedevano le bucce all'amministrazione dell'Austria nella Venezia; la quale amministrazione egli censurava acerbamente e con cognizione di causa.

Il Pasini aveva ingegno molto destro e vivace; era valente in ogni parte che si riferisca alla politica; in missioni diplomatiche servì la sua Venezia e l'Italia con intelligenza e con affetto. Non solo colla persona, ma colla penna si adoperava utilmente per il suo paese; scriveva in giornali italiani e stranieri, e preparava Memorie a schiarimento delle cose politiche d'Italia da inviare a Ministri di corti estere, dettate con senno e con efficacia. Fu patriotta sincero ed illuminato, specialmente in cose attinenti a finanza; materia non famigliare agli uomini che allora allora entravano nell'arena politica. Nella guisa stessa del Gioberti, del Farini, del Cavour e del D'Azeglio, le cure e più gli affanni per le sorti allora incerte della sua patria gli logorarono innanzi tempo la vita. Era nato a Schio il 23 settembre 1806. Nel 1827 si addottorava in legge a Padova. A Torino, il 18 marzo 1864 cadde ammalato; il 4 aprile alle 11 antimeridiane era già cadavere, pochi giorni prima che fosse votata la legge su la perequazione fondiaria, per la quale il Pasini s'era tanto affaticato. Invitato da Lodovico, fratello di Valentino, Ruggero Bonghi scrisse un libro, nel quale la Vita del Pasini e la storia di Venezia sono narrate con fedeltà e coll'appoggio di documenti sinceri e da potersi consultare in ogni tempo da chi s'interessa della storia patria contemporanea.

Trovandomi a Torino volli fare una visita alla stamperia che il Bonghi aveva in società con amici suoi politici, e la dirigeva egli stesso pubblicandovi il giornale politico *La Stampa* e il *Dizionario delle antichità greche e romane*, ch'egli con Giuseppe Del Re traduceva dal tedesco di A. Rich in italiano. Ma nè la stamperia, nè il giornale, nè la pubblicazione del Dizionario durarono a lungo. Il Bonghi volgeva la mente ad altre cose; egli divenne presto deputato, e dieci anni dopo Ministro dell'Istruzione pubblica.

Lo scopo che m'avevo prefisso nell'intraprendere il mio viaggio era di visitare le principalissime stamperie di Germania, Inghilterra e Francia, e di studiare sul luogo i congegni del loro commercio librario. A Ginevra mi fermai un giorno; di stamperie non vidi niente, perchè non mi pareva, sotto questo aspetto, città importante. Mi è sembrata città francese senza fisonomia propria. Mi ci trovai appunto in un giorno di vento così straordinario, così freddo e costante (chiamato dai Ginevrini *la bise*), che mi fece entrare il desiderio di proseguir subito il viaggio. Ebbi soltanto occasione di notare che a Ginevra i camerieri delle locande parevano più educati, più servizievoli e manierosi dei nostri, e che parlavano molto speditamente e in modo corretto diverse lingue.

Da Ginevra su, la via ferrata mi recai a Basilea, la cui architettura mi svagava assai. Trattenutomi poche ore nelle vicinanze della Stazione, ripresi la strada per Carlsruhe, ove ero diretto. In questa città dovevo visitare il signor Hasperg, che esercitava in modo mirabile l'arte di stereotipo. Carlsruhe mi fece un effetto curioso: strade pulitissime, diritte, ma deserte; al contrario di Basilea, che è punto di congiunzione con vari paesi commerciali. Nel trattenermi che feci a Basilea in aspettativa del treno, intesi da alcuni viaggiatori che ogni giorno di là partivano per Parigi vagoni pieni di costolette di montone o di vitella, belle e tagliate, ed accomodate in pezzi di carta frastagliata, in modo che non mancava altro che metterle al fuoco e servirle ai numerosi clienti dei caffè e delle trattorie di quella immensa città; come pure seppi che su le strade ferrate in Germania nei primi posti viaggiavano i principi e i signoroni soltanto, motivo per cui io era sempre solo nel mio primo posto elegantissimo. Da Basilea in poi volli prendere i secondi posti, ed allora sì che avevo anche troppa compagnia: stavamo pigiati e si soffocava; ma il Tedesco, pur di risparmiare, si contenta di un secondo posto.

Al signor Hasperg di Carlsruhe era stata annunziata la mia visita da alcuni miei amici di Francoforte. Fui quindi accolto benissimo non appena pronunziai il mio nome, senza tanti complimenti, ma con semplicità tedesca. Egli mi fece vedere e mi spiegò minutamente tutti i modi da lui adoperati nella preparazione della stereotipia; ed avendogli io mostrata una lastra, che avevo portato meco, ed era una pagina del *Dizionario inglese* di Roberts, mi disse che un lavoro più perfetto di quella stereotipia eseguita nel mio Laboratorio di Firenze, egli non avrebbe saputo fare.

Era questi un omino su i settant'anni, secchino, senza filo di barba, che rideva spesso e tranquillamente; dal viso e dagli atti mostrava molta bontà. Facemmo conversazione in francese, ch'egli parlava un po' stentatamente. Volle regalarmi il suo ritratto; poi con ambedue le mani mi strinse molto affettuosamente la mia, e così ci lasciammo. Non lo rividi più; egli morì di lì a pochi anni.

Lieto dell'approvazione di sì valente maestro, e impaziente di arrivare al mio quartier generale a Francoforte, ove speravo di trovar lettere della mia famiglia, fui sollecito di giungere alla ferrovia, che doveva condurmi al luogo bramato. Diversi giorni mi trattenni in quella città, visitando spesso la Fonderia Flinsch, della quale mi servivo per caratteri e per fregi tipografici; e visitai pure le principali stamperie. Quantunque fossi accompagnato da un commesso di Flinsch, non fu tanto agevole entrarvi, essendo esse estremamente gelose di lasciar vedere i lavori che stavano facendo. A vero dire, non le trovai molto occupate nello stampare opere in 8°, in 4°, in foglio, ma *Azioni, Cartelle, Buoni* per uso di Banca. Si vedeva che eravamo nella futura capitale della Germania *commerciale*.

Quei lavori che potei vedere mi apparivano stampati con molta cura e con molto gusto. Fino allora in Italia siffatti lavori non si eseguivano con tanta precisione e speditezza. Cotesti stampati avevano un fondo in colore e con sopra-colori; la carta aveva nella fiilograna stemmi o figure con numeri. Di lì a pochi anni cotesto genere di lavorazione si propagò pur troppo anche in Italia; e senza citare le stamperie dei privati, il laboratorio regio di carte-valori di Torino produce lavori molto accurati, come sarebbe il titolo della Rendita 5% del nostro Regno.

Francoforte è città molto vivace e molto piacevole. Nella parte esterna, subito dopo i Dazî, sorgono attorno attorno frequenti villini così eleganti, così di buon gusto, così incantevoli, che agguagliano, se non superano, i più splendidi villini che si vanno fabbricando in Italia, specialmente a Firenze, a Torino e a Milano. Sono dimore di ricchissimi banchieri e di industriali, i quali, dopo le ore di lavoro in città, vanno briosamente in comode carrozze fuori all'aria aperta, nelle loro incantevoli abitazioni, ove passano la serata in mezzo a società liete ed eleganti.

In quei giorni appunto che mi trattenni a Francoforte, avvenne il matrimonio di un amico mio, certo signor Mayer, che era direttore della Fonderia Flinsch. Fui invitato alla festa, non in casa di lui, ma ad un bell'albergo in città, con sale spaziose e bene addobbate. Pare che sia uso colà di celebrare tali feste fuori di casa propria, per chi non l'ha riccamente montata e spaziosa. Vi si riuniscono, oltre gli sposi, i parenti e gli amici. Cinquanta e più signore, una più bella dell'altra, tutte allegre, tutte abbigliate con vera eleganza, ma con semplicità. Dopo una lauta colazione, un po' di ballo e un po' di canto, sono mandate attorno chicche e bicchierini alti, con confetture di molte fogge e di varie qualità, e vini bianchi del Reno gustosissimi: erano in bottiglie col collo lungo e il vetro color granato, e a sturarle facevano gran scoppio. Io prendeva diletto assai a mirare quei visi tutti allegri, tutti espressivi di gioja. Mi ricordo di un uffiziale prussiano in uniforme, piccolo, grasso, paffuto. Chi avrebbe pensato allora che apparterrebbe a una schiera di eroi, di quelli cioè che dovevano mostrare tanto valore nelle guerre del 1866 e del 1870?

Il giorno dopo questo convegno festoso, ove trascorsi cinque ore molto piacevoli, m'avviai su la strada ferrata alla città di Lipsia. Arrivato di notte all'*Albergo di Polonia*, trovai un solo cameriere alzato che parlava non so che lingua; pure alla bella meglio intendevo quello che mi andava dicendo; con una mano portava il lume, con l'altra si stropicciava gli occhi. Introdottomi in una piccola stanza, mi lasciò. Data un'occhiata al letto, mi parve che non avesse nè capo, nè piedi. Suono il campanello; il cameriere viene, e mi assicura che il letto è rifatto e che posso entrare: "Ma come entrare," rispondo io, "se non vi sono lenzuoli?" Egli mi addita quattro grandi piumini con materassa e cuscini di piuma da involtarmi, da coprirmi, da dormirvi sopra comodamente (diceva egli). Allora penso di non levarmi le mutande; entro a malincuore sotto quel monte di piume, e finisco per addormentarmi.

Eccomi a Lipsia, nel centro principale del commercio librario tedesco. Di buon mattino esco dall'albergo, m'incammino per dove vedo andar più gente, e così mi trovo su la piazza maggiore della città, che è quella incisa nella testata del giornale l'*Illustrirte Zeitung*. Erano diversi giorni che non avevo più avuto occasione di parlar francese, e della lingua tedesca non capivo un ette; senza ancora dirmelo, sentivo in me nausea di una vita tanto monotona; quand'ecco, su l'angolo di detta piazza, veggo un gran cartello che dice: CAFÈ FRANÇAIS. Tutto elettrizzato, entro, e chiedo *café et un journal français quelconque*. Un garzoncello, ch'era venuto a sentire quel che volevo, senza rispondermi mi volta le spalle come se andasse a eseguire la mia ordinazione; ma non ritorna, invece osservo che discorre un po' animato colla padrona. Picchio al tavolino; nessuno viene; m'avvio verso il banco della padrona e chiedo: *Un journal, s'il vous plait*. Non mi si risponde. Mi avveggo allora che nè la padrona, nè il garzoncello sapevano parlare francese. Mentre con me stesso faccio le meraviglie di questa curiosa combinazione, che mi fa ricordare, non saprei perchè, le commedie del Goldoni, arriva di fuori un garzone alto di persona, che mi dice con molta difficoltà che non hanno giornali francesi, e mi serve la colazione con caffè e latte, paste e chifel in gran quantità.

Ho più volte notato quanto sia disagevole e disgustoso viaggiare in paesi ove non si conosce affatto la lingua che ivi si parla. Si sapessero almeno dire cinquanta parole imparate in due mesi di lezione; quelle cinquanta parole basterebbero a metterci in contatto colla gente in cui ci s'imbatte senza patire il disgusto di non saper chiedere nè il mangiare, nè il bere, nè altre piccole cose famigliari. Anche in Germania, se non è difficile trovare chi parli francese, non è agevole trovare chi lo parli speditamente, se non forse uno o al più due camerieri della locanda ove si abita, e quelli sono lì fissi per una richiesta quando siete in camera o alla tavola rotonda. È vero che i Tedeschi più degli Inglesi parlano all'occorrenza la lingua francese; ma la parlano con timidità, a scriverla son più spediti.

Lipsia era per me una città dove contavo di veder grandi cose relative alla Stampa e alla Libreria. Appena sonate le 9 di mattina, mi feci condurre alla dimora del signor Hoghenforst, agente del signor Flinsch, per il quale avevo una commendatizia. Ricevuto con bontà e con gentilezza, cominciammo a visitare stamperie e librerie, e in fine di quella prima giornata, passata sempre insieme, io aveva già veduto ragguardevoli stabilimenti, che mi ispiravano molta stima per quella celebre città libraria. Nelle stamperie notai prima di tutto molta comodità di locali, molta pulitezza, molt'ordine, molta attenzione al lavoro, non quella operosità febbrile che avevo veduta a Parigi, la quale fa parere il lavoro una specie di rivoluzione, ma invece quella pacatezza ordinata e continuata, che se non fa camminar tanto, fa produr lavoro migliore, perchè più esatto, e sono meno rari i casi di commettere sbagli.

Insomma in due giorni che fui a Lipsia, grazie all'assistenza di

Hoghenforst, che era in rapporti continui con tutte le stamperie di quella città, vidi tutto quello che era importante vedere. Notai che i commessi di librerie avevano aspetto di studenti anzichè di garzoni, come spesso sono i nostri, sforniti di cultura letteraria e di cognizioni commerciali. I lavoranti nelle stamperie erano meglio vestiti, meno unti e bisunti dei nostri, e parevano ben nutriti; avevano sguardi mansueti, come chi non ha da lottare con le necessità della vita.

Non vidi stamperia, nè libreria in cattivo stato; anche le vicinanze di una stamperia non accennavano nè a sudiciume, nè ad oggetti abbandonati accosto al muro d'ingresso. Riferire i nomi di tutte le stamperie visitate non importa; mi basta dire che in ciascuna trovai soprattutto ampiezza, ordine, luce, quiete. Visitandone principalmente una bellissima, venne il giro di entrare in una stanza non tanto piccola e ben arieggiata, nella quale stavano tre persone sedute a disegnare, probabilmente vignette per illustrazioni di opere: tutti e tre erano vestiti quasi egualmente, senza nulla in capo, piegati a un banco più lungo che largo, sotto a un gran finestrone. Che alcuno di essi, a sentirci entrare, si fosse mosso o voltato? Io credeva che fossero ombre anzichè persone.

Visitai la Stamperia Brockhaus, la più antica, se non la più conosciuta fuori di Germania. È un casamento vastissimo e alto, un quadrilatero con un ampio cortile; in fondo a questo, una scala a due rampe conduce agli scrittoi; dai lati si accede ai diversi laboratori. In quel grande opificio saranno stati impiegati da cinquecento a cinquecentocinquanta tra operai e commessi. Non solo vi si stampa e si vende libri e giornali in quantità, ma si fondono caratteri e si fabbricano macchine e attrezzi ad uso di stamperia.

Il commercio dei libri tedeschi in Germania si fa con regole speciali. Vien fuori un nuovo libro? l'editore manda di suo arbitrio al librajo alcuni esemplari con uno sconto limitato. Il prezzo dei libri comunemente non è basso; è poi altissimo, quando si tratta di opere originali e di materie speciali, o storiche o scientifiche. A un certo tempo (generalmente verso Pasqua in primavera) l'editore invita i librai a dichiarare e a rimandare a Lipsia i libri invenduti, e all'occasione della fiera, che ricorre nel tempo suindicato, si deve pagare di persona o col mezzo di commissionario l'importo; chi trascura di rispondere, rinviare e pagare, colui è cancellato dal novero dei librai, e il suo nome è registrato nel giornale tedesco della Libreria. Queste regole hanno salvato colà il commercio librario dalla corruzione.

Io era ad un finestrone dello scrittojo di Brockhaus, che guarda nel gran cortile dell'immenso stabilimento, e stavo discorrendo con l'impiegato che aveva avuto l'incarico di accompagnarmi per ogni parte, allorquando scorgo alcuni carri che entrano nel cortile, carichi di pacchi, più o meno grossi, di libri. Dalla stamperia escono, non entrano libri; e poi quelli mi parvero pacchi un po' stazzonati, fatti con carte diverse, bianca, in colore, stampate tutte. Mi viene allora voglia di domandare all'impiegato che cosa essi fossero. "Son *gamberi* che ritornano," mi rispose, "libri invenduti che rientrano per la fiera di Pasqua, quando si devono chiudere i conti coi corrispondenti." Io noto che questo sistema di mandare le nuove pubblicazioni di arbitrio dell'editore, senza esser domandate dal librajo, avrebbe maggiori inconvenienti, che non ha in Germania, se venisse introdotto in Italia, ove i librai non hanno ancora in numero sufficiente dato saggio di prontezza nella corrispondenza e di puntualità nel pagare i conti a pronti contanti e non con cambiali. Però convien dire che il nostro commercio è grandemente migliorato da dieci anni in qua, e abbiamo, nelle principali città, librerie rispettabili sotto ogni riguardo.

Visitando le stamperie di Lipsia, mi confermai vieppiù nell'opinione che non sempre sono i grandi stabilimenti che producono lavori accurati in ogni maniera, ma le piccole stamperie ancora possono benissimo produrre edizioni corrette e stampate con diligenza non interrotta dal soverchio lavoro. Infatti a Lipsia mi fu mostrata un'opera illustrata *(Naturstudien, Skizzen aus der Pflanzen und Thierwelt* von HERMANN MASIUS), ch'era uscita nell'anno 1863 da una piccola stamperia, appartenente a certo signor Federigo Brandstetter. È un volume in 4° piccolo, con quattordici vignette; il testo ha 317 pagine. Il titolo, voltato in italiano, suona così: *Studi della Natura, Schizzi dal mondo delle piante e degli animali,* di ERMANNO MASIUS: Quinta edizione con quattordici illustrazioni di Guglielmo Georgy: Lipsia, Federigo Brandstetter, 1863.

Confesso che la stampatura di quest'operetta sorpassava in bellezza quanti libri avevo veduti in Germania e altrove fino a quel giorno; e nello stesso modo la pensavano gl'intelligenti di quei paesi, così a Francoforte come a Lipsia.

Bisogna che sminuzzi un po' l'elogio generale che do a questo libro. Prima di lodare la stampa del testo dovevo lodarne le incisioni in legno, lodare i disegni di quelle incisioni, e poi lodare la stampa delle vignette; che tutto è fatto con rara accuratezza e forbitezza, con una osservanza minuta, scrupolosa, degli accessori, degli sfondi, di tutto;

nè prima, nè poi (sino al 1875 in cui scrivo), ho mai più veduto nulla di siffatti lavori d'illustrazione, che, a senso mio, agguagli questo volume di Lipsia. Tra i miei libri v'è quest'opera; ripeto, con la certezza di non esagerare, che forse nessun'altra nazione può presentare con un volume non grande un saggio di *disegno*, di *xilografia*, dell'*impressione delle vignette e del testo*, eguale a questo che ha la Germania. Badiamo che il non *plus ultra* lo faccio risedere nei due primi capi, e potrei anche dire nel terzo. Un grande stabilimento, incalzato dalla voragine del lavoro ogni giorno crescente, non può neppur sognare di condurre con l'industria amorosa che si richiede, un'opera come questa del Masius.

Visitai la stamperia del signor Brandstetter; sarebbe un piccolo stampatore per Firenze, non che per Lipsia. Mi rallegrai vivamente e sinceramente con lui. Vidi che nella piccola sua stamperia aveva donne per mettifogli; dovendo restar ferma la macchina qualche mezz'ora, una di quelle donne, cavata di tasca la calza, si mise a farla, e ciò mi piacque.

Una singolarità, che notai percorrendo le principali stamperie di Lipsia, fu di trovarne una appartenente a certi signori inglesi, i quali stampavano quasi unicamente in inglese, e mandavano i loro prodotti in Inghilterra e in America. Non erano editori che stampassero per conto loro, ma stampatori che eseguivano ordinazioni di editori inglesi ed americani, i quali trovavano il loro tornaconto a far stampare a Lipsia e scansare così i prezzi altissimi della carta e della mano d'opera tipografica in Inghilterra e in America.

Ebbi a notare a Lipsia una modificazione molto sensata, molto igienica, nella disposizione di un locale ad uso di stamperia. Essa riguarda lo stenditojo della carta appena stampata. Generalmente da noi si soleva tendere la carta in alto della stanza stessa in cui stanno i lavoranti; dove quell'umido della carta appena stampata è naturale che coli insensibilmente su le spalle dei lavoranti, e non è raro il caso che produca dolori reumatici alle braccia di chi sta sotto. Una stanza appartata è lo stenditojo delle principali stamperie di Germania; nell'inverno un cannone dalla stufa del laboratorio passa a traverso lo stenditojo e rasciuga la carta ivi appesa, nell'estate si spalancano i finestroni dello stenditojo. Io adottai questo sistema di asciugamento nel locale che cominciai a costruire sul finire di quest'anno 1864, e ne sono contento.

Non visitai a Lipsia minutamente i laboratori di legatura, perchè tosto m'avvidi che quei legatori avevano bensì la solidità dei legatori inglesi, ma non il buon gusto nè di questi, nè dei francesi. La mezza legatura, con tela, degl'Inglesi, neppure oggi è superata nè dai Francesi, nè dai Tedeschi; è uguagliata dagli Americani, abili concorrenti degl'Inglesi.

Per cortesia di lavoranti tedeschi, attendenti alla stampa di giornali illustrati, potei avere alcune loro preparazioni (*impronti*, come dicono i nostri stampatori, *mises-en-train*, come dicono i Francesi) per la stampa di vignette. Sono vignette stampate, come vengono vengono, su carta finissima di seta, e quindi frastagliate con forbicine finissine, e sovrapposti su di esse fogliolini uno sopra l'altro, qua lasciando più vuoto, là facendo pieno, per far spiccare, col mezzo della stampa, qua il nero più cupo e là più pallido. Era lavoro di pazienza e di gusto, che malagevolmente veniva imitato dai nostri, a cui avevo portato quei fogliolini frastagliati, favoritimi per grazia speciale da quei buoni Tedeschi.

E parlando di questi *buoni Tedeschi lavoranti*, il discorso mi conduce a dire come io abbia saputo che in Germania usavano società per passare le feste allegramente e in modo economico tra principali e lavoranti con le loro famiglie. Erano ritrovi di proprietà loro, o che tenevano a pigione, in cui si riunivano alla domenica. Là, oltre al bere la solita e indispensabile birra acquistata all'ingrosso, si faceva musica, si ballava, e in stanze appartate v'era agio di leggere libri e giornali. Pagavano ogni mese un tanto per uno, più i principali, meno i lavoranti, e così passavano la giornata in modo allegro, tranquillo ed economico. S'accostava al principale il lavorante, e le loro famiglie si affiatavano rispettandosi e amandosi. Non so se il demone moderno, che ha nome *Sciopero*, abbia rispettato, in parte almeno, queste belle consuetudini, che mantenevano al lavorante tedesco una fisonomia tanto speciale e tanto superiore alla classe degli altri lavoranti di Europa.

Non credo di esser rimasto più di tre giorni a Lipsia; eppure vidi e notai parecchie cose. È vero che vidi e notai soltanto quelle cose, per le quali avevo intrapreso il mio viaggio tipografico, grazie all'assistenza del mio buon Mentore, Hoghenforst; ma voglio ricordare che anche a desinare ero con lui, e si desinava a una tavola rotonda, modesta, ma buona, frequentata da commessi di librerie e da impiegati in stamperie.

I dintorni di Lipsia sono pianure interminabili; pare d'essere in mezzo a un mare asciutto. Le vidi, perchè dovei visitare un fabbricante di strettoi per tagliare la carta bianca. In viaggio l'animo è sempre eccitato, non è mai normale (lo noto a profitto de' miei nipoti). Mi parve in quell'occasione di scorgere un attrezzo che dovess'essermi utile, e nol fu; m'ingannai: era uno strettojo per tagliar carta e cartoni bianchi con gran precisione. Compratolo e fattolo trasportare a Firenze, non fu potuto mai adoperare con sufficiente vantaggio, e da dieci anni giace inoperoso in un angolo de' miei magazzini. Altra volta mi è occorso di prendere simili abbagli in viaggio, comprando attrezzi visti a lavorare in qualche luogo; poi non ne potei ricavare le comodità che da simili acquisti speravo. In viaggio, ripeto, si vede e talvolta s'intravede.

Avevo compiute le mie indagini a Lipsia per tutto ciò che si riferiva allo scopo del mio viaggio, ed alla sera del terzo giorno presi il treno per Berlino. Sapevo di aver veduto molto, e m'era stato detto da Hoghenforst che nulla di meglio, e neppure quel tanto che vidi, avrei potuto osservare a Berlino; pure vi andai, per non partir dalla Germania senza visitare la capitale della Prussia, che in seguito, nel 1871, divenne veramente la capitale della Germania. Già fin d'allora provavo un certo rincrescimento di correre così precipitosamente a traverso la Germania, senza fermarmi a visitare città importanti, come Stuttgard non lungi da Carlsruhe, Gotha su la strada, prima di giungere a Lipsia, Dresda poco discosto da questa; ma il mio scopo era limitato a veder le maggiori stamperie, il tempo e fors'anco il desiderio di non allargarmi soverchiamente nelle spese di viaggio, mi tenevano ristretto nei miei desideri. Mi pareva fin d'allora di dovermene poi pentire; mi consolavo però pensando che vi sarei ritornato con più agio e con più alti intendimenti, allorchè (dicevo tra me) i figli fossero giunti a età provetta. I miei calcoli fallirono completamente! Giunto al periodo che allora desideravo, non fui più libero del mio corpo da correre per paesi lontani, e sono invece costretto a stare al tavolino la maggior parte del giorno, seduto, a leggere e a stendere questi cenni biografici.

Eccomi a Berlino, alloggiato in un sontuoso albergo, l'*Hotel d'Angleterre*, che prospetta su la Sprea, fiume principale di quella metropoli, le cui acque, invece di esser di colore naturale, rassomigliano a quelle che escono da una gora limacciosa e ferruginosa.

Non ho più accanto quella cara, servizievole e intelligente guida, che mi fu a Lipsia il signor Hoghenforst; ma ho con me una lettera per un certo signor Sonnemann, venditore all'ingrosso e al minuto di sigari finissimi e comuni, il quale, se non ha pratica alcuna dell'arte tipografica, mi prodiga ogni sorta di attenzioni per farmi vedere questa bellissima città di Berlino in carrozza, e spingendo le gite anche nei dintorni. Il signor Sonnemann non è mai stato in Italia, eppure parla meco l'italiano assai piacevolmente. Seppi da lui che avendo trasporto per la musica, per il teatro e per i cantanti, a forza di conversare con loro (buona parte italiani), potè impratichirsi a segno tale del nostro linguaggio da parlarlo correntemente.

A Berlino respirai l'aria italiana vedendo molti oggetti d'arte su le piazze, su' ponti, nelle vie. La piazza, che ha nome dal re Guglielmo, ove si vede l'abitazione moderna del Re (ora divenuto Imperatore), ov'è il maggior teatro di Berlino, quello dell'Opera italiana, e ove sorge la statua rappresentante re Guglielmo con cinque altre statue di generali (Keith, Schwerin, Seidlitz, Winterfeld e Zeithen) che s'illustrarono nella guerra dei *Sette anni*, con altre grandiose fabbriche tutto all'intorno della piazza, mi rammenta le stupende bellezze artistiche che adornano le pubbliche piazze di Firenze e di Roma.

Il Re usa intrattenersi al primo piano alquanto basso del palazzo con grandi finestre a vetri nitidissimi; in modo che chi passa per la suddetta piazza può talvolta vedere s'egli legge o se parla con qualcheduno. Sempre vestito da militare, sbriga gli affari quasi alla vista del pubblico; se poi ama di uscire, una semplice *calèche* a due posti lo aspetta a piè delle scale a due branche che sono all'esterno del palazzo su la piazza. Il Re usciva solo ed entrava solo nella sua *calèche*. Molta franchezza militare e molta semplicità di un privato gentiluomo.

Fui a visitare alcuni bei dintorni. Un lungo prato con bosco molto esteso, un lago amenissimo e viali maestosi, che rassomigliano alle nostre Cascine, se non le vincono in estensione, ha nome Charlottenburg. Alla fine del parco si trova una palazzina di campagna del Re. Ivi una cappella regia racchiude le salme di due principi, poste in due sepolcri l'uno accanto all'altro nel bel mezzo della cappella: i sepolcri, separati, ma a poca distanza, riproducono le sembianze degli estinti (credo che fossero della famiglia reale) vestiti in costume. I ritratti sono così bene scolpiti che a vederli, al primo istante, fanno qualche sorpresa; poi a chi si fa più dappresso incutono riverenza. Altre passeggiate con viali alti e ombrosi, birrerie immense, musiche copiose e buone, abbondano a Berlino, e danno l'idea di una città gaja e sollazzevole.

Vidi una sola stamperia in Berlino: quella del signor Duncker; bella, vasta, come le stamperie di Lipsia, ma nulla più. La pubblicazione delle opere in Germania si fa generalmente a Lipsia, non tanto per l'agevolezza della stampa, ma per quella, molto più importante, del loro smercio. Il proprietario Duncker, editore di una *Gazzetta del popolo* molto diffusa, era deputato al Reichstag (Parlamento prussiano), e apparteneva all'opposizione.

Quel signor Sonnemann, cortese con me oltremodo, volle invitarmi a pranzo con la sua famiglia in casa propria. Un pranzetto leggero leggero, che io supponeva fossero i principi: piattini freddi, dolci, cosine minute; pareva d'essere nella non remota Olanda, ove (a quanto n'ho inteso) prevalgono in tutto le miniature! Finalmente ci alziamo: il pranzo è finito; la signora suona il pianoforte; invece del caffè è servita la cioccolata: è l'uso del paese. Vada per la cioccolata; non isgradevole nè inopportuna, soprattutto quando s'ha il corpo non soddisfatto.

L'indomani (era il sabato santo dell'anno 1864) alle 7 di mattina entro in treno, e tutto d'un fiato, traversando Hannover, Colonia, Liegi e Bruxelles, arrivo a Calais. Erano le 2 dopo il mezzogiorno della domenica di Pasqua quando rividi il mare, il porto e le antenne dei bastimenti.

In questo tragitto lungo trentatrè ore, fatto con treno celerissimo, senza alcuna fermata se non brevissima, tanto per far colazione alla svelta, mi accadde un accidente che poteva divenire per me funestissimo. A Liegi ero sceso dal vagone appunto per far colazione; nel mentre la stavo facendo, odo gridare: *"Messieurs les voyageurs pour...* (non intendo bene il nome del paese) *sont priés de prendre place."* Io esco precipitosamente dalla sala del *buffet*, corro per prender posto verso il mio treno, che era fermo su l'altra linea, e voglio raggiungerlo attraversando quella che mi stava di fronte, su la quale ne veniva un altro piuttosto forte. Una guardia mi vede in pericolo di rimanere offeso dal treno, apre le braccia, si slancia verso di me, mi ferma e mi salva. Avviso a chi viaggia di non uscir mai di carriera dal porticato della stazione, a costo anche di perdere la corsa.

"Messieurs les voyageurs pour Douvres sont priés de prendre place; le bâteau va partir tout-à-l'heure:" gridava un marinajo passeggiando su la spiaggia di Calais vicino al bastimento, che doveva far la traversata della Manica e condurci in Inghilterra.

Eccoci in mare. Sbalordito dal lungo viaggio da Berlino a Calais, con gli orecchi intronati dal fischio del vapore di terra, la faccia sbattuta dal vento di mare, mi posi a seder sul ponte del piccolo bastimento inglese. Un cameriere di bordo mi porta un cappottone d'incerato; me lo infilzo, ritorno a sedere all'angolo di una panca vicino, a una cameriera inglese di aspetto gioviale, e veggo il bastimento ondeggiare e staccarsi dalla sponda.

Dopo un par d'ore di navigazione con il solito sballottio e le solite scene comiche e penose, arrivammo a Douvres. Il passaggio dello Stretto non fu dei peggiori; che talvolta quel tragitto di un par d'ore reca, a quel che sento, ben altri sconcerti ai viaggiatori. Brutta stazione quella di Douvres, tutta di legno; pareva un baraccone. E qui mi si offrivano alla mente le nostre stazioni italiane di Torino e di Milano, ricche di opere d'architettura, di statue e di grandi affreschi. Arricchir tanto (il che vuol dire spender molto) un luogo ove s'arriva all'ultimo istante, e donde si parte senza guardare nè in su nè in giù, mi è parsa sempre follia.

Era il giorno di Pasqua, verso le 5 pomeridiane, quand'io arrivai alla stazione di *London-Bridge*. Nel tratto di strada percorso con maggior celerità di quello che si usava in Italia, potei notare poco o nulla: vedevo grandi terreni piuttosto pianeggianti con grandi praterie e casamenti che parevano fattorie; poi molti lumi all'avvicinarci a Londra. Nella stazione di Douvres lessi, attaccata ai pilastri, l'ammonizione della polizia ai viaggiatori di star bene attenti ai borsajuoli ben vestiti o no. Altro non mi venne fatto di osservare, perchè il treno andava celeremente, ed io aveva una certa qual apprensione che non ci fosse tempo di scendere nelle poche fermate che il vapore faceva; cosicchè badavo di rimanere al mio posto senza distrarmi.

A Londra m'accomodai all'albergo vicinissimo alla stazione, a mano sinistra di chi viene da questa per infilare il *London-Bridge*; e l'albergo porta il nome del ponte, cioè *Bridge-Home Hotel*. Un piccolo albergo, ma di mio gusto: un cameriere inglese a modo e che parlava il francese; i padroni, una famiglia: marito, moglie e due ragazze; tutti stavano silenziosi e attenti, e quasi rannicchiati in uno scrittojo formato di cancelli di legno; non salutavano il forestiero che entrava o che usciva. Mi fu detto che usa così per non infastidire altri a salutare, nè aver l'aria di sindacare i vostri passi. Il vitto che vi si faceva era prettamente inglese: poca zuppa con molto pepe, pesce bonissimo, rosbif, coscetto di montone o costolette, birra, che a me piaceva più del vino. La camera piccolina, ma arieggiata abbastanza bene; sopra il caminetto una Bibbia inglese ed un cartellino attaccato alla parete, nel quale si raccomandava di leggere quel libro e di non fumare in camera.

Quella stessa sera dell'arrivo volli da me solo attraversare il ponte e inoltrarmi in quelle lunghe e nere vie di Londra. Come dissi, era la sera di Pasqua su l'imbrunire. In quella parte Londra pareva un deserto. A un tratto una donna non tanto giovane mi ferma, e mi fa cenno di andare con lei. Allora mi si affacciò alla mente quello che accadde per le strade di Londra a Giuseppe Baretti; e perchè mi ero discostato anche troppo dall'albergo, pensai di tornar indietro osservando un *policeman* che non era tanto lungi da me, come un bambino, che non cammina franco, mira sua madre che gli porge le braccia.

Non ho l'intenzione, nè la possibilità di dar neppure un abbozzo di quello che fosse Londra al tempo che io la vidi. Il mio viaggio nelle principali città di Germania e a Londra aveva, com'ho già detto, uno scopo specialissimo, quello di osservare i progressi della Tipografia e delle arti affini, cioè impressione, caratteri, carta, macchine, attrezzi, utensili, legatoria e qualche po' la Libreria. Poveretto me! pensavo allora che per far un viaggio di maggior piacere e d'istruzione generale sarei ritornato più tardi, quando la mia fortuna si fosse un po' più assodata. Allora era la fioritura promettente un bel raccolto, come infatti avvenne alcuni anni dopo, e tre figli lasciati in casa con la moglie mi facevano sentire il bisogno di affrettare la partenza; cosicchè a Londra stetti soltanto dodici giorni, il tempo necessario per vedere, interrogare e chiacchierare di cose di stamperia.

Il giorno dopo l'arrivo esco di locanda alle 9 di mattina. Accendo il sigaro e sto aspettando un omnibus: eccolo, spengo il sigaro, salgo. Un omnibus piuttosto grande e massiccio; non v'era gente, eccetto una donnina con viso piuttosto malaticcio e un bimbo su le ginocchia, e poi entrava io. Non era ancora l'ora dell'arrivo del treno che porta gli uomini d'affari tornanti dalle loro dimore nei contorni di Londra per recarsi alle consuete occupazioni. L'uomo che accompagna l'omnibus e che sta all'entrata, brontolava con quella donnina: capii che le diceva che il bambino (avrà avuto tre o quattro anni) doveva pagare, lo tenesse o no su le ginocchia; ed essa a rispondere che il bambino non aveva l'età di pagare, e litigava perciò con l'omnibussajo. Io, o per buon cuore, o per far subito esercizio del mio po' d'inglese che sapevo, o per far nascere una emozione sempre desiderata da chi viaggia, picchio con un dito solo su la spalla dell'omnibussajo che mi volgeva le spalle quando questionava con la donna, e dico a bassa voce: "*I will pay for her.*" [5] Allora colui si tacque, e quella donna s'avvide che tra me e l'uomo era accaduto qualche cosa che la riguardava. Inteso da lui del mio proposito di pagare per lei e il bambino, preso questo più stretto tra le braccia, scivolò giù dall'omnibus mentre era in movimento, nè la rividi più. Notai che il primo incon-

---

[5] "Pagherò io per essa" (*F.*)

tro che ebbi a Londra non fu soddisfacente, quantunque la mia intenzione fosse pura e prudente il modo.

Continuando io nell'omnibus, passai davanti a San Paolo, e poco dopo fui avvertito che ero presso a *Berner's Street*. Lì vi era la libreria di Pietro Rolandi. Ora essa è diretta dal suo nipote Federigo, che mi ricevè all'inglese, cioè civilmente, ma con riservatezza, quantunque gli fosse nota la grande amicizia con lo zio Pietro, nella cui morte io scrissi, stampai e divulgai gratis agli amici quelle parole sgorgate da un vivo affetto, che ho trascritte più addietro, nel Capitolo XI di queste Memorie.

A dir vero, non trovai molto servizievole questo sor Federigo, anzi un po' troppo rustico; attesochè mi suggerì di pagare un suo commesso tedesco che egli mi aveva dato per accompagnarmi nei vari posti che avrei dovuto visitare; e così, mentre colui eseguiva le commissioni pel suo principale, piegava i passi in modo da farmi conoscere le stamperie più importanti. Ebbene, questa lesineria di suggerirmi di pagare uno che era da lui stipendiato, non sarebbe avvenuta in Italia in qualsiasi classe di persone anche meno elevate. È bensì vero che io stesso pensava di regalare qualcosa al Tedesco, padre di famiglia, punto comodo, però cortese molto, a tal segno che m'invitò persino a casa sua a desinare; cortesia che non ebbi dal suo principale, che sapeva quante garbatezze, vivendo, avevo prodigate al suo zio, il quale in vita se n'era mostrato riconoscente, e si compiaceva di renderne testimonianza egli stesso. Ho motivo di credere che il sor Federigo prendesse (come è uso nei paesi commerciali, e a Londra principalmente) una provvisione da chi mi vendette vari oggetti di qualche entità coll'intervento del suo commesso.

Il mio quartier generale era dunque la Libreria Rolandi, il mio mentore era quel buon Tedesco; il primo pensiero alla mattina era di recarmi in vicinanza di *Berner's Street*, prendendo l'omnibus che passa davanti all'Albergo, e va in *Oxford Street*. Avevo inoltre a Londra un amico, già conosciuto da me in Firenze farmacista, il quale possedeva una spezieria in *Regent Street*; ed avevo anche una lettera di raccomandazione per un uomo d'affari, il signor Cutbill, che conosceva l'Italia e vi aveva interessi per imprese ferroviarie. In questa casa di commercio il commesso principale era un Fiorentino, certo signor Del Lungo, che mi fu cortese d'assistenza. Alla morte del suo principale, il Del Lungo divenne socio con gli eredi, che mi son parsi buoni e ubbidienti figli di un padre amoroso.

Ma, come ho detto, le mie costanti cure erano di visitar le primarie tipografie, e il Tedesco, essendo al servizio di un librajo, le conosceva benissimo. Ne visitai parecchie. Locali quasi tutti disadatti, o, per meglio dire, non fabbricati a posta, ma ridotti, e ridotti anche male, sempre per difetto di spazio; poca luce, angusti, con nessuna comodità, ben diversamente da quelli delle stamperie che avevo vedute in Germania, a Francoforte, a Lipsia e a Berlino, nonchè a Parigi, e che abbiamo in Italia.

In quelle stamperie s'entrava con difficoltà a motivo degli attrezzi, accosti tanto l'uno all'altro. Vidi che ognuna avea macchine un po' antiquate, gravi, rumorose, di sistemi già abbandonati sul continente; per esempio, anche le macchine, riconosciute universalmente disadatte, col sistema *a piano*, e non *a cilindro*. Con mio stupore notavo che esistevano ancora molti torchi a mano, e con quelli eseguivano i lavori accurati; torcoliere e battitore coi berretti di carta in capo, come si vedeva forse in principio del secolo nelle stamperie in Francia, in Germania e in Italia. E con questi torchi a mano stampavano poco più di 1500 fogli al giorno, mentre con le macchine tedesche semplici, a cilindro, di Koenig e Bauer, si potevano stampare da 7500 a 8000 fogli al giorno. Ma dei fabbricanti bavaresi di macchine tanto lodate fra noi non mi pareva che avessero i principalissimi tipografi di Londra conoscenza; e nemmeno il figlio di un Tedesco stampatore in quella metropoli, al quale parlavo della bontà e del vantaggio di tali macchine. Eppure suo padre era stato egualmente tipografo, eppure Koenig e Bauer furono due lavoranti tedeschi, che vissero in Londra nel principio di questo secolo, e nel 1810 furono essi che presentarono nella detta città il primo modello di una macchina da stampare! Ma chi se ne ricorda? Anche a Londra l'arte della stampa è un mestiere, e forse la più parte dei tipografi non s'interessa di procurarsi informazioni su la storia dell'arte propria.

Questo tipografo, figlio di un Tedesco, mi seppe dire: "Come volete che ci occupiamo d'introdurre macchine nuove? Vedete come sono accatastate quelle che abbiamo; per introdurre le nuove, bisogna poter disfarsi delle vecchie; e chi ha coraggio di levarle di qui finchè esse ci servono? e dove gettar le vecchie, se non nel Tamigi? Qui non è come a Parigi, ove i fabbricanti stessi baratterebbero le vecchie con altre di modello nuovo, e riaccomodate alquanto le rivenderebbero di seconda mano in provincia; perciò siamo costretti di andare avanti alla meglio con gli arnesi che abbiamo." Questo sistema di lavorazione spiega in parte il prezzo elevato dei libri inglesi.

Nell'esecuzione della stampa osservai un po' meno diligenza generalmente che in Germania, un po' più che in Francia; senonchè i caratteri e la carta inglesi sono di maggior perfezione che in altri paesi del continente; e questi son vantaggi notabili che conferiscono molto sul libro finito.

Qui cade a proposito di parlare di una delle principali stamperie di Londra per la bella esecuzione dei suoi lavori e per la riputazione che gode: è la Stamperia Wittingam al servizio della regina Vittoria. Antonio Panizzi, il celebre Direttore del Museo Britannico (di cui parlerò più avanti), sapendo il mio desiderio di visitare le principali stamperie di Londra, mi offrì una lettera d'introduzione per vedere la bella stamperia suddetta. Con una lettera del Panizzi in mano mi credevo di essere ricevuto con qualche distinzione. Arrivai all'ora di colazione. Il laboratorio al primo piano quasi deserto; fui lasciato stare all'uscio d'ingresso un quarto d'ora; poi un direttore, o proprietario che fosse, mi venne incontro con la lettera del Panizzi aperta in mano: "Signore," mi disse, "il signor Panizzi c'invita a farvi vedere le nostre macchine, ma noi non ne abbiamo neppure una; abbiamo ventidue torchi a mano. Se volete vederli, siete padronissimo." All'accoglienza fredda anzichè no, e all'udire che non avevano in quel laboratorio neppure una macchina, tutto maravigliato, mi decisi di ritornarmene via, convinto che a Londra non credevano alla bontà delle macchine per l'esecuzione di lavori accurati; forse perchè gl'Inglesi, stati già primi a usufruir delle macchine, non ebbero a godere per primi i benefizi de' molti perfezionamenti di questi arnesi, ottenuti verso il 1860 sul continente; poichè, oltre alla celerità e quindi minor costo di mano d'opera, si può ottenere dalle macchine semplici a cilindro di Koenig e Bauer, di Oberzell in Baviera, o di Dutartre, nonchè di Alauzet di Parigi, un'impressione dolce quanto mai e un'inchiostratura più uniforme e perfetta, quale non si potrebbe forse ottenere con maggior dispendio coi torchi a mano.

Quasi per desiderio di reazione volli il giorno dopo farmi accompagnare dal mio Tedesco alla famosa stamperia del *Times*. Un locale a piano terreno molto adatto, spazioso e fabbricato a posta: quattro colossali macchine a grossi cilindri, delle quali due sono orizzontali e due verticali; ampie stanze per la composizione, una stanza ove stanno disposti in opportuni scaffali un po' inclinati gli avvisi stereotipati e che devono poi ripetersi nel giornale, una trattoria addetta allo stabilimento per farvi colazione i lavoranti, uffizi di compilazione, di amministrazione, la stanza con una macchina per il bagno della carta del giornale, il telegrafo che corrisponde con la Camera dei Comuni; tutto accomodato bene, solidamente, senza lusso e senza ombra di esagerazione: tale m'è apparso il laboratorio del *Times*. Presso la stanza ove si elevano le quattro colossali macchine per la stampa del giornale (una soltanto lavora e le altre son di riserva), risiede, entro uno stanzino lì accosto, l'ingegnere, sempre attento a sorvegliare affinchè tutto proceda con ordine, e puntualità. Infatti la stampa di quel giornale, come stampa, è molto lodevole, e se sopravvenisse qualche accidente, la macchina si mette subito in riparazione e si fa lavorare l'altra che è in riposo. In questa macchina che stampa il *Times* (quella verticale) sono otto giovanotti a mettere i fogli e otto a levarli: stampava 12 mila fogli all'ora, e nel 1864 la tiratura ordinaria era di 64 mila. La composizione è tutta stereotipia fatta colla carta, credo, da un lavorante italiano, di cui non ricordo più il nome; la fanno con un cilindro, poi la finiscono con un torchio caldo, come ho veduto fare in Germania e da noi. Se ben ricordo, i lavoranti addetti alla stamperia del *Times*, che non stampa altro che il giornale, erano un centinajo.

La bagnatura della carta si faceva col mezzo d'una macchina a due cilindri sempre inumiditi, i quali pigliavano il rotolo della carta (la carta era in rotoli), e senza tagliarlo lo deponevano così intero all'altra estremità della macchina, ove un cilindro di legno ricomponeva il rotolo per esser portato alla macchina da stampare. Non so se sia esatto o no, mi fu fatto allora supporre che le suddette macchine non erano di manifattura inglese, ma americana; quelle almeno verticali, cioè di modello più recente. Io non potei appurar questa notizia, che mi recò qualche stupore. A dir vero, nelle mie varie osservazioni, fatte a Londra e fuori di Londra, notai che le macchine inglesi da stampa non hanno quella grazia che si richiede a un'impressione buona e bella, e sono, se posso così esprimermi, troppo energiche nei loro movimenti. Tale difetto può essere un ostacolo per ottenere buon lavoro nella stampa di opere, massime se illustrate, ma non in quella dei giornali.

Delle varie tipografie che ho vedute a Londra, oltre quella del *Times*, ne ricordo due che a me sono parse importantissime, e una terza, perchè questa, se non è importante per vastità, nè per numero di lavoranti, è curiosa per la sua specialità. Sono in questa tutte donne che vi lavorano come compositrici e come correttrici, non che per altre faccende non troppo grossolane e faticose; che per le macchine e per i torchi esiste un locale a parte, ove lavorano soli uomini. Nel 1864 era direttrice di questo laboratorio tipografico una certa signora Faithfull, donna accorta e operosa. Non so se questa stamperia, che aveva piccole proporzioni nel 1864, abbia progredito, e se esista ancora oggidì. Nulla di particolare ho potuto notare nella mia visita, salvochè la singolarità del concetto: una stamperia di donne!

Uno stabilimento che mi pare veramente importantissimo è quello di Clowes in *Stampford Street*. Locale vasto, molte macchine a pian terreno, molti torchi a mano al piano superiore con laboratorio di stereotipia. Si eseguiscono lavori buoni, accurati, ed anche di lusso per conto di editori e di privati. Il famoso editore Murray fa stampare que' suoi Manuali di Storia dalla Stamperia Clowes, e le vignette, che adornano quei volumi, son tirate con molta precisione; ed appunto quei Manuali vidi stampare con torchi a mano, che si potrebbero stampare egualmente bene dalle macchine semplici di Koenig e Bauer. Murray vende quei Manuali dieci lire, e io, tradotti, senza incisioni, che sono un adornamento, ma non di assoluta necessità per l'intelligenza del testo, quegli stessi Manuali li vendo a tre lire o a quattro, secondo la mole. Nella Stamperia Clowes l'esecuzione dei lavori mi par commendevole, e tutto dimostra una Casa seria, molto ben diretta e che fa buoni affari. Visitai il laboratorio della stereotipia. Ha un materiale di molta importanza; mi dissero che avevano di stereotipia per il peso di 2,800,000 chilogrammi! Il piombo soltanto, che costa in media lire sessanta per ogni cento chilogrammi, ammonterebbe, vendendolo, a un milione e seicentottantamila lire. Fanno la stereotipia sul sistema antico, cioè col gesso; sistema costosissimo, ma buono, perchè prende più finamente e più completamente la forma del carattere mobile. In Francia e in Germania da molti anni prevale il sistema di cavare le matrici dalle pagine di carattere mobile con la carta; sistema abbastanza soddisfacente quanto all'esecuzione, e notevolmente più economico e più sollecito. Ma quell'impiegato che mi accompagnava nel visitare lo stabilimento, a proposito di stereotipia mi disse ch'esso aveva pagine stereotipate da cinquanta anni e che talvolta ritornavano in torchio: non credeva che colla stereotipia fatta mediante la carta le pagine potessero durar tanto. Non saprei dire se ciò sia esatto o no; certamente la stereotipia col gesso offre un lavoro più preciso che non con la carta. Questo sistema, dagli Inglesi è *detto francese*; nè par ch'essi abbiano gran propensione ad imitarli. Se si eccettui i *french hats* (cappelli francesi), a Londra non ho mai visto nulla su i cartelli dei negozî, nè altrove, che ricordi Parigi.

L'altra di cui volevo parlare è la Stamperia Spottiswoode, che pubblica, per commissione di Comitati che ne sopportano le spese, una gran quantità di Bibbie e libri religiosi, i quali da Londra sono divulgati per ogni parte della terra. Essa è a un primo e secondo piano, e mi fa pensare come ivi si possa ottenere solidità d'impianto per le macchine che agiscono mosse dal vapore. Sono stanze molto vaste e in gran numero.

Visitai qualche legatoria di libri. Ognuno intende quali siano le legature comunemente dette *all'inglese*: sono libri coperti di tela in colori, con qualche fregio dorato su la copertina nel piano e sul dorso; ma spesso il fregio sul piano non è dorato, bensì stampato a nero o a freddo (*gaufré*). Questa sorta di legature, che a Londra si considerano mezze legature e fanno le veci della nostra copertina semplice di carta soltanto, senza cartoncino (*brochure*), costano poco, e sono fatte con buon gusto. L'arte di legare all'inglese era poco divulgata nel 1864 fuori d'Inghilterra; bensì si conosceva in Francia, in Germania ed anche in Italia, ma non si sapeva dare ad essa quel garbo che le davano gl'Inglesi, e poi ci venivano a costare molto di più. Un legatore, addetto quasi esclusivamente a servire editori, mi fece vedere il suo laboratorio: chi tagliava i cartoni, non incollava la tela sui medesimi; chi stampava a freddo la copertina, non stampava i caratteri dorati sul dorso, e chi rifiniva il volume coprendolo, cioè dandovi l'ultima mano, era un altro lavorante: cosicchè il volume passava per cinque mani prima che fosse finito. Ma bisogna convenire che ogni cosa è fatta con accuratezza non comune e con solidità, e, relativamente, a poco prezzo: cosa un po' rara a Londra.

Quantunque io non trovassi a Londra quei perfezionamenti recenti nelle macchine a stampa, che avevo veduti a Lipsia, pure quel lavorare un po' all'antica, ma solidamente, con buoni sistemi e con saldi principi, che rivelano il gusto britannico anche a guardar solo un frontispizio, un indice, una pagina di testo, tutto ciò mi recava tal piacere e soddisfazione sì piena da non potersi far intendere a chi non sente passione per il proprio mestiere, o professione o arte che dir si voglia. Aggiungo che dai vent'anni in poi fui sempre entusiasta degl'Inglesi e delle cose loro, come ho detto in principio di queste Memorie.

Mi restava a curiosare nei magazzini dei negozianti di carte, giacchè alle fabbriche era inutile andarvi. Lontani da Londra, quei fabbricanti sono oltremodo restii a far vedere i loro opifici ai forestieri, a segno tale che un direttore che stava in fabbrica si oppose una volta ad eseguire anche gli ordini della Casa proprietaria di far vedere, di accompagnare, di complimentare i visitatori. Questo toccò a un mio amico, e perciò lo riferisco. Forse era effetto di un tacito accordo tra il principale e il direttore. Il primo rilasciava il permesso per levarsi l'incomodo di essere assediato da preghiere di persone autorevoli; il secondo, rifiutandosi, sapeva d'indovinare gl'intimi desideri di chi lo aveva rilasciato.

Con la raccomandazione del signor Federigo Rolandi ebbi agio di osservare i grandiosi magazzini di carte di certi Spalding e Hodge in *Drury Lane*. Bellissime e bonissime carte bianche di ogni qualità, color china, e a colori svariati da copertine. Me ne feci una gran scorpacciata, comprandone per quattro o cinque mila lire. Ma bisogna dire che io, quando mi veniva l'opportunità di adoperarle, stampando qualche lavoro di riguardo e d'occasione, me ne facevo un grande onore. I miei confratelli s'arrabattavano per avere la stessa qualità, gli stessi colori; ma ciò lì per lì non potevano ottenere dai nostri fabbricanti di carte.

Le carte inglesi, come i caratteri, sono senza dubbio di gran lunga migliori delle carte e dei caratteri di Germania, di Francia e d'Italia. Nella carta dicono che gl'Inglesi adoperino còlla animale, e che per essa, come per i caratteri, abbiano più buone materie prime che i nostri fabbricanti e fonditori. Certamente i prezzi delle une e degli altri sono più elevati colà che sul continente, ma valgono quello che si pagano.

Trovai contrarissimi al sistema degli editori tedeschi gli editori inglesi; i quali non inviano il libro da essi pubblicato se non che a un libraio loro corrispondente, accreditato, che ne faccia domanda in conto assoluto; nè accordano lunghe scadenze al pagamento. Anche in ciò io ho imitato gl'Inglesi nel mio commercio di libri, e me ne trovo bene, tanto per la vendita, quanto per le riscossioni. Che divario fra il mio sistema ordinato, eguale per tutti i librai, sostenuto sempre, e quello che usano la più parte degli altri editori italiani! Forse da ciò alcuni di essi traggono motivo d'invidiarmi; ma perchè non hanno il coraggio di far come me?

Eravamo già nell'aprile, e da dieci giorni che ero in Londra io faceva una vita a me grata, quella di occuparmi di tutto ciò che si riferiva allo scopo del mio viaggio tipografico. Quindi non poteva fare a meno di visitare la Banca d'Inghilterra, la quale ha una stamperia per uso dei suoi biglietti e dei suoi stampati, che consuma in gran quantità, e di vedere il Museo Britannico, che aveva a Direttore il nostro Antonio Panizzi.

Chi volesse avere una particolareggiata cognizione di che importanza e vastità sia l'edifizio che si chiama la *Banca d'Inghilterra*, non ha che a consultare il libro di Eugenio Esquiros, *L'Angleterre et la vie anglaise*; in poco più di cinquanta pagine avrebbe una descrizione accurata ed evidente di tutti i compartimenti di questa istituzione veramente straordinaria e imponente. A me basti riferire su le stanze della stamperia, che ho veduta nel mentre visitavo tutto lo Stabilimento.

La Banca d'Inghilterra, creata con decreto reale del 27 luglio 1694, ebbe una vivissima opposizione per parte degli orefici, dei banchieri, degli usurai e de' *tories*. L'edifizio attuale della Banca data dal 1788. Essa cominciò con cinquantaquattro impiegati; ora ne ha circa mille, che in tutti ricevono uno stipendio di lire st. 240,000 (6 milioni di lire italiane). Queste cifre indicano abbastanza quanti siano gli affari, che si devono sbrigare giornalmente in quell'istituto. E vengono sbrigati con celerità e puntualità tutta inglese. Tre ispettori di polizia percorrono sempre il cortile e le adiacenze della Banca.

Il biglietto di Banca s'incide e si stampa nello Stabilimento; la carta si fabbrica a Lawenstake (nell'Hampshire) dal signor Portal. Per quanta diligenza siasi posta nella fabbricazione della carta moneta, assicurasi che più di una volta fu tentata la falsificazione dei piccoli biglietti, e talora anche dei grandi. Un impiegato della Banca, che mi accompagnava nella visita delle diverse sale, mi assicurò che l'esperienza ha dimostrato che il biglietto su carta bianca è il più difficile a contraffarsi, o per meglio dire è quello ove la contraffazione si maschera meno, il che (dicono) non sarebbe se la carta fosse in colore; di modo che i biglietti della Banca da cinque lire a mille sterline, sono tutti su carta bianca. La loro composizione semplice, senza fronzoli, essendo così più facile a conoscere i veri dai falsi; e quell'impiegato asseriva che oramai non avviene più che alla Banca si ricevano per buoni, come in passato, biglietti falsi. Un biglietto che ritorni alla Banca non è dato più fuori: n'è registrato il ritorno, e messo negli Archivi. Questa faccenda occupa molti impiegati che stanno in una gran sala a terreno. Il numero dei biglietti, che si possono fabbricare ogni giorno, è di quarantamila: compiutamente finiti ogni anno, in media, circa dieci milioni.

Mi ha fatto meraviglia di non trovare a Londra cambiavalute, come si trovano dappertutto sul continente; invece mi furono indicati gli orefici, ai quali ricorrere per cambiare i napoleoni d'oro, che avevo con me. Ed ho saputo che a Londra gli orefici ab antico si occupavano di affari di finanza, come gli Ebrei e i Lombardi; sicchè la professione di orefice e di banchiere andava congiunta. Designavano per Lombardi gl'Italiani di Genova, di Lucca, di Firenze e di Venezia, che si recavano a Londra per traffici di danaro. Furono essi che introdussero in Inghilterra le lettere di cambio, e prestavano denaro coll'interesse del venti per cento. Esiste sempre il nome della strada ove solevano abitare, *Lombards Street*, Via dei Lombardi.

In Inghilterra la Banca è considerata dalla nazione una potenza formidabile non meno del Governo stesso. In una cerchia meno estesa, perchè formata di persone che hanno qualche cultura, il Museo Britannico è considerato come un arsenale intellettuale non meno pregevole, nè meno utile all'universale, e che desta l'ammirazione di tutto il mondo.

Il Museo Britannico fu fondato nell'anno 1753. Pare che sino al principio di questo secolo esso non attirasse gran che l'attenzione del pubblico inglese, e che fosse ben lungi dall'attuale floridezza, quando il 27 aprile 1831 fu eletto Antonio Panizzi come Assistente Bibliotecario soprannumerario. Uomo di varia cultura, conoscitore di più lingue e letterature, energico, lavoratore appassionato, segnò il suo ingresso al Museo Britannico con savie riforme, colla compilazione di un catalogo, col suggerire veri perfezionamenti nella distribuzione dei libri agli studiosi, che giornalmente venivano al Museo, in modo da cattivargli, dopo alcun tempo, la simpatia e il rispetto di quanti lo vedevano assiduo, con intelligenza, al suo impiego. Infatti il 15 luglio 1837 fu promosso Sottobibliotecario.

Lo zelo non comune, col quale si adoperava il Panizzi nel disimpegno delle sue attribuzioni, e il non essere inglese, in breve gli suscitarono un'aspra e continuata lotta d'invidiosi del posto che allora egli occupava; lotta accanita che si trasportò persino in Parlamento, il quale fu indotto a nominare una Commissione per verificare gli addebiti, che venivano fatti nell'andamento del servizio del Museo. Ma questa inchiesta fu il trionfo del nostro Panizzi, che dalla Commissione ebbe approvazione ed elogi, essendo da essa risultato che le accuse erano tutte prette calunnie o di gente irrequieta e incontentabile o di invidiosi. Oltre a ciò in que' duri frangenti il Panizzi ebbe la soddisfazione di ricevere da personaggi autorevolissimi sia nelle cose di Stato, sia nel ceto letterario, ogni sorta di difesa e ogni desiderabile conforto a proseguire nella sua via. Cosicchè i nemici suoi ebbero a pentirsi d'aver incominciato una lotta da cui risultò il trionfo completo, universale del competitore straniero.

Questa guerra accanita ferveva ancora nel 1850. Due Americani, Giorgio Sumner e Fewell, scrissero lettere onorevolissime e caldissime in elogio al Panizzi, che era censurato con lettere a stampa dall'inglese Sir Harrit Nicolas a motivo e del catalogo e della compra di certi libri e della mancanza di altri, specialmente tedeschi, e del servizio insufficiente degl'impiegati. Invece risultò che il Panizzi rese la Biblioteca *degna della Nazione*, laddove essa era già molto depressa quando venne nelle sue mani. Infine la stampa inglese, nel render conto dell'aspra guerra mossa al Panizzi, non esitò a dichiarare ch'egli era *una potenza di dottrina, il Napoleone italiano fra i bibliotecarî*. Uscito vincitore da sì aspra lotta, sostenuta con tanto splendore, fu creato Bibliotecario capo del Museo Britannico il dì 5 marzo 1856; e nel 1861, il 23 luglio, una lettera del ministro G. C. Lewis gli annunziava che la Regina lo aveva creato Cavaliere del Bagno.

Una delle singolari imprese del Panizzi fu la proposta di fondare una nuova sala di lettura nel bel mezzo del Museo. Architetto ne fu il signor Smirke, ma tutte le norme e i particolari di pratica utilità furono dati dal Panizzi. In soli tre anni la sala fu costruita, quasi tutta di ferro, e ce ne vollero duemila tonnellate e più. Costò l'egregia somma di 150,000 lire st. (lire it. 3,750,000), compresi gli scaffali e gli addobbi. Ha forma rotonda, come il Panteon di Roma, più grande anzi del Panteon di due piedi, e può contenere trecento persone comodamente sedute a leggere. È riscaldata col mezzo dell'acqua calda nell'inverno, in modo che ogni persona a sedere stia comoda, con ventilatori che cambiano l'aria rarefatta. La sala di lettura nell'anno 1861 ebbe ad annoverare fino a 53,209 frequentatori. Nel mese di luglio 1759 contò appena cinque lettori! Il Museo nel 1861 possedeva mezzo milione di volumi.

Il Museo Britannico è tenuto per lo stabilimento meglio ordinato e provvisto che sia in Europa. Ha molte sale tutte alte e spaziose; rarità di libri e di statue ed oggetti antichi di molto pregio. Nella *Quarterly Review* del gennajo 1868 si legge uno stupendo elogio del Museo Britannico diretto e promosso così lodevolmente dal Panizzi. Ora egli ha ottenuto il suo riposo, così ben meritato dopo tante fatiche e tanta gloria conseguita in terra straniera, ove onorò grandemente la sua patria, l'Italia.[6]

Prima di abbandonare questo gradito tema mi sia permesso di raccontare un fatterello accaduto a me, quando nell'aprile 1864 mi trovavo negli uffizi del signor Panizzi al Museo. Io era in mezzo a impiegati vecchi e giovani, tutti inglesi; fra tante cose, che mi ricordavano di essere fra glorie straniere, c'erano anche le sommesse voci inglesi

---

[6] Antonio Panizzi morì a Londra l'8 aprile 1879 alle 4,55 pom. (*F.*)

che udivo; quando a uno di questi impiegati il Panizzi rivolse una parola in italiano, e ne ricevette risposta nella stessa lingua. Meravigliatomi grandemente di ciò, seppi che l'Inglese, a cui il Panizzi aveva volta la parola in italiano, era un suo benaffetto, figlio di un suo amico, e che aveva dimorato per vario, tempo in Italia.[7]

Dovendo visitare un canonico della cattedrale di Westminster, prima di lasciar Londra vi andai; ma non lo trovai in casa, nè l'Abbadia era in quell'ora aperta; cosicchè non potei vedere l'interno di quella chiesa, che fu chiamata la *Santa Croce* dell'Inghilterra, perchè contiene le tombe degli uomini più celebri in ogni ordine di cittadini: principi, ministri, guerrieri, letterati, scienziati, industriali, inventori, viaggiatori. Chi si reca all'Abbadia vede anche il palazzo di Westminster, che le sta poco discosto; e come ognun sa, questo è il Parlamento inglese, che racchiude la Camera dei Comuni e quella dei Signori.

Di Londra non avrei più altro da dire che sia stato veduto da me e che possa esser degno di nota. Temo anzi di aver detto troppo e sopra materie poco curiose a chi non è dell'arte tipografica. Ricorderò tuttavia un gran pranzo offertomi, prima della mia partenza, da quel signor Cutbill, che aveva una villa assai bella accanto al Palazzo di Cristallo. Pare che non facessi cattiva impressione, giacchè a metà del pranzo molti dei convitati cominciarono a chiacchierare vivacemente tra loro, e dissero che la mia fisonomia arieggiava al conte Camillo Cavour, benchè non portassi gli occhiali. Sorrisi, ringraziando del complimento, sapendo ch'era più grazioso che vero. Un altro pranzetto intimo, cioè in famiglia, ebbi dalla madre di una signora mia amica, che da gran tempo abitava in Firenze, la signora Roberts. In ambedue questi pranzi m'adoperavo a parlare inglese, e riuscivo a farmi intendere.

Partito da Londra verso le 5 pomeridiane, la mattina dopo mi trovai a Parigi, tutto giulivo di essere al mio solito *Hôtel de Russie*, ricevuto festosamente dalla portinaja, che forse m'aveva riconosciuto; ad ogni modo mi recò un indicibile giubilo venendo da Londra, tutta di colore scuro, di modi riservati, secchi, brevi, il trovarmi in mezzo a quella festività parigina e con gente a noi Italiani più omogenea che gl'Inglesi, dei quali ero stato per lungo tempo tanto fanatico. Gl'Inglesi, che noi vediamo in Italia, appartengono alla società scelta

---

[7] È questi il signor Luigi Fagan, che pubblicò presso di noi le *Lettere ad Antonio Panizzi* di amici e uomini illustri italiani. (*F.*)

per educazione o per ricchezze; a Londra son meno sociali con gli stranieri, più rozzi di modi, forse perchè meno agiati, o perchè non hanno ancora viaggiato. Ciò non ostante, mantenni per essi la profonda stima che avevo concepito sino da giovane, serbando per i Francesi la mia simpatia.

Intanto telegrammi, da Torino mi davano notizie poco consolanti di mia madre, che avevo colà veduta venticinque giorni addietro in buona salute. Ciò mi decise di affrettare il ritorno in Italia, e da Parigi corsi dritto a Torino. Ma la poveretta era morta poco prima del mio arrivo, il 9 aprile, in età di settantatrè anni. Madre sagace e tutta amore per i suoi figli. Mi recai al Camposanto per pregare su la tomba di lei e su quella di mio padre; vi colsi alcuni fiori nati precisamente su quei tumuli, e questi fiori li conservo tuttora con religione. Partito da Torino pieno di amarezza per la perdita della madre, dodici ore dopo ero a Firenze in seno della mia famiglia.

Con le tante stamperie che avevo viste in Germania e a Londra, fermai le mie idee su quella che intendevo di costruire per me a Firenze, e ne affidai l'esecuzione all'ingegnere Enrico Presenti. Ora son dodici anni che il Laboratorio funziona, e non ho da pentirmi nè dello scompartimento delle stanze, nè dei diversi accessori.

Pubblicai, entro la prima metà di quest'anno, nella Collezione Diamante gli *Scritti vari* e il *Saggiatore* di Galileo e le *Confessioni* di Sant'Agostino, nella Collezione Scolastica la *Storia di Roma* del Liddell, e la *Storia di Grecia* dello Smith. Pubblicai inoltre i *Canti* dell'Aleardi e nell'agosto i *Misteri del Chiostro Napoletano* di Enrichetta Caracciolo dei principi di Forino.

Questo libro destò universalmente in Italia, in Francia, in Inghilterra, in Germania e in altre parti (credo persino in Russia) un vero e grande entusiasmo. Quante edizioni ne abbia io fatte non saprei dire; posso assicurare che sono state molte, e che le domande di tradurre questo libro nelle varie lingue d'Europa furono diverse. Ma il curioso a sapersi è il modo con cui esso venne alla luce; che nè prima, nè dopo questa pubblicazione mi è avvenuto mai di trovarmi implicato in un intrigo così comico, così misterioso, e che se finì senza duelli e senza liti, costò a me molti patemi d'animo e gran tensione di spirito.

Ecco quello che avvenne. Da Livorno ricevei ai primi di giugno da un tal cavalier Spiridione Zambelli, che non conoscevo, una lettera di questo tenore: Una dama napoletana, di illustri natali, ebbe la sventura di provare per vent'anni i rigori della disciplina claustrale in differenti monasteri della sua patria. Essa ha messo questo lungo tratto di tempo a profitto per raccogliere intorno a' costumi monastici di quel paese un insieme di esplorazioni, che fuso nel racconto delle sue personali peripezie, forma uno scritto altrettanto pieno d'originalità, che opportuno nelle attuali vertenze. Nulla d'immaginario in esso; tutto reale, positivo, vero, tutto garantito dal nome dell'Autrice, che si rivela nella prima pagina. Il libro porta per titolo: *Misteri del Chiostro Napoletano, Memorie di una dama contemporanea.*

Nel darmi queste notizie, mi domandava se ero disposto a farmi editore di questo lavoro. Rispondo immediatamente che mi sarei recato a Livorno per meglio conoscere quello di che si trattava. Presentatomi al signor Zambelli, egli mi fa l'effetto di un uomo impacciato nel render conto del come fosse possessore di quel manoscritto. Chiedo di poterlo leggere, ed egli si offre di farlo copiare e di mandarmelo, a Firenze. Vedo che si tratta di un affare delicato, e che comprometterebbe la mia riputazione di editore, se il racconto non fosse vero, ma immaginato. Metto per condizione assoluta. che il nome dell'Autrice sia stampato sul frontespizio, e ottengo che vi sia posto il vero nome di *Enrichetta Caracciolo.*

L'Autrice, uscita dal Convento, dimorava a Castellammare di Stabia. Le scrivo, ed ella mi risponde approvando che io riceva e stampi il manoscritto che mi aveva fatto leggere il signor Zambelli, col quale avevo fissato il compenso di lire 1400, come s'egli fosse l'autore. Se non che, verso il finire della stampa, la signora Caracciolo mi scrive in modo da non mostrarsi tanto contenta della fiducia che aveva accordata al signor Zambelli. Ciò ridesta sospetti che già precedentemente avevo concepiti su questo signore. Volendo proceder con prudenza, penso di sospendere la stampa del libro sino a che non siano un po' schiariti i dubbi, e ne avverto lo Zambelli. Dopo qualche altro sospetto su la genuinità dell'operato di lui, manifestato in una successiva lettera a me dalla Caracciolo, arrivo a comprendere il mistero, l'intrigo, la intera commedia, da cui è avvolto questo lavoro. Lo Zambelli conobbe la Caracciolo a Castellammare, essa gli diede il racconto delle sue avventure nel Chiostro in modo informe, perchè non era scrittrice, e lo Zambelli lo raffazzonò e lo ridusse a miglior forma per farvi poi un guadagno. Da ciò gli sdegni della Caracciolo, la quale non voleva essere esclusa da questo guadagno, nè riconoscere il rifacimento dello Zambelli.

Essa però, quando ebbe ricevuto da me i fogli stampati del suo libro, vistolo abbellito da un uomo d'ingegno, non ebbe il coraggio di ricusarlo per suo; volle solo che io le pagassi la metà del compenso convenuto con il signor Zambelli; al che questi subito condiscese; e così si terminò fortunatamente questa vertenza che minacciava di divenire una questione piuttosto scandalosa. Lascio pensare al lettore quanto io rimanessi turbato da questa sorta d'intrigo, nel quale fui involto senza mia colpa.

Nella seconda metà di questo medesimo anno 1864 pubblicai per la prima volta la *Storia della Filosofia* di Augusto Conti, che fu accolta e letta come in Italia non si sogliono legger mai le opere che trattano di filosofia. Ne impressi 2200 esemplari, che col tempo furono interamente esauriti, e vari anni dopo ne feci una ristampa tutta emendata dall'Autore (1876). Nella Collezione Diamante stampai per la prima volta i *Discorsi su Tito Livio* del Machiavelli; Boezio e Arrighetto, *Della Consolazione*; *La Natura delle Cose* di Lucrezio nella traduzione di Alessandro Marchetti, e il Filicaja *Poesie e Lettere*. Stampai infine i *Racconti Popolari* di Temistocle Gradi, l'edizione dei quali è da più anni esaurita.

In questo tempo ricevei una lettera in data 15 luglio da uno studioso di Bisignano in Calabria, riguardante le opere da me pubblicate di Vincenzo Monti. La riferisco qui, perchè tanto essa quanto la risposta credo possan esser lette con curiosità dagli estimatori del grande poeta romagnuolo.

In Calabria, Bisignano, 15 luglio 1864.

Onorevole signor Barbèra,
Con piacere ho veduto fra le opere della vostra bellissima edizione quelle di Vincenzo Monti; però leggendo la prefazione di Carducci, ove egli dichiara che questa è la più esatta e compiuta edizione delle opere poetiche di Monti, non mi è riuscito possibile di aggiustar fede a siffatta asserzione: ed invero, può dirsi compiuta cotesta edizione, se vi mancano moltissimi componimenti? Difatti non vi si trovano le strofette in risposta al Duca di Belforte (se ne fa menzione nella lettera sua a P. Bertòla 1779); il carme eucaristico chiestogli da Bodoni (se ne parla nella sua lettera a Bodoni 1786); i due sonetti pel conte Pepoli (se ne parla nelle sue lettere a Bodoni, 1790, 5 ed 8 maggio); l'ode dedicatoria

per l'edizione dell'Anacreonte di Bodoni (nella lettera al Bodoni 1793); il sonetto: « Volea stupir che il tuo bel crine e quei, ec. » l'altro intitolato il *Voltafaccia*; il famosissimo sonetto: « Mira, Ocean, qual prigionier sono io; » la celebre ottava composta in occasione della Ristorazione del Governo austriaco nella Lombardia, nella quale si offriva a servire il detto Governo; la cantata per le nozze di Lorenzo Rondinelli con Geltrude Gnudi: « Ferma il volo, auretta lieve; » l'omaggio funebre di due madri italiane sulla tomba di Desaix, « Questo fiore, ec.; » l'inno non che la cantata a due voci per la celebrazione della Battaglia di Marengo, e la parodia di uno spartito; delle quali tre composizioni si parla nella sua lettera a Bettinelli; moltissime altre poesie a Napoleone, specialmente il sonetto: « Chi son mi chiedi? Il vincitore io sono, ec.; » e l'altra poesia di cui ricordo questa quartina: « Ecco gli ultimi squadroni. Di tiranno e di crudel: Ogni ferro si sprigioni, Come folgore del Ciel; » altri due o tre canti del Bardo che so di certo aver composto il Monti, e che debbon trovarsi tra i suoi manoscritti: il secondo canto della Palingenesi in continuazione dopo il verso: « Tosto i pensieri e quel che vidi io scrissi; » moltissime poesie composte in gioventù; molte poesie latine; alcuni decasillabi sopra Giacobbe, e moltissime altre poesie, di cui ho inteso parlare, specialmente poesie repubblicane.

Niente dico delle poesie drammatiche: queste verranno appresso in un altro volumetto; non dimenticate di mettere tra di esse l'*Asilo della Verità,* composto nel 1806. Scrivendo Monti all'abate Francesconi dice così: « La traduzione di Omero ha sofferto qualche interrompimento a cagione della Palingenesi e ne soffre tuttavia per un nuovo lavoro a cui le nuove imprese dell'Imperatore mi costringono a metter mano. Farò un altro canto seguitando il pensiero della Palingenesi; dopo il quale darò fine al Bardo ec. » Vedete dunque che vi è forse tra i manoscritti suoi l'ultima parte della Palingenesi ed altri canti del Bardo; tanto più che in una lettera posteriore alla citata e diretta a Mustoxidi (1810) si esprime così: « Una delegazione superiore risguardante il teatro mi ha tenuto parecchi giorni occupato; libero adesso da ogni altra cura, ho ripreso il mio Omero ec. » Si frughi dunque tra i suoi manoscritti, che si troverà più di una cosa. Queste cose ho voluto scrivervi acciocchè facendo il Carducci più minute ricerche delle opere di questo altissimo poeta e venendogli fra le mani quelle che vi ho segnato più sopra, pubblicandole per mezzo dei vostri torchi ve ne verrebbe moltissimo onore, tanto più che la vostra edizione ha un non so che d'incantevole, per cui è più accetta anche di quella di Le Monnier: ed allora si potrà dire che l'edizione è *compiuta*. Vorrei conoscere se siano uscite pei vostri tipi

tutte le poesie di Manzoni. Se degnate di risposta questa mia, vi prego avvisarmelo.
Vi offro la mia servitù, e mi protesto

umiliss. Servo
GIACOMO MIGLIÙRI.

Alla lettera del signor Migliùri feci questa risposta, distesa da Giosuè Carducci:

Signore pregiatissimo,
La ringrazio degli elogi e più ancora degli avvertimenti. Del resto al Carducci pare di potere tener fermo che la nostra edizione sia pur sempre la *più esatta* d'ogni altra per la lezione e la *più compiuta* pel numero de' componimenti; basta appellarsene al confronto. Non v'è da dar retta più che tanto alle intenzioni significate dal Monti nel suo Epistolario di continuare il tale e tale altro poema politico; gli avvenimenti cangiavano o mutavano aspetto, e la musa d'occasione taceva o cominciava un altro canto per non finir poi nemmen quello. Ella accenna ai manoscritti del Monti, fra cui sarebbe da frugare per trovare cose nuove: ma una collezione di manoscritti del Monti dove è ella? Ne sono sparsi alcuni tra le mani de' privati; ma nè Francesco Ambrosoli, amico del poeta; nè il Maffei, assiduo a tutti gli ultimi anni di lui; nè gli editori milanesi del 1844 sanno di queste cose inedite. Nulla d'inedito esiste nella Biblioteca di Ferrara, o che almeno meriti essere dissepolto. Gli altri due o tre canti del Bardo, che Ella sa di certo il Monti aver composti, se non sono i due seguiti da un frammento che pubblicò il Maffei nelle *Opere inedite e rare*, e che il Resnati, il Le Monnier e noi abbiamo ristampati a lor luogo, io non so che possano essere. Saremmo curiosi io e il Carducci di vederli; io poi offrirei quel miglior compenso che si volesse. Delle *moltissime poesie composte in gioventù* non c'importa gran fatto, se sono simili a quelle del 1779. È anche troppo di aver pubblicato tutte quelle che sono a stampa (e qualchedun'altra ne daremo in un prossimo volumetto); e le inedite, e fra esse le *Strofette d Duca di Belforte* (chi le possiede?), possono restar tali senza gran danno. Delle *poesie latine* sa Ella accennarci ove si potrebbon trovare? I biografi ci dicono che il Monti, quand'era in Seminario, compose assai in poesia latina, si parla anche di qualche versione latina ch'ei maturo fece de' suoi versi italiani; ma del trovarle è nulla. L'ode dedica-

toria per la edizione bodoniana dell'Anacreonte non fu mai composta; e il Monti in altra lettera al Bodoni si scusa di non avergli mantenuto la promessa. Lo stesso è a dire del *carme eucaristico*. I due sonetti pel conte Pepoli non sono altro che i due in morte della Teresa Venier, amica del Pepoli, pubblicati nella raccolta pepoliana del 1790 e da noi e da tutti ristampati. L'inno *per la celebrazione della battaglia di Marengo* come pare a Lei che manchi nella nostra edizione? O che altro è la poesia « Bella Italia, amate sponde » se non l'inno scritto dal Monti per la liberazione d'Italia dopo la battaglia di Marengo? La cantata a due voci per la medesima occasione, che è una cosa con l'*omaggio funebre di due madri italiane*, la troverà nel volume delle Poesie drammatiche, ed ivi pure troverà la *Parodia di uno spartito* e la cantata per la Gnudi. Il sonetto « Volea stupir » è del Barbieri o di chiunque altro, ma non del Monti; del Gianni, e non del Monti, è la poesia di cui Ella ricorda una quartina. Del resto qualche poesia del tempo della Repubblica e dell'Impero va sotto il nome del Monti; ma quale argomento abbiamo a crederle autentiche e legittime? non certo quello dello stile. I decasillabi sopra Giacobbe non son altro che gli ottonari intitolati *Profezia di Giacobbe* e stampati primi nel nostro volume delle Liriche; il Maffei, avendo una sola volta udito declamare dall'Autore quella poesia fanciullesca, errò poi di memoria nell'assegnarne il metro.

Mi perdoni la lunga chiacchierata a cui mi ha costretto l'amor proprio di editore.

Io finora non ho pubblicato opera alcuna di Alessandro Manzoni. Ella mi tenga per

suo devotissimo
G. BARBÈRA.

Nell'estate di quest'anno avevamo in Firenze una stampa periodica piuttosto sbrigliata: chi lavorava per la repubblica, chi per un ritorno della dinastia lorenese, chi si divertiva a demolire la riputazione di persone che dalle cose nuove avevano acquistato autorità in paese. Una stampa clandestina mandava fuori, a intervalli, certi foglietini con biografie degli aderenti al Ricasoli. Erano scritti che rivelavano l'animo basso di chi li pubblicava, anzichè intendimenti politici; e più ch'altro penso che quel lavoro colla maschera al viso fosse un mezzo per fare qualche soldo; giacchè quei libelli contro persone stimate in paese, appena apparsi si vendevano a ruba. Il primo fu una biografia di Celestino Bianchi; e annunziava dover seguire quella del barone Bettino Ricasoli. Mosso da giusto sdegno, io prendo la penna e scrivo questo articolo, che pubblicai il dì 11 agosto nel giornale *La Nazione*:

> Al signor Direttore della *Nazione*.
> In un foglio stampato clandestinamente, e che mi è stato posto sott'occhio stamani, si parla di Celestino Bianchi in un modo che io non saprei qualificare; certamente l'anonimo ha voluto fare una vendetta: una vendetta al bujo, una vendetta sleale, feroce, selvaggia. Avendo conosciuto Celestino Bianchi, mi è sembrato di non ravvisarlo in quel ritratto, fatto colla granata. Celestino, io lo conosco, e non è nel mio calendario. Più volte dissi fra me: Se io avessi l'ingegno e le relazioni di Celestino, vorrei farmi stimare e amare; a lui invece riesce il contrario. E perchè?... Questo io non lo saprei dir bene, o piuttosto non lo saprei dire in poche parole; e io non so nè posso scrivere diffusamente. Piove da un pezzo in qua fuoco e nell'atmosfera e nella politica. Io non mi vo' trovare a questi tafferugli; io, che per amor della pace e della mia indipendenza, non sono proprio niente, neppur cavaliere.
> Però in quello scritto anonimo (un po' più dicevo birbo) veggo parlarsi d'un torchio. Ciò mi riguarda. E il corpo del delitto è nelle mie mani, cioè nella mia Stamperia. Quel torchio di cattiva origine sarebbe un bruscolo negli occhi per me, piemontese, pedante, buzzurro (o non son questi i titoli che ci regalano questi signori che, amando l'umanità intera, vituperano ogni giorno noi Italiani del Piemonte?): indago l'origine del torchio; ho lavoranti che servirono Celestino, li interrogo; ho per buona ventura i registri della Tipografia Nazionale, li apro: un mio computista si pone su le tracce di questo torchio, vede i conti, trova che non da Celestino, ma dalla Società (Società formata di egregi cittadini, che però reggevano i fratelli Bianchi più coll'affetto che colla borsa) fu acquistato per 1080 lire toscane. Oh! allora esclamo: Questa è un'indegnità; l'anonimo è un maligno, un abietto mentitore; va svergognato: è delitto non dire la verità quando la si conosce, e io, a costo di perdere il mio quieto vivere e dispiacere financo a Celestino, che forse non saprà che farsi delle mie difese, vo' dire che la storiella del torchio fraudolentemente strappato (come dice il foglio clandestino) a Simone Soliani, è una pretta invenzione. Infatti il Soliani, buon uomo e buon torcoliere, israelita di Modena, che fu mio lavorante per sette anni, che mi voleva bene, benchè io fossi a senso suo un principale un po' severo, non mi disse mai nulla di tutto ciò; ed egli mi soleva raccontare le sue faccende

anche troppo spesso. Dimodochè io, colla mano sul petto, colla testimonianza di lavoranti di Celestino superstiti, col registro vecchio, logoro, ma forse più pulito della faccia dell'Anonimo, assevero che la storia del torchio, narrata nel foglio clandestino, è una vituperosa menzogna, e lo dichiaro per amore al vero, e non per far cosa grata a Celestino, nè far onta all'Anonimo, che (ben inteso) non conosco. Sul resto del racconto nel foglio clandestino che riguarda ancora cose di Stamperia, non mi sono noti i particolari; ma se tutto è vero come la storia del torchio, io pregherei Celestino a degnarsi di venire da me, perchè io lo condurrei attorno per Firenze a braccetto colla coscienza tranquilla di essere in compagnia di un galantuomo.

G. BARBÈRA.

Questo atto di coraggio fu applaudito dall'universale, e bastò a far cessare immediatamente quella sorta di pubblicazioni; di guisa che la biografia del Ricasoli non venne mai più fuori. Piacque anche il modo spiccio con cui fu scritto. Persino da Massimo D'Azeglio fui applaudito; ed ebbi da lui queste parole, che mi diedero coraggio a far sentire al pubblico la mia voce in altre occasioni: « Ho ricevuto il suo articolo per C. Bianchi. Ma sa che è scritto profumatamente bene? Gliene faccio i miei complimenti proprio sinceri. Si metta a scrivere, e cerchiamo, se si può, di rendere l'italiano leggibile. Il suo modo è quel che ci vuole. – (Cannero, 17 agosto 1864.) »

Siamo nel settembre, mese d'infausta memoria per la città di Torino. Un po' vagamente, in modo un po' confuso, si comincia a vociferare in Firenze del trasferimento della capitale. Segno meno incerto che queste voci hanno qualche valore è il rincaro delle pigioni degli alloggi; che in Firenze appunto in questo mese di settembre è uso di rinnovare gli affitti.

Verso il 13, prima i giornali francesi parlano del trasferimento in modo non chiaro ancora; poi il 20 i giornali italiani e principalmente la *Nazione* e l'*Opinione* dicono apertamente che fu firmata il 15 dello stesso mese una convenzione tra Francia e Italia, che riguarda questo trasferimento. Torino comincia ad agitarsi; la Giunta municipale torinese siede in permanenza; dipoi ogni giorno assembramenti di popolo su le piazze, e principalmente su quella che ha nome dal Castello di Madama. Si tenta di sforzare la linea militare che difendeva l'ingresso al Ministero dell'Interno; accadono ferimenti e morti. Il

22 Sua Maestà fa sentire al Ministero che crede conveniente ch'esso si dimetta. Accettate le dimissioni, incarica il generale La Marmora di comporne uno nuovo; e in ciò il La Marmora ebbe la cooperazione del barone Ricasoli.

Tra gli uomini che componevano il Ministero, che ajutò la combinazione del trasferimento della capitale da Torino a Firenze, erano il Peruzzi, il Minghetti, il Visconti Venosta, lo Spaventa. Accenno il nome di quegli uomini che ajutarono la combinazione suddetta, perchè autore vero di quella è stato Napoleone III, il quale volle farsi suggerire un modo (ed era appunto quello ch'egli stesso volgeva in mente) che gli desse facoltà o per meglio dire sicurezza di poter richiamare da Roma le truppe francesi, che davano tanto fastidio ai liberali italiani e poco gusto all'Imperatore; che così faceva la guardia al Papa. Il modo fu suggerito (apparentemente) da Gioacchino Pepoli, cugino dell'Imperatore e deputato al Parlamento italiano, il quale, recatosi in Parigi a studiare gl'intenti di Napoleone, non s'avvide che recitava una parte importante nella commedia immaginata dall'augusto congiunto, maestro in queste arti.

Nel Ministero che succedè agli uomini che avevano imbastita la convenzione colla Francia, si annoveravano il generale Alfonso La Marmora, Giovanni Lanza, Sella, Jacini, Torelli, Natoli, Petitti-Bagliani, Vacca. Il popolo torinese all'annunzio di questo Ministero un poco s'acquietò, benchè la convenzione venisse accettata dai nuovi ministri, e da essi sostenuta come una necessità politica davanti al Parlamento, convocato per il 24 ottobre. La Marmora annunzia la formazione del nuovo Gabinetto, e comunica la convenzione e i documenti a quella relativi. Lanza presenta il progetto di legge pel trasferimento della capitale. Dopo un'opposizione vivissima e lungamente dibattuta (la discussione durò dal dì 8 al 19 novembre) in Parlamento, la legge sul trasferimento è approvata, prima dalla Camera dei Deputati e poi dal Senato. Intanto il Governo aveva già mandato in Firenze ufficiali del Genio a far ricerche per locali adattati ai nuovi uffici che sarebbero stati trasportati. Il sindaco di Firenze (allora Giulio Carobbi ff.) ordina che sia dato mano prontamente agli studî necessari per l'ingrandimento e il riordinamento della città.

In questo fine d'anno (14 dicembre) mi morì il piccolo mio figliolino Beppe, nato il 12 gennajo 1862. La sua morte mi cagionò un dolore immenso. Io lo ricordo sempre nelle mie orazioni a Dio ogni sera prima di addormentarmi, e lo prego come intercessore per ottenermi perdono de' miei trascorsi e guarigione della mia infermità.

CAPITOLO DECIMOTERZO

LA CAPITALE A FIRENZE

SOMMARIO: [1865] L'*Histoire de Jules-César* par Napoléon III – Corsa a Parigi – Malumori dei Piemontesi a Firenze: una lettera all'*Opinione* – Pubblicazioni – *La Lettera agli Elettori* di M. D'Azeglio – Visita a Cannerò – [1866] Morte di M. D'Azeglio – G. Barbèra consigliere comunale di Firenze – Crisi monetaria: lettera alla *Nazione* – La Guardia Nazionale – La guerra – Angelo Brofferio e il suo inno – Di alcune pubblicazioni, e specialmente dei *Miei Ricordi* di M. D'Azeglio.

Nell'anno 1865 avvenne il trasferimento della capitale da Torino a Firenze. Io aveva nella mia casa, recentemente acquistata, una quantità di muratori che lavoravano a riattarla, ad accrescerla (contro il primitivo mio divisamente) e a fabbricare di pianta in una porzione del giardino, il mio Laboratorio a uso di stamperia. In tutta la città e nei sobborghi era un tramenìo di operai; le pigioni rincaravano, e anche la mano d'opera;[1] si cominciava a provar gli effetti del prossimo insediamento del Governo in Firenze.

Benchè un po' distratto da queste novità fragorose, dopo aver passato ventiquattr'anni circa in una città tutta calma e quasi flemmati-

---

[1] Nel consentire spontaneamente ad aumentare le mercedi dei suoi operai, nostro Padre rivolse loro le seguenti parole:

"*Ai lavoranti nella mia Stamperia.*

Avendo condisceso ad aumentare il compenso delle vostre fatiche, è necessario che io vi raccomandi di essere sempre più attenti al lavoro, di abbandonare il vizio che ha taluno di voialtri di passare quarti d'ora in chiacchiere, ultimi a entrare al lavoro e primi ad uscire.

Ai compositori a dilungo raccomando maggior silenzio, senza di che non si può ottenere un lavoro fatto con quella coscienza che richiede la nobile arte che esercitate.

L'accrescimento di prezzo delle vostre fatiche mi dà diritto di chiedere a voi maggior energia nel lavoro; e non ne ho soltanto il diritto, ma ne ho anche il dovere, stantechè noi entriamo in tempi in cui gli uomini di buona volontà andranno avanti rapidamente; le mezze voglie si perderanno per via, e non gioveranno nè a sè, nè ad altri. Ed io ho bisogno di lavoranti che giovino a sè e a me, che li provvedo di lavoro, e che lavoro con essi.

ca, io nondimeno accudiva agli affari di editore e sorvegliavo l'andamento dei lavori alla fabbrica. Ordino in Baviera due macchine, una grande, l'altra piccola; mi fornisco di vari attrezzi, di nuovi caratteri in quantità copiose, a Francoforte sul Meno. Leggevo con attenzione i giornali, nè trascuravo i miei due figli Piero e Luigi che andavano a scuola nell'Istituto svizzero di là d'Arno in via dell'Ardiglione; anzi ogni giorno alle tre con mia moglie mi avviavo per prenderli e accompagnarli a casa. Era questo per me un grato dovere ed un esercizio igienico; che prima d'allora, di giorno, non lasciavo mai la Stamperia senza un assoluto bisogno, non mai per andare puramente a spasso.

Proprio nel primo mese dell'anno mi avvenne un fatterello, che fece qualche rumore in Italia e contribuì a dare al mio nome qualche maggiore notorietà. A Parigi si cominciava a parlare della non lontana pubblicazione della *Histoire de Jules-César* scritta da Napoleone III imperatore dei Francesi. Verso la metà di gennaio ricevo una lettera dall'editore parigino Henri Plon, che mi propone di acquistare il diritto di proprietà per la traduzione in italiano della suddetta opera, e m'invita a recarmi tosto a Parigi. Leggo la lettera a qualche amico, che capitava nel mio scrittojo: io mostro diffidare delle parole lusinghiere dell'editore francese; gli amici m'incalzano, deridono la mia incredulità: pareva quasi che mi si presentasse un'occasione di avere un colloquio coll'augusto scrittore.

Cedei ai consigli degli amici; ed eccomi a Parigi di nuovo dopo sette od otto mesi dacchè vi ero stato. Quello che ne avvenne è registrato in questa lettera al Direttore della *Nazione*, che, tosto riportata dagli altri giornali, ebbe un favorevolissimo incontro in Italia e fuori, ove fu tra-

Ho creduto bene di dare questi avvertimenti a tutti insieme anzi che alla spicciolata, quantunque di molti di voi non abbia che a lodarmi grandemente. Questo modo da me prescelto non mortificherà palesemente nessuno, ma non impedirà che io osservi anche con più accuratezza l'andamento di quei lavoranti, grandi o piccoli, che dovrebbero tenere in maggior conto i vantaggi e la soddisfazione di lavorare in mezzo a un sì bel numero di operai intelligenti, laboriosi e disciplinati.

Il vostro principale ed amico
G. BARBÈRA.
4 marzo 1865."

Ci sembra che queste poche righe dicano chiaramente in qual modo G. Barbèra trattasse i suoi lavoranti. Esse dovrebber servire di lezione a principali e sottoposti, e risparmierebbero eccessi dispiacevoli e nocivi a questi e a quelli. (*F.*)

dotta, principalmente per la seconda parte di essa, in cui parlavo dell'edizione dell'opera di Napoleone, della quale i giornali fin allora non avevano potuto recare i particolari che io era in grado di dare.

Mio caro Direttore,
Poichè della mia partenza per Parigi avete voluto dar conto ai lettori della *Nazione*, non mi pare inutile ragguagliarvi dell'esito che ebbe il mio viaggio. Voi lo ricorderete, e lo ricorderanno i nostri amici Puccioni e Barazzuoli, che io di mala voglia m'induceva a partire. Non vedevo nell'invito ciò che il vostro ardore e la vostra amicizia per me vi faceva vedere. Io subodorava un incanto, e fu un incanto a cielo scoperto; nulla più.

Infatti, giunto a Parigi, trovai il mio amico e collega cavalier Luigi Pomba che già trattava col signor Plon l'acquisto della proprietà per l'edizione italiana della *Vita di Giulio Cesare*, scritta da Napoleone III. Appena vistomi, il Pomba, gentile e accorto com'egli è, mi stese la mano, e mi disse: – Noi siamo stati burlati dalla lettera del signor Plon, che a noi pareva *particolare* ed invece era *circolare*; ebbene, uniamoci e facciamo società. – Accettai subito. In quel mentre, ecco un dispaccio da Firenze al Plon, in cui è detto che si vuole ad ogni costo concludere l'acquisto dell'opera, e che la persona la quale scriveva il dispaccio partiva per sottoscrivere il contratto.

Questa persona è il cavalier Felice Le Monnier. Poche ore dopo giunto in Parigi, il caso, il puro caso, lo ha fatto capitare nello scrittojo di un mio amico. Immaginatevi l'imbarazzo un po' suo, un po' mio e del mio amico e di una signora che era a colloquio con noi. In verità questo imbarazzo lo provammo senza dimostrarlo, e allora il signor Le Monnier, involontariamente forse, diceva tutte le ragioni più o meno buone, più o meno alte, che lo avevano mosso a seguire i miei passi, asserragliandomi intanto la strada con dispacci telegrafici, de' quali il Plon disse esserne giunti tre in un giorno.

Finalmente il signor Le Monnier ha concluso il contratto; e l'ha concluso col signor Plon, incaricato di trattare le cessioni della proprietà letteraria per la *Vita di Giulio Cesare* in lingue forestiere. Il Plon a me e al Pomba chiedeva trentasei mila lire, e fu così fortunato da ottenerne quarantadue mila dal signor Le Monnier.

Ma poichè v'ho detto cose forse indifferentissime per voi, vo' raccontarvi qualche cosa di più gustoso e di più ghiotto. Vi faccio la storia intima delle edizioni fatte e progettate di questa *Vita di Giulio Cesare*.

Innanzi tutto sappiate che la prima pubblicazione di questo lavoro non é fatta dal signor Plon, che s'intitola *Imprimeur de l'Empereur*, ma dalla Stamperia Imperiale a Parigi. L'opera si comporrà di tre o forse quattro volumi, che usciranno a non brevi intervalli l'uno dall'altro.

Io ebbi in mano il primo volume legato: un'edizione di lusso imperiale; un bell'*in quarto*, cinque dita di margine, note abbondanti con postille alle pagine, a imitazione della *Storia del Consolato* del Thiers, carte geografiche, ritratto di Giulio Cesare, opera del famoso Ingres, così ben lavorato, così ben indovinato, che sembra Napoleone I. Questo volume è pronto per esser pubblicato; non costerà che cinquanta franchi.

Il signor Plon sta facendo anch'egli, col permesso dell'augusto Autore, un'edizione a dieci franchi, che quindici giorni dopo tirerà su carta meno bella, con meno margine, e venderà a sette franchi; poi a cinque, poi a tre e mezzo; e a questo punto ha detto al signor Pomba di voler fare un'edizione illustrata a cinquanta centesimi la dispensa, e gliene ha offerto le vignette.

Le traduzioni inglese e tedesca sono già avviate, ma quella italiana è appena incominciata, e vi attende il signor Minervini, archeologo di bella fama, napoletano, e che dimora a Napoli. La scelta del traduttore vi deve dare un concetto dell'indole del lavoro; intorno al quale fu udito spesso il consiglio di altri famosi archeologi, nonchè del celebre Mommsen.

L'Imperatore non s'è occupato che della sola edizione fatta dalla Stamperia Imperiale; per le altre non mostra curiosità di sorta, avendo abbandonato ogni diritto di autore in vantaggio di quattro o cinque persone che gli sono affezionate, ed egli paga le spese alla grande edizione di lusso, destinata a sovrani, ad ambasciatori e a un piccolo numero di persone.

Per farci muovere più speditamente le gambe ci è stato fatto credere che l'Imperatore aveva rivista e corretta la traduzione italiana; tutto ciò non è vero. La traduzione, come vi ho detto, è appena incominciata, nè si domandano a Parigi tampoco le bozze; si chiede soltanto un foglio di torchio, che non si rimanda, e all'oggetto di sapere quanto progrediscano le edizioni estere.

E dopo aver dato questi precisi ragguagli, resi ornai necessari dalle più o meno esatte voci corse intorno a questo affare, passo a dichiararmi

vostro affezionatissimo
G. BARBÈRA.
Firenze, 1° febbrajo 1865.

Il trasferimento della capitale a Firenze era sempre cagione di gravi dissapori a Torino e di stizze bizzose de' venuti nella nuova sede del Governo. Qui si trovava tutto scomodo, tutto brutto, tutto antiquato, nulla di adatto per insediare una capitale, come la intendevano i giovani politicanti.

A Torino, in occasione di un ballo a corte, vi si fece una dimostrazione, che spiacque molto al Re; il quale, impermalitosi inoltre dell'astensione quasi totale delle notabilità torinesi alla festa data da lui, si decide di partire immediatamente per Firenze, ove giunge il 3 febbrajo, ed è accolto con grande solennità e con entusiasmo. Non tardò molto ad arrivare la Giunta municipale di Torino a San Rossore, ove erasi recato a dimorare il Re, presentandogli un indirizzo di condoglianza per l'avvenuto, e riescono a placare lo sdegno del Re, il quale, a preghiera della Giunta municipale, fa ritorno a Torino il 23 dello stesso mese, festeggiato dai Torinesi.

Il Governo italiano col 1° del mese di giugno trasporta la sua sede a Firenze. Allora sì che col grosso dell'esercito degl'impiegati si accende vie più la guerra già incominciata con pochi ed ora ravvivata dalle grida dei molti contro Firenze e i Fiorentini, contro gli usi e le case di questi, contro tutto quello che trovano nelle vie che percorrono, contro i passeggi, i caffè, le trattorie, i teatri. Io udii questa esclamazione: "*Për quattr' guadrass ch'a l'han, a fan un bourdel da forca!*"[2] E veramente le città artistiche del mezzogiorno dell'Italia menano soverchio vanto di quello che hanno fatto in altri tempi, ma che non serve a nascondere la presente loro ignavia. Sono come quelle famiglie di nobili decaduti: rimangono i titoli, ma le sostanze sono svanite. Ciò nonostante quell'esclamazione da me udita in dialetto, suona sempre goffaggine e ignoranza.

Questo chiasso indecente e dannoso al buon ordine e al regolare andamento delle cose pubbliche mi fece venir l'idea di scrivere una lettera al Direttore dell'*Opinione*, Giacomo Dina. Questa pubblicazione nel giornale che veniva allora allora da Torino, fece un ottimo effetto; se non calmò gli spiriti accesi e rabbiosi, diminuì l'eccitazione, ed io non solo ebbi cordiali e vivi ringraziamenti dai Toscani, che m'accrebbero stima ed affetto, ma ricevei applausi e mirallegri anche

---

[2] "Per quattro quadracci che hanno, fanno un chiasso del diavolo."

dai Piemontesi.[3] La lettera fu ristampata in diversi giornali. Piacque assai, e contribuì grandemente a farmi parere scrittore vivace e di vena. Sarà proprio vero? Chi leggerà di qui a vent'anni, giudicherà. Ecco la lettera:

> Mio caro Dina,
> Permettete che un Piemontese, da venticinque anni dimorante in Firenze, scriva a un Piemontese arrivato ora, ma che dai colloqui avuti dimostra mente e cuore da comprendere che cosa sia Firenze e che siano i Fiorentini. Questo nuovo arrivato siete voi, mio valente amico.
> *Bisogna finirla*, gridano certi giornali, che non cessano di portar legna al fuoco che arde e minaccia di separare Piemontesi e Fiorentini; *Bisogna finirla*, gridano molti onesti e sinceri estimatori dei Piemontesi, ma intanto la fiamma dura e s'inalza. Ma, per finirla davvero, bisognerebbe che i Piemontesi, cólti e educati come voi e molti pari vostri, cominciassero a indagare e a discuter l'origine di questo screzio. Bisognerebbe cessare di buttar legna sul fuoco; bisognerebbe, invece, buttar acqua a bigonciuoli.
> Le legna sono le *invettive* continue, che si odono da bocche inette a comprendere questo grande avvenimento che si compie sotto i nostri occhi, qual è l'insediamento della capitale d'Italia in Firenze. Pensosi e non ringhiosi dovremmo essere, considerando qual mistero asconda per l'Italia questo fatto nuovo nella storia, di vedere, cioè, trasferita una capitale in meno tempo che non si farebbe una casupola da contadini. Niuno sa dire se questo fatto possa recar beni veraci all'Italia, o se le prepara disinganni amari e fecondi di lotte intestine. Invece di questo dignitoso contegno, richiesto e dalla gravità dei casi e dalla propria dignità, vediamo inalzarsi un turbinio molesto di voci imprecanti a Firenze e ai Fiorentini per un fatto ch'essi subiscono quasi trasognati, che rompe le abitudini loro tranquille e casalinghe, che dalla gioconda città li sbalza nelle borgate, e nondimeno le loro sostanze si assottigliano a segno, da reputare come sacrifizio ciò che altri considera come invidiata fortuna.
> Non vi sentite avvampare di sdegno, mio caro Dina, a udire molti dei

---

[3] Si veda in proposito nell'Appendice la nobilissima lettera del signor Enrico Dalmazzo, venuto a Firenze da pochi mesi direttore della Stamperia Reale, e la lettera 31 luglio 1865 di Giosuè Carducci. (*F.*)

nostri compaesani palesemente, ad alta voce, in luoghi pubblici, dire un monte di male dei costumi, della lingua di questo mite e perciò civile popolo fiorentino? Non provate dolore a vedere con quanta insipienza o malizia grossolana i giornali della nostra Torino accolgono lettere da Firenze in cui si dicono cose da fare sbellicare dalle risa chi conosce da vicino il vero, se questi fossero tempi da ridere, mentre il popolo più assennato d'Italia giuoca a perdita sicura la bella fama acquistata e in Parlamento e nei consigli e nelle guerre combattute a prò d'Italia, quando il più degl'Italiani con le catene alle mani rimanevano spettatori della loro sorte?

Dal Montaigne al Foscolo, Firenze ebbe sempre fama di mitezza e di civiltà. Illustri stranieri la visitarono, la decantarono a voce e in scritto, e molti di loro si adagiarono su queste ridenti sponde, amandole non meno della loro patria. Un sentimento così concorde, così universale, credete voi che si possa comprare? Non si potrebbe reggere una fama per tanti secoli, per tante generazioni, se non fosse basata sul vero.

Dunque del vero ce n'è. E poniamo si potesse lodare Firenze come piccola capitale o come città di provincia, ma divenuta ora capitale di un glorioso regno debba riformarsi. Questo sì certamente; ma date tempo al tempo. Dieci mesi fa tutto era ignoto; ed ora vedete che questa città si scuote, si amplia, si abbellisce e accenna d'affrettare il passo. Il Municipio sa di essere lento; e se io lo prego di scuotere la fiaccona indigena, non lo esorto mica a sprofondarsi in ispese straordinarie tutto a un tratto.

Due cose soltanto io vorrei che il Municipio facesse in un batter d'occhio, se fosse possibile: l'acquedotto e il mercato. Il resto si può far bel bello. Intanto vedo che l'industria privata si esercita con ardore; vedo società accorrere ad ampliar Firenze, ad arricchirla di edifizî, di viali, caseggiati e di ogni altra maniera di comodità.

I nostri compaesani si dolgono di non trovar qui i costumi loro, nè i loro agi, nè gli svaghi loro, e neppure il loro dialetto. Ai primi inconvenienti si riparerà quando alla nuova capitale accorreranno più numerosi i loro parenti, i loro amici, i loro compagni. Al dialetto si ripara malamente. Nemico ostinato di tutto ciò che ricorda le nostre passate divisioni, io prego la Provvidenza, che visibilmente protegge l'Italia, a non permettere che si adempia il voto di taluno che dai vari dialetti d'Italia sorga una lingua nuova, che sia la vera lingua italiana.

Conchiudendo, mio caro Dina, prego voi e i miei compaesani, che hanno senno e modi squisitamente civili, a raccomandare che si smetta di bistrattare questa città e questo popolo, il quale ha doti in sè pregevoli, e talune non comuni tra noi. Questo popolo, nè invidioso nè soverchiatore, è amico dei forestieri, li accoglie e li onora più di quello che non si farebbe nè a Torino, nè a Parigi, nè tampoco a Londra; ma è nello stesso tempo un popolo d'indole delicata. Continuamente ricolmo di lodi, prova un fastidio immenso, una nausea profonda, una specie di ribrezzo nell'udire ogni giorno su tutto e per tutto le critiche esagerate di taluni, i quali, non volendo, cospirano a tenere accesa la discordia fra Toscani e noi.

Voi udirete le alte rampogne di taluno dei nostri; ma non tanto spesso udirete le querimonie sommesse dei Fiorentini. Questi odono; non so se comprendano sempre il senso vero del nostro dialetto, certo dal non comprender bene nascono equivoci ed inconvenienti:[4] essi tacciono, ma in cuor loro si genera un sentimento di antipatia, che in animi delicati non si palesa subito, ma vi getta nondimeno profonde radici.

Un solo rimedio, a senso mio, sarebbe efficace, sarebbe anche pronto; e a me pare di colpir giusto. Cessare dai giudizi avventati, riprendere i modi dignitosi dei nostri Piemontesi buoni; col lavoro assiduo e intelligente mostrare la forte tempra dei subalpini, colla prudenza l'accorgimento, coll'abnegazione il sentimento del dovere. Nei ritrovi di famiglia o d'amici dare libero sfogo all'animo esacerbato pei danni patiti da sì repentino cambiamento; in pubblico comparire disciplinati dall'amor della patria comune e dal sentimento della propria dignità; in privato, colloqui intimi e lingua intima. In pubblico, onorare questa gran lingua italiana, parlando italiano.

Allora, ma allora soltanto, i Piemontesi vedranno i Fiorentini riprendere verso loro la nativa festività, il sorriso che se non feconda sempre l'amicizia, consola chi in età adulta ha lasciato una casa a lui cara per memorie e affetti, che la distanza non spenge. Allora questo popolo tornerà a lodare le virtù del Piemonte, che dette all'Italia ciò che l'Italia non avrebbe avuto mai senza di esso, vo' dire l'esercito, quell'esercito che fa palpitare di gioja ogni buon Italiano, e fa dispetto e ira ai suoi nemici. Allora i Piemontesi saranno novamente portati in palma di mano dai Fiorentini, come accadeva prima del 15 settembre; se no, io prevedo che il soggiorno toscano ai Piemontesi non tornerà gradito per volger di tempo.

Vittorio Alfieri è pur sempre un nome glorioso e caro a tutti, in spe-

---

[4] Un'ottima donna piemontese diceva qui in Firenze a una toscana, che era al suo servizio: *Mangia, mangia, bousaron!* Avvampò subito di sdegno la donna toscana, perchè si credè chiamata *bugg......* Invece la padrona piemontese volle dire: *Mangia, mangia, per bacco; non ti riguardare.*

cial modo ai Piemontesi. Ebbene, egli lasciò scritto:

Perchè non è tutto Toscana il mondo!

E con questo verso del grande Italiano chiudendo la mia lettera, ho fiducia che le mie parole non saranno legna sul fuoco della discordia, ma acqua molta in un bigonciuolo grande.

Amatemi, caro Dina, e permettete che vi esprima in pubblico l'alta considerazione in cui vi tengo e come uomo e come pubblicista.

Il vostro amico sincero
G. BARBÈRA.
20 luglio 1865

Io passo quest'estate piuttosto appassionato per i fatti che vedo accadere sotto i miei occhi, ma non per questo dimentico le mie faccende; rallento forse un poco le imprese da editore, trovandomi ben provvisto di lavori tipografici per conto d'altri. Nondimeno posso notare due pubblicazioni piuttosto importanti che furon fatte in questi mesi: le *Confessioni di un Metafisico* di Terenzio Mamiani, i volumi 3° e 4° della *Storia della Monarchia Piemontese* di Ercole Ricotti, e la famosa lettera *Agli Elettori* di Massimo D'Azeglio,[5] stampata a diecimila copie, e che ebbe spaccio in pochissimo tempo. Poi nella Collezione Diamante pubblicai per la prima volta le *Tragedie e Drammi* di Vincenzo Monti, le *Odi* di Pindaro tradotte da Giuseppe Borghi, le *Poesie* del Chiabrera, il *Saggio storico* di Vincenzo Coco, le *Vite d'uomini di arme e d'affari*.

Su lo scorcio dell'anno feci un viaggetto sul Lago Maggiore, che io non aveva più veduto da lunghissimo tempo, e che, ogni qual volta lo ricordavo, rasserenava il mio spirito. Lo stesso mi avveniva al rammentare gli altri laghi di Lombardia; che il lago è idea più omogenea al mio spirito che quella del mare immenso e sconfinato o dell'orrido di una montagna altissima coperta di neve e seminata di rupi scoscese. Ogni uomo ha i suoi gusti, intorno ai quali è vano il disputare.

---

[5] Vedi su questa pubblicazione le lettere dell'Azeglio da Cannero, dei 25 agosto e 3 settembre 1865, in Appendice. (*F.*)

Dopo la pubblicazione della *Lettera agli Elettori*, di Massimo D'Azeglio, avvenuta nell'agosto, l'entusiasmo d'una volta verso l'Autore si risvegliò potentemente in tutta la penisola, e valse ad addolcire quello spirito un po' acre ch'egli aveva contratto e per l'andamento delle cose politiche e per lo stato della sua salute che declinava sensibilmente, con trepidazione dei molti suoi amici. Pensai in quel viaggio di fare all'Azeglio una visita nella sua villa di Cannero sul Lago Maggiore. Dovevo anche rendergli conto della straordinaria vendita del suo opuscolo sopra ricordato, dovevo pagargli una somma non tanto piccola; amavo di rivederlo, di parlargli, di ragionare dei casi d'Italia allora tendenti a democrazia garibaldina, che non era della democrazia la specie più eletta. Risolsi di partire, e partii verso la metà di ottobre. Ne lo avvisai prima; egli mi aspettava, e m'era venuto all'incontro con alcuni suoi amici che villeggiavano con lui.

Le accoglienze furono festose, cordiali, e quella prima sera si passò in vari discorsi su le cose attuali e sul trasporto della capitale, questione *palpitante*, come direbbe un Francese, questione d'attualità, come si deve dire da noi. All'Azeglio questa novità politica non andava niente a sangue, non lo tranquillava nè punto nè poco, ma non l'osteggiava troppo visibilmente; gli ospiti suoi invece, uno de' quali era la contessa Zanini, romagnola dimorante a Torino, e l'altro il marchese Stefanoni di Roma, si dimostravano tremendamente contrari a quel trasporto, e quando seppero che io stampava la *Nazione*, giornale fiorentino che aveva cooperato a quel fatto importante, quasi si attentarono a dirmi parole vivaci e offensive. Ma l'Azeglio a questo punto prese le mie difese; disse che mi conosceva come buon Italiano senza secondi fini, e acquetò quei due maniaci. Mi rincresce d'esser così severo per la signora, che era gentile; ma veramente erano tali per quella questione soltanto del trasporto della capitale; in altre cose mi parevano persone d'animo mite e signorilmente educate.

Il giorno appresso, dopo colazione, l'Azeglio mi chiama nella sua camera, mi porge molti fogli manoscritti, un foglio bianco e un lapis: "Eccole la prima parte dei *Ricordi*; vada a leggerli da sè nella sua stanza, fuori in giardino, dove vuole; con questo lapis noti le sue osservazioni. A rivederla all'ora di pranzo, alle cinque."

Io lessi sei ore di seguito quel manoscritto; pieno di stupore per il diletto che mi recava, e senza notare altro che m'avesse un po' fermato se non un capitolo intitolato *L'Amore*. Tutto il resto m'inebriava e mi faceva presentire l'accoglienza che il pubblico avrebbe fatta a quel lavoro, di un genere non frequente, anzi raro tra noi. Ancor più divertente della *Vita* dell'Alfieri; immensamente più utile della *Vita* del Cellini, se non egualmente dilettevole per la narrazione, vivace, disinvolta, naturale, paesana.

A tavola ne parlai tanto calorosamente, che quasi non presi cibo: parlavo, lodavo, citavo passi, predicevo la buona ventura del libro; nè rifinivo di parlarne alla presenza dell'Azeglio e de' suoi ospiti, i quali divennero più benigni verso di me, udendomi esaltare in quel modo il nostro signor Massimo, ch'io amava e riveriva sopra ogni altro Italiano.

E continuavo a leggere il giorno dopo. La mattina del terzo giorno, prestissimo, odo picchiare alla bussola della camera. È il signor Massimo che mi viene a domandare come ho riposato: "Benissimo," rispondo io; e lui: "Di quel tanto di bene che disse, alla presenza della Contessa e del Marchese, del mio lavoro, che cosa v'è di vero? Qui siamo soli, può dirlo a me, e mi fa piacere per sapermi regolare nella continuazione. Non ha nulla ad osservarmi?"

"Tutto va egregiamente bene," rispondo io: "eccettuato un solo capitolo."

"Quale? Quello sull'amore?"

"Sì, giusto quello per l'appunto."

"Neppur io ne sono pienamente soddisfatto; tornerò a pensarvi."

"Il resto del manoscritto, creda a me, signor Massimo, è delizioso; sarà un libro utile, sarà letto avidamente, e gli applausi che ne verranno da ogni parte d'Italia si udranno sino da questa sua romita campagna."

"Mi fa un gran cuore a sentir lei così buon gustajo a parlar così. Che parli sincero lo credo; che indovini quel che avverrà lo desidero ancor io, non per vanità letteraria, ma per l'educazione del carattere italiano."

"Ho piacere che lei creda alla mia sincerità: del resto ne ho una prova materiale a darle: sarò io che dovrò pagare in danaro tutti gli elogi che finora ho fatto del suo lavoro."

E a questa arguzia, venutami spontanea ed opportuna, Massimo D'Azeglio si fregò dalla contentezza le mani sorridendo e ripetendo: "Mi fa un cuore da leone." Ed esce di camera.

Nella stampa de' *Miei Ricordi* non vidi più il capitolo sull'amore. Non saprei se modificato dall'Autore o da chi ha preparato il manoscritto, che ha servito per l'edizione che ho fatta io.

La piccola villa dell'Azeglio, architettata da lui stesso, è posta a una distanza di venti minuti dal villaggio di Cannerò sul Lago Maggiore.

Non è villa sontuosa, ma ridente, piacevole, di buon gusto, che tende alla semplicità; non ha terreno coltivabile, ma tutto giardino, e in mezzo ad alberi piuttosto alti, che l'adornano e quasi la nascondono agli sguardi dei curiosi come donna che abbia il velo su gli occhi. Il lago le batte ai piedi colle onde quasi sempre pacifiche; il moto dell'onda, lo zampillare dell'acqua cadente dalla rupe che sta forse troppo a ridosso della villa, il cinguettio degli uccelli nel bosco danno appena segno di qualche vita in quel gradito romitorio, dove l'Azeglio sperava di recuperare la sua salute affranta, scrivendo, dipingendo, sonando il pianoforte, e dilettandosi nella compagnia serena di alcuni amici e amiche, che di tanto in tanto lo andavano visitando per vederlo, per salutarlo, per discorrergli delle cose politiche.

Il 12 di novembre, scrivendomi l'ultima volta, mi diceva:

> La compagnia di Cannero è sempre la medesima; e la ringrazia della sua buona memoria, restituendole i suoi saluti. Nella sua breve visita ella ha fatto la conquista del *bel* sesso, ed anche del *brutto*: tutti sperano dunque che avendo imparata la via di Cannero ci ritornerà. Stia bene, e mi creda di cuore suo
>
> affezionat.
M. D'AZEGLIO.

Delle cose memorabili di quest'anno mi par bello ricordare la solennità pel centenario di Dante, avvenuta il 14 maggio su la piazza di Santa Croce, tutta addobbata a festa. Dalle molte finestre prospettanti a quella piazza v'erano tappeti sul davanzale, pendevano bandiere nazionali e corone di fiori, e si vedevano affacciate una gran quantità di persone. Giro giro alla piazza v'erano palchi per gl'invitati. In mezzo, dirimpetto alla statua, vedovasi un padiglione eretto per il Re, il quale intervenne alla festa, e vi fu lo scoprimento della statua di Dante che sorge nel bel mezzo della piazza stessa, lavoro dello scultore Enrico Pazzi di Ravenna. La statua fu giudicata molto favorevolmente dagl'intelligenti, anche perchè l'Autore seppe evitare le solite forme esagerate, che gli artisti soleano dare al Cantore dell'Inferno.

Ricorderò infine che il 18 novembre si aprì la prima volta in Firenze il Parlamento italiano, e il Re pronunziò un discorso che si aggirava sopra due punti principali: « La pienezza dei tempi (disse) e la forza ineluttabile degli eventi scioglieranno la vertenza tra il Regno d'Italia ed il Papato. – E bisogna serbar fede alla Convenzione del 15 settembre, cui la Francia darà pure, nel tempo stabilito, esecuzione completa.» I fatti qui preconizzati si avverarono il 20 settembre 1870 coll'ingresso dei soldati italiani in Roma.

Nel 1866 la mia Stamperia si trovava quasi riformata a nuovo e aumentata di ogni sorta di attrezzi e comodità, tanto che i visitatori, che assai di frequente venivano a vederla, ne partivano facendo dichiarazioni lusinghiere al proprietario per il buono ordinamento dei vari laboratori dell'intero Stabilimento tipografico, encomiando la copiosa luce e la ventilazione, tanto proficue al lavoro e alla salute degli operai. Nell'anno stesso pochi libri presi a stampare per conto mio; ma un solo, che accennerò in fine del capitolo, mi ha fatto molto onore, e mi ha recato molto lucro. Il resto dell'anno se ne andò in aspettativa di grandi eventi politici (i quali infatti successero), nell'adempimento de' miei uffici al Municipio e in altre occupazioni, forse soverchie, per cose pubbliche. Fu un anno un po' dissipato per i miei particolari interessi, se pure il rimprovero a me stesso non è troppo severo.

Eravamo alla prima metà di gennajo, quando lettere di Torino annunziavano la grave malattia di Massimo D'Azeglio. A tale notizia, benchè alquanto tocco dalla gotta, io mi risolvo a recarmi colà presso il letto dell'illustre e venerato infermo. M'è dato permesso di visitarlo senza indugio. Egli mi riconosce; mi dice due parole intorno a' suoi *Ricordi*: "Il Ricci e il Torelli le daranno il manoscritto, e faranno loro quei che ci sarà da fare. Mi raccomando di conservare ai *Ricordi* il carattere, il carattere...." Io bacio la mano al caro infermo, egli accosta la mano baciata alla sua guancia; quindi lo lascio con le lagrime agli occhi, e mi scorrevano abbondanti.

Esco di camera del malato, ma più volte nel giorno ritorno a chieder nuove alle persone di casa, rimanendo all'uscio, senza entrare. Sempre notizie peggiori. Alla sera aspettavano il nipote, allora nostro ambasciatore a Londra, il marchese Emanuele, figlio a Roberto fratello di Massimo.

Penso di chiedere al marchese Matteo Ricci il permesso di venire la sera a passar la notte nella stanza accanto alla camera del malato. E lì, aspettando, mi vien fatto di scrivere la lettera che fu pubblicata poi in un giornale di Firenze, *La Nazione*:

Torino, 13 gennajo 1866 (sabato notte).

Vi scrivo da una stanza accanto a quella ove giace moribondo Massimo D'Azeglio. Immaginate il mio crepacuore; immaginate la desolazione dei suoi congiunti, dei suoi amici e dei servitori stessi. Eppure l'illustre infermo è sereno, paziente, tranquillo. Pare che aspetti l'arrivo di una persona amata, per morire. Infatti fra quattro ore deve arrivare il suo nipote, il marchese Emanuele D'Azeglio, nostro ministro a Londra. Il povero Massimo non chiede più altro se non: *Che ora è?* E poi un gemito, un lungo gemito. Io vorrei darvi qualche speranza; ma pur troppo dubito che non le ore, ma i minuti sieno contati.

Questa sera alle 8 1/2 è venuto il Principe di Carignano accompagnato dall'ammiraglio Persano. È stata una scena commoventissima. L'Azeglio l'ha subito riconosciuto; e dettogli: – Grazie, grazie, sono stato uno dei più fedeli servitori di Casa Savoja, – si lasciò piombar giù come se avesse fatto un grande sforzo. Il buon Principe, commosso e confuso, proruppe in lagrime abbondanti, e s'è ritirato senza saper neppure dove passava. È noto quanta stima e affetto tenessero uniti questi due personaggi.

Vi ho detto che l'Azeglio è tranquillo. Tranquillo di mente sì, ma si vede che soffre non poco.

Giorni sono volle rivedere la sua consorte, che venne espressamente da Milano; volle vedere i suoi nipotini, figli della marchesa Ricci, e diede loro la benedizione paterna. Al marchese Ricci ha raccomandato che caso mai nel suo testamento fatto nel 62 avesse dimenticato qualcosa, vi supplisse; l'affetto gli avrebbe fatto indovinare la volontà di lui.

Nei pochi intervalli di minor travaglio pronunzia alcune parole accennanti a' suoi *Ricordi*. Mostra rincrescergli di non averli compiuti; perchè arrivano soltanto all'anno 1848. E questi *Ricordi*, pur troppo, sono stati cagione della disgrazia che deploriamo oggi. Trattenutosi alla sua villa di Cannerò, ombrosa sì, ma anche umida, sino al 9 di decembre, colà lo colse un malore, che gli fece entrare la febbre; e con la febbre addosso si pose in viaggio per Torino. Giuntovi, non potè salire le scale della sua abitazione, in via dell'Accademia Albertina; dovè esser portato su dai servitori. Da quella villa di Cannero egli non s'era indotto a partir prima, perchè colà più che altrove gli venivan giù quelle belle pagine de' suoi *Ricordi*, ch'egli scriveva con l'amore che una fanciulla adopera a prepararsi il corredo di nozze. E le ultime pagine da lui scritte prima di posare la penna, forse per sempre, furono quelle che leggerete a suo tempo affettuosissime su Tommaso Grossi.

Una settimana fa gli amici lo credevano salvo; oggi la mestizia del suo buon medico, il dottor Gamba, spande lo sconforto su tutti quelli che si accostano a lui per chiederne nuove. E dovete sapere che nessun medico migliore poteva toccare all'Azeglio. Estimatore sincero e caldo di lui, dotto nella sua arte, gli prodiga cure straordinarie; ma tutto è invano! L'Azeglio è vittima di un malore ai visceri del petto e del cuore. Immaginate voi quanto deve soffrire!

Voi sapete che il proposto di San Fedele di Milano, Don Giulio Ratti, amico all'Azeglio, e de' più vecchi, venne a fargli visita, e si trattenne in colloquio religioso più di un'ora. Vennero altri da altre parti, e sempre v'è gente all'uscio di casa per chiedere notizie del malato.

Anche in questo momento chiede: *Che ora è?* Gli fa pena il ritardo del nipote, trattenuto da una burrasca nel Canale della Manica.

La marchesa Ricci, sua figlia, il marchese Ricci, il Torelli (Ciro d'Arco), il marchese Stefanoni di Roma, alcune altre signore sono qui in una stanza che contano da molte ore i gemiti dell'infermo; lo hanno vegliato, lo hanno servito con amore e con sollecitudine, che rivelano amici veri e non della ventura. E qui trovo anche l'ammiraglio Persano, giunto da Genova, con la febbre addosso, per rivedere l'uomo che l'Italia sta per perdere.

Alle 4 1/2 arriva il tanto sospirato nipote. La piena della gioja dell'infermo gl'impedisce di parlare all'istante. Dopo pochi minuti raccoglie tutte le sue forze, e parla con bastante chiarezza. Ha col nipote un colloquio segreto, e quindi sembra subentrata una calma quasi perfetta all'agitazione straordinaria e sempre crescente prima che il nipote arrivasse; agitazione tale mista ad ansietà, che in mezzo ai gemiti gli fece stendere la mano per cercare la ripetizione e farla sonare per sapere le ore. *Le ore, le ore,* sono state le parole di questa notte. Temeva di non viver tanto da rivedere il suo amato nipote.

Alcuni giorni sono, quando il male non pareva così grande agli altri, ma a lui sì, udendo al pian terreno della sua abitazione prove di musica sacra (erano le prove della Cappella regia), sorridendo mestamente diceva: – Mi preparano la musica della messa cantata: non c'è male: bella; bene eseguita. – E ciò diceva in aria di celia e di persuasione. Il pensiero della morte l'ha sempre consolato; non mai atterrito. S'è udito dire: – Non posso far niente per l'Italia. –

Il Manzoni invia frequenti dispacci da Milano per chieder notizie del suo genero ed amico.

La lucidità della mente, smarrita a intervalli nei tre giorni decorsi, oggi, quantunque più aggravato, la mantiene in modo maraviglioso. Al

medico, che lo ha visitato al tocco dopo la mezzanotte, diceva: – *Peus pi nen parlé. Ch'a m' rangia un po' el let: 'l talon a m' fa mal: ch'a m' ausa un poc: ch'a m' butta la gamba sull'autra. Così, grassie.*[6] –
Parla i dialetti e le lingue delle persone che hanno avuto la fortuna di avvicinarsi al suo letto. In casa v'è Lombardi, Piemontesi, Genovesi e Romani; ebbene, egli, le poche parole che poteva pronunziare, le diceva nei dialetti di ciascuno.

Muore lasciando il suo patrimonio ridotto alla metà di quello che aveva anni sono. I molti suoi atti di segreta beneficenza si riveleranno pur troppo[7] in breve.

BARBÈRA.

L'Azeglio morì il giorno 15 del mese di gennajo a ore 5 antimeridiane in età di anni sessantacinque. Ebbe splendidi funerali nella chiesa di San Francesco, di Paola, in via di Po, che era la sua parrocchia, in Torino. Poi, per sottoscrizione di ogni ordine di cittadini italiani e stranieri, dopo sette anni gli fu inalzata in quella città una statua in bronzo, modellata egregiamente dallo scultore Balzico, nella piazza che fronteggia la stazione di Genova, in fondo a via Roma. Il Municipio di Firenze chiese la salma per farla trasportare in Santa Croce; ma non avendone ottenuto il consentimento dai parenti (che detta salma custodiscono cara a Torino), dovette limitare i suoi desideri a far collocare in Santa Croce una lapide che ricorda il pio desiderio del Municipio e Massimo D'Azeglio.

All'occasione delle elezioni amministrative, avvenute in Firenze nell'autunno precedente, io era riuscito, senza alcuna mia industria nè d'altri, nominato consigliere comunale con voti 1475. È questo un segno di benevolenza che i Fiorentini mi vollero dare spontaneamente per il mio affetto al loro paese, che per molte ragioni ho sempre tenuto come *mio paese* adottivo; non dico *patria* perchè ogni angolo d'Italia è patria ad un Italiano.

---

[6] "Non posso più parlare. Mi accomodi un poco il letto: il calcagno mi fa male: mi sollevi un poco: mi metta la gamba Sull'altra. Così, grazie."

[7] Pur troppo, perchè il testamento non si aprirà che dopo la morte, non perchè nostro Padre deplorasse la liberalità del D'Azeglio. (*F.*)

Dovendo ora toccare del mio uffizio di consigliere, dirò ingenuamente che io credo di aver assistito con puntualità alle sedute pubbliche e segrete, e di aver votato non secondo i così detti partiti, ma secondo coscienza, e di non aver mai mancato d'intervenire alle Commissioni, alle quali fui nominato parecchie volte per il lungo corso di nove anni, periodo di tempo che rimasi consigliere, essendo stato rieletto la seconda volta nel 1870. Ma se posso vantarmi di assiduità, non posso menare il menomo vanto di consigliere eloquente, nè tampoco parlatore. Nelle Commissioni dicevo piuttosto ordinatamente le mie ragioni; ma parlare in pubblico non mi era egualmente agevole. La parola mi faceva nodo alla gola, gli occhi s'intorbidavano, quasi non ci vedevo più, sentivo che il sangue montava al capo. E il non aver la parola pronta, vivace, quasi aggressiva è un vero e proprio difetto in questi tempi per chi si mette nelle amministrazioni pubbliche, nelle quali conta più chi sa parlare liberamente in pubblico, che chi fa quello che sa e può, lealmente e senza menar rumore, nè vanto. Uguale difficoltà di parlare in pubblico provò, fra gli altri, Beniamino Franklin. Credo che derivi da un sistema nervoso molto scoperto, epperciò molto esposto alla sensibilità. Anche Massimo D'Azeglio, parlatore aggraziato e piacevole in conversazione privata, non riuscì mai a fare un discorso in Senato, ove gli conveniva di legger lo scritto.

Nel giugno di quest'anno, a motivo della carta monetata emessa da poco tempo, si provava grande difficoltà a procurarsi biglietti di piccolo taglio, e da ciò un impedimento a pagare ogni sorta di lavoranti al sabato. Questo era lamento generale, tanto qui che in provincia. Io, sentendomi più in vena di scrivere che di trattare a voce in Consiglio la questione urgente dei piccoli fogli di Banca, decisi di pubblicare la seguente lettera al Direttore della *Nazione*:

13 giugno 1866.

Mio caro Direttore,
Più della guerra, oggi si parla della crisi monetaria; ne parlano tanto, che è da temersi che dalle parole si venga ai fatti. E non tiro a indovinare. So che in alcune città del regno i cambiavalute sono stati oggetto dell'ira popolare, e questi mali esempi si propagano e si diffondono rapidamente. Perciò è necessario pensare a un rimedio.

Certi industriali toscani che hanno fabbriche in provincia, stretti dal bisogno di aver moneta spicciola per pagare i lavoranti, e non trovandone senza perdita grave, hanno immaginato di dare ai loro lavoranti tanti Buoni da una, da due e da cinque lire. In un paesetto come Sesto, come Sammarcello, cotesti Buoni di case rispettabili sono accolti dai bottegai come manna, e siccome su i Buoni è detto che *il pagamento verrà eseguito di contro alla presentazione dei Buoni riuniti per un valore equivalente ai biglietti di Banca da lire 50 a lire 1000 inclusive*, così il bottegajo quando vorrà biglietti spendibili in tutto il regno sa quel che deve fare; ne porta un mucchietto di piccoli e locali, per ricevere biglietti delle Banche.

Ora quello che si può fare in un piccolo paese non è possibile in una città grande come Firenze. E allora noi, industriali, con laboratori nella capitale, s'ha a perdere un 15 per 100 per aver moneta contro fogli, o s'ha a chiuder bottega?

E un rimedio ci sarebbe. Dacchè un individuo in una città grande non può pretendere quella universale fiducia che ottiene in un paesetto, invece dell'individuo metta, fuori il viso il Municipio. Il Municipio si provveda di Buoni da una, da due e da cinque lire, e faccia il cambio a chiunque abbia bisogno o voglia divertirsi ad avere tanti biglietti piccoli contro biglietti delle Banche che hanno il corso forzoso.

O il Municipio, o nessuno. Il solo Municipio può ispirare la fiducia necessaria per una simile operazione. Fatta dalle Banche, fatta dal Governo, una simile operazione dà luogo a sospetti. Si dirà: Sono le Banche, è il Governo che emette una nuova carta. – No; nuova carta non va emessa. La carta del Municipio è una fede di pegno, e perciò non può andar soggetta a cattiva interpretazione.

Ma, prima d'imbarcarsi in questa impresa, bisogna che il Governo obblighi le Banche a barattare i fogli di lire dugentocinquanta, di cinquecento e di mille in fogli di lire cento. E perciò il Municipio non assumerebbe l'obbligo che di barattare i fogli di lire cento. In questo modo sarebbe tolto l'agiotaggio su i biglietti.

So che il Governo sta per emettere trenta milioni di marche da bollo e dieci milioni di rame. Tutti pannicelli caldi; l'agiotaggio si va alimentando con queste emissioni. Il solo modo di estirpare questa mala pianta dell'agiotaggio su la carta è di istituire un cambio illimitato.

Il Municipio in un mese al più potrebbe aver fatti questi Buoni. Invece di darli tagliati uno a uno, li darebbe a lunghe strisce, e così il cambio si farebbe con molta facilità. Tutte le Banche potrebbero assumer l'incarico di barattare, e in pochi giorni la cosa diventerebbe così liscia, da non recare alcun fastidio nè alla popolazione, nè al Municipio. Se non che è da vedersi se la spesa della fabbricazione di questi Buoni sia da ripartirsi fra le Banche, che godono del corso forzoso, o se debba sopportarla il Municipio. Io, consigliere municipale, voterei per le Banche.

G. BARBÈRA.

Il Consiglio, avuta cognizione della mia lagnanza e della mia proposta, nominò una Commissione per esaminare la cosa. Dopo poco tempo essa riferì in modo non favorevole; e di lì a poco, facendosi vieppiù sentire il bisogno di aver biglietti piccoli per le minute contrattazioni, fu forza di permettere l'emissione di carta alle così dette *Banche Popolari*, che però dopo alcuni anni riuscirono al fallimento; non tutte, ma la maggior parte. Ed ora che scrivo (giugno 1876) penso che la mia proposta d'allora sarebbe stata di un bene inestimabile al paese e con qualche utile del Municipio; poichè è noto che i biglietti non tutti rientrano al cambio, sia per smarrimento, sia per rimaner nascosti, sia per essere inavvertentemente distrutti.

Più avventurata fu la proposta, che feci in Consiglio posteriormente, cioè di sopprimere o almeno sospendere la Guardia Nazionale. La ricordo qui (benchè avvenuta alcuni mesi più tardi) per non dover ritornare sul mio ufficio di consigliere comunale.

Sbollito, come era naturale, l'entusiasmo provato dagl'Italiani di possedere armi in casa per il servizio della Guardia Nazionale, istituita insieme allo Statuto, ogni ordine di cittadini finì per dover riflettere ai gravi inconvenienti che quella istituzione recava. In verità, oramai gl'Italiani non dubitavano più nè della lealtà del sovrano, che ci aveva concesse le istituzioni libere, nè del suo sincero amore alla libertà; e lo stesso poteva dirsi di tutta la famiglia sabauda. Credendoci dunque sicuri da ogni insidia per parte del Governo e del Re alle libertà pubbliche, considerandosi da ogni cittadino l'esercito come facente parte della famiglia italiana, lo scopo per cui fu istituita la guardia cittadina veniva quindi a mancare, e quel servizio militare in tempo di pace pareva inutile, fastidioso e di gran perdita di lavoro e di denaro.

Io, come pratico a indovinare i desideri del pubblico (abilità speciale degli Editori), mi feci coraggio, e osai di proporre in un'adunanza pubblica del Consiglio che fosse espresso al Governo ed al Parlamento, nel modo il più adatto, il desiderio che questa istituzione, che aveva ormai fatto il suo tempo, venisse soppressa, attesa l'ingente spesa che recava al paese, nonchè l'incomodo ai cittadini; la quale spesa, ai dati procuratimi, ammontava a più di venticinque milioni annui effettivi.

Il Sindaco, conte Guglielmo Digny, ebbe tosto cura di avvertirmi pubblicamente ed energicamente che la Guardia Nazionale era istituzione dello Statuto; non esser quindi possibile di accogliere l'esame della proposta, e si passò oltre.[8]

Faccio note le mie idee col mezzo del giornale *La Nazione*, ed ottengo un consentimento universale, immediato, strepitoso, di tutta l'Italia; cosicchè in poco tempo la mia proposta è accettata dagl'Italiani anche senza il formale consenso del Governo, il quale stimò prudente di aspettar più anni prima di decretare lo scioglimento della Guardia Nazionale, oggi non più desiderata neppure dai Romani, che l'ebbero ben più tardi, e di cui su le prime si mostrarono tanto fanatici. Ecco quello che scrissi, in data 5 maggio 1867, al Direttore del detto periodico su tale argomento:

> Signor Direttore,
> La proposta, che feci al Consiglio comunale di Firenze, di voler considerare se fosse venuto il momento di fare una petizione al Parlamento per la soppressione della Guardia Nazionale, a taluni è parsa un po' audace e ad altri avventata. Io credo sia stata opportuna.

---

[8] Accadde ciò nella tornata del 30 aprile 1867, allorquando una Commissione del Consiglio avendo fatto alcune proposte di riordinamento della Guardia Nazionale, il consigliere Barbèra messe innanzi la questione pregiudiziale, proponendo che il Municipio di Firenze si facesse invece interprete presso il Governo del desiderio, che credeva comune a tutte le popolazioni italiane, di veder soppressa una istituzione che non aveva più ragione di esistere. Il sindaco (Digny) e il relatore (Bocciarelli) si dichiararono contrari alla proposta Barbèra. "Questi (riferisce il processo verbale) dice di aver sentita tutta la gravità della sua proposta, ma ha creduto non dover tacere ciò che gli dettava la coscienza; del resto non insiste ulteriormente."

Non insistette, ma quando fu messa ai voti la deliberazione proposta dalla Commissione, quella fu approvata per 29 voti favorevoli.... e *uno* contrario!

In paese l'opinione pubblica fu invece tutta dalla parte di quell'*uno*, e su i giornali fioccarono le adesioni, fra le quali una caldissima e argutissima, firmata *Un Farmacista*, che si seppe essere scritta da Giuseppe Ricciardi. (*F.*)

È una dimostrazione di fiducia alla magnanima lealtà della Casa di Savoja, da cui le istituzioni rappresentative nulla hanno a temere; è un sollievo ai Comuni; è un refrigerio alle popolazioni cittadine e rurali. Io tengo per fermo che la Guardia Nazionale abbia fatto il suo tempo; e chiedendone la soppressione, i Comuni d'Italia risparmierebbero ingentissime spese, il cittadino sarebbe occupato in ufficio più utile, più grato, che non è quello di sbadigliare per ventiquattr'ore su le panche di un corpo di guardia.

Fu creduta esagerata la cifra che io enunciai nel Consiglio comunale; ma io ho l'onore di assicurare i miei colleghi che quella cifra è desunta da fonti abbastanza sicure. Dico di più; nel giornale *Le Finanze del* 28 aprile si legge che *tra perdita effettiva e minor produzione la Guardia Nazionale costa ogni anno l'enorme cifra di lire 92,950,000.*

Mentre tutta l'Italia è commossa per lo stato miserando delle nostre finanze, un consigliere che abbia eccitato la rappresentanza civica a considerare se sia opportuno o no di inviare al Parlamento una petizione che faccia cessare un sì enorme sperpero di denaro e di lavoro, non mi pare che sia nè audace, nè avventato.

Sento (e lo dissi ben chiaramente in Consiglio) tutta la gravità della mia proposta; ma ne sento ancora tutta la verità. Fare però una petizione al Parlamento, studiarne la forma, dire *sospensione* piuttosto che *soppressione,* proporre modificazioni sostanzialissime a quell'istituto, che valgano almeno a renderlo meno dispendioso per le finanze municipali e meno incomodo pei cittadini, sarebbe agevolare il compito del Parlamento; il quale, se dalla più parte dei Comuni d'Italia a ciò fosse eccitato, potrebbe ai suoi studi attuali intorno a questo argomento dare un indirizzo che soddisfacesse alle presenti necessità delle finanze dei Comuni, e togliesse nello stesso tempo un inciampo al lavoro, che in Italia più che altrove ha bisogno di eccitamento.

Ad ogni modo io confido che l'esame di tale questione sarà assunto dalla Camera ora che le è presentato il progetto di legge per il riordinamento dell'esercito; nel qual progetto spero abbia da esser contemplata una modificazione radicalissima della legge del 4 marzo 1848.

Ho creduto bene di riferire qui la mia proposta, ampliandola, acciocché ognuno possa volger l'attenzione sopra un argomento che deve stare a cuore a chi sente il debito di ajutare efficacemente il Governo a porre (con la soppressione di spese che io considero improduttive e puramente voluttuose) il nostro stato finanziario in un assetto da far cessare il timore che gl'Italiani divenuti liberi non sappiano conservare la riputazione di popolo prudente ed onesto.

G. BARBÈRA.[9]

Durante i primi mesi dell'inverno di quest'anno correvano voci di prossima guerra a primavera con l'Austria; ma, quantunque paresse probabile, non ci si prestava piena fede, essendochè nelle lunghe serate d'inverno si suole dai politicanti con molta facilità pronosticar guerre. Queste voci però ingrossarono in aprile, e si mostrarono veritiere il 27 di quello stesso mese, allorchè si ebbe conoscenza di un dispaccio del generale La Marmora, presidente del Consiglio dei ministri, alle Legazioni italiane all'estero, in cui le ragguagliava degli armamenti straordinari dell'Austria nel Veneto. E perciò il Governo italiano chiama sotto le armi i militari in congedo illimitato; la Camera ed il Senato votano provvedimenti finanziari; le popolazioni fanno dimostrazioni in favore della guerra. E in questo fermento generale si vanno formando, con massima alacrità, vari corpi di volontari garibaldini.

Siamo dunque alla guerra! Il Re dalla nuova capitale la proclama agl'Italiani il 20 di giugno. Il mattino del 21 insieme a tutto il Consiglio municipale ho il massimo onore di poter assistere alla partenza del Re alla Stazione di Firenze. Vittorio Emanuele era baldo e giulivo; si stringeva con la mano il pizzo del mento, e nella sua allegria mostrava in viso una certa contrazione nervosa. Entrato nel vagone reale in mezzo agli applausi, si affacciò a uno sportello ringraziando commosso. Io rifletteva su i casi che potevano accadere nel frattempo, prima che avessi riveduto il Re!

Il 23 giugno il Re passò il Mincio; il giorno dopo seguì la battaglia di Custoza, dove un Principe reale, il Duca d'Aosta, cadde ferito insieme ad altri generali, e avvennero perdite gravissime da ambe le parti dei combattenti. Il 25 luglio il *Moniteur* di Parigi annunzia che l'Imperator d'Austria ha ceduto all'Imperator dei Francesi la Venezia, ed accetta la sua mediazione per la pace. In questo frattempo nelle acque dell'Adriatico, sotto Lissa, la nostra flotta, comandata dall'am-

---

[9] Si veda fra le lettere di nostro Padre, in Appendice, anche quella del 1° luglio 1868 al signor *** di Vicenza, su lo stesso argomento della Guardia Nazionale. (*F.*)

miraglio Persano, ha la peggio dalla flotta austriaca, comandata dall'ammiraglio Tegethoff. Atti di straordinario valore da parte degl'Italiani non mancano, ma la direzione della nostra flotta è affidata a mani imbelli; tutto precipita ignominiosamente.[10]

Il comandante le forze di terra, generale Alfonso La Marmora, uomo stimato di rette intenzioni e valente soldato, fu assalito da ogni sorta d'accuse su la sua capacità nel dirigere in guerra un grande esercito. Il La Marmora dopo circa dieci anni si difese con gli scritti messi a stampa, nei quali facendo intravedere che egli non era il comandante vero, lasciò credere, senza dirlo, che ordini emanassero dal Re, guidato e consigliato dall'Imperatore dei Francesi Napoleone III. Ed io inchino a credere questa versione pur troppo vera.

A questo proposito stimo bene di ricordare un fatto che avvenne sotto i miei occhi. Nei primi di giugno fu da me un signore che allora era segretario del barone di Malaret, ministro di Francia in Firenze, per sistemare una pendenza che avevo con un editore francese, e per ritirare cinquecento franchi. In quell'occasione si venne naturalmente a parlare della guerra imminente: "*Vous verrez* (mi diceva quel segretario) *que ce sera une affaire courte, un duel au premier sang: vous aurez la Venise. Tenez cela pour certain.*" Infatti la cosa avvenne così.

Finalmente il 3 ottobre è firmato a Vienna il trattato di pace fra l'Austria e l'Italia, e il 19, il generale francese Leboeuf consegna Venezia al Municipio; il 20 si fa in tutto il Veneto il plebiscito, e se ne proclama l'esito il 27. Nel 3 novembre giunge a Torino la deputazione veneta, capitanata da Sebastiano Tecchio, per presentare al Re il plebiscito. Il Re la riceve con solennità, e firma il decreto che unisce il Veneto al regno d'Italia. E il giorno 7 Vittorio Emanuele fa il suo ingresso a Venezia. Grande e sontuoso ricevimento, allegria senza fine; tutta l'Italia in moto per recarsi alle feste di Venezia.

Terminata l'allegria, incomincia la vita reale. Il 1° dicembre l'ammiraglio Persano è posto agli arresti nelle stanze del Senato, e si raccolgono i documenti per il processo che gli sarà fatto dallo stesso Senato, che si costituisce in Alta Corte di Giustizia.

Non credo fuor di proposito ricordare che nella guerra del 1866 diventò popolare un inno composto per essa da quel veterano de'

---

[10] Rimandiamo chi legge all'importantissima lettera dell'ammiraglio Persano (26 luglio 1866, dal Porto di Ancona), stampata nell'Appendice. (*F.*).

patriotti e letterato vigoroso, che fu Angelo Brofferio:

> Delle spade il fiero lampo
> Troni e popoli svegliò;
> Italiani, al campo, al campo,
> È la madre che chiamò.
> Su corriamo in battaglioni,
> Fra il rimbombo dei cannoni,
> L'elmo in testa, in man l'acciar;
> Viva il Re dall'Alpi al mar.
> Dall'Eridano al Ticino,
> Dal sicano al tosco suol,
> Sorgi, o popolo latino,
> Sorgi e vinci: Iddio lo vuol! ec.

Fu quest'inno di guerra l'ultimo lavoro di Angelo Brofferio. Egli ebbe appena tempo di udirlo cantare nelle prime dimostrazioni popolari; che morì, avanti che scoppiasse la guerra, il 12 maggio.

Era nato a Castelnuovo in provincia d'Asti il 6 dicembre 1802. Allievo del gesuita Manara, apprese da lui belle lettere. Da giovane fece un viaggio per l'Italia, infiammato delle sue glorie antiche, e disdegnoso del suo stato presente. Di ritorno da quel viaggio, abbracciò la carriera legale, e si occupò nella difesa di cause criminali. Irrequieto d'animo, risolutamente inclinato a libertà, nel 1830 si trovò impicciato in affari politici, e venne per ciò imprigionato; ma poco dopo salito al trono Carlo Alberto, ebbe l'amnistia.

Fondò in quel torno il *Messaggere torinese*, che combattè coraggiosamente le congreghe letterarie di mutui incensatori, come se ne vedono tante anche oggi. Col suo ingegno vivace e indipendente potè ridestare in Piemonte gli studi letterari assopiti da coloro che avevano l'astuzia di palleggiarsi. Il giornale di Brofferio segnò un'era novella di libertà per la critica letteraria in Piemonte. Ebbe contrasti spesso vivaci, talora ardenti coi suoi avversarî fino all'anno 1848, allorchè, eletto deputato nel collegio di Cavaglio, abbracciò la politica militante, e dopo la sconfitta di Novara divenne capo dell'opposizione democratica parlamentare. Fu d'opinione che il Piemonte non avrebbe dovuto prender parte alla guerra di Crimea; e nel 53 essendogli mancato il suo collegio di Cavaglio, fu eletto deputato di uno de' collegi di Genova sino al 1860; poi di un collegio meridionale. Da questi mutamenti di collegio si argomenta che il deputato oramai non interpretava bene, e perciò non contentava i suoi elettori.

Quantunque autore gradito al pubblico per varie opere drammatiche, nè la politica nè il teatro lo allontanarono totalmente dall'esercizio di difensore in cause criminali, in cui aveva pratica, cognizioni e ardimento nel tutelare i propri clienti. Deputato, venne persino a difendere qui in Firenze *Il Contemporaneo*, giornale clericale arrabbiato, insolente e sovversivo dell'ordine pubblico.

Scrisse anche una *Storia del Piemonte* dal 1814 ai nostri giorni. *I Miei Tempi*, raccolta di scritti biografici fugaci e leggeri, non destarono grande attenzione, perchè vuoti per lo più di fatti importanti a sapersi; quanto alla, forma, si può dire un lavoro abborracciato.

Fu scrittore efficace, propugnatore di sentimenti liberali in tempi di servitù; benchè appartenesse all'opposizione parlamentare, era devoto alla dinastia di Savoja. Aveva qualche rassomiglianza con F. D. Guerrazzi; ma meno forbito ed elegante l'ingegno; ebbero entrambi nel carattere molte incoerenze.

Per mantenere l'uso da me adottato in queste *Memorie* tipografiche, registrerò qui il nome di Emilio Cantini, che fu anche torcoliere del Le Monnier e mi seguì quando messi su stamperia. Era bravo nell'arte sua, di educazione un po' più fine di quella che sogliono avere i suoi compagni di professione; pareva che mi volesse bene, e fosse affezionato al suo posto. Egli morì il 27 luglio 1866 in età di cinquantun anno. L'averlo perduto mi recò dolore; tanto più che quattro mesi prima mi mancava un altro valente conduttore di macchine, Niccola Cipriani, morto a soli trentacinque anni, lavorante diligente oltremodo, tranquillo, un po' meticoloso, che del suo lavoro non era facile a contentarsi; insomma, come si dice, *un lavorante a modo*.

Tornando alle edizioni, comincio dal ricordare una *Commemorazione di Massimo D'Azeglio* scritta da Ciro D'Arco (Giuseppe Torelli), breve lavoro di circostanza, in cui si vede la soverchia tendenza dello scrittore ad appajarsi con l'Azeglio, che fu uomo di ingegno singolare e sommamente educato, simpatico a tutti e piacevole. Il Torelli non aveva siffatte doti, e la sua smania di paragonarsi all'Azeglio faceva sì che si sconoscesse quel merito letterario che realmente aveva, benchè fosse scrittore arcigno, ed avesse ingerenze in certe imprese commerciali a Torino, che facevano a' pugni colle lettere che si dicono *umane*.

Nella Collezione Diamante pubblico per la prima volta *Il Pastor fido* del Guarini a 2200 copie; egualmente le *Orazioni politiche* e il *Sacco di Roma* del Guicciardini; l'*Imitazione di Cristo* del Kempis, traduzione di Cesare Guasti, stampata a 3300 copie. A questo magro elenco ho da aggiungere la prima edizione dei *Ricordi* di Massimo D'Azeglio, pubblicati alla fin d'anno in numero di 4400 esemplari in due volumi al prezzo di lire 9 col ritratto e lire 8 senza esso.

L'edizione fu assistita dal marchese Matteo Ricci, genero del defunto Autore, dal senatore Marco Tabarrini e da me. Il primo occupato in dotti lavori, forse a lui più graditi (traduceva allora lo storico greco Erodoto), non vi pose quella massima cura che io avrei desiderato; ma io e il signor Tabarrini curammo alquanto la lingua, principalmente nel secondo volume, non ricopiato dall'Autore come il primo, epperciò molto meno limato. Acquistai il diritto di proprietà di questi *Ricordi* dal Ricci, al quale pagai lire diecimila; prezzo insolito di manoscritti in Italia. Ciò non ostante, feci un ottimo affare.

Anche in occasione di questa pubblicazione io ebbi a persuadermi dello spirito invasore di Ciro D'Arco negli scritti di Massimo D'Azeglio. Egli volle fare qualche giunta ai *Miei Ricordi*, come si vedrà nel secondo volume; e più ne avrebbe fatte d'interi capitoli, di uno o due volumi interi, se la morte non l'avesse impedito. Voleva continuare i *Ricordi* di Massimo D'Azeglio dal 1845, ov'egli li aveva lasciati, sino agli ultimi tempi, discorrendo di politica, dei Ministri, dei Parlamenti, con quel suo stile acrimonioso, ch'egli aveva abbondante, e che in qualche misura aveva partecipato all'Azeglio, come fanno fede le sue lettere pubblicate e gli amici sinceri del suo tempo. Io penso che queste tinte date allo stile dell'Azeglio avrebbero fatto perdere l'indole, il carattere del libro, tanto lodato, così com'è, dagli Italiani.

Questa pubblicazione fu adornata di un bel ritratto disegnato e inciso in acciajo dal valente professore Lodovico Bigòla di Parma. Il disegno fu stupendamente copiato da una fotografia, delle tante che l'Azeglio soleva farsi fare. A proposito di fotografie, voglio ricordare un motto assai spiritoso che l'Azeglio mi disse a Cannero: "Per sapere se io sono in voga o no, mi basta di andare davanti alla vetrina del Maggi sotto i Portici di Po. Se non mi vedo in vetrina, segno che non sono in auge; e così senza leggere i giornali a me contrari, imparo a conoscere sul conto mio l'opinione pubblica, cioè dei giornali."

Desidero ancora lasciar ricordo che dal marchese Matteo Ricci ebbi in regalo l'ultimo portafoglio che portava sopra di sè Massimo D'Azeglio, con fogli scritti da lui, e annessovi un piccolo astuccio di oggetti da toeletta, e un lapis d'oro. Conservo questo prezioso ricordo entro una cornice elegantemente intagliata, con emblemi allusivi al personaggio cui appartenne, lavoro dell'artista Egisto Gajani di Firenze.

Lo straordinario buon successo di quest'opera postuma dell'Azeglio, venuta alla luce appena finita la guerra che fruttò l'acquisto della Venezia, non sarà facilmente immaginato da chi non fu presente al fatto. Leggendo i *Miei Ricordi* parve al pubblico di udire la parola severa, ma piena di benevolenza ed autorevole, il consiglio sincero di un vecchio amico, di un padre, che dicesse senza reticenze agl'Italiani ciò che ad essi faceva difetto per divenire uomini di proposito e di carattere. Ogni ordine di cittadini udì con grato animo quei rimproveri e quei consigli di oltre tomba, e parve di scorgere in quelle parole un'èra nuova promettitrice di fatti egregi. Il libro è ormai in ogni famiglia italiana un po' a modo, e si dà in premio nelle scuole. Fu tradotto in tedesco e in inglese. Sono ormai passati dieci anni dalla prima pubblicazione; la vendita è sempre viva, e nulla fa supporre che il favore del pubblico voglia cessare: buon segno, massime in questi tempi in cui per i libri e per altre cose le riputazioni non sopravvivono al volgere d'una luna.

E con questo grato finale parmi di chiuder bene quest'annata, veramente degna di essere chiamata *memorabile* nelle cose d'Italia.

CAPITOLO DECIMOQUARTO

DAL 1867 AL 1870

SOMMARIO: [1867] Pubblicazioni di quest'anno – Viaggio a Torino con intenti politici – Colloquio col Re – L'infanzia di Vittorio Emanuele – Pregiudizi dell'Azeglio e del La Marmora – [1868] Il matrimonio del Principe ereditario – Carlo Matteucci – Aneddoti su Gioacchino Rossini – Francesco Ambrosoli – Due opuscoli del generale La Marmora, e altre pubblicazioni – La *Vita di Gesù* dell'Abate Fornari – Un lavoro pel Municipio di Firenze – [1869] *Volere è Potere* – Girolamo Gargiolli – Gli *Almanacchi* e altri libri – Il popolano Giuseppe Dolfi – [1870] Pubblicazioni – La *Nazione* e l'*Italia Nuova* – Insuccesso di questo giornale – Di alcuni morti.

Dopo la narrazione dei fatti avvenuti nei tre anni decorsi mi pare che da quest'anno 1867 in poi la materia sia meno interessante, e che perciò mi convenga, a non voler riuscire tedioso a chi leggerà, affrettare il passo.

La mia Tipografia si va sempre più completando, e l'educazione dei figli progredisce assai bene. La mia figlia Rosina dimostra di aver sortito dalla natura un temperamento gracilino, onde vedo di non poter ottenere da lei quell'istruzione un po' a modo che avrei desiderato. Non già che io avessi voluto formarne una letterata, ma avrei gradito che non fosse sfornita delle cognizioni necessarie a sapersi da donna italiana bene educata. Mi convenne stare a quello che la sua salute permetteva, e accordarle parecchie vacanze, contentandomi di poco; nondimeno ella è d'indole mansueta, ha una testina ben fatta, suona il pianoforte con grazia ed ha inclinazione per la musica.

Quanto alle mie occupazioni giornaliere, esse furono piuttosto rivolte alle cose del Municipio che agli affari, ma tuttavia questi andavano con bastante regolarità da non risentirne nessun materiale svantaggio.

Prima pubblicazione di quest'anno fu il volume di Ruggero Bonghi, intitolato *Vita e tempi di Valentino Pasini*; libro che piacque, ma più sarebbe piaciuto e si sarebbe letto, se il racconto fosse stato meno diffuso. Ad ottenere questo vantaggio mancava al Bonghi la stabilità di dimora. Scriveva da Torino, da Stresa, da Milano, da Firenze, da Napoli, fermo a una stazione, credo anche quand'egli stava chiuso in un vagone; da ciò la mancanza di condensamento nello stile, il ripetersi, il dilungarsi dello scrittore. Tuttavia per le condizioni che ebbi l'accorgimento di porre agli eredi del Pasini, che mi commisero la stampa di questo libro, io di averlo pubblicato non fui scontento.

Non così di altra pubblicazione che feci poco appresso: le *Opere* di monsignor Giovanni Guidiccioni; libro lodato da' filologi, nè trascurato da chi si diletta di poesia. Eppure sorte così infelice non toccò mai ad alcun altro libro da me pubblicato; e sì che ebbe le cure intelligenti di Carlo Minutoli da Lucca. Questa accoglienza indifferente del pubblico mi fece avvertito che il gusto n'era per avventura cambiato, ed io non mancai di tenermene avvisato per l'avvenire. Mandai fuori in quel tomo anche gli *Scritti letterarî* di Terenzio Mamiani, l'*Arte della seta* di Girolamo Gargiolli, le *Prose e Poesie* del Poliziano, le *Legioni di Storia* di Ferdinando Ranalli: tutti volumi accolti, se non con indifferenza, con qualche freddezza dal pubblico, oramai desideroso di leggere, ma non di studiare, forse perchè i tempi un po' burrascosi allo studio contrastavano. A consolarmi di questa freddezza venne molto opportuna la pubblicazione dei *Ricordi* di Massimo D'Azeglio, la quale, fatta la prima volta a novembre dell'anno precedente in buon numero di copie, ebbe bisogno nell'aprile successivo di essere rinnovellata con altra edizione a 2200 copie. Ristampai pure nella Collezione in sedicesimo le *Poesie* dell'Aleardi, i *Pensieri e Giudizi* del Gioberti (libro fortunato), la *Divina Commedia* col commento di Pietro Fraticelli (libro fortunatissimo) e la *Geografia fisica* di Maria Somerville. A questa terza ristampa, la vendita di sì bel libro si arenò alquanto, e dopo dieci anni minaccia di fermarsi: *habent sua fata libelli*. Ma io dico che l'invecchiar degli autori, o la loro morte, toglie un numero di ammiratori soliti a carteggiare con essi, o a corteggiarli; oltre che sopraggiungono altri scrittori, cui è più facile correggere o compendiare le opere di chi li ha preceduti, e così ai vecchi autori generalmente s'aspetta l'obblio. La mia deduzione è forse troppo rigorosa, ma a me par vera.

Nella Collezione Diamante, sempre cercata e gradita, di prima edizione feci le *Tragedie* di Vittorio Alfieri, l'*Iliade* tradotta dal Monti, i *Ricordi* di Marc'Aurelio e gli *Scritti vari* di Jacopo Nardi. In quest'anno pubblicai un *Dizionario inglese e italiano* di J. P. Roberts, che ho spacciato abbastanza bene, e diedi principio ad una Collezione scolastica al massimo buon prezzo, nella quale uscirono quell'anno stesso l'*Osservatore* del Gozzi, la *Cronaca* di Dino Compagni e i *Fatti d'Enea* di Guido da Pisa. Nel seguente continuai a pubblicare diversi altri volumetti di questa collezione, che fu accolta assai bene, nonostante la straordinaria concorrenza di altri editori delle principali città d'Italia.

Prima di chiudere il 1867 ho una notizia per la *bonne bouche*, come dicono piacevolmente i Francesi, o, come diremmo noi, *una notizia prelibata*. Nel 1° di dicembre, mentr'era ministro dell'interno il marchese Gualterio, io dovetti recarmi a Torino. Allora erano sempre vivi i risentimenti contro i fautori della nuova capitale e contro la stessa persona del Re. Io aveva con me una lettera, che m'introduceva presso il Prefetto di Torino. Con lui e con molti autorevoli cittadini (per esempio, il conte San Martino e il deputato Favale, il direttore dell'Archivio, commendatore Castelli, Ricotti, Flechia, Lessona) si parlò di politica, di un *modus vivendi*, che desse luogo al ritorno della concordia dei Torinesi col Governo e col Re. In quei colloqui udii molte cose, che mi parve utile far sapere al Ministro dopo il mio ritorno a Firenze; ed egli le riferì al Re, il quale si compiacque di voler udire da me stesso quel racconto, ed ebbe la bontà di assegnarmi un'ora di buon mattino nel palazzo Pitti, senza nessuna etichetta, nel suo quartiere particolare detto della *Meridiana* in Boboli, che aveva adito dal giardino.

Un po' prima delle otto antimeridiane nel dicembre di quest'anno io mi trovava nell'anticamera del piccolo quartiere del Re. Tra le persone di servizio, che trovai in quell'anticamera, vi fu uno che mi riconobbe udendo il mio nome. Era un antico compagno di scuola, che non avevo più veduto dall'età di quindici anni, un certo Rostagno di Torino. Mi fece grata accoglienza; mi disse che avrei trovato il Re persona affabile, e che riceveva con molta cordialità. Arriva il commendatore Aghemo segretario particolare del Re, e mi accompagna alla bussola; l'apre, e ad un'altra bussola, di faccia a quella per ove io era entrato, appariva il Re. Pratico com'è di ricevere gente nuova, mi parve che s'avvedesse del mio turbamento; mi viene tosto incontro facendo passi affrettati, mi porge la mano, e si mette a discorrere con me, facendomi sedere e sedendo anch'esso. Mi fu allora molto agevole di ritornare in me stesso; lo ringraziai dell'atto cortese, e per filo e per segno gli esposi quello che avevo udito, parlando con uomini politici a Torino. Un certo risentimento, ma non sdegno, nè animo contrario alle patrie istituzioni, nè repubblicani, nè socialisti aver trovato io colà; qualche cosa di irregolare appariva dai giornali di lassù, ma in realtà, se il paese era rimasto profondamente scosso, disgustato e turbato, la famiglia reale, la persona del Re erano sempre amate e venerate. In un colloquio che ebbi col conte San Martino, questi arrivò a dirmi: "Provi Sua Maestà di venire a Torino a un'ora discreta, io mi sento il coraggio di preparargli un'accoglienza formata da un gran numero di persone, che applaudiranno al suo passaggio."

Vittorio Emanuele, che in buona fede credeva di essere odiato a Torino dopo gli ultimi fatti seguiti all'annunzio del trasporto della capitale (il popolo in una delle tante dimostrazioni giunse persino a rompere il braccio della statua del Re, posta sotto i portici del Palazzo di Città), immaginava Torino piena di Mazziniani, « che l'avrebbero impiccato, se l'avessero potuto; » sono sue parole. Mi ringraziò di quanto gli avevo riferito; disse ch'egli « aveva sempre fatto del bene a tutti, anche ai suoi nemici; » e dopo qualche altro sfogo di dolore, che sentiva per lo stato inquieto degli animi a Torino, promise di ritornarvi quanto prima.

Infatti, su la fine dell'anno vi ritornò all'improvviso. Erano le 2 dopo mezzanotte: naturalmente non vi trovò persona, oltre i suoi famigliari; ma dopo il Natale, recatosi al Teatro Regio, ebbe un'accoglienza assai rispettosa e quasi entusiastica. Così si avverarono le profezie del conte San Martino.

Prendendo io commiato dal Re, egli mi prese la mano, se l'accostò al petto, e mi disse queste parole testuali: "Vogliamoci bene, tra noi altri Piemontesi." Quando ebbi lasciato le sue stanze, mi trovavo un po' confuso; venuto all'aria aperta in Boboli, ricordo di aver detto a me stesso: – Eppure questo nostro Re è un brav'uomo! ma che vita infelice è quella di un Re! – D'allora in poi non ebbi più occasione di parlar con lui. Bensì gli feci domandare alcune grazie, o sussidi a poveri pupilli di cui avevo la tutela, o diminuzione di pena a condannati che conoscevo; e devo dire per la verità che ottenni senza difficoltà le grazie implorate.

Essendomi trattenuto una buon'ora in colloquio col Re, ch'era vestito da mattino, così alla buona, colla camicia un po' aperta davanti, potei osservare che sul petto egli aveva come un fagotto di carne, e notai pure che le mani erano piccolissime in confronto alla sua corporatura straordinaria. Quest'ultima osservazione mi richiamò alla memoria un fatterello che mi aveva raccontato Massimo D'Azeglio nella sua villa a Cannero, tre mesi prima ch'egli morisse.

Gli ultimi anni che l'Azeglio visse, furono pur troppo anni molto melanconici per lui; non si trovava più d'accordo co' suoi amici politici, massime se di altre province d'Italia, e più specialmente toscani. Quanto ai Piemontesi, si separava con qualche asprezza dal conte di Cavour e da Carlo Luigi Farini, romagnolo, ma quasi connaturato piemontese. Dal re Vittorio Emanuele stava ben volentieri lontano quanto poteva, e ne parlava senza troppi riguardi. Diceva con molta franchezza che Vittorio Emanuele non era il vero figlio di Carlo Alberto; ma di un macellajo di fuori di Porta Romana a Firenze. Sosteneva che il vero figlio di Carlo Alberto fosse rimasto abbruciato nell'incendio avvenuto nella camera da letto del principino al Poggio Imperiale, che è una villa presso la Porta Romana suddetta; quindi, a nascondere il fatto doloroso del bambino morto abbruciato, essersi portato colassù il bambino d'un macellajo; così sarebbesi abbujato quel caso avvenuto nella famiglia reale.

L'Azeglio nell'asserir ciò vi faceva commenti da infondere in chi lo ascoltava la persuasione che questa fosse la verità; e diceva: "Osservi se il fatto da me narrato non si conferma da qualche segno fisico. I nobili, e per conseguenza i re, e figli di re, rassomigliano ai cavalli inglesi: hanno le estremità sottili. Noi abbiamo le mani piccole. Veda un poco il re Vittorio che manacce egli ha? Da macellaro, e non da figlio di re." Non v'era modo a persuaderlo che questo suo pensare fosse erroneo. A contradirlo, egli dava segni d'impazienza; pareva che volesse dire: "Già, voi non potete comprendere siffatte cose;" e s'inquietava.

La verità è che Vittorio Emanuele non ha le mani grosse, ma piccoline, che fanno un singolar contrasto con quella sua gran corporatura. Chiunque ha veduto con agio il Re, farà fede della giustezza delle mie asserzioni, e chi vedrà, o rivedrà o rammenterà i suoi ritratti grandi in fotografia con le mani su l'elsa della spada, riscontrerà esser vero quello che dico.

Che Vittorio Emanuele abbia mano piccola è dunque ben dichiarato e provato. Che poi non fosse rimasto abbruciato nella villa del Poggio Imperiale, e per conseguenza non avesse luogo il supposto baratto con il bambino del macellajo, l'ho potuto, chiarire in modo notarile (se l'espressione m'è consentita) da una certa signora Marianna Wincker, la quale era camerista alla Corte granducale in quel tempo dell'avvenuto incendio; e questa signora, a tutt'oggi 18 ottobre 1874, è vivente in Firenze, ed è conosciuta dal mio amico signor Baldassarre Gamucci professore di musica, che villeggia accanto a me in Arcetri.

Questa signora mi ha ripetutamente fatto assicurare che ella ricorda benissimo il fatto del coltrinaggio del letto incendiatosi e il caso miserando della nutrice, certa signora Zanetti, che per le bruciature, patite in quell'occasione, pochi giorni dopo ne morì. Il fuoco divampò subitaneo, e il principino sarebbe immancabilmente perito senza la presenza di spirito della nutrice. « Essa (così scriveva Carlo Alberto da Firenze nel 1822) non pensando che a salvare il fanciullo, e dimenticando sè stessa, prese Vittorio, e lo portò in mezzo la camera, gettandogli addosso tutta l'acqua che potè trovare; così gli salvò la vita. »

Ma la povera donna, che avea salvato una esistenza così preziosa, non solo per la famiglia di lui, ma per l'Italia, non giunse a salvare sè medesima. Difatti in altra lettera di Carlo Alberto, scritta venti giorni dopo l'accaduto, si legge che nella mattina del 6 ottobre egli aveva assistito agli ultimi momenti di quella infelice, la quale dovette soccombere alla forza del male. Il Principe aggiunge: « Potete facilmente immaginarvi quello che la misera creatura abbia dovuto soffrire. I suoi dolori non possono paragonarsi che all'afflizione provata da coloro che l'hanno assistita. » La infelice signora Zanetti era nata a Torino nel 1796, ed ivi nel 1812 si maritò con Lorenzo Vittorio Amedeo Zanetti. Nel 1877, 13 gennajo, viveva sempre in Roma un figlio di lei, M. Zanetti, dal quale ebbi qualche schiarimento intorno a questo fatto.

Anche il generale La Marmora prestò fede per qualche tempo a queste voci di cambiamento avvenuto del bambino reale al Poggio Imperiale; ma dopo, avuta occasione di veder la madre di Carlo Alberto, che tanto rassomigliava al re Vittorio Emanuele, egli si ricredette. Questo ho io inteso dal Generale stesso.

(Prima di cominciar la narrazione delle cose mie nell'anno 1868, mi sia permesso di accennare che da questa pagina all'antecedente è corso una tregua di più di sei mesi, cioè dall'autunno 1876 al maggio 1877, un'invernata intera; nella quale stagione non ho adoperato la mente a stendere queste Memorie, le quali richiedono l'aria e l'aspetto tranquillo e ridente della campagna, anzichè della città. Oggi, 14 maggio 1877, trovandomi nell'amena villetta che comprai al Pian de' Giullari, riprendo la penna per scrivere ciò che mi dettano la mente e il cuore. Il mio incomodo al piede sinistro dura, ma comincio a rassegnarmi al mio destino, confortato da letture che vado facendo, tra le quali l'*Epistolario* di Silvio Pellico, le *Confessioni* di Sant'Agostino, gli *Scritti* di Massimo D'Azeglio, di Cesare Balbo e altri autori di questa fatta: libri come questi riescono alquanto a calmare il mio spirito inquieto e spesso ribelle alla fredda ragione.)

L'anno 1868 si segnalò per vari disordini in diverse città d'Italia e all'estero; segni precursori di novità politiche. Nel gennajo spiacevoli lotte a Pavia fra studenti e una parte della popolazione; nel marzo uno sciopero di operai a Ginevra; nello stesso mese disordini a Bologna per la sospensione dei professori Carducci, Ceneri e Piazza; in aprile sciopero di operai a Torino e a Bologna; nel maggio si chiude l'Università di Napoli per una settimana in seguito a gravi disordini degli scolari. A Marsiglia nel settembre avvenne uno sciopero di operai tipografi; nel febbrajo a Parigi, fosse caso o malizia, dall'11 al 12 un grave incendio distrusse la famosa tipografia dell'abate Migne. Nel mese di novembre varie città d'Italia fecero dimostrazioni per l'anniversario di Mentana; e a compiere il mazzo ed aggiunger varietà, in Palermo, si scopre un comitato reazionario. A Roma il Governo pontificio, con questo po' po' di fermento nelle popolazioni delle varie città italiane, dopo aver tenuto in carcere per un anno i due complici nell'incendio della caserma degli zuavi, Monti e Tognetti, di professione muratori, ordinò nel mese di novembre che venissero sopra una pubblica piazza giustiziati. Pena severissima, perchè si sapeva che quei due disgraziati non erano stati che materiali esecutori del delitto; e inoltre dopo un anno le ire anche giuste del Governo pontificio sembrava che avessero dovuto cedere alle savie riflessioni, che suggerivano prudenza per quella specie di delitto che era e si doveva riconoscer politico. Dimodochè tutta l'Italia si risentì fieramente di quelle tremende esecuzioni della giustizia, che parevano piuttosto vendette disumane ed insensate.

Due notizie, quantunque contrarissime l'una all'altra, destano nell'animo degl'Italiani una curiosa ammirazione; il trasporto da Parigi a Venezia della salma di Daniele Manin, effettuato il 22 marzo 1868 (anniversario della liberazione di Venezia nel 1848) con grande solennità, e il matrimonio fra il principe Umberto e la principessa Margherita, celebratosi a Torino il 22 maggio con pubbliche feste, alle quali quella popolazione prese viva parte. Tali feste continuarono in modo splendido e solenne a Firenze, ove gli augusti Sposi arrivarono di lì a poco. Oltre alle solite luminarie, più o meno splendide, ebbe luogo alle Cascine, nel gran prato detto il Quercione, un grande e straordinario torneo di cavalieri vestiti all'antica, che destò l'ammirazione di tutti i Fiorentini e dei molti forestieri accorsi dal resto d'Italia. V'intervenne, oltre il principe Eugenio di Carignano, zio degli Sposi, anche il principe ereditario di Prussia, Federigo Guglielmo, trasferitosi per ciò da Berlino espressamente a Firenze. In quel tempo io era consigliere comunale, e venni nominato a far parte di una Commissione, che dirigesse gli apparecchi per le feste che dovevano esser fatte agli Sposi. Tra i doveri che ebbi ad adempiere, di due soli mi ricordo specialmente: d'una visita che la nostra Commissione fece al sullodato Principe prussiano, nella Locanda della *Pace* che dà su la piazzetta di Borg'Ognissanti e in Lung'Arno, e di aver cooperato all'acquisto di un diadema dal gioielliere milanese Bigatti, allora stabilito in Firenze, per la sposa Margherita, bello e ricco regalo che aveva la forma d'un giglio fiorentino, e costò al Municipio la somma tonda di cinquantamila lire. Nella visita al Principe di Prussia eravamo guidati dal Sindaco d'allora, il marchese Lorenzo Ginori. Alla presenza del Principe ci trattenemmo quasi un'ora. Bell'uomo, parlatore piacevole, egli discorreva in francese, lodando i monumenti della città, e mostrando la sua meraviglia per lo splendore dell'oro che (secondo lui) riluceva più da noi che in Germania! Volemmo anche visitare il principe Eugenio di Carignano, alloggiato egli pure a cura della Corte nello stesso albergo; ma egli ci fece ringraziare. Noi attribuimmo questo rifiuto alla freddezza nata poco tempo prima tra Piemontesi e Fiorentini per causa di quel fatale trasporto della capitale da Torino a Firenze, che poi riuscì fatalissimo a quest'ultima città.

Alla lieta congiuntura del matrimonio del principe Umberto io debbo il piacere e l'onore di aver pubblicato due pregevoli opuscoli del rinomato poeta Giovanni Prati, cioè la traduzione inedita del Libro V dell'*Eneide* e un canto agli augusti Sposi, che incominciava: *Io ascolto dai roridi clivi*. Non rammento più se queste due pubblicazioni ebbero una speciale accoglienza da chi si diletta di lettere, oppure se passarono inosservate fra il tripudio delle feste, che durarono più giorni con sempre rinnovata allegria.

A questo punto mi rimane di ricordare la morte di Carlo Matteucci avvenuta il 25 giugno, quella di Gioacchino Rossini il 13 novembre, e quella di Francesco Ambrosoli il 15 dello stesso mese; nomi abbastanza chiari, uno poi celeberrimo, sicchè il ricordarli semplicemente basterebbe. Pure dirò che il primo nacque a Forlì nel 1811; fece a Parigi i suoi studi; frequentò i corsi alla Sorbona, al Collegio di

Francia e alle Scuole politecniche. Finalmente nel 1840 fu nominato professore di Fisica nell'Università di Pisa, ove si segnalò grandemente. Per i suoi lavori sull'elettro-fisiologia ebbe la gran medaglia di Copley della Società di Londra. Pubblicò inoltre molte opere scientifiche, alcune delle quali in francese. Nel 1846 stabilì il telegrafo in Toscana, e nel 1848 fu fatto senatore da Leopoldo II granduca. Uomo operoso, anche un po' irrequieto, s'immischiava molto volentieri di politica, quando l'ingegno suo era specialmente fatto per le scienze, e per la chimica soprattutto. Nel 1859, quando la rivoluzione già dava manifesti segni di voler dominare le menti italiane, egli ebbe incarico dal Governo toscano di recarsi a Parigi per non so quale commissione presso Napoleone III; nel 1862 fu eletto ministro dell'istruzione pubblica del Regno d'Italia, ma durò poco tempo in quel seggio. Forse non aveva la calma necessaria per stare a capo di un'amministrazione così importante e in tempi procellosi. Ebbe in sua vita una fortuna rara, e mi affretto a dire che sapeva bene apprezzarla. Sposò una inglese, la signora Robinia Young, donna colta, d'indole soave, e tutta intenta a secondare gli studi del marito scienziato; essa collaborava con lui copiando, ordinando o traducendo, e se gli fu di giovamento in vita, dopo la sua morte gli rese un segnalato onore. Giova qui ricordare che nell'anno 1874, mercè l'opera e l'ingegno di Nicomede Bianchi, ella potè veder pubblicato un volume che ha per titolo *Carlo Matteucci e l'Italia del suo tempo*, lavoro molto pregevole per la storia d'Italia di questo secolo, ed al quale la vedova prestò ajuto operoso ed efficace, somministrando al Bianchi abbondanti notizie su la vita privata del marito, raccogliendo le molte lettere di lui agli scienziati più illustri dell'Europa, e mettendone in ordine tutta la corrispondenza epistolare pel corso di venticinque anni. Che la signora Robinia Young sia una valentissima donna, chi la conosce ne fa volentieri testimonianza. Gino Capponi, quantunque cieco, si recava spesso a farle visita, parlava di lei con riverenza e quasi con entusiasmo. L'illustre donna vive ancora (maggio 1878), e conduce vita solitaria e modesta.

Di Gioacchino Rossini non mi arrischio troppo a scrivere, perchè veramente non s'appartiene a me, che sono editore e tipografo, parlare di lui maestro sommo di musica. Pure qualche notizietta, che io credo peregrina, voglio qui affidare alla memoria di chi verrà, e lo farò brevissimamente. Il nome del Rossini era universalmente noto nei due emisferi; le sue opere e la sua vita artistica egualmente.

Straordinari onori gli furono prodigati dorante la vita, e avrebbe potuto godere maggiormente la sua ricca fortuna, se l'eccesso dei beni non l'avesse reso ristucco, o *blasé*, come dicono i Francesi. Il Rossini non era malinconico, come alcuni dissero, ma piuttosto gajo, burlevole, argutissimo nei suoi detti e piacevolissimo nei suoi ragionari, ma le soverchie adorazioni del volgo l'avevano fatto quasi diventar misantropo; al che ogni uomo perviene o per troppi favori o per troppe avversità della fortuna. La compra del palazzo in via Larga (ora via Cavour) in Firenze fu cagione dell'ipocondria che pose in forse la sua vita e lo disgustò di questa città. E neppur si poteva dire che fosse avaro, nè meticoloso, ma aveva poca fiducia negli uomini, forse perchè troppo li conosceva. Per trovare distrazioni alle sue noje, nell'anno 1855 si trasferì a Parigi, ove prese stabile dimora, ed ove il 13 novembre 1868 morì. Aveva settantasei anni: nacque a Pesaro il 20 febbrajo 1792. Nella sua città natale nel 1854 per voto pubblico gli fu inalzata una statua e un'altra dieci anni dopo, tributo di onore non solito ad ottenersi dai contemporanei, non sempre concordi nel pregiare ed onorare il merito di un loro concittadino, mentre ancor vive.

Una volta trovandosi il Rossini al teatro dell'Opera in Parigi fu visto dall'imperatore Napoleone III, che pure vi era. Fattolo avvisare di venire nel palco imperiale, il Rossini vi andò; ma credendo di non essere vestito abbastanza bene per stare alla presenza dell'Imperatore, è fama che gliene chiedesse scusa: al che il Sire prontamente rispose: "Tra noi sovrani non si usa far complimenti."

Non so se faccia bene o male a registrare quest'altro ricordo anche più autentico del precedente. L'avvenimento è in cucina, in casa del Rossini a Firenze. Ai suoi contemporanei non era ignoto che egli si dilettava dell'arte culinaria, e talvolta si divertiva a combinare pranzi, cucinare pietanze da sè in compagnia di amici, quali erano Giunio Carbone, letterato genovese, stabilito da molti anni a Firenze, un certo signor Masseroni, che credo romano, e Lord Vernon, lo splendido illustratore della *Divina Commedia*. Ognuno cucinava un piatto, e gareggiava col compagno a chi facesse meglio. Quando poi il Rossini fu a Parigi, conobbe e stette in relazione col famoso Carême e con altri valenti cuochi parigini.

Dopo la cucina non è tanto disagevole di passare a un pranzo ricevuto dal Rossini a Milano; e anche questa notizia l'ho per cosa certa, perchè narratami da un amico di lui, che viveva ancora nel maggio del 1877 a Firenze. Il Rossini aveva intelletto pronto e squisito, memoria tenace in sommo grado; la pratica grande con gli uomini eccellenti in qualsiasi disciplina, l'amicizia e famigliarità dei quali andava egli stesso cercando, gli aveva procacciato svariate cognizioni; dimodochè poteva parlare di molte cose con senno e perfetto intendimento. Trovandosi il Rossini a Milano sul principio della sua carriera musicale (verso il 1815), ma già celebre, fu invitato a un gran pranzo diplomatico, nel quale i convitati erano una cinquantina. Accadde che il Rossini e Vincenzo Monti, senza conoscersi l'un l'altro, si trovarono a sedere accanto. Il Rossini, per quel dono che aveva di una straordinaria penetrazione dell'indole degli uomini, alle prime parole profferite dal Monti conobbe tosto che aveva a che fare con un gran letterato; ed avendo cominciato con lui a parlare di letteratura, caduto il loro discorso sul poema di Dante, ne trattò con tanta cognizione ed acume di osservazioni, che fece meravigliare il suo interlocutore, per modo che questi se ne fece concetto di letterato esimio. Finito il pranzo, ed i convitati essendo passati nelle sale del caffè, il Monti chiese ad altro convitato chi fosse quel dotto letterato, che aveva avuto accosto a tavola; e inteso ch'era il Maestro Rossini corse subito ad abbracciarlo e a significargli la sua alta stima ed ammirazione. Il Rossini, essendo stato interrogato se il fatto fosse avvenuto in questo modo, non lo negò.

Francesco Ambrosoli, che io conobbi anche di persona, e di cui ho già un poco parlato al capitolo undecimo, nato a Milano il 27 gennajo 1797, fu modello di professore così per dottrina come per operosità e cognizioni ampie e profonde. Divenne maestro di belle lettere in quella città; nel 1828 fu impiegato alla Biblioteca di Brera, e nel 1840 passò professore di estetica nell'Università di Pavia. Nel movimento liberale, che si manifestò in Lombardia nel 1848, pare che non fosse tenuto in buon concetto come patriotta; cosicchè egli pensò di rifugiarsi a Vienna ove dal Ministero d'istruzione pubblica aveva avuto l'incarico di preparare un Vocabolario greco e italiano, che infatti di lì a poco tempo pubblicò. Come ho detto, l'Ambrosoli era uomo eruditissimo; tradusse *Strabone*, l'*Anabasi* di Senofonte, la *Storia delle Crociate* del Michaud e la *Storia della Letteratura antica e moderna* dello Schlegel, oltre alla compilazione del lodatissimo *Manuale di Letteratura italiana*, del qual libro io vendo, nei mesi delle scuole, molte copie quotidianamente, come se fosse pane. Infine i suoi figli (che furono valenti ed operosi come il padre) pubblicarono di lui una *Grammatica* e una *Storia d'Italia*. Quando l'Austria abbandonò per sempre l'Italia, l'Ambrosoli da Vienna fece ritorno in Milano, ove viveva ritirato e quasi solitario; perchè non troppo curato dai suoi concittadini, i quali non seppero comprendere o non vollero perdonargli quel suo propendere per gli Austriaci, dal cui governo egli, non fornito di mezzi di fortuna e carico di famiglia, riceveva un discreto stipendio. È però giustizia il dire che cogli Austriaci non s'era mischiato di cose politiche; ma a causa del suo ufficio vi aveva, come abbiamo notato, intimo contatto per cose d'istruzione. Giova anche ricordare che negli ultimi anni della sua vita l'Ambrosoli fu nominato segretario dell'Istituto Lombardo di scienze e lettere. Fu uomo di costumi antichi, studioso assai, e buon padre di famiglia numerosa.

Fra le pubblicazioni da me fatte in quest'anno, una *Lettera agli Elettori di Biella*, del generale La Marmora, ebbe grata accoglienza dagl'Italiani, come sogliono sempre aver gli scritti di questo esimio militare, per la sincerità delle sue opinioni e per una certa indipendenza nel modo di esprimerle non disgiunta da grazia. L'*Armando* di Giovanni Prati non fu giudicato dagl'intelligenti quella poesia che l'Autore credeva di aver composta. Gli *Scritti vari* di Vincenzo Antinori, quantunque libro messo insieme con buon criterio dagli amici dell'Autore, appunto perchè composto di vari scritti che non costituiscono un'opera, agli occhi dei lettori passò con qualche indifferenza; poco si è venduto, nè ciò mi ha fatto meraviglia. Pubblicai a mezz'anno un altro opuscolo dello stesso generale La Marmora, *Schiarimenti e Rettifiche*, che ebbe un buon esito come la *Lettera agli Elettori di Biella*. Le *Poesie* dell'abate Giacomo Zanella di Vicenza ebbero due edizioni nello. stesso anno, la prima di 1100 esemplari, di 1650 la seconda. Dagl'intelligenti furono giudicate di merito non comune, ma bisogna anche dire che l'Autore aveva molti amici e ammiratori nel Veneto, e questi fecero al detto volume una gradita e utile *réclame*, per dirlo alla francese, che molto contribuì al pronto smercio di un'edizione dopo l'altra. Venni fuori anche coi *Discorsi di Cammillo Cavour in Parlamento*, raccolti da I. Artom e A. Blanc, il qual volume pareva opportunissimo ai tanti dilettanti di politica in Parlamento e fuori nel giornalismo, ma non si è venduto gran cosa; il che prova che costoro per lo più parlano di politica senza darsi la pena di studiare gli argomenti, nè di leggere ciò che fu detto dai loro antecessori. L'edizione dopo dieci anni dura ancora. Ne stampai, è vero, 1650 copie, ma non dovevano essere soverchie per la materia di grande opportunità e per il nome dell'Autore, sempre venerato e sempre in bocca agli uomini politici di questo tempo. Della Collezione

Diamante pubblicai di prima edizione i *Poeti erotici del secolo XVIII*, raccolti da Giosuè Carducci, e l'*Odissea* d'Omero, a 2200 esemplari. Nella Collezione di opere scolastiche, della quale già ho fatto menzione, in quest'anno mandai fuori vari volumi, tutti d'un estremo buon prezzo; e questi sono: il *Novellino*, l'*Arte della guerra* del Machiavelli, le *Vite scelte* del Vasari, le *Novelle scelte* del Boccaccio, le *Storie fiorentine* del Machiavelli, le *Lettere scelte* del Caro, le *Prose scelte* del Galilei, e il Manuale della *Geografia antica* dell'inglese Bevan, tradotto la prima volta in italiano.

Nell'autunno dello stesso anno ricevei una lettera dall'abate Vito Fornari da Napoli, con la quale egli mi offriva il manoscritto di un suo nuovo lavoro, la *Vita di Gesù Cristo*. La lettera era molto attraente, perchè quel dotto e grave scrittore mi faceva comprendere ch'era riuscito a dare al suo lavoro una forma tale da renderlo accessibile per l'intelligenza a ogni ordine di persone anche mezzanamente istruite, « La ragione, » egli diceva in quella lettera, « per che mi risolvo a stampare intanto il primo libro è questa: nell'ultimo verno due miei amici ottennero da me, dopo lunghe istanze, che venissero in casa a leggerne qualche parte. Ma nel giorno stabilito, senza mia saputa, la casa mi si empì di gente. Vi erano dame di gran conto e colte, vi erano professori dell'Università, preti, prelati, artisti, credenti ed increduli, di ogni età, d'ogni condizione. Non vi dico nè l'attenzione con cui stettero a udire, per molti giorni molte ore di lettura, nè le istanze di tutti che stampassi presto lo scritto. Non mi sarei mosso; ma quel principio di pubblicità, dato al mio libro contro mia voglia, mi costringe a troncare gli indugi; tanto più che esso primo libro ha una importanza tutta sua, per ogni genere di studi e di studiosi, non maggiore di quello che seguirà, ma più universale. Nè esso dipendè da quello che seguirà, ma questo dipende da esso. »

Queste parole così animate, scritte da un uomo serio e prudente come il Fornari, mi posero in grande curiosità di verificare da me stesso se le affermazioni dello scrittore consonassero col fatto; e approfittando della stagione propizia e del trovarmi con qualche agiatezza di danaro, volli recarmi con mia moglie a fare un viaggio a Napoli. Vi fui; parlai più volte con l'abate Fornari, prefetto della Biblioteca Nazionale, ebbi da lui il manoscritto, e cominciando a sfogliarlo nella sua propria stanza alla Biblioteca, potei accorgermi che la materia era superlativamente alta, e non adatta ai più, come m'aveva scritto l'Autore. Trattandosi però di un'opera di Vito Fornari, stimato e amato da tutta Italia, non ricusai di accomodarmi con lui per un compenso più che discreto, e nel seguente anno comparve il primo tomo. Dell'esito dell'opera non potrei dire gran cosa bene, ma neppur tanto male: la materia astrusa e piena zeppa di metafisicherie ed i tempi contrari a siffatte letture furono cagione di uno spaccio non abbastanza soddisfacente per un'opera di tanta importanza e per un autore di tanto grido come il Fornari, che nel Napoletano principalmente era venerato come un Santo Padre. Stampai 1500 esemplari dell'edizione in-16°, e 500 di quella in-8° (di questa edizione distinta mostrò desiderio l'Autore). Della prima furono finora venduti due terzi e un terzo della seconda; ma non ho ricuperato interamente (dopo sette anni) le spese di stampa congiunte a quelle di autore; al quale per questo primo tomo arrischiai di dare il compenso di quattromila lire circa per un numero limitato di copie. Per l'intera proprietà il brav'uomo chiedeva trentamila lire, a ciò consigliato dai suoi amici napoletani. In questa congiuntura ho vie più imparato a diffidare del fanatismo degli autori per le proprie opere. Ho voluto ricordare il fatto, perchè i miei discendenti, se editori, ne siano avvertiti, e prudentemente scansino questi errori di calcolo circa l'esito di un'opera su cui faccia troppo a fidanza lo stesso autore.

Ora dovrei ricordare che in quest'anno ebbi un lavoro per me nuovo e di qualche rilievo, non privo però di responsabilità, dal Municipio di Firenze, il quale mi ordinò l'impressione delle Cartelle, o Azioni, per l'Imprestito che in quel tempo fu mandato ad effetto. Io per la composizione di questo lavoro, e più per la straordinaria numerazione delle Cartelle, dovetti recarmi a Parigi, a vedere colà sul posto come detta numerazione si facesse a macchina, giacchè ogni cartella doveva aver cento numeri. Recatomi dunque nella primavera del 68 a Parigi, chiesi, indagai quali erano le operazioni, quali i meccanismi che solevansi adoperare per cosiffatti lavori, in Italia non ancora comuni; e dopo molto chiedere e girare e vedere seppi per puro caso da uno che voleva vendermi con qualche insistenza una sua macchina molto complicata per numerare, che esisteva un piccolo *arnese* del meccanico Lecoq; ma mi si indicò questo piccolo arnese come un oggetto insufficiente all'uopo. Io che di quella macchina propostami e raccomandatami istantemente non aveva buona opinione per la sua troppa complicanza, licenziatomi dall'offerente corsi subito dal Lecoq; vidi ed esaminai attentamente la sua macchinetta. Trovatala soddisfacentissima al mio bisogno, l'acquistai, e di lì a pochi giorni la spedii a Firenze, facendola accompagnare da un lavorante parigino, certo Ghatelain, che accaparrai a Parigi per occuparlo nel mio Laboratorio a principiare la lavorazione della stampatura dei numeri, e così insegnare il mestiere (tale era il nostro accordo) a un mio lavorante legatore fiorentino che si chiama Dal Pino, il quale ha poi sempre fatto andare egregiamente la detta macchinetta, che posseggo tuttora.[1]

Quest'anno 1869 fu commosso da alcuni avvenimenti che a me non corre l'obbligo di raccontare per disteso: alludo ai disordini provocati dall'applicazione della Tassa sul Macinato, repressi con prudenza dal generale Cadorna, e ai fatti della Regía con lo scandalo parlamentare provocato dal maggiore Cristiano Lobbia. Nè credo debba registrarsi fra i lieti eventi la proclamazione del dogma dell'Infallibilità, uscita dal Concilio Ecumenico tenutosi in San Pietro alla fine dell'anno.

Venendo alle cose librarie dirò che feci specialmente una pubblicazione, che levò molto rumore e si diffuse rapidamente per ogni parte d'Italia; intendo dire del volume intitolato *Volere è Potere* di Michele Lessona. Non sarebbe forse senza interesse di conoscere tutte le cagioni che dettero luogo a questa pubblicazione; mi limiterò a dire soltanto come il libro, nato nella mia mente mercè le letture dell'americano Beniamino Franklin e dell'inglese Smiles, ebbe esecuzione per il concorso di un ministro di Stato, di un diplomatico onesto e modesto, e di un letterato operoso e scienziato, scrittore brillante se non purgato, qual è Michele Lessona. Il ministro fu il conte Menabrea, il diplomatico il comm. I. Artom, che pensò di scrivere a tutto il nostro corpo consolare la circolare che si legge nella Prefazione di quel libro, fortunato doppiamente, in quanto che esso non può non aver recato vantaggi all'educazione degl'Italiani. Nè voglio tacere che ha dato un discreto guadagno all'Editore, il quale non risparmiò nè cure nè spese, affinchè questa pubblicazione riuscisse quale si vede; e di ciò fanno

---

[1] Quando il lavorante Ghatelain se ne tornò a Parigi, portò seco per ricordo del lavoro e per mostrarla ai suoi compagni, una Cartella con la numerazione un po' torta, e che perciò si era scartata. Accadde che quella Cartella fu da lui smarrita in una via di Parigi, e ritrovata da persona che si affrettò a depositarla alla Polizia. Tornata quella Cartella a Firenze per via diplomatica, al Municipio fu riscontrato che per una strana combinazione portava il numero di una Cartella che aveva vinto uno dei maggiori premi in una delle prime estrazioni. Al Chatelain fu però facile provar la sua buona fede. (*F.*)

fede le parole di ringraziamento del Lessona, che anche più avrebbe detto, se l'Editore non l'avesse pregato di sopprimere ciò che forse poteva parere superfluo. Sono oramai otto anni che il libro è pubblicato, e ancora si ristampa e si vende. Come i *Ricordi* di Massimo D'Azeglio, questo libro del Lessona si leggerà ancora per lungo tempo con vantaggio dell'educazione della gioventù italiana. Di entrambi, la tiratura è già salita a presso che ventimila esemplari.[2]

Non starò più a ricordare le ristampe che ogni anno vo facendo nella Collezione Scolastica, cioè Mandosio. Boccaccio, Gozzi, Vasari, Caro, Machiavelli, Giordani, i *Fatti d'Enea* ed altri volumi consimili, limitandomi da ora in poi ad annunziare i volumi dì prima edizione, a meno che le ristampe sìeno segno di un particolare gradimento del pubblico, epperciò una prova certa del suo gusto letterario.

Di prima edizione è il libro di Paulo Fambri sul *Duetto*, intorno al quale non ho nulla da notare, se non che ì duelli continuano come pel passato; la pubblicazione, già preannunziata, della *Vita di Gesù Cristo* di Vito Fornari, l'*Autobioarafia* di Beniamino Franklin, i *Poeti Greci* e le *Versioni* di Vincenzo Monti nella Collezione Diamante, la *Storia di Cinque Lavoranti* dello Smiles, nella stessa nuova Raccolta Popolare inaugurata col *Volere è Potere*, il 5° e 6° volume della *Storia della Monarchia Piemontese* del Ricotti e un libro di Vincenzo Garelli *Sulla Pena e sull'Emenda*. Pubblicai ancora, e dentro l'anno ebbi a farne una seconda edizione, i *Consigli al Popolo*, di Massimo D'Azeglio, come pure la *Filosofia Elementare* de' professori Conti e Sartini.

Pubblicai similmente il *Manuale dell'agricoltore*, che a mio invito compilò l'operoso e dotto scienziato siciliano Pietro Cuppari professore a Pisa, ove morì l'8 febbrajo 1870 con universale compianto de'molti amici e ammiratori. A ricordare le virtù di lui non mancarono gli elogi pronunziati alla sua morte nel camposanto urbano di Pisa, ove accorsero a rendergli onore i discepoli e i colleghi. Le sue opere, pubblicate qua e là in Italia, fanno fede delle vaste cognizioni ch'egli ebbe nelle scienze che coltivava.

Firenze, città ordinariamente tranquilla e di studi (non saprebbe forse segnalarsi nè colle armi nè colle industrie), ricorda con memoria riverente ed affettuosa che il 3 maggio ricorre il quarto centenario

---

[2] La biografia di Antonio Panizzi, nel *Volere è Potere*, fu scritta da nostro Padre. (*F.*)

di Niccolò Machiavelli, e si affretta a solennizzarlo con una festa letteraria, che è suggellata dalla istituzione di un premio di cinquemila lire all'autore che scriverà un libro su le azioni e le opere di quel grande statista italiano più che fiorentino.

Moriva in quest'anno a Torino Pietro Paleocapa, ammirato come uno de' più grandi ingegneri moderni, venerato pel suo patriottismo e l'integrità del carattere, stato ministro dei lavori pubblici nel 1848 a Venezia sua patria e quindi, prima del 1859, in Piemonte. Di lui non appartiene a me parlare in queste Memorie; darò bensì qualche cenno di Girolamo Gargiolli, di Giuseppe Delfi e Pietro Bigazzi, morti anch'essi in quest'anno, a Firenze.

Girolamo Gargiolli, che pubblicò con i miei tipi la prima volta il *Trattato sull'Arte della Seta*, facendolo seguire da alcuni *Dialoghi* da esso raccolti dalla viva voce del popolo fiorentino, fu di Fivizzano, grossa terra della Lunigiana, ove nacque il 24 di ottobre del 1796. Nella sua gioventù attese allo studio del Diritto nell'Università pisana. Conobbe a trent'anni il celebre Gian Domenico Romagnosi, strinse con lui amicizia, e ne riceveva lettere esprimenti stima ed affetto.

Quantunque il Gargiolli dimorasse in piccolo paese, distante da Firenze, e con i pochi mezzi che si aveva in Italia verso il 1834 per farsi conoscere da provincia a provincia, riuscì nonpertanto ad attirare l'attenzione di uomini di merito, come Raffaello Lambruschini, Francesco Forti e Giampietro Vieusseux, con la pubblicazione di un *Calendario Lunese*, che continuò per tre anni. Io non ho veduto questo libretto; ma ne ho udito dir molto bene, e ne ho letto vari e particolareggiati elogi scritti, da uomini competenti, da ritenere che fossero meritati. Infatti, un Almanacco, o Calendario che voglia dirsi, è un libretto che sovente può far molto più bene che non un grosso libro; ed io invano ho sempre pensato a farmi editore di un Almanacco che congiungesse l'utile al diletto e che fosse cercato per tutta l'Italia. Ciò ha ottenuto il professor Paolo Mantegazza col suo *Almanacco igienico*; ma io desiderava un Almanacco che non tanto parlasse dei visceri (vedi l'Almanacco dell'anno 1873), ma che coltivasse la mente e il cuore. E questo pare difficile ad ottenersi dagli scrittori in Italia; che gli scrittori che sono di amena lettura sacrificano spesso questo a quella. Eppure se riuscisse a' miei nipoti di mandare ad effetto il mio pensiero di un Almanacco popolare adatto alla generalità degli Italiani, e contenente cognizioni utili al ceto medio che è il più numeroso, io credo che si potrebbe sperare una pubblicazione che facilmente salirebbe a un numero di copie fin qui non mai raggiunto in Italia, e che per conseguenza potrebbe recare molto bene alla gioventù.

Mi sia permesso di narrare un piccolo aneddoto a proposito di Almanacchi. Lessi nella *Revue Britannique* del 1874, pag. 261, che il celebre marino, scienziato, matematico ed astronomo R. James Morrisson, pubblicava ogni anno sotto uno pseudonimo un suo Almanacco che trattava di astrologia, e che egli faceva stampare sino a ducentomila esemplari, la cui vendita gli procacciava un bell'incasso; mentre col pubblicare le sue opere serie ritraeva appena il rimborso delle spese di stampa. Il gran successo del suo piccolo Almanacco, contenente profezie che spesso si avveravano, indusse l'Autore a prestar fede alle medesime; e una volta che dall'ammiraglio Belcher fu trattato *impostore*, Morrisson lo citò al tribunale, che con sentenza proclamò la sua buona fede.

Ritornando al Gargiolli, dico che fu il suo *Calendario Lunese* che lo fece conoscere ed apprezzare dal Governo. Ebbe impieghi nell'amministrazione pubblica; fu a Pisa e a Firenze in posti che, per conseguirli, richiedono stima e fiducia. Ottenuta la giubilazione a sessantasei anni (nel marzo 1862), egli che fu operosissimo e studioso della, nostra lingua, pubblicò un primo e un secondo *Saggio sul parlare degli artefici in Firenze*, che venne accolto favorevolmente; e dopo il *Trattato sull'Arte della Seta* si proponeva di attendere ad altri lavori intorno alla lingua che si parla in Firenze dal popolo, e ciò per gli eccitamenti che riceveva dal Tommaseo e da altri valentuomini.

Viveva il Gargiolli ritirato fra pochi e costanti amici, allorquando il 4 giugno del 1869 si seppe la sua morte quasi prima di apprenderne la malattia; il che. fece uscire Niccolò Tommaseo in queste malinconiche e severe parole: "Uomini benemeriti invecchiano non curati o insultati, muojono senza una parola di gratitudine, senza un accento di conmii-serazione che s'oda."[3]

Giuseppe Delfi fiorentino fu considerato un vero tipo di capo popolo: audace, generoso, un tantino ambizioso, onesto, intelligente, non sprovvisto di beni di fortuna, che veniva aumentando col suo traffico di fornajo. Sino all'età di trent'anni i suoi sentimenti patriot-

---

[3] Di Girolamo Gargiolli scrisse un Elogio Guglielmo Emilio Saltini, da cui ho attinto molte notizie. Vedi la *Gioventù*, ottobre 1869.

tici non si erano ancora rivelati, nè aveva appartenuto ad alcuna società liberale. Dovè alla conoscenza di altri suoi concittadini, Ferdinando Serafini (ora direttore della mia Tipografia di Roma, e al quale debbo esser grato per avermi somministrato queste genuine notizie sul Dolfi), Pietro Balzani e Pasquale Romanelli, conosciuti la sera del 5 settembre 1847 su la piazza di Santa Croce, se d'allora in poi i germi di liberalismo latenti in lui si svolsero e fruttificarono rapidamente. Infatti non andò molto che, conosciute dal popolo queste sue qualità, fu egli tenuto in grande considerazione ed affetto; e dopo la restaurazione del Governo granducale, seguita nel 1849, divenne in Firenze come il centro del partito d'azione: la sua persona emergente, essendo egli di alta statura, ben proporzionato e di buon aspetto, i suoi modi famigliari, le sue opinioni apertamente democratiche e la sua professione stessa, nella quale godeva credito di capacità e di onestà, il danaro che spendeva a prò del suo partito, lo fecero tener molto caro e autorevole anche da chi avrebbe potuto sovrastargli assai per ingegno; cosicchè nel 1859 fu l'anello di congiunzione tra il partito democratico e il partito moderato.

Dopo il 1859, quando il barone Ricasoli era capo della Toscana, ed allora s'incominciava la vita politica italiana, il Dolfi conservando sempre le sue antiche amicizie col popolo si accostò al Ricasoli, sino a che il fatto tra questi e il Nicotera, avvenuto a Castel Pucci, persuase il Delfi a non seguire altrimenti il fiero Barone e rompere ogni relazione con lui.

Venuto la prima volta il re Vittorio Emanuele a Firenze, e udito parlare di questo esimio popolano, non pregiato soltanto per i sentimenti liberali, ma anche per la sua schietta onestà, lo invitò al Palazzo Pitti; quivi gli fece accoglienza oltremodo grata, e lo volle persino regalare di un pajo di pistole.

La causa italiana cagionò molte spese al Delfi; prima il denaro necessario al mantenimento di una caterva di gente per averla pronta a'suoi ordini, poi l'alimento di un giornale del partito che s'intitolava la *Nuova Europa*, il quale non rifaceva le proprie spese, e il Dolfi vi sopperiva del suo.

Quantunque sempre mischiato con gente di spiriti liberali eccessivi, seppe in varie occasioni e principalmente in un tumulto avvenuto in Firenze nell'ottavario del Corpus Domini dell'anno 1861, farsi paciere in mezzo alla sua gente furibonda e manesca, da risparmiare ai clericali gl'insulti violenti della piazza.

Ebbe molto buon senso e perspicacia, e l'ingegno naturale gli dava sufficiente comprensiva, per cui dalla lettura profittava molto, e nello scrivere aveva una certa efficacia paesana che attraeva, dote tra i popolani nostri non rara. Si dilettava di libri, e ne andava acquistando. Desiderava ardentemente il bene della classe operaja, e i suoi sottoposti ebbero non infrequentemente a provare la mitezza dell'animo suo. Nelle amicizie costante, onesto nei commerci sino allo scrupolo. Fu promotore d'una Società di mutuo soccorso, che volle intitolare *Fratellanza Artigiana*. Morto a cinquantun anno, questa gli inalzò sopra la sua bottega di fornajo una lapide, che rammenta le virtù del popolano benefattore del popolo, e del liberale disinteressato e generoso.[4]

Siamo al 1870. Prima pubblicazione in quest'anno, che resterà memorabile per la gran guerra combattuta fra la Francia e la Prussia, e per l'entrata degl'Italiani in Roma, fu un bel volume del marchese Pietro Selvatico, l'*Arte nella vita degli artisti*. Se non può dirsi che avesse un'accoglienza straordinaria, il libro nulladimeno è piaciuto, come piacquero sempre gli scritti del Selvatico, se non molto purgati in fatto di lingua, giudiziosi però e autorevolissimi in fatto d'arte. Ebbi anche la buona ventura d'imprender la stampa dei *Dugento Sonetti* del Belli in dialetto romanesco, curata da Luigi Morandi, che scrisse la Prefazione. I Sonetti piacquero assai, furono da alcuni paragonati a quelli di Carlo Porta, milanese, e da altri al genere di poesia del Guadagnoli, toscano. Ne stampai 1650 esemplari, e ben presto dovetti farne una seconda edizione.[5] I *Profili letterari* di Eugenio Camerini piacquero, benchè già noti nei giornali letterari del tempo, cioè dal 1840 al 1860. Questa pubblicazione mi pose a contatto con un letterato valentissimo e assai modesto, ma talvolta capriccioso come una donna. Le *Traduzioni di poeti tedeschi* di Giovanni Peruzzini, veneto, tanto strombazzato da alcuni amici e spezialmente dalla moglie, ebbero fredda accoglienza dal pubblico, e il non essermi incalorito nè a ristamparle, come avrebbe voluto la signora Peruzzini, quando ancora avevo assai copie della prima edizione, e il

---

[4] Nel luglio di quest'anno 1882 su la tomba di Giuseppe Delfi, nel Cimitero di San Miniato, fu a cura della stessa Fratellanza Artigiana inaugurato in onore della sua memoria un monumento modesto, ma elegante e dignitoso. (*F.*)

[5] Giova avvertire che la stampa del Belli fu intrapresa prima che l'acquisto di Roma richiamasse l'attenzione su le cose di quella città. (*F.*)

non aver condisceso a pubblicare un secondo volume dello stesso Autore, non certo spregevole, mi valsero le ire di quella signora, la quale faceva roditrice letteraria degli scritti del defunto marito che adorava. Fu pure freddamente accolto, per la materia, il nuovo libro di Pietro Siciliani sul *Rinnovamento della Filosofia in Italia*. Per ora i libri di materie filosofiche sono in generale, secondo che risulta a me, tepidamente accolti fra noi, ad eccezione di quelli del professore Augusto Conti, l'autore della *Storia della Filosofia*.

Mi è caro di dover qui parlare di due pubblicazioni di grande importanza, che mi ottennero aderenze gradite e onorevoli. L'una è il libro del signor Giorgio Perkins Marsh, scritto in inglese e stampato in America col titolo *L'uomo e la Natura, ossia La superficie terrestre modificata per opera dell'uomo*; l'altra il libro dell'inglese G. E. Lewes, intitolato *Fisiologia della vita giornaliera*, in due volumi con copiose incisioni.

Il signor Marsh era ministro plenipotenziario degli Stati Uniti in Italia; uomo di carattere elevatissimo, d'indole sommamente benefica, erudito di erudizione varia, infaticabilmente studioso e versato nella filologia antica e moderna. Scriveva e parlava con agevolezza l'italiano, e contribuì potentemente a correggere la traduzione dell'opera, che nacque con stento, perchè il primo traduttore nel suo lavoro non fu felice, e si dovette ricorrere a un secondo, il valente professor Giuseppe Carraro, veneto, che in grazia delle sue varie cognizioni scientifiche e della perizia che aveva nella lingua inglese, e mercè l'ajuto dell'Autore, residente allora a Firenze, potè condurre una traduzione soddisfacente. L'opera del signor Marsh incontrò l'universale gradimento, e dovetti ristamparla.[6]

Il signor Lewes è un dotto scienziato, molto popolare in Inghilterra. Il suo libro fu stampato più volte e tradotto in varie lingue di Europa. Due stranieri, il dottor Boss e il filologo Girtin, lo recarono in italiano con diligenza e con grande intendimento della materia e della lingua inglese, che al pari dell'italiana pareva la loro lingua materna. Il libro popolare, di una popolarità soda, e non ciarlatanesca, ha avuto un discreto incontro, non tale però, quale, a senso mio, quell'aureo lavoro d'igiene avrebbe meritato.

Nella nuova Raccolta Popolare, alla quale fu fatta un'accoglienza delle più lusinghiere, pubblicai la *Vita di Colombo* dell'inglese Helps,

---

[6] Mentre si correggevano queste pagine il signor Marsh moriva a Vallombrosa presso Firenze. (*F.*)

facendola tradurre dall'egregio Eugenio Camerini; il libro del Craik *Costanza vince ignoranza*, l'*Educazione del cuore* della Ellis, egualmente inglese, e finalmente gli *Scritti minori* del Franklin. Quest'ultimo volume non ebbe il buon successo dell'Autobiografia dello stesso Autore, ma pur si vende. Nella stessa Collezione piacquero due opere italiane pubblicate parimente quest'anno: la *Vera Civiltà* di Oreste Bruni e il *Manuale di Economia* di Carlo Fontanelli.

In quest'anno stesso detti anche maggior sviluppo alla mia nuova Collezione Scolastica, intrapresa in seguito ai Programmi ministeriali del 1867, arricchendola con un'accurata ed economicissima edizione dei quattro Poeti: il Dante, col commento di Filippo Andreoli napoletano, che incontrò molto il favore dei maestri, perchè è veramente il più scolastico fra i commenti della *Divina Commedia*; il Petrarca, con l'interpretazione del Leopardi e le note inedite dell'Ambrosoli procuratemi dal culto figlio suo Filippo; il Tasso, espressamente annotato per la mia edizione da Domenico Carbone, al quale tanto è debitrice l'istruzione secondaria in Italia; l'Ariosto, secondo l'edizione per la gioventù del dottor Bolza.

Se a qualcuno facesse meraviglia come io abbia potuto, in quest'anno assai turbolento per guerre di fuori e novità interne, pubblicare più volumi del solito, consideri che varie di queste pubblicazioni erano incominciate a stamparsi nell'anno precedente a questo; end'è che ci troveremo più scarsi a novità nell'anno venturo.

Nel capitolo nono ho già accennato che fui editore del giornale *La Nazione*. Io n'era amministratore e socio, non proprietario: i proprietarî, in grazia della mia amministrazione, non ebbero mai bisogno di sborsare alcuna somma in conto di capitale. Ma per motivi, che sarebbe lungo e doloroso il ricordare, se lo lasciarono levar di mano, ed io che a quel giornale prodigai per oltre dieci anni infinite cure, da suscitar gelosie tra gl'invidiosi, non posso non confessare che patii amarissimo disinganno vedendomi portar via con un colpo di mano l'ingente lavoro della stampa di un giornale accreditato e diffuso. Pieno di stizza e di rabbia immaginai tosto di farmi editore di un altro giornale, l'*Italia Nuova*, che venne fuori poco dopo l'entrata delle nostre truppe a Roma.[7] Come direttore del giornale mi fu proposto

---

[7] Con quanta serietà e nobiltà d'intenzioni nostro Padre si mettesse alla pubblicazione dell'*Italia Nuova* lo mostra la lettera al Carducci del 6 giugno 1870 e quella al figlio Piero del

e raccomandato il deputato Angelo Bargoni, cremonese, che era stato anche ministro della pubblica istruzione; uomo stimato onestissimo, appartenente al centro destro: non abile scrittore, ma d'autorità, perchè d'intenzioni rette. Lo accettai, e c'incamminammo nella pubblicazione del giornale; ma vidi subito che ci sarebbe stato poco fondamento, anche perchè il Bargoni era distratto, nel suo ufficio di direttore di un giornale politico e quotidiano, da una numerosa famiglia (undici o dodici figliuoli) e da strettezze domestiche. I collaboratori erano anche inferiori alle forze del Direttore. Il pubblico fece buon viso al primo apparire del giornale; dopo tre mesi si ritirò, sussurrando per la disillusione che aveva provata; io, dopo sei mesi di lavoro floscio ed anche poco sostenuto per parte dei collaboratori, stimai bene di offrire al Bargoni un compenso giudicato equo quanto mai, e mandar al diavolo il giornale; altrimenti quei signori, che lavoravano senza vigore, avrebbero finito per mandar in malora me e la mia famiglia. Questa faccenda, cioè le spese di stampa non abbastanza compensate dagli associati e il compenso al Direttore, mi costò la bagattella di un quarantamila lire. E tutto questo per le smanie di voler dare sfogo alle mie *stizze* e alla mia *rabbia*! Quanto avrei fatto molto meglio a mantenermi tranquillo e a non dar soddisfazione a chi aveva in tal modo agito per sconcertare le mie faccende, che fino allora avevano progredito sì bene! Veggano gli eredi miei, se alcuno farà l'editore, o altra qualunque professione, di non lasciarsi dominare dalla *stizza*, o, più che da questa, dalla *rabbia*, quando meditano un'impresa. La *stizza* e la *rabbia* tolgono il lume dell'intelletto nel momento in cui è assolutamente necessario, a non voler capitombolare o pagar multe così gravose come questa di quarantamila lire, e per giunta far sorridere i malevoli e gli avversarî.

Nel corso di quest'anno avrei da annoverare la morte di un sovrano spossessato e di tre uomini che ebbero qualche nome tra coloro che sì occuparono di belle lettere: Leopoldo II già granduca di Toscana, Luigi Cibrario, Giuseppe Canestrini e Pietro Bigazzi.

Di Leopoldo II scrisse copiosamente nel 1871, con senno e piena

---

19 luglio 1870 (Vedi Appendice).

Se dunque il buon successo dell'*Italia Nuova*, malgrado i suoi sforzi, non potè sostenersi, si può immaginare qual colpo ne risentisse quest'uomo che vi aveva fondato sopra tante speranze. Non è avventatezza l'asserire che da questo malaugurato affare ebbe origine il malore che afflisse i suoi ultimi anni, e lo trasse alla tomba. (*F.*)

cognizione di causa e con sufficiente pacatezza, se non serenità di mente, il già suo ministro Giovanni Baldasseroni. Di Luigi Cibrario parlò Marco Tabarrini in una tornata dell'Accademia della Crusca, e la sua biografia, commendevole per giusta misura di elogi, termina con queste auree parole che mi piace di trascrivere qui: « Io ho narrato alla meglio una molto nobile vita, piena di pensiero, di azione, di studî e di egregie opere. Se mi si domandasse come mai il Cibrario potè bastare a tanto, risponderei in brevi parole: egli credeva in Dio, aveva la coscienza del suo dovere, e faceva buon uso del tempo. Di qui la sua rettitudine di scrittore e di cittadino, la sua operosità, la sua perseveranza. Oggi questa direzione morale della vita si crede sia un legame al pensiero e un impaccio air azione, e se ne vuol fare a meno. Francando l'uomo da ogni legge interiore si è creduto di dargli il massimo della potenza; ma in effetto si è reso più debole, più incerto, più imbelle, come una forza a cui manchi il punto d'appoggio. Perciò invece di azioni costanti e dirette ad un fine, si hanno convulsioni di epilettici; in luogo della temperanza virile che riesce, perseverando, si hanno violenze fatue e intermittenti, che non conducono a nulla; e la vita si consuma in vani conati di azione, quando non si confessa col suicidio una disperata impotenza. »

Del Canestrini scrisse con benevolenza il Tabarrini medesimo, non senza riconoscergli i meriti negli studi storici; i quali meriti sarebbero stati maggiori, se il Canestrini avesse sempre recato più ordine e diligenza nel prepararli. Quanto a Pietro Bigazzi, lo ricordo, perchè amico mio. Egli era un buon conoscitore e raccoglitore diligente e instancabile di libri antichi; cosicchè gli venne l'opportunità di riunire una copiosa raccolta di libri di storia patria toscana da lui ceduta poi a questo Consiglio provinciale, che ne fece l'acquisto per sedicimila lire. Fu detto che il Bigazzi avrebbe ottenuto più largo compenso, se avesse voluto venderla all'estero. Era uomo buono, molto indeciso, inclinato all'ossequio, impiegato negli uffici dell'Accademia della Crusca. Morì nell'età di settant'anni.

CAPITOLO DECIMOQUINTO

LA CAPITALE A ROMA

SOMMARIO: [1871] Nuove condizioni di Roma – Il Barbèra vi fonda una Tipografia succursale – Il direttore Ferdinando Serafini – A Parigi dopo la guerra, per fornire di macchine la Casa di Roma – Impressioni di quel nuovo viaggio in una lettera alla *Gazzetta d'Italia* – Pietro Maestri e Giuseppe Civinini – *Cenisio e Frèjus*, ec. – Pubblicazioni, il cui buon esito compensa il danno di qualche impresa sbagliata – [1872] Scarsa operosità editoriale in quest'anno – Ricordo dell'amico e collega Luigi Pomba – Morte della signora Somerville.

Dopo l'ingresso delle nostre truppe da Porta Pia in Roma, vinti e vincitori, clericali e Italiani, per lungo tempo rimasero stupefatti dell'avvenimento. Ogni giorno, i vinti attendevano novità, e le desideravano ardentemente; ma sono corsi oramai otto anni (scrivo nel 1877) dacchè la sede del Governo italiano fu stabilita a Roma, ed esso opera liberamente senza che siano accaduti disordini; anzi l'ordine vi si assoda ogni giorno più, senza offesa della libertà dei preti; intendo parlare della libertà *religiosa*, che la civile è regolata da leggi comuni a tutti i cittadini del regno sino dal settembre del 1870.

Roma, ne' primi tempi della sua liberazione, si trovava costantemente visitata da cittadini delle varie province d'Italia, che vi si recavano col principale scopo d'incettar locali a vari usi. Difficile a trovarli, epperciò cari di prezzo. Riflettendo io che avevo lavori di stampa, che avrei forse perduti se non avessi seguito il Governo a Roma, mi determinai d'impiantarvi una Stamperia succursale. Sono sette anni che l'ho stabilita, ponendo alla direzione della medesima per un pajo d'anni (72-73) il mio maggior figlio Pierino, e poi destinando a tale ufficio Ferdinando Serafini, che era proto della Stamperia di Firenze.[1]

---

[1] Ferdinando Serafini nacque da Giovanni Battista in Chianciano, presso Montepulciano, circa l'anno 1816. Nel Seminario di Montepulciano studiò per farsi prete, ma o non ci avesse vocazione o mancassero alla famiglia mezzi di mantenerlo più a lungo agli studi, uscì e si accomodò come apprendista presso la Tipografia Fiumi nella città stessa. Essendosi recato colà a lavorare per qualche tempo il valente tipografo fiorentino Angiolo Tofani, di cui nostro Padre

È stato generalmente osservato che dal giorno del nostro ingresso a Roma l'animo degl'Italiani, fino allora smanioso di novità politiche, si fece più calmo e paziente. Si cominciava a guardare con maggior indifferenza, che per il passato, al di fuori; invece le menti si volgevano a ordinare e a consolidare il molto che gli eventi avevano arrecato alla fortuna d'Italia.

Parecchi giornali si trasferirono a Roma da varie città del Regno. La *Gazzetta Ufficiale* apparve nella Capitale il 1° di luglio, e io ebbi l'onore di stamparla nella nuova mia Stamperia di via de' Crociferi, per questo e pel seguente mese fino al 2 settembre. È stato un servizio che ho reso al Governo e alla tipografia degli Eredi Botta, che non erano ancora pronti; io potei supplire con estrema soddisfazione dei Botta e con segno di animo grato del commendator Lanza, ministro dell'interno. Vennero in seguito a Roma i più noti giornali, l'*Opinione*, il *Diritto*, l'*Italie*, i quali non perdono della loro importanza nel trapiantarsi; il giornale democratico che s'intitolava La *Riforma*, dopo un anno di vita a Roma, cessa le sue pubblicazioni per

lasciò affettuoso ricordo in queste Memorie (pag. 212), fece questi amicizia col giovinetto Serafini, e quando tornò a Firenze lo menò seco a lavorare nella Tipografia Catellacci, dalla quale il Serafini passò in quella del benemerito David Passigli. Il signor Felice Le Monnier, dopo che, uscito dalla Casa Borghi e Comp., ebbe messa su tipografia di suo, prese il Serafini come lavorante a stipendio e ajuto revisore, giacchè si era accorto della non comune cultura del giovane compositore, il quale con assidue letture si studiava di rinforzare ed accrescere le cognizioni acquistate alla meglio in Seminario. E quando, poco dopo il 1840, risolvette di pubblicare l'*Arnaldo da Brescia* del Niccolini, stimando opportuno di farlo stampare fuori d'Italia, mandò il Serafini a Marsiglia. In una tipografia di quella città il giovane operajo compose da solo tutta la tragedia, curandone la stampa con tal solerzia da farne rimanere ammirato il suo principale e l'Autore dell'opera, che al suo ritorno in Firenze volle conoscerlo per rallegrarsi con lui.

Mentre era dal Le Monnier, fece qualche conoscenza fra la gioventù liberale; e con Pasquale Romanelli statuario, allievo del Bartolini, con Pietro Balzani, con Alfonso Gabussi e con Giuseppe Dolfi cospirò per la libertà. Arrestato, e trovatesi in sua casa armi qualificate *insidiose* (in realtà non erano che pochi ferri vecchi), fu chiuso nelle carceri del Bargello, dove stette alcuni mesi, acquistandovi una malattia d'occhi, che gli guastò per sempre la vista; uscito, continuò ancora ad adoprarsi per la patria, onde soggiacque ad una nuova prigionia di minor durata.

Essendosi frattanto nostro Padre separato dal signor Le Monnier, il Serafini lo seguì ed ebbe nella nuova Tipografia Barbèra, Bianchi e Comp. il posto di proto, che continuò a disimpegnare con grande zelo e intelligenza non comune anche quando nostro Padre rimase solo.

In quel suo ufficio il Serafini ebbe occasione di far conoscenza dei letterati di cui la Casa pubblicava Le opere, fra' quali non vi fu chi non valutasse i suoi meriti e non gli ponesse affetto. Alcuni di essi gli si manifestarono anche grati dei riguardi ch'egli usava loro e dei veri ajuti che ad essi prestava nella revisione delle stampe, facendosi per tal modo conoscere non solo espertissimo dell'arte sua, ma uomo colto e di buon gusto. Fra quelli che più gli si mostrarono

mancanza di lettori. Un giornale fortunato sorge alcuni mesi prima della inaugurazione della capitale; esso s'intitola *Fanfulla*, è governativo, e scritto in modo scherzevole e frizzante.

Nell'autunno segue la solenne apertura del traforo tra il Cenisio e il Fréjus; Francia e Italia sono abbracciate insieme, a vantaggio dell'umanità tutta quanta.

Il Fréjus mi fa ricordare che verso la metà dell'anno, nel luglio, dovetti frettolosamente recarmi a Parigi per far acquisto di macchine per la Stamperia di Roma. Lo spettacolo strano e miserando di quella immensa, gaja e splendida città, dopo sei mesi che vi era stata la guerra con la Germania, e la guerra civile tra loro Francesi, mi destò nell'animo sì vivo dolore e presentimenti così funesti per l'avvenire, che m'indussi a prendere in mano la penna, e sotto il nome di un *Viaggiatore Fiorentino* scrissi nella seguente lettera alla *Gazzetta d'Italia* le mie impressioni.

affezionati fu Giosuè Carducci, di cui aveva varie lettere attestanti amicizia e stima.

Con l'amico suo, come fratello, Pasquale Romanelli, dopo che non ci fu più da cospirare, si compiaceva soprattutto a ragionar d'arte e di cose artistiche. Scrisse pure con garbo e buon senso alcuni articoli, che sotto il nome di Biagio pubblicò nel noto periodico *Il Piovano Arlotto*.

Quando nel 1871 impiantammo la nostra Succursale a Roma, nostro Padre ne affidò la direzione a Ferdinando Serafini, ed egli non venne meno alla fiducia dimostratagli, mettendo nel suo nuovo ufficio, pieno di responsabilità, uno zelo ed una probità da non si poter superare. Se i risultati non furono quali erano da aspettarsi, va attribuito in parte alle condizioni dell'industria tipografica in Roma ed in parte alla poca attitudine del Serafini all'amministrazione di un'azienda, attitudine che si sforzò invano di acquistare.

Nell'estate del 1881 gli sopravvennero certi dolori nevralgici ad una gamba, che li per lì parvero cosa da nulla, ma la malattia ben presto si palesò per quel che era: ristringimenti organici dell'uretra, seguiti da infezione urocenica. Dopo poche settimane d'atroci sofferenze uscì di vita alle 3 antimeridiane del 7 ottobre 1881.

Unanime fu il compianto destato dalla sua morte fra quanti lo conoscevano. I giornali di Roma e Firenze gli tesserono lodi come ad un illustre, e specialmente fu notevole un lungo articolo dell'onorevole E. Arbib, il quale volle, nel suo giornale *La Libertà*, pagare un nobile tributo di affetto e di riconoscenza verso il suo antico maestro nella Tipografia Barbèra, giacchè l'egregio pubblicista cominciò come tipografo la sua carriera presso di noi.

Al trasporto funebre a Campo Verano intervennero varie ragguardevoli persone e uno stuolo numeroso di tipografi, nonostante il cattivo tempo.

Noi che lo avevamo veduto all'opera per ventitrè anni, lo piangemmo come un fratello, come egli fraternamente aveva pianto con noi nostro Padre pochi mesi prima. Anzi, dopo la morte del suo vecchio principale, il Serafini non fu più lui.

Con questo ricordo noi abbiamo voluto mostrare al valentuomo la nostra riconoscenza per un quarto di secolo di servigi intelligenti e fedeli. (*F.*)

Parigi, 15 luglio.

Ella stampa nel suo giornale frequenti lettere d'Italiani che stanno a Parigi con la testa piena di politica, con la penna sempre imbrattata d'inchiostro giornalistico, con la smania di dir cose nuove o antivenirle o rettificarle; scrittori italiani divenuti mezzi francesi o cosmopoliti. Si provi dunque un po' di porre sotto gli occhi dei suoi lettori una lettera alla carlona, non fatta per mestiere, che dica quello che lo scrittore ha veduto, ha udito, ha notato: potrà riuscire una minestra di magro appetitosa per noi del quartiere di San Lorenzo.

Dieci giorni fa mi trovavo su quel pimpinnacolo che si chiama *Sistema Fell*. Due Francesi accanto a me, e un uffizialetto di stato maggiore italiano, che viaggiava per isvago. Si parlava tutti italiano, e parlavano fra loro italiano i due Francesi: cosa che mi faceva grato senso, e che non mi sapevo spiegare. Ambedue amavano l'Italia; uno dei Francesi fu prigioniero dei Prussiani, l'altro non ho saputo chi fosse. Così ci avviammo a Parigi, con un treno *omnibus* e con quattro visite dei passaporti, compresa quella alla frontiera eseguita dai reali carabinieri, che parlavano arditamente italiano a Inglesi, Francesi e Tedeschi: stancatisi forse, scortomi Italiano, mi parlarono piemontese.

Arrivato a Parigi, scesi all'albergo; e uscitone tosto un po' netto, lindo e colle gambe bramose di muoversi, volai su e giù per i *boulevards*. Dio, che senso provavo! Poche botteghe illese da rotture di quei grandi cristalli che danno così bell'aspetto alle mostre. Accostai il naso alle vetrine: gente rada, ferma, colla penna sotto il naso come per notare le vendite che s'erano fatte; ma la penna girava nelle dita, e lì. Entro in un celebre caffè da me frequentato altre volte: trovo padroni nuovi, servitori novissimi, sbadati, che non capivano nè alla prima nè alla seconda: faccio colazione, roba pessima, pago ed esco. Voglio prendere un *fiacre*. – Oibò: *Pst, pst, cocher?* – *Non posso: ho il cavallo stanco.* Aspetto mezz'ora per veder passare un *fiacre* vuoto: nulla. Che c'è qualche festa? hanno mangiato molti cavalli? I fiaccherai non vogliono osservar le tariffe. Chiedono quello che vogliono, lavorano quel tanto che vogliono. E i *sergent-de-ville?* Io quasi non li riconosco più: se sono due, due vestiari; se tre, tre vestiari; scinti, logori, dondolanti. Niente più di quel brio francese, che schizzava dagli occhi e dalle mosse. E questi alle prese coi fiaccherai, stimolandoli *à marcher*; e ne sono minacciati invece con brutti cenni: – *Nous nous verrons: à bientôt.* –

Infine, dalle 9 di mattino alle 12 (era giorno di domenica) dovei pagare dodici franchi e la mancia per girare nell'interno, a veder le rovine. E l'albergatore mi disse che avevo combinato un cocchiere discreto: so che egli intendeva poco me, ed io quasi niente lui; era un tedesco, rosso, tondo e tarchiato.

Che rovine ho visitato! Nessuna esagerazione dei giornali, questa volta! Ma come si è mai potuto effettuare simile distruzione? Ci è voluto un gran lavoro, un trasporto infinito di carri con migliaja di botti di petrolio per far questa strage; e delle botti vuote, ne vidi alcune al *Grenier de l'Abondance*. Sono alte come un nostro granatiere col kepì, larghe tanto che due uomini non le possono abbracciare.

E come s'è potuto trasportare tanta roba in mezzo a una popolazione di un milione almeno di abitanti validi a far resistenza?

Le *blouses*, le 200 mila *blouses* che sono in Parigi, hanno potuto preparare questo lavoro di distruzione, mentre Parigi, la Parigi che fa denari in ogni modo, se ne stava colle braccia conserte a mirare chi scavava la fossa.

È questo credibile? Può questo paese ispirare sicurezza in avvenire? No.

Finchè Parigi ha tanti operai nel suo seno, Parigi sarà in continuo pericolo.

Dei Prussiani poco si parla. Dei Comunisti se ne mormora, del Governo nessuno si cura. Non vidi mai tanti nastri all'occhiello come si vedono in questi momenti di repubblica.

Parigi è attonita. Pare che si svegli da un gran sonno cattivo. Ha le mani nei capelli come per ravviare le sue idee. Non sa rendersi conto dell'accaduto.

La provincia è afflitta e rassegnata. Incolpa Parigi di tutto il male; loda, ammira i Prussiani. *Voilà des hommes.*

Parigi si proclama tradita: *On nous a trahis. L'empire nous a corrompus* (bello questo *corrompus*): *il y aura encore un coup: nous prendrons une fameuse revanhe*. "Quando?" dissi io; "fra dieci anni?" – "No, no: fra tre anni al più."

D'Italia ne parlano i giornali clericali. I Francesi non pensano nè a noi, nè al Papa. Basta che noi non glielo rammentiamo troppo spesso.

Percorro vari opifici nei quartieri lungi dal centro. Tutti i *marchands de vin*, che incontro, sono pieni di *blouses*, in ogni ora del giorno occupati.

Gli opificî a metà pieni. "Avete perduti alla guerra molti lavoranti?" – "No, signore: non vogliono venir al lavoro: se vengono, si stuccano, ritornano all'osteria. E il lavoro alacre, vivo, affaccendato, come in passato, non si trova più oggidì."

E intanto gran lutti veggo a ogni passo. Grandi, frequenti.

Appigionansi file di botteghe, che pajono treni; più quasi nel centro che nelle estremità. Parlo di botteghe, di negozi prima impossibili ad aversi; che di case è follia occuparsi.

Gran mobilia usata da vendersi: per decesso, per partenza, per bisogno di far denaro.

Visitai la Roquette ove furono fucilati l'arcivescovo di Parigi e gli altri preti col magistrato Bonjean. Nessuna traccia di nulla. Nessun si ferma là; io mi fermo, e nessuno mi bada.

Indifferenza straordinaria: non riso, no; ma neppur commozione.

Entro al cimitero Père-Lachaise. Cerco il luogo ove furono fucilate cinquecento donne: me lo additano freddamente, come se chiedessi dove si trova un sigarajo.

I militari francesi a Parigi. Oh i militari! Se soldati, pajono tanti coscritti; se ufficiali, pajono afflitti, disadorni, senza brio nè baldanza, di sorta. Tirano di lungo, non guardano, ma non passano senza che qualche capo ameno susurri qualche parola di scherno, ben inteso sotto voce.

Parigi è trista; Parigi non risorge finchè avrà tante *blouses* nelle sue mura.

Passa sotto le mie finestre in questo momento una frotta di sessanta soldati, che conduce verso la Madeleine una trentina di prigionieri, uomini, donne, ragazzi, i più vestiti male, uno o due quasi eleganti. I soldati li accompagnano sbadati; i prigionieri, nessuno colle manette, s'avviano assieme senza dir parola; i Parigini su i marciapiedi osservano, li accompagnano collo sguardo per un pezzo, poi riprendono il loro cammino. Tutto silenzio, tutto indifferenza.

Invece m'accade di udire segni di gioja, un gran battimano: sono cinquecento spettatori (quattrocento circa *blouses*) che assistono alla caduta delle pareti di un gran palazzo incendiato al canto del *Pygmalion*, non lungi dalla torre San Giacomo. E chi li capisce questi Parigini?

Finisco col dirvi che se Parigi fosse una famiglia, dopo questa visita direi a chi me ne domandasse nuove: È una famiglia rovinata. Se fosse un individuo, direi: Sta per suicidarsi. Essendo una città di due milioni di abitanti, non so più che dire. Parigi è ancor malata; se non si allontanano dalle sue mura le *blouses*, Parigi non risorgerà.

Sul finire di quest'anno nelle principali città d'Italia, a Napoli, a Genova, Firenze, Torino, Milano, si cominciava a destare la febbre delle emissioni dei titoli di credito per Società anonime d'ogni genere, che a noi tipografi procurò un bel pieno di lavori; ma nell'anno seguente vedremo lo sviluppo di queste intraprese strane e infondate, che condussero a rovine finanziarie, e talvolta anche al suicidio tanti capi di famiglia in Italia.

Qui mi viene a proposito ricordare la morte di due persone che ho conosciute, e che in vita avevano fatto parlare di sè: Pietro Maestri e Giuseppe Civinini. Il primo, milanese, studiò medicina, fu patriotta fervente, e costretto per ciò ad esulare, si recò a Parigi, ove esercitava l'arte medica in modo assai modesto. Al sopraggiungere delle novità politiche nel 1859, venne in Italia, ebbe liete accoglienze nel suo paese, e fu onorato d'impiego confacente ai suoi studi e lucrativo. Uomo d'ingegno sveglio, disciplinato alla scuola francese, cioè rapido nel lavorare, si diede a studi di statistica nel Ministero di agricoltura e commercio, ove i numeri si raggrannellavano in fretta se non con diligenza scrupolosa. Nel tempo che la sede del Governo era a Firenze, il Maestri fu nominato Consigliere comunale, ma si dimostrò poco atto a cose amministrative; in lui prevaleva l'uomo politico, anzi il patriotta, appassionato in sommo grado per la libertà del suo paese. Morì in Firenze il 4 di luglio, in età di circa sessant'anni.

Giuseppe Civinini di Pistoja, ingegno cólto, ardente, indisciplinato, fatti gli studi di avvocato, si abbandonò sfrenatamente alla politica. Fu direttore del giornale *Il Dritto* a Torino; battagliò fieramente, accanitamente, all'occasione del trasporto della Capitale, opponendovisi; qualche tempo dopo si mutò, ed accettò la direzione della *Nazione*, giornale allora governativo a oltranza. Morì il 20 di dicembre in età di circa quarant'anni.

Durante tutto il 1871 io, come tanti altri Italiani, fui frastornato dalla novità del trasporto materiale della sede del Governo da Firenze a Roma senza contare che nei primi mesi dell'anno ebbi il disgustoso avvenimento del giornale l'*Italia Nuova*; cosicchè poco o nulla potei attendere alle mie edizioni. Oltre alle solite ristampe di libri scolastici, pubblicai in occasione del traforo del Cenisio un libro interessante per notizie, e divertente per forma, di Enea Bignami, uomo d'affari, molto addentro nella materia, e impiegato superiore nell'amministrazione delle Strade ferrate dell'Alta Italia. S'intitolava *Cenisio e Fréjus*, un volume adorno di una carta geografica. Il libro piacque; l'edizione presto s'esaurì; ma non provai il bisogno di ristamparlo più mai. *I lirici del secolo XVIII* è un *diamantino* che mi curò, con la solita intelligenza, Giosuè Carducci. Pubblicai anche nella Diamante le

Tragedie di Eschilo; ed inoltre gli *Scritti postumi* di Massimo D'Azeglio, che furono ristampati nello stesso anno; le *Poesie* di Giosuè Carducci; il *Manuale dell'arte forestale* del Siemoni, riputato agronomo toscano; e le *Commediole* per i ragazzi di Francesco Coletti.[2] Furono tutti libri che mi riportarono a casa i denari che avevo spesi attorno, e con qualche poco di aumento, sì che lodai e ringraziai la Provvidenza di avermi ispirato la professione del tipografo e dell'editore, anzichè lasciatomi a misurare ed involtar panni di lana, siccome m'aveva avviato il mio genitore, il quale, venendo poi un giorno in Firenze con mia madre, fu in tempo di scorgere con i suoi proprî occhi che il cambio era stato fortunato per me.

Le pubblicazioni del successivo anno 1872, al contrario, furono poco abbondanti. Il libro che destò un poco di fanatismo fu il *Carattere* del signor Samuele Smiles, che in quest'anno medesimo ristampai tre volte a un buon numero di copie, in tutto non meno di settemila; segno evidente che la coltura morale degl'Italiani si va migliorando. È chiaro che a certe massime riguardanti il lavoro e il miglioramento delle nostre classi operaje, che prima trovavano i cuori indifferenti, ora si pone più cura, e si dà più importanza. Settemila copie di un libro come questo dello Smiles, tradotto dall'inglese e perciò non originale, vendute in un anno, in Italia, è segno buono, molto più che, mentre scrivo, il detto libro si vende sempre, e si ristampa. Le altre pubblicazioni nuove di quest'anno furono: i *Ricordi del 1870-71* di Edmondo De Amicis, accolti festosamente, come tutto quello che esce dalla penna di sì brioso e fortunato scrittore; i *Racconti di una donna*, della signora Rosalia Piatti, le *Tragedie* di Sofocle, nella Diamante, gli *Scritti politici e letterarî* dell'Azeglio in due volumi, la *Storia antica dell'Oriente* di Filippo Smith e una *Cosmografia* ad uso delle scuole del dott. Costantino Pescatori.

Il 20 maggio mancava a Torino il mio amico Luigi Pomba, uomo egregio, amato da quanti lo conobbero (e fu conosciuto da molti in Italia), cugino al commendatore Giuseppe, l'editore operoso, meritamente e lungamente encomiato. Luigi Pomba fu eletto direttore della Casa libraria, che s'intitola *Unione Tipografica editrice torinese*, istituita a Torino nel 1855, e la diresse con plauso.

---

[2] Qui l'Autore tralascia di notare molte e importanti pubblicazioni del 1871. I lettori le troveranno registrate con tutte le altre nel Catalogo generale in Appendice. (*F.*)

Rade volte è concesso di vedere riunite in una sola persona varie buone qualità, come quelle che facevano lui attraente e grato a ognuno; cosicchè Luigi Pomba da quanti lo conoscevano era lodato per una certa qual cultura non comune in chi si dà al commercio, per una sua delicata probità sempre ammirata e sempre pregevole, e per i suoi modi squisitamente cortesi, che lo rivelavano d'origine francese, com'era, essendo nato a Privas nell'Ardèche. Ciò non ostante, egli parlava e scriveva correttamente e non senza garbo l'italiano. Nelle contestazioni commerciali fra cittadini torinesi era cercato come giudice conciliatore; e dal Tribunale di Commercio fu onorato coll'elezione a vice-presidente.

Varie istituzioni di beneficenza di Torino, e vari giornali riputati d'Italia gli tributarono, alla sua morte, parole affettuose e di stima. Amici e conoscenti, in città prossime o lontane, mandarono alla desolata vedova parole di conforto; e tutte esprimevano elogio a Luigi Pomba. Niccolò Tommasèo scrisse di lui brevemente, ma, a senso mio, gli scolpì un elogio durevole e invidiabile, avuto riguardo all'autorità dello scrittore e alla sua rigida maniera di giudicare:

Non so se, fuori dei congiunti di sangue, altri sia per sentire al pari di me il dolore dell'annunzio ricevuto ora.... Congiungevasi nell'estinto la probità piemontese alla cortesia parigina; e, nell'agiata condizione, appariva più esemplare quell'operosità, che guidata dal senno lo faceva ai suoi concittadini autorevole sempre più. Io so per prova com'egli si tenesse alto sopra il volgo degli editori odierni, e ne serberò sempre memoria grata.

Voglio infine ricordare per sentimento di affettuosa riverenza che il 29 novembre moriva Maria Somerville a Napoli, ove riposa nel Cimitero degl'Inglesi. I miei lettori rammenteranno che io di questa insigne scienziata e scrittrice ho parlato più addietro, nell'occasione che ho dovuto notare le edizioni da me fatte delle sue opere.

CAPITOLO DECIMOSESTO

ULTIMI ANNI DI OPEROSITÀ

SOMMARIO: [1873] Considerazioni su la vita di Alessandro Manzoni – Carlo Branca, librajo milanese – Esuberanza di produzione libraria in Italia – *Un po' più di luce* di Alfonso La Marmora – Altre pubblicazioni fortunate – [1874] Niccolò Tommasèo: una sua pagina inedita – F. A. Gualterio – Francesco Coletti – Nuove pubblicazioni – Banche e Società anonime, Borse e Borsino – La stampa periodica in Italia – [1875] Eugenio Camerini – La *Storia della Repubblica di Firenze* di Gino Capponi.

Volgendo lo sguardo alle vicende della nostra Italia nell'anno 1873, non trovo che siano accaduti disordini notevoli nell'andamento della cosa pubblica; segno che l'Italia accennava a entrare in un periodo di maggior serietà, e perciò d'ordine; le quali cose forse mancavano negli anni di agitazione politica.

Mi è grave di dover ricordare in quest'anno le perdite di molti uomini illustri, fra le quali per noi Italiani dolorosissima quella di Alessandro Manzoni;[1] ma siccome il necrologio del 1873 sarebbe

---

[1] Può interessare il conoscere quali riflessioni ispirasse la morte del Manzoni a nostro Padre, che le notò in un suo libretto di Memorie.

"A proposito di questo sommo Italiano vo' ricordare un'osservazione o considerazione che mi venne fatta molto tempo fa, riflettendo che il Manzoni da circa trenta anni non fa più parlare di sè come uomo che scrive, ma tutti lo venerano per quello che scrisse, e per la sua esemplarissima vita. Dicono gl'Italiani: — Dopo i *Promessi Sposi* non ha più pubblicato nulla; di essi il Manzoni si è formato un tal monumento, e sovr'esso riposa. — È anche probabile che il Manzoni abbia avuto questo pensiero, di non turbarsi la posterità che per lui incominciava trenta e più anni prima della sua morte. E siccome era Uomo che conosceva il mondo, è probabile che abbia detto: — Conserviamo la fama acquistata, e non mettiamo questa a repentaglio col pubblicare scritti nuovi; più in alto non posso salire: contentiamoci. —

Io m'immagino che questo a un dipresso abbia pensato il grand'uomo; od almeno questo ho pensato io, avendo osservato il suo contegno sì strettamente riservato e quasi nascosto, mentre da tutte le parti d'Italia e fuori lo acclamavano con segni molto lusinghieri; e dicevo tra me: Se un uomo in uno stato molto inferiore al Manzoni, cioè senza essere grande come lui, anzi infinitamente più piccolo di fama, ma che pure nella sua vita si fosse segnalato come buon artista, buon musico, buon militare, buon pittore, buon architetto, buono scrittore, invece di spinger-

troppo lungo e fuor di luogo in queste Memorie, mi ristringerò a far cenno di un modesto collega ed amico, Carlo Branca milanese. Era librajo ed editore; uomo onesto, educato, persino troppo cerimonioso, ed anche fornito di coltura più di quello che solevano essere gli editori e i librai del suo tempo. Aveva famigliarità con vari letterati di Milano suoi coetanei; soleva ascoltarli con grande ammirazione, e andava poi ripetendo con singolare compiacenza i loro detti. Di questi letterati posso annoverare Felice Bellotti, il traduttore dei tragici greci, e Giovanni Gherardini eminente filologo, che fece pubblicare varie sue opere dallo stesso Branca. Scrisse egli pure di materie bibliografiche, e compilò un copioso catalogo di libri italiani e stranieri. Godette sempre fama di uomo integro, e morì vecchio verso la fine del 1873 in Milano.

In quest'anno medesimo il commercio librario si è alquanto illanguidito a motivo, parmi, delle pubblicazioni prive d'interesse che si vanno facendo in Italia. Milano produce sempre molto in romanzi, in libri illustrati e in traduzioni; produce, secondo me, anche troppo, e perciò nasce negli acquirenti di libri una certa sazietà. Ne vedremo poi gli effetti negli anni avvenire, cioè nel 74 e 75, in cui succedono vari fallimenti tra' librai; il che in Italia non dovrebbe accadere, se i librai non avessero tanta smania di far l'Editore, professione che richiede molti capitali. E sempre notando la soverchia produzione, importa tener d'occhio alla fabbricazione della carta anch'essa soverchia, e a tal segno, che jeri era un genere ricercato, sufficiente al con-

si sempre avanti con nuove imprese, nuovi lavori, nuove esperienze, nuovi rischi, invece d'impiegar tutta la vita a osar sempre, se adoperasse tutte le sue forze a formarsi prima un nome con opere lodate, e poi acquistatosi il nome continuasse a lavorare a conservarlo, col divenir sempre più assennato e docile e modesto, perfezionando il suo animo acciò le opere o gli atti suoi armonizzino con esso, quest'uomo, io dico, condurrebbe vita beata, vita esemplare, infine se la salute lo ajuta, condurrebbe una vita lunga e serena.

Elevarsi coll'animo al disopra dell'invidia e di altre miserie inseparabili della vita, compatire e perdonare, se sente come è naturale i dispiaceri che reca la insipienza e la ignoranza altrui, dimenticare presto ogni cosa, e sorridere: questi mi pare che, considerando che anch'egli ha i suoi *Promessi Sposi*, può per amor di quelli perdonare e compatire.

Chi, all'incontro, vuol sempre salire e salire, parmi che anche avendo buon successo, non si possa salvar dall'invidia, e lo morsicature di questa, se frequenti, intristiscono, e l'uomo, se buono, può divenire maligno.

Quindi mi pare che avesse senno, non minore dell'ingegno, Alessandro Manzoni a chiudere molto per tempo il robinetto del suo gas, e vivere molto modesto e quasi nascosto; se si fosse lasciato rischiarare da tutta la luce che mandava il suo nome tanto celebrato, io non credo che avrebbe goduto la fama senza grande invidia." (*F.*)

sumo, e oggi talune fabbriche, o nuove di sana pianta oppure ampliate, che in passato prosperavano, divengono impotenti, per le molte spese che hanno, a dar frutti su i capitali, e minacciano arrenamento, quando non falliscono addirittura. Ma riceveranno, non v'è dubbio, una dura lezione della loro imprudenza, e si calmeranno del loro ardore a voler produrre oltre il bisogno.

A dissipare alquanto la monotonia che si era ingenerata nel commercio librario, e a rinfrescarmi la riputazione di editore fortunato, venne nel 1873 molto a proposito un nuovo libro del generale Alfonso La Marmora, intitolato: *Un po' più di luce sugli eventi politici e militari dell'anno 1866*. Come tutti gli scritti di lui, anche questo richiedeva l'assistenza di qualche amico esperto, perchè uscendo alla luce apparisse un po' agghindato e fosse anche per la forma appariscente, essendo il La Marmora divenuto scrittore da pochi anni, per caso e senza conoscere i più semplici artifizi del mestiere. Molto il senatore G. B. Giorgini e poi un tantino anch'io si lavorò intorno alle bozze di quel volume, che alla sua pubblicazione destò un vespajo da non si poter dire, così in Italia come in Germania; un vespajo tale che se ne mescolò il nostro Parlamento e il Ministero tedesco nella persona del principe Bismark, non che il giornalismo di ambedue i paesi. La Francia guardava con animo lieto questo tafferuglio, che finì per amareggiare siffattamente l'onesto La Marmora, da indurlo a restituire all'imperatore Guglielmo le insegne dell'Aquila nera, di cui l'aveva fregiato quel Sovrano negli anni precedenti, ma non trovò chi volesse incaricarsi di tale restituzione. Dopo più di un anno dalla pubblicazione del libro, si fece un po' di calma su questo soggetto, e se ne giudicava con maggior temperanza, poi non se ne parlò più. Questo gran battagliare intorno al libro, lo fece, come è facile immaginare, ricercar da ogni parte, qui e altrove, anche nei paesi più remoti, e la vendita arrivò a un numero eccezionalmente cospicuo di esemplari, continuando anche negli anni successivi.

Avevo pubblicato nella primavera la *Spagna* del De Amicis, bellissima opera, di cui feci più ristampe nel corso dell'anno, due canti di Giovanni Prati, ad *Alessandro Manzoni* e ad *Urbano Rattazzi*, che ebbero un successo insolito. Esito piuttosto scarso ebbero invece le *Vite dei Romani*, compendiate dal Plutarco, un *Formulario Matematico* e la traduzione del *Pellegrinaggio d'Aroldo*, di Byron, fatta dal Faccioli veronese; piuttosto buono un saggio sul Cavour di un uomo politico tedesco (Enrico De Treitschke) e un'opera legale del consigliere Giuseppe Mantellini (*I Conflitti di attribuzione*.) E così ho finito quest'anno 1873, tumultuoso per il libro del La Marmora, che se mi arrecò guadagno, non fu senza qualche leggiera censura a me, comechè io nei libri che stampo non sia responsabile di altro che del rispetto alle leggi della morale, le quali, in quelli che ho pubblicati finquì, sono sempre state osservate.[2]

Anche il 1874 fu luttuoso per morti di uomini insigni.

In cima a tutti ricordo Niccolò Tommasèo morto dopo una malattia di pochi giorni. Uno scrittore quale son io, nè con molte nè con poche lettere, come oserebbe erigersi a giudicare un uomo di così vasta e varia coltura, qual fu Niccolò Tommasèo? Eppoi sono divulgatissime le biografie di un tant'uomo. Mi terrò pago dunque di lasciare alcuni appunti dei suoi ultimi momenti, forse poco noti. Verso la fine di aprile del 1874, cioè fra il 24 e il 27 di quel mese, il Tommasèo si mostrava più affranto di forze che il solito, e a suo grande malincuore talvolta era obbligato d'interrompere la dettatura agli scrivani, dei quali ne aveva più d'uno, ed io seppi che furono persino tre: a uno dettava, e agli altri faceva copiare in stanze separate. Poi si faceva leggere il copiato per punteggiarlo e correggerlo; nel che adoperava molto gusto e molta diligenza.

Il suo medico curante narrò che il Tommasèo, staccatosi dal lavoro per bisogno di prendere riposo sul letto, dopo pochi istanti, sentendosi un po' ristorato, proseguì a dettare il componimento, come se non vi fosse stata interruzione. Ma tosto ricaduto in isvenimento e non volendo staccarsi dal tavolino ove dettava, fu con qualche insistenza portato via dal medico, il quale gl'ingiunse di obbedire, che lui, medico, in questo caso, aveva il dovere d'imporre obbedienza. Entrato nel letto, non ne uscì più. Un colpo di apoplessia lo colse, e rimase estinto il 1° maggio 1874 alle ore 10 del mattino. Il giorno seguente ebbe luogo il trasporto della salma dalla casa nei Lungarni alle Grazie (ove ora si vede una lapide posta dal Municipio), alla chiesa di San Remigio. Era un accompagnamento formato di ogni ordine di cittadini, principalmente di letterati, dove si notarono anche vari preti e frati, e molti venuti da Venezia e da altre città come rappresentanti di Istituti e Accademie, e credo vi fosse il Podestà della nativa Sebenico. Si pote-

---

[2] Nello stesso modo che, a parer nostro, l'avere scritto questo libro famoso sarà considerato uno dei non più piccoli servigi resi dal generale La Marmora al suo paese, giacchè egli con esso rivendicò la lealtà della politica italiana nel 1866 ; così abbiam certezza che si giudicherà meritevole non mai di censura, ma di lode la nostra Casa che ebbe la fortuna di pubblicarlo. (*F.*)

vano calcolare a seicento e più le persone intervenute al trasporto. V'era il generale La Marmora e il rappresentante dell'Arcivescovo di Firenze, monsignor Barsi, il Sindaco di Firenze, la Giunta, il Prefetto, il Consiglio Comunale e Provinciale, infiniti maestri, ec.

Mi fu riferito che Gino Capponi abbracciasse il cadavere dell'amico sul suo letto funebre; e poi si vide come egli, aspettato per via che il corteggio fosse giunto alla chiesa parrocchiale, vi entrasse egli pure. Compiuta l'associazione, il sindaco Ubaldino Peruzzi e il professore Augusto Conti con qualche altra persona accompagnarono la salma a Settignano, ove era stata pochi mesi prima seppellita la consorte dell'estinto illustre. Uguale concorso, se non più numeroso, ebbe la funzione in Santa Croce avvenuta il 5 di maggio, ove si celebrò una messa cantata in suffragio di quella grande anima. A un punto della cerimonia, la figlia Caterina, che vi assisteva col fratello Gerolamo, si svenne, e dovette esser condotta a casa.

Nella terza dispensa dell'*Archivio Storico* dell'anno precedente ho trovato uno scritto del Tommasèo, in cui egli dettava parole presaghe della sua non lontana fine; e qui le registro: « Chi scrive prega voi[3] che all'amico immortale[4] rendiate accettevole (che per sè non potrebbe) questo accento, forse ultimo, di una voce ingrata, d'una intelligenza sprecata, d'un'anima stanca. »

Qui debbo chieder licenza a chi leggerà di riferire una pagina del Tommasèo tuttora inedita, bella, commovente, scritta nel 1873 e venuta nelle mie mani per un mero caso. In quell'anno, essendo io Consigliere municipale di Firenze ed incaricato di far parte di una Commissione che distribuiva e sorvegliava la tassa di ricchezza mobile, capitò in quell'Uffizio un ricorso di Niccolò Tommasèo. Presolo io in esame, fui lieto di poter esaudire la domanda di lui, in considerazione della sua età avanzata, delle sue benemerenze verso l'Italia, e infine delle sue infermità. I compagni miei nell'ufficio mi coadiuvarono; e perciò potei ottenere agevolmente il mio intento.

Ecco testualmente la pagina:

---

[3] Queste parole sono dirette allo spirito di Antonio Rosmini.

[4] Alessandro Manzoni, morto poco prima.

Alla Commissione Municipale
che distribuisce le tasse della Ricchezze mobile.

Lo scrivente, allorchè gli fu presentata una nuova cartella aggravante l'imposta, non pose mente, sebbene anco la prima fosse al suo caso soverchia; ma non volle ricorrere per poche lire. Dico soverchia, perch'egli non ha stipendi, se non come accademico della Crusca, dove de' mille annui franchi più di settanta ritengonsi già; e se usa che a questi s'aggiunga la tassa della Ricchezza mobile, e' farà quel che vuole la legge.

Ma altra cosa da computarsi come Ricchezza mobile egli non ha, nè può aspettarsene d'ora innanzi, cieco e infermo, e costretto a spendere pur per leggere e dettare una lettera, e da certi editori frodato e malmenato, trattato da altri com'usa in Italia; e ignorante e sdegnoso di traffichi. Le cartelle che aveva collocò nella rovinosa muratura d'una casa che paga di tassa oltre al giusto, per gli acconcimi già fatti necessari, per il rinvilio delle pigioni, le quali l'imposta le conta secondo la prima sua dichiarazione sincera, quando le condizioni di Firenze eran altre. Comecché senza il titolo nè i diritti di cittadino, egli ne ha adempiti i doveri oltre a quel che poteva, i doveri di scrittore adempie come sa. Chiede finalmente a fronte alta, non premi, ma che sopra una famiglia in angustie non cada delle sue sterili, ma non inoneste intenzioni la pena.

Firenze, lì 6 febbrajo 1878.
Tommasèo.

Dopo il Tommasèo voglio ricordare Filippo Gualterio, uomo pregiato per gli studi che ebbe molti e vari nella sua giovanezza, e per il suo ardente amore alla patria e al suo Re; e soprattutto mi corre obbligo, e l'adempio di buon grado, di ripetere qui che il Gualterio fu uomo generoso in modo singolare, e che alla sua generosità io debbo la fortuna che, coll'assiduo lavoro, mi sono procurata mercè le imprese editoriali, che mi riuscirono a meraviglia.[5] Sia quindi esaltato e benedetto il suo nome non solo da me, ma dalla mia famiglia. Il Gualterio, oltre al benefizio notevolissimo dell'avermi pecuniariamente ajutato, mi ha ancora voluto onorare col tenermi a battesimo il mio figlio maggiore, a cui raccomando di ricordare in modo specia-

---

[5] Vedi addietro, pag. 99.

le il nome di lui ogni volta che glie se ne presenti l'occasione.

I casi della sua vita sono abbastanza noti, e del resto non è mio ufficio il farne la storia. Tutti ricorderanno che nel 67, dopo i fatti deplorevoli di Mentana fosse il Gualterio chiamato a far parte del Ministero, presieduto dal generale Menabrea, come ministro dell'interno; ma non trascorsero tre mesi che una opposizione violenta oltre ogni dire da parte di Sinistra, e connivente un poco anche la Destra, lo fece cadere di seggio. Caduto il Gualterio da ministro dell'interno, il Re volle gratificarlo nominandolo ministro della Real Casa, nel quale ufficio durò sino al novembre 1869, in cui costituitosi un Ministero nuovo, il Lanza che n'era presidente, chiese al Re che il Gualterio fosse dimesso dal suo ufficio, adducendo certe convenienze costituzionali ch'egli pose innanzi senza avere in ciò l'approvazione degli uomini più temperati. Da quel momento al Gualterio si ottenebrò la mente; e chi in qualche modo n'ebbe colpa, ci mediti.

Io lo vedeva spesso nella sua dimora al palazzo Feroni in via dei Serragli, dopo la sua dipartita da Pitti. Smorto aveva il viso e smarrito l'occhio, sì che faceva pietà a osservarlo. Ebbi in quell'occasione la fortuna di potergli rendere un servigio da amico vero e riconoscente come ero di fatto. La sua famiglia in quella dispiacevole condizione gli procurò una dimora convenientissima in una casa di salute presso Pistoja, ove potè ottenere qualche vantaggio, sì che nel 1872 ne uscì un po' migliorato, e potè tornare a vivere colla sua famiglia prima a Firenze e poi a Roma, ma non senza dare qualche indizio che guarito pienamente non poteva dirsi; onde gli amici vivevano continuamente coll'animo sospeso.

Il 10 febbrajo 1874 essendosi ammalato, dopo breve tempo in età di anni cinquantaquattro cessava di vivere. Ebbe i conforti religiosi, e l'ultima sua preghiera fu un'*Ave-Maria*, che egli stesso in giovinezza aveva recata in versi italiani serbando il candore dell'originale.

L'indole di F. A. Gualterio era schietta e serena, aveva cuore benevolo e sensitivo. Egli entrò nella politica con lo scrigno rigurgitante di danaro lasciatogli dal prudentissimo suo padre, e si può dire che ne uscisse pressochè povero. Ingegno, averi, vita, tutto spendeva in pro della sua cara Italia e del suo Re, che amava sviscerantamente.

Moriva in quest'anno anche Francesco Coletti, del quale io aveva pubblicato un volumetto di commediole per fanciulli. Il teatro del Coletti non si può dire fecondo nè ricco di espedienti alla maniera dei Francesi; ma ossequioso al costume e scevro di scurrilità: c'è brio, giocondità, naturalezza, non spiritosità svenevoli, nè ricercatezza veruna. Le sue commediole pei fanciulli, più volte stampate qui e a Milano e in ultimo anche da me, sono scritte con molta semplicità e naturalezza.

Il modo di scherzare del Coletti tendeva a correggere i costumi, e non tralasciava di essere urbano e ingegnoso, non mai malevolo; in lui non si sentiva la satira che colpisce e lascia il segno, ma uno scherzo che ridendo ammonisce. Se il Coletti non fu scrittore che avesse alti pregi a lui specialissimi, seppe conciliarsi però la stima e l'affetto del pubblico. Mi ricordo di avere assistito nel febbrajo 1873, al Teatro delle Logge alla prima recita di un suo scherzo comico, *Son trasferito*. Chiamatovi dagli applausi del pubblico, egli si presentava al proscenio, ma accompagnato, poichè allora allora era stato colto da un colpo apopletico che presto doveva condurlo al sepolcro. E il 10 aprile dell'anno seguente morì poverissimo.

In quest'anno 1874 il mio commercio fu alquanto ravvivato dalle ristampe del libro del generale La Marmora, pubblicato l'anno precedente, dall'*Olanda* di Edmondo De Amicis e dalla *Vita di Nino Bixio* di Giuseppe Guerzoni. Infatti di questi due libri la vendita fu sollecita oltre ogni credere; le ristampe non si fecero aspettare; da tutte le parti d'Italia venivano continue domande, e quest'esito brillantissimo, straordinario, dura tuttora, principalmente per l'*Olanda* del De Amicis, divenuto l'autore beniamino del pubblico italiano.

Oltre alle dette opere, pubblicai il *Machiavelli e il suo secolo* di Carlo Gioda, libro che a me par fatto con amore e diligenza, ma che, mi rincresce doverlo dire, fu accolto piuttosto freddamente dal pubblico; e lo stesso avvenne del libro dottissimo intitolato *Cesare e il suo tempo* di Antonio Matscheg. Stampai anche due Dizionari, quello della *Lingua italiana* compilato dal professor Giuseppe Rigutini, e l'altro della *Lingua francese* di Francesco Costèro: due buoni lavori giudicati favorevolmente.

Fin dalla pubblicazione del primo volume ebbero in quest'anno accoglienza simpatica le *Orazioni* di Demostene tradotte da Filippo Mariotti deputato al Parlamento. Il favore per questa pregiata opera si ravvivò, dopochè nel 1878 essa ebbe compimento con la pubblicazione del terzo volume.

In quest'anno medesimo uscì il primo volume delle *Istituzioni di Letteratura* del professor Giovanni Mestica, di cui l'altro volume comparve l'anno seguente; opera dagl'intelligenti, cioè dai maestri, altamente apprezzata. Di questo libro m'accadde cosa notevole: tutti lo lodavano, e pochi l'acquistavano. Segno della debolezza dei nostri studi, per i quali sapremmo trovar libri buoni e di dottrina solida, ma ci spaventa l'accingerci a studiarli. Ci contentiamo invece di libri compilati in fretta e furia, piccoli di mole, e soprattutto a poco prezzo. Quando ci contenteremo di buoni libri ma pochi, non baderemo tanto per il sottile al resto! [6]

Termino il novero delle pubblicazioni di quest'anno coll'annunziare una traduzione dall'inglese del professor E. H. Giglioli, l'*Anatomia degli animali vertebrati* arricchita di molte vignette incise a Londra, e le *Satire* di Benedetto Menzini nella Collezione Diamante.

Prima di passare al 1875 penso che gioverà lasciar qualche ricordo di un fenomeno avvenuto in Italia nel 1874, risguardante certe banche e altre imprese industriali messe su col concorso di soci, o azionisti che dir si voglia. Avvenuta nel 1866 la liberazione di Venezia, gl'Italiani temendo che a compiere l'unità d'Italia, con Roma capitale, sarebbe occorso più tempo di quello che poi fortunatamente non ce ne volle, o fors'anco stanchi di occuparsi esclusivamente di politica, rivolsero gli animi a imprese industriali d'ogni genere, a erigere banche, ad emettere azioni e a creare carta moneta per alimentare le loro intraprese con questa specie di capitali fittizi. Le Banche del Popolo, sórte come per incanto in molte città d'Italia, avevano piccole azioni di cinquanta lire soltanto; esse vennero tosto sottoscritte dal commercio minuto, che in tal modo contava di ricever poi ajuto con prestazione di somme molto maggiori. A trastullo più che con serio proposito si videro prender parte a queste banche giovani dell'aristocrazia, che avevano fin allora praticato i *Club* anziché gli affari *veri*. Così mutavano le occupazioni, e anelavano anch'essi a subiti guadagni. Banche d'ogni genere, nazionali e internazionali, con titoli vari o consimili si stabilivano, appena un individuo o due avessero audacia d'imitare ciò che si faceva con qualche successo momentaneo in Austria, in Germania e altrove. Mandavan fuori un profluvio di manifesti, tappezzavano i muri con variopinti cartelloni, e inviavano ai giornali articoli a pagamento, preparati a bella posta, in cui si magnificavano siffatte imprese e vantavansi capitali vistosi di venti, trenta, cinquanta milioni e anche di più. Ma i capitali (intendiamoci

---

[6] Siamo lieti di far conoscere che in questi ultimi anni le *Istituzioni di Letteratura*, essendo state adottate in moltissime scuole, hanno avuto uno spaccio sempre progressivo, e già ne fu fatta una seconda edizione. (*F.*)

bene) non esistevano ancora: si sperava di raccoglierli col fracasso che i promotori facevano intorno alla bontà dell'impresa. Tutto ciò riscaldava la fantasia degl'inesperti, che primi vi si lanciarono; e talora sedusse anche persone prudenti e per il solito avvedute. Il Governo, a dir vero, rimaneva un poco indifferente a questo insolito tramenío di speculatori nostri o assai spesso stranieri, calati in Italia per usufruire la nostra dabbenaggine in simili operazioni fin allora quasi ignorate. Si contentava di riscuotere le tasse per la stipulazione dei contratti e quelle di ricchezza mobile, nè si occupava, come sarebbe stato dover suo, d'invigilare codeste società, emettenti carta monetata per alimentare le intraprese che andavano inaugurando. Ora era la fabbricazione dello zucchero di barbabietole, ora la filatura del cotone, poi strade ferrate, mulini a vapore, società edificatrici, casse di risparmio, casse di sconto, di cauzioni, di assicurazioni su la vita, imprese infinite che a raccogliere il solo titolo di tutte sarebbe una dimostrazione molto eloquente della frenesia degl'Italiani in quei dì.

Oltre alle banche v'era un altro ramo d'industria più semplice ancora, ma non meno spicciativo su la strada della rovina. Chi non amava andar per le lunghe, senza aver bisogno di manifesti, di azioni, di fervorini nei giornali a favore di questa o quella industria, colui si gettava ai giuochi di Borsa. Le Borse officiali pareva che non bastassero al bisogno. S'aprivano le *Borsine*, che sono quei ritrovi ove i più viziati giocatori senza capitali (e perciò li chiamo giocatori di bassa lega) passano l'intera giornata e la sera a chiacchierare, a fumare, a menar vita vagabonda, intanto che dalle varie città d'Italia arrivano ad essi dispacci che offrono o accettano offerte di valori, che realmente i detti giocatori nè posseggono nè cercano di possedere. Costoro si limitano a pagare le *differenze*. Chi s'intende di questi giuochi, capisce il gergo di Borsa, cioè il vocabolo *differenza*; chi non ha pratica di queste operazioni, io lo saluto come un mortale fortunato, e lodo la sua ignoranza.

In Italia si segnalarono di più in questi brutti giuochi due città una volta lodate per senno e prudenza commerciale, Firenze e Genova, e Genova ancor più di Firenze. Ma il *Dies iræ* non si fece aspettar molto. Tante società create per azioni, tanta carta monetata emessa senza licenza del Governo, tanto giuoco sfrenato di Borse officiali e di Borsino private, tutto ciò faceva mormorare il pubblico oculato e onesto, il quale già vedeva manifestarsi disordini nella vita quotidiana dei cittadini. Le cronache dei giornali registravano disgrazie accadute in conseguenza del nuovo tenore di vita degl'Italiani datisi ai subiti guadagni: spesso erano cassieri che fuggivano, impiegati di banche che si suicidavano, gerenti sospettati d'irregolarità nelle loro amministrazioni, e quindi arrestati. Queste fughe, questi suicidi non infrequenti, questi arresti, gettavano molte famiglie in uno stato di miseria da una settimana all'altra, dall'oggi al domani, poichè erano famiglie venute su da piccolo stato, con la sola industria del capo di casa che aveva potuto intromettersi in siffatte banche o imprese industriali, e cavare da esse in un breve tempo utili smodati e fraudolenti.

Il pubblico a tanto repentini cambiamenti di fortuna, prima in bene poi in male, non si ristava dal mormorare. Il Governo alla perfine mostrò di prendere in seria considerazione questi fatti divenuti piuttosto clamorosi; ed il Castagnola, ministro di Agricoltura e Commercio, riassumendo gl'inconvenienti gravi derivanti da questo stato d'irregolarità nelle imprese private che emettevano carta monetata, diramava il 22 giugno 1873 una circolare a tutti gli uffici d'Ispezione del Regno per esortarli ad invitare, in nome del Governo, le società per azioni a ritirare i biglietti fiduciarî ch'esse avessero emessi senza essere a ciò abilitate, facendo loro conoscere che, ove non dessero opera al ritiro di siffatti biglietti, il Governo sarebbe stato costretto a revocare il Decreto, col quale era stata autorizzata la loro costituzione.

Questa circolare produsse il suo effetto; nell'anno 1874 ebbero fine con maggiori o minori perdite tutte quelle intraprese così follemente ideate, ed anche quelle che avrebbero potuto prosperare, se non avessero partecipato della follia comune di attribuire stipendî colossali ai Direttori e spese di montatura non confacenti a case commerciali, che richiedono parsimonia di lusso e non già sfarzo. Certamente a questo sfacelo contribuì moltissimo la suddetta circolare del Ministro, che vietava la circolazione della carta monetata emessa arbitrariamente da varie società. Il Ministro fu lodato del provvedimento da quanti pregiano la rettitudine e la saviezza. Al presente le case di commercio ben costituite continuano a prosperare; e le avvenute catastrofi commerciali serviranno di esempio a chi credesse ancora che la ciarlataneria e i raggiri ottengano quello che soltanto può ottenere il lavoro intelligente e la rettitudine, cioè la fiducia del pubblico. Chi volesse sapere a che brutte conseguenze porta l'amore sfrenato dei pronti guadagni, legga un'operetta di Adolfo Thiers intitolata *Histoire de Law*, e vedrà che questo Law, irlandese, venuto a Parigi circa l'anno 1700, potè negli anni 1715-20 divenir l'arbitro delle finanze francesi mercè i suoi congegni di valori rappresentati dalla carta. Il Law ebbe per qualche tempo il vento favorevole ed una certa autorità quasi sovrana nella Luigiana, possessione francese al Messico. Con tutto ciò, l'abuso del credito lo condusse in pochi anni a così mal partito, da esser egli costretto a fuggire di Francia; donde, dopo essersi aggirato in vari paesi, riparatosi finalmente nel 1729 a Venezia, morì dimenticato da tutti, e nella più squallida miseria, chiedendo invano ai Borboni, suoi antichi amici, un abito per coprirsi.[7]

Dopo aver menzionato un così strano fenomeno economico di cui fui testimone, spero che non dispiacerà che io prima di por fine a queste Memorie dia pure un cenno su le condizioni morali della nostra stampa periodica politica in questi ultimi tempi.

La stampa politica, sórta per breve tempo nel 1848, e risorta nel 1859, era naturalmente infantile, ma di sentimenti generosi, benchè indisciplinata; e se poteva dirsi appassionata e battagliera all'eccesso, non poteva in generale accusarsi come mercenaria, cioè di essere adoperata per far illeciti guadagni, o venduta, come si vide in seguito, a potenze straniere. Anche i giornali retrivi scrivevano per sostenere i loro principi con eguale vivacità dei giornali liberali e con eguale indisciplinatezza: erano tutti poco pratici del mestiere di giornalista; scrittori, stampatori e distributori di giornali. Tutti facevamo la nostra carovana con un poco di quella ingenuità che viene dall'inesperienza. Ricordo dì un giornale stimato e diffuso molto in Toscana (*La Nazione*), al cui Direttore ripugnava di accogliere *Avvisi* nella quarta pagina! E similmente ricordo del Direttore del giornale *La Patria* (l'avvocato Vincenzo Salvagnoli), che dava ordini rigorosi perchè, proclamata la Repubblica in Francia nel 1848, non ne fosse fatta nel detto giornale la benchè minima menzione. Avevo ragione di dire che vi era molta ingenuità in chi a quei tempi aveva mano nei giornali?

Ma venne presto la stagione degli accorgimenti, delle malizie, dei raggiri e delle venalità! Dal 1859 in poi i nostri giornalisti convertirono la nobile missione della stampa periodica in traffico indecoroso. Giustizia vuole che io eccettui da questa severa accusa sei o al più otto giornali; gli altri si può dire che di buon grado si mettano ai servigi e alle voglie degli ambiziosi che pagano per far strombazzare i loro nomi, i loro progetti e soprattutto le loro candidature. Ognuno

---

[7] THIERS, *Histoire de Law*, pag. 77 a 184. Paris, Lévy, 1858. - Un giorno, a Venezia, nostro Padre raccontava al suo primogenito queste cose, nel fargli notare l'umile e logoro quadrato di marmo che indica la sepoltura del Law sul pavimento della Chiesa di San Moisè. (*F.*)

immagini in tempo di elezioni amministrative o politiche che sorta di mercimonio facciano cotesti *organi* (come i giornalisti chiamano sè stessi) *dell'opinione pubblica!*

Mi proverò infine a dare un'idea del modo con cui si mette insieme un giornale, non dirò di quelli di ultima classe, ma dei mezzani in fatto di onestà. Il Direttore è uomo audace, che dì notte pensa a chi recar molestia dì giorno. L'accortezza, la furberia e la malizia spesso tengono luogo di dottrina. Egli ha collaboratori come il caposquadra ha dipendenti; ha spie tra gl'impiegati governativi o di altre pubbliche amministrazioni; coloro che non possono onorarsi coi loro servigi, si disonorano con opere abiette. Il Direttore ha orecchio sveglio: ode tutto, e talvolta fraintende; nulladimeno scrive, giudica e condanna. Questo nella città, ove il giornale ha sede. Al di fuori, il Direttore ha corrispondenti affiatati: gente che segue l'intonazione del giornale, che sa o indovina le voglie sue, scrive lettere che esalteranno un candidato o lo deprimeranno non tanto perchè sia di colore politico diverso dal proprio, ma perchè quel tale non si raccomanda per essere portato in trionfo nelle corrispondenze. Spesso il corrispondente attacca brighe con un uffizio o con persone del paese donde scrive, perchè il giornale a cui scrive sia cercato in paese e letto con curiosità, diventando oggetto di cicalecci, di brighe, di questioni. Con questo il corrispondente crede di dare importanza a sè ed al giornale da lui nutrito di lettere; ma non sempre ottiene il suo intento, che di certe manovre oramai cominciano ad essere informati i lettori meno novellini.

Oltre a questa specie di giornali che io chiamerò *trafficanti*, perchè speculano su tutto, esagerano gl'infortuni, riempiono le loro cronache di fatti immorali senza alcun riserbo, e inventano spesso notizie false per il solo scopo di tenere i lettori in curiosità, abbiamo poi i giornali *a ricatto*. Questi si possono chiamare addirittura *malfattori*. Osservano chi va e chi viene nel mondo politico e non politico; immaginano un fatto qualunque di cui chiamano reo un tale, e fanno sentire a costui che sono pronti a recare cotesto fatto in pubblico col mezzo del loro giornale, se non viene loro sborsata una somma. Procurano, ben inteso, che il fatto abbia qualche attinenza con le occupazioni o gli uffici o le intraprese di colui che vogliono ricattare, affinchè il colpo riesca meno difficile. Talvolta il ricattato per amore di quiete o per prudenza, o perchè qualche lontana ombra di vero possa esservi nel fatto ingigantito, s'induce a pagare le cinquecento o le mille lire per viver tranquillo. Giornali di questa sorta per buona fortuna sono rari tra noi; che il Direttore spesso è interrotto nelle sue male arti da visite dei carabinieri reali e da qualche processo per diffamazione, o peggio.

Con tutto questo arrovellarsi, la stampa disonesta e la infame non riescono a fare denari a sufficienza per saziare le brame di chi vi ha mano; e neanche la stampa che diciamo onesta naviga in buona fortuna. La cagione è la gran quantità di giornali che si stampano e che ingombrano le vie delle città e le stazioni delle strade ferrate senza attirare grande curiosità: i più di quei giornali vivono sovvenuti per proteggere le chiesuole politiche, prive dell'appoggio di una valida maggioranza. Inoltre non sono generalmente scritti da persone dotte, ma da gente petulante, e che urla forte per farsi udire. Nei giornali si è viziato tutto; nulla di schietto, di leale. Se leggete un articolo che parli di speculazioni, è scritto, mandato al giornale, e pagata l'inserzione, da chi ha sopra di sè la speculazione; epperò *Cicero pro domo sua*. Se è un articolo letterario, non voglio dire che sia mandato dall'autore del libro, ma non poche volte dall'editore, o se è scritto dal giornale stesso, chi bene osservi troverà che è fatto sopra una rapida lettura della Prefazione e dell'Indice. Generalmente le opere di cui il giornale parla sono tutte lodate, perchè parla di quelle soltanto che il giornale riceve in dono. Gli annunzi in quarta pagina sono ripieni di ciarlatanerie; quelli di libri sono quasi scomparsi; e il perchè volete saperlo? Perchè pochissimi badano oramai agli annunzi; i quali nei giornali esteri ben fatti sono il solo rincalzo che onestamente si può ricavare da un giornale. Un uomo pratico, chiedendo delle condizioni di un tal giornale, domandava: *Quanto fa in avvisi all'anno?*

Contuttociò non voglio dire che tutti i giornali facciano male i loro affari in Italia; ma siamo ben lungi dai guadagni di centinaja di migliaja di lire che udiamo farsi dai giornali esteri. Credo che pochi siano i fortunati da poter contare i loro guadagni a diecine di migliaja di lire, e non a centinaja.

Tutto questo gran lavoro di giornali ha fatto subire all'arte tipografica un vero e proprio mutamento; da quindici anni a questa parte si sono introdotte le macchine dette *a reazione* che costano dalle dieci alle dodici mila lire: esse hanno un solo piano che contiene le quattro pagine del giornale di una grandezza come i *Débats* o la *Perseveranza*. Prima del 59 nelle parti d'Italia soggette al dominio assoluto queste macchine erano sconosciute, perchè, a vero dire, poco o punto sono atte per lavori estranei a giornali. È poi naturale che con i giornali e le macchine siano sorti in gran copia i lavoranti compositori e macchinisti, non venuti gli uni e gli altri dall'arte propriamente detta, ma venuti su alla meglio, senza conoscere i principi della professione. Quindi avemmo compositori scorretti, tipografi senza aver conosciuto il torchio, gli uni e gli altri proclivi agli scioperi ed a ingrossare il numero dei così detti internazionalisti. L'avvenire ci dirà dell'esito.

Di uomini segnalati o in scienze o in lettere o nell'industria, che mancarono in quest'anno, dobbiamo registrare per primo come celeberrimo Maurizio Bufalini, medico sommo e letterato valente, il quale lasciò di sè un volume di *Memorie*, che venne pubblicato dopo la morte di lui da Filippo Marietti suo intimo amico. Morì anche il banchiere Emanuele Fenzi, uomo accorto, operoso ed amante del progresso; il valente professore di medicina Carlo Burci, stimato e amato in paese, senatore del Regno; la letterata e poetessa di qualche merito Angelica Palli-Bartolommei, nata in Grecia e portata, ancor bambina, dal padre a Livorno, ove questi attendeva al commercio; infine Eugenio Camerini, letterato di bella fama, critico arguto, del quale giova lasciare più speciale ricordo, avendolo io ben conosciuto e trattato famigliarmente.

Nella primavera del 1869, trovandomi a Milano, fui a visitare il Camerini, allora segretario dell'Accademia scientifico-letteraria di quella città. Il Camerini, uomo piccolino, grassoccio, testa grande, cerimonioso, sensibilissimo, pareva ignorare sè, pareva modesto oltre ogni credere, faceva domande su tutto e su tutti, come chi uscisse poco nel mondo, e lodava ora questa pubblicazione ora quell'altra, per solito opere straniere; in quei dì mi parlava con entusiasmo dell'opera del Lenormant, *Histoire ancienne*, e mi proponeva di stamparla facendola tradurre.

Non ricordo se mi fossi fatto precedere da una lettera commendatizia o no; comunque sia, fui accolto dal Camerini con segni di contentezza. Gli domandai il permesso di ristampare la sua *Rivista critica*, da lui pubblicata nel 68. Mi rispose quasi come se di tali inezie si vergognasse; ma cedette subito, e mi chiese di poter rivedere gli articoli che in quella aveva accolti, alcuni levarne, aggiungerne altri. Io lo lasciai libero di fare tutto quello che credeva esser utile al nuovo volume. Frattanto, invece della *Rivista* suddetta, egli mi diede un nuovo volume di scritti, raccolti da vari giornali in cui soleva pubblicarli. Se sia stato bene o no, non saprei dire con fondata ragione: so che alla lettura della *Rivista* presi maggior diletto che al nuovo volume dei *Profili*, quantunque esso contenga articoli bellissimi; ma quelli nella

Rivista, lo ripeto, mi parevano più interessanti ancora. Io immaginava che avrebbe fatti copiare, e ordinato e limato qua e là gli scritti che raccoglieva novamente, e che me li avrebbe mandati un po' ravviati. Invece ricevei un ammasso di giornali, di riviste e qualche volume delle opere pubblicate dall'editore Daelli: un fogliolino a parte indicava l'ordine col quale la materia doveva esser composta. Su le stampe correggeva poco; rifaceva al più qualche principio o fine di articolo. Allora mi avvidi che il Camerini non era letterato che avesse pazienza, e curasse con industria amorosa quel che aveva già scritto per un dato scopo, e che ora doveva servire per uno scopo un poco diverso. Ciò che può stare in un giornale non regge a porlo pari pari in un volume.

Come ero solito fare, quando avevo alle mani un letterato che accennasse un po' di fretta nei lavori di correzione, mi misi io stesso a riveder le stampe dopo l'Autore. Quanto a stile e a lingua, avevo da imparare da lui; ma gli andavo suggerendo la soppressione di qualche articolo che io non giudicava abbastanza importante da comparire in un libro, o gli consigliavo qualche aggiunta che fosse al caso. Egli, modestissimo, accettava i consigli, e ringraziava. Ma io m'avvedeva che era uomo volubile all'eccesso e anche timido; volubile, perchè a ogni tratto mi suggeriva qualche nuovo lavoro, e se io diceva di sì, non me ne parlava più. M'aveva scritto, per esempio: «Le sono obbligatissimo della sua buona volontà di pubblicare i *Dieci anni di vita letteraria in Piemonte*.» E poi non me ne fece più motto. In una lettera del 30 marzo 1869 mi lodava ed esaltava all'eccesso: «Io la chiamerò d'ora innanzi Gaspare il *Magnifico*; tanta è la cortesia e nobiltà del suo tratto. Veramente Ella mi *guasta*, e me ne tengo davvero. Mi chiamo arcicontento delle sue profferte, e stringo con riconoscenza la mano che vuole, per quanto è in lei, levarmi da terra, e mettere i miei poveri dipinti in bella luce.... Le rispondo subito, perchè sono sì lieto e meravigliato di un fare così nuovo tra un illustre editore ed uno scribacchiatore invecchiato nell'ombra, che ho bisogno di ringraziarla.» Ebbene, quando volle pubblicare i *Nuovi Profili*, ciò che avvenne nel 1875, non si rivolse più a me, ma li pubblicò a Milano da un altro editore, e nella Prefazione appena mi citò come stampatore del primo volume, e non trovò parole cortesi che per l'editore nuovo.

Veramente era opinione comune che il Camerini, a cui nessuno negava ingegno, fosse volubile, bisbetico e stranetto. Durava poco con tutti. A Pisa si corrucciò, dopo un anno, col professore Carmignani, e così interruppe il suo corso regolare di studi in quella

Università. A Torino, scrivendo, si nascondeva con nomi diversi: ora si chiamava Giulio Antimaco, ora Guido Cinelli, ora Carlo Teoli, ora Cesare Bini. A Milano, non si sa come, venne in diverbio con un professore, e mandò la sua dimissione da segretario dell'Accademia, per telegrafo al ministro Scialoja a Roma nel 74. Io con ciò mi guarderei bene dal dire che fosse un cattivo uomo; credo che i passati gravi dissesti economici della sua opulenta famiglia lo avessero reso nervoso all'eccesso.

Il Camerini era un letterato dottissimo; e quantunque si compiacesse qualificarsi *giornalista*, non si può creder sul serio che un sì valente scrittore e conoscitore della lingua inglese e tedesca, non che della latina e della greca, sia da mettere al pari dei giornalisti suoi coetanei. Nella prima sua gioventù dimorò a Napoli, e frequentò la scuola di quell'esimio maestro che fu Basilio Puoti; stette alquanto tempo a Firenze e a Torino, ove visse scrivendo per i giornali. Fu anche segretario del ministro inglese a Torino sir James Hudson. Poi, nel 1859, per invito del ministro Mamiani, da Torino passò in Milano all'officio di segretario dell'Accademia scientifico-letteraria, ove restò fino al 1874. Dopo la sua violenta dimissione si allogò con l'editore Sonzogno, per il quale preparava una *Biblioteca Classica Economica*. Una breve malattia lo tolse alle lettere ed all'amore dei suoi amici e ammiratori il 1° marzo del 1875, in età di sessantaquattro anni. Era nato da una doviziosa famiglia nella città di Ancona il 13 luglio 1811, ed a cagione della rovina di quella, avvenuta intorno al 1843, morì poverissimo.

Fino da quando cominciai a scriver queste Memorie, decisi di terminare alla pubblicazione della *Storia della Repubblica di Firenze* del marchese Gino Capponi, avvenuta in quest'anno 1875; e così faccio, poichè mi pare d'essermi forse anche troppo diffuso. Certamente feci il mio possibile per esser piuttosto breve e sugoso, ma non so se vi sarò riuscito; imploro pertanto il benigno giudizio di coloro cui verranno sott'occhio queste Memorie, scritte in tempi a me infausti,[8] ma con intendimenti retti e con lo scopo di giovare ad altri ed alla mia famiglia principalmente.

La Storia del Capponi era un'opera aspettata da molto tempo e dai Fiorentini e dagl'Italiani. Cominciato verso il 1840, all'apparire dei

---

[8] Allude alla sua infermità. (*F.*)

primi sintomi di una malattia formidabile che condusse in breve Gino Capponi alla cecità, questo lavoro storico lo accompagnò per tutta la vita, e si può dire che lo tenesse occupato sino al 1875, allorquando licenziò alla stampa la seconda edizione della Storia. Alessandro Carraresi fu il suo segretario, che sopportò con pazienza non tanto comune di obbedire costantemente ai desideri talvolta irrequieti dell'infelice Marchese, oppresso dalla cecità e da molte altre sventure domestiche. Il Marchese per altro gli serbò sempre affetto, e dei servigi resigli tenne memoria nella Prefazione del suo libro; Prefazione che l'Autore in sul principio non sentiva la necessità di fare, ed ora che è fatta, pare a tutti che stia bene.

Chi promosse la stampa di quest'opera di Gino Capponi fu il barone Alfredo di Reumont, un illustre tedesco, credo di Bonn, ove abitò lunghi anni. Il barone Reumont conobbe molto l'Italia, e scrisse varie opere, che fanno fede della sua erudizione e del suo costante amore al nostro paese. Esso dunque fu quegli che m'invitò ad un colloquio in casa Capponi per trattare della stampa dell'opera, e mi diresse il seguente biglietto:

Pregiatissimo Signore,

Se Ella può venire da me domani, sabato, dalle dieci a mezzogiorno, spero che si verrà a una conclusione riguardo all'opera del signor Marchese. Credo non sarebbe inutile che Ella facesse un computo provvisorio delle spese di un'edizione di 1500 copie vendibili, calcolando il volume a 40-45 fogli di stampa.

Mi ripeto con vera considerazione
suo devotissimo

A. REUMONT.
Palazzo Capponi, 20 giugno 1878.

Il giorno seguente verso le 10 antimeridiane io m'avviava allegro e giulivo al terzo piano del palazzo Capponi, ove temporaneamente abitava il barone Reumont, e parlatogli un istante, egli si alzò e fu a chiamare il Marchese, che venne accompagnato dal segretario signor Alessandro Carraresi. Eravamo in una sala sul giardino, che faceva parte dell'alloggio del Barone.

Come ognun sa, il Marchese era un bell'uomo, reso venerabile per la sua dottrina, per la sua età, per il casato illustre che portava e per la sua sventura. Postosi a sedere, e dette parole graziose a mio riguardo, egli fu arrendevole a tutti i patti che io gli faceva per la stampa della sua opera, mostrandosi oltremodo contento dell'onore che mi accordava di essere il suo editore per un'opera che il pubblico aspettava da gran tempo con molto desiderio. Il colloquio durò un'ora circa; poi accommiatatomi, me ne tornai alla Stamperia.

S'impiegò tutto l'anno 1874 nella stampa della prima edizione, ed il 22 gennajo 1875 venne fuori l'opera che fu occasione di una gran festa per la parte cólta della cittadinanza fiorentina; sicchè la Giunta del nostro Comune decretava un indirizzo di congratulazione al marchese Capponi, ed il sindaco, Ubaldino Peruzzi, mi recò in persona una copia di quel decreto con una lettera che mi ringraziava per i servigi resi nella pubblicazione della Storia del Capponi e per gli amorevoli eccitamenti usati all'Autore perchè la pubblicasse.[9]

Si stipulò, per le mie cure, cogli editori della Germania e dell'Inghilterra la stampa della traduzione tedesca e dell'inglese; ma la inglese non venne alla luce, credo per la morte dell'Autore, che avrà

---

[9] Ecco la lettera:

MUNICIPIO DI FIRENZE (*Gabinetto del Sindaco*). - 29 gennaio 1875.

Illustrissimo signore,
Nel giorno in cui venne fatta di ragione pubblica la *Storia della Repubblic*a di Firenze del marchese Gino Capponi la Giunta comunale prendeva una deliberazione intesa a far manifesta all'illustre e venerando Autore la riconoscenza della città ed a serbare ricordanza durevole del modo nel quale è stata accolta dai suoi concittadini quest'opera importantissima, per la quale viene soddisfatto un antico desiderio di quanti amano che le memorie del glorioso nostro passato siano esposte per modo da essere eccitamento efficace a virtuoso operare per la presente e per le future generazioni.
Io non reputerei avere compiutamente adempito il dovere che in questa occasione m'incombe come Capo della Rappresentanza comunale di Firenze, se non rivolgessi a nome della città una parola affettuosa e riconoscente alla S.V. che seppe ajutare il venerando nostro concittadino col pubblicarne l'opera in una forma degna davvero dello scrittore e dell'argomento.
Gradisca, egregio signore, i ringraziamenti che perciò le porgo a nome della cittadinanza fiorentina, della quale son certo di essere interprete fedele, ed a ricordanza del fatto cui Ella ha così bene contribuito si compiaccia custodire la copia della surricordata deliberazione che mi onoro rimetterle qui unita.

Il Sindaco
UBALDINO PERUZZI.

spento l'operosità del traduttore inglese, forse troppo amico di lui. Ciò non ostante, gli editori Longman e soci pagarono col mio mezzo il pattuito compenso alla famiglia Capponi.

Alla fine della stampa del secondo volume della Storia mancava il solo Indice, che il Capponi non volle occuparsi di far compilare. Dovetti occuparmene io stesso, e ne incaricai un impiegato dell'Archivio di Stato. Compiuta la stampa del testo, questi non era ancora in ordine per l'Indice; così la stampa dovè esser sospesa per due mesi circa. Il buon marchese Capponi non poteva persuadersi delle ragioni che gli adduceva io, cioè del ritardo a ricevere il manoscritto dell'Indice, e messo su da certi amici un po' leggieri e poco leali, s'infuriò a segno, che mi scrisse una lettera (il 29 dicembre 1874) in cui si scorgeva la stizza, quasi direi lo sdegno, di chi credeva di essere stato trascurato ingiustamente; ma pochi giorni dopo (3 gennajo 1875) una lettera del prof. Augusto Conti mi reintegrava nei miei pieni diritti di esser creduto un galantuomo e un editore leale e quasi oserei dire, per i tempi, generoso.

Ecco la lettera scritta, forse a suggerimento dello stesso marchese Gino Capponi, dal professore Augusto Conti. Nel tempo appresso, carteggiando col Marchese ebbi a ricevere manifestazioni di sensi conformi, e il Carraresi mi espresse a nome del Marchese i suoi vivi rincrescimenti per aver dubitato un istante della mia buona fede e lealtà:

> Carissimo signor Barbèra,
> Iersera il Capponi parlò di Lei con grande amorevolezza, stima e riconoscenza, presenti varie persone; e dell'indugio alla pubblicazione della *Storia* disse cagione sola, e non dipendente da Lei, anzi contro alla volontà di Lei, la tarda compilazione dell'Indice; e che ora egli è certo d'aver presto le copie dell'opera, dacchè il fatto dipende, ora soltanto dal valoroso e benigno Editore. Son lieto di riferirle ciò, perchè son certo di darle una contentezza; e aggiungo, ch'Ella (quantunque assai meno di me) può talvolta essere sdegnoso; ma che io e tutti coloro i quali hanno avuto a trattare di edizioni con Lei, debbono gratamente riconoscere la sua larghezza (quanto i tempi concedono ed i nostri paesi) e la scrupolosa puntualità. D'avere in questa congiuntura sempre più conosciuta la bontà dell'animo Suo è lietissimo il
>
> suo
A. Conti.
3 gennajo 1875, di casa.

Colla prima edizione della Storia di Gino Capponi mi condussi appena a sopperire alle richieste di quest'opera sino alla fine di quest'anno; e per soddisfare a una vera necessità, e per compiacere a un vivo desiderio dell'Autore feci preparare un'edizione economica in tre volumi della mia consueta edizione a lire quattro il volume, che mercè gli sforzi adoperati riuscì, con grande allegrezza del marchese Gino, ad esser pronta per il Natale del 1875.

Non per vanità personale, ma per mostrare la gentilezza d'animo del Marchese, noto che l'ultimo giorno dell'anno io fui onorato di una sua visita. Non comprendendo a un tratto quest'alto e insolito onore, finalmente mi avvidi che in segno di animo grato per aver io compiuta piuttosto celeremente la edizione economica della Storia, volle farmi quella visita in un giorno memorabile.

Credo che fosse l'ultima visita che ricevessi dal signor Marchese. Il quale avendo ottenuto il compimento dei suoi desideri, cioè la pubblicazione del suo lavoro storico, e visto il buon successo che ottenne dal pubblico, non gli pareva di aver più nulla a fare oramai. Passava i primi giorni del gennajo 1876 come disoccupato; si faceva condurre di qua e di là senza proposito fisso come prima, quando aveva le ore destinate a qualche occupazione; ma il mese non finì senza ch'egli s'ammalasse, e ai 3 di febbrajo 1876, in età di ottantatré anni, quattro mesi e venti giorni, dopo breve malattia rese l'anima a Dio.

Ebbe onori stragrandi dalla popolazione e dalle autorità governative e municipali del paese e della capitale. Intervennero alle esequie insigni personaggi: il principe Tommaso di Savoja rappresentava il Re; Marco Minghetti il Ministero; Marco Tabarrini il Senato; Ubaldino Peruzzi il Municipio; Massimo Montezemolo la Prefettura.

La salma di Gino Capponi riposa, insieme ad altri della famiglia, in una sua villa a Marignolle, vicino a Firenze.[10]

---

[10] Qui finiscono le Memorie lasciate da nostro Padre. Quest'ultima pagina egli la scrisse nella sua villa di Arcetri il 19 settembre 1878. (*F.*)

NOTA DEI FIGLI

ALLE

MEMORIE DI UN EDITORE

Renovare dolorem!

Sul finire dell'estate 1873, dopo che fu pubblicato il libro del La Marmora, nostro Padre si sentiva oltremodo stanco. Quella pubblicazione gli era costata molte preoccupazioni, non solo perchè, sebbene il Generale non fosse uno scrittore, pur bisognava che il libro uscisse in forma presentabile, ma perchè non si sapeva se l'avrebbe o no pubblicato, se ne faceva una piccola tiratura per gli amici o un'edizione per il pubblico. Frattanto la notizia di quest'opera si diffondeva, e l'Editore era da ogni parte assediato di domande, che gli facevano prevedere quale sarebbe stato il successo di quel libro, se il suo Autore si fosse deciso ad abbandonarlo alla pubblicità.

D'altra parte nostro Padre sentiva tutto il dovere di non influire menomamente sulla decisione del Generale, comprendendo l'importanza politica di una tale pubblicazione; nè il La Marmora, del resto, era uomo da subire influenze.

Tutto questo non poteva però non mettere in orgasmo un uomo di tanta sensibilità nervosa; sicchè, quando il libro per ordine del general La Marmora fu pubblicato, nostro Padre era stremato di forze.

Egli allora richiamò il suo Piero da Roma, dove dirigeva la Tipografia succursale, e affidata a lui ed a Luigi la Casa di Firenze, partì con nostra Madre per l'Alta Italia, nonostante che il *Po' più di luce* avesse, come si suol dire, preso fuoco, e la prima edizione fosse sparita in un baleno, tanto che la Tipografia non bastava alle ristampe.

Da Milano egli passò sul Lago di Como, di cui fu sempre ammiratore entusiastico, trattenendosi alquanti giorni a Bellagio, donde proseguì a Varese, e da Varese in Piemonte.

Era un pezzo che esprimeva il desiderio di visitare Biella, ch'egli non conosceva la patria de' suoi, il paese degli uomini operosi ed accorti, la Manchester italiana. Questa volta non volle traversare il Piemonte senza fermarvisi. Vi rimase qualche giorno, visitando i dintorni e le fabbriche industriali, fra le quali il celebre Lanificio dei Sella. Ne usciva, e s'era da pochi minuti accomiatato dall'onorevole Quintino, quando, nel traversare un ponticello che v'è poco lungi, nostra Madre s'accorse che qualcosa d'insolito era accaduto in nostro Padre. Fu il primo accenno della malattia, che estendendosi lentissimamente doveva ucciderlo, dopo quasi sette anni di crescenti sofferenze.

Lì per lì parve stanchezza, ed a piedi si ricondusse all'albergo; nè, dopo Biella, tralasciò di visitare la sorella Carlotta a Torino; ma quando i figli, andatigli incontro alla stazione di Firenze, lo videro scendere dal treno, s'accorsero del notevole mutamento che aveva sofferto il Padre loro in quei giorni. Il suo passo e tutta la persona denotavano stanchezza, il viso era pallido e gli occhi privi del loro splendore consueto.

Fu tosto consultato il medico curante dottor Faralli. Su le prime non capì di che cosa si trattava. Poteva esser davvero un effetto di eccessiva depressione di forze; ma i giorni e le settimane si succedevano, e il riposo non le ristorava. Apparve infine manifesto che la gamba sinistra non agiva più come una volta.

Su le prime nostro Padre vi provava come un intorpidimento; poi adagio adagio (poichè tutto il procedimento della sua malattia fu, quanto si può dire, lentissimo) quella estremità nel camminare si rattrappiva, sicchè l'andatura era zoppicante, o per meglio dire saltellante.

Il dottor Faralli si accorse allora di aver che fare con una malattia nervosa, stravagante ne' suoi fenomeni, e presto ci fece consapevoli che a parer suo la scienza era impotente a vincere un tal morbo e che tutto quel che poteva tentarsi era di ritardarne in qualche modo i progressi. E ciò solo fu infatti possibile; giacchè le molte cure poterono protrarre quella preziosa esistenza per circa sette anni, senza però impedire che il male ogni giorno facesse un passo, brevissimo, ma sempre progressivo, e che la paralisi avanzandosi spietatamente non uccidesse ad una ad una le parti di quell'organismo.

Nostro Padre non tardò ad accorgersi della gravità del suo male, e volendolo combattere con quella stessa energia che aveva sino allora adoprata in ogni sua cosa, si affrettò a consultare i più illustri specialisti d'Italia. Sentì Schiff, Bufalini, Concato, Molleschott, Corradi, Rosati, Burresi, per tacer d'altri. A suggerimento d'alcuni di essi si adattò a cure nojose come l'idroterapia, le applicazioni elettriche, e gli apparecchi meccanici. Tutto fu inutile; la malattia faceva la sua strada.

L'impotenza della gamba sinistra divenne sempre maggiore; nei primi mesi gli permetteva di fare non breve cammino, poi non gli concesse che pochi passi; da ultimo, più nulla, e fu necessario ch'egli si facesse deporre allo scender di letto in una carrozzella con cui si moveva per casa. Frattanto anche le mani non obbedivano più, per cui dapprima si vide alterata la scrittura, che egli aveva elegantissima, poi resa inintelligibile, tanto che l'ultimo tentativo di firma non si può decifrare. Anche la lingua era impedita, e le parole uscivano a stento, nè poteva negli ultimi tempi ingojar facilmente alimenti e bevande, perchè anche i movimenti della gola e dell'esofago erano paralizzati. In tanto disfacimento, solo l'intelletto conservava. la medesima lucidità.

Essendo a poco alla volta obbligato a non veder più quasi nessuno per la difficoltà di esprimersi e la tendenza a commuoversi, rimaneva un po' addietro con gli avvenimenti del giorno, e dimenticava alcune cose con più facilità di prima. Ma un nulla bastava a rimetterlo al corrente; ciò che non sapeva indovinava, e spesso ci è accaduto di restar sorpresi di tanta celerità e limpidezza nel concepire.

Impedito di occuparsi d'affari, quando già ne aveva incaricati noi due, che, per non affaticarlo, spesso lo lasciavamo inconsapevole di molti particolari, pure, nel prendere una decisione o nel dare un consiglio, fino all'ultimo mostrò quella pronta perspicuità e sicurezza di giudizio, a cui erano da attribuirsi i fortunati successi della sua vita di Editore.

Di mano in mano che la speranza si dileguava, subentrava la rassegnazione. L'ultima sera dell'anno 1875 scrisse in un suo quaderno di ricordi: « Oramai non faccio conto di guarire; avvezziamoci a sopportare con santa pace questo grave incomodo. La famiglia mi dà qualche consolazione. Gli affari vanno bene. Contentiamoci: si vedono altre famiglie offese da disgrazie molto peggiori delle mie. » E un anno dopo, accorgendosi del notevole progresso fatto dal male, e della assoluta inefficacia delle diverse cure seguite, annotava: « Ci vuol pazienza, e non si confondere con dottori e con medicine; quiete e spirito sereno, filosofico: guardare in alto; ecco i rimedi morali che fanno più buona prova dei rimedi chimici. »

Egli avrebbe avuto bisogno di grande tranquillità, ma pur troppo un grave dolore, per una inattesa disgrazia di famiglia, venne ad amareggiargli gli ultimi mesi della sua esistenza!...

Nella primavera del 1878 fu colto da un fiero attacco di petto, che lo pose in pericolo di vita. Vi fu una notte in cui tememmo di perderlo. Quale straziante ansietà, e che gioja quando il pericolo fu dileguato! Questa malattia, naturalmente, contribuì non poco ad affrettare l'avanzarsi della paralisi; il cuore non funzionava più a dovere, ed era venuto ad accrescere il numero dei pericoli.

La vita di nostro Padre diventava sempre più ristretta e sconsolata. Si levava a buon'ora, si faceva leggere il giornale, cui badava poco, poi qualcuno di quei suoi libri prediletti che aveva sempre intorno a sè. Noi lo informavamo sommariamente degli affari; egli dava qualche consiglio, per lo più tendente a distoglierci dal troppo intraprendere; « Giacchè voi vedete (egli diceva) a che cosa m'han ridotto il troppo lavoro e le troppe preoccupazioni. È vero però (soggiungeva) che temperamenti come il mio sono eccezioni; che ho avuto il torto di preoccuparmi troppo anche delle più piccole cose. In principio della mia carriera, alla vigilia della scadenza di qualche cambiale, avevo sempre in cassetta i denari per riscattarla, ma nella notte sognavo che me li rubavano, ch'erano spariti, che non potevo pagare, che fallivo, e così via.... »

E nell'evocare questi ricordi dei suoi umili e burrascosi principî si commoveva e dava in iscoppî di pianto che lo prostravano per giornate intere; e questo accadeva immancabilmente quando rivedeva amici o anche semplici conoscenti, per quanto essi, avvertiti, si studiassero di mantenere la conversazione sopra argomenti non atti a suscitare turbamento nell'animo. Sicchè ci convenne risparmiargli tali scosse col renderne meno frequenti le occasioni; ond'egli viveva molto solitario, conversando solo coi famigliari, e soprattutto rallegrandosi ai giuochi infantili del suo piccolo Gino, il nostro minor fratello, nato nel marzo del 1875.

Alla fine del 79 le condizioni di salute di nostro Padre non potevano esser peggiori; non ostante, egli si sforzava di farsi coraggio, e non voleva cessare dalle sue giornaliere passeggiate in carrozza al viale dei Colli. Finalmente cedette alle nostre preghiere, e rimase in casa. Noi speravamo così di potergli far superare l'inverno; ma pur troppo questo si annunziava eccessivamente rigido, e l'organismo di nostro Padre era oltre ogni credere esausto di forze per resistere ai rigori della stagione.

Il 17 dicembre disse di sentirsi un gran freddo, e che credeva d'essere costipato. Si mise a letto, e gli cominciò l'affanno; questo produsse l'insonnia, e l'insonnia gli fece perdere quel po' di forze che gli rimaneva, tanto che prese a vaneggiare, ma dolcemente, ed il medico non gli sentiva quasi più i polsi. Fummo avvertiti che una catastrofe poteva esser imminente; appena il corpo desse cenno di enfiagione, era finita.

Infatti il corpo si gonfiò; soprattutto le estremità, che divennero mostruose; anche la faccia si enfiò, ma non molto, e anzi, essendo sparito l'emaciamento, pareva più florida. Sopravvenuta la tumefazione, ci aspettavamo di vederlo spirare da un momento all'altro, ma durò così parecchi giorni, e noi non ci distaccammo mai dal suo letto, non sapendo che pensare, in una ansietà angosciosa, storditi dalle veglie e più dallo spettacolo delle sue sofferenze.

L'eccessiva debolezza, l'insonnia, l'affanno lo facevano delirare; ma per noi, cui da gran tempo confidava, essendo oltre ogni credere espansivo, ogni più riposto pensiero; per noi, cui tante volte aveva raccontato i casi della sua vita, e aperta tutta quanta l'anima sua, quello non era un delirio, giacchè dalle frasi monche e interrotte seguivamo il volo dei suoi ultimi pensieri. Egli risaliva il corso della sua vita, e di mano in mano che si avvicinava ai principi, i ricordi si facevano più schietti e vivaci, e raccontava casi della sua giovinezza, citando date e nomi, esprimendosi in dialetto piemontese, come se egli fosse tornato giovanetto; giacchè a Firenze, anche al tempo della Capitale, non aveva più voluto servirsene; ed in piemontese al figlio Piero rivolgeva domande, e questi si sforzava di rispondervi nello stesso parlare, per conservare al morente la dolce illusione.

Poi, se gli accadeva di prendere un po' di sonno, allo svegliarsi si ritrovava in sé, e in quegl'intervalli spesso prolungati di lucidità perfetta, parlava ai figli della sua prossima fine, e li chiamava a testimoni di essere stato padre tollerante e liberale, che soprattutto ci aveva lasciata libertà di opinioni, anche in ciò che discordassero dalle sue, specie in materie politiche e religiose; e ricevuta da Piero assicurazione che da gran tempo, appena sbolliti gli ardori della prima gioventù, egli si era venuto accostando alle convinzioni paterne, tanto che più nessuna discrepanza li separava, egli si rasserenò tutto, e lo ringraziò con un bacio.

Quando il male gli lasciava un po' di tregua, domandava quello che si facesse in Stamperia, ed esprimeva la convinzione che si sarebbero continuate le tradizioni e la speranza che la fortuna non ci avrebbe mancato. Sapendo quanto egli s'interessasse alla pubblicazione della *Vita del La Marmora*, scritta dal Massari, che fu, si può dire, l'ultima impresa da lui ideata, gliene recammo la prima copia, ed egli si provò a sfogliarla, compiacendosi della forma tipografica del volume. "Bello, bello," mormorò accarezzandolo, e sorrise; fu quello l'ultimo suo sorriso. "Caro Paolo," sussurrava alcune ore prima di morire, e lì per lì non si capiva a chi alludesse; ma poi ci accorgemmo che ricordava la dedica del Massari al capitano Paolo Crespi, su la quale aveva posato gli occhi sfogliando il volume, e che s'era provato a leggere.

A un tratto il corpo cominciò a sgonfiare; gli umori si riversavano abbondanti dai pori dilatati. Una speranza ci sorse ad un tratto nel cuore. La esternammo ansiosi al dottor Faralli, ma egli scosse la testa. Pure non vi rinunziammo. Chissà? dicevamo, la Natura ha leggi così misteriose! Certo guarire non potrà, ma migliorare, tanto da tornar come prima che si allettasse... Vane illusioni. Appena le membra furono tornate allo stato normale, quando lo scolo degli umori cessò, un terribile convulso si impossessò di quel misero corpo. Egli perdette ogni conoscenza, e la vista del novissimo strazio era così terribile, che oramai non potemmo che desiderare la fine d'un tal martirio.

All'alba del sabato 13 marzo parve tornar la pace... era la morte. Nostra Madre gli faceva prendere del caffè, a un tratto s'accorse che non sorbiva più; scostò la tazza, la testa ricadde sul petto.... Noi non avevamo più padre! Come la settimana dell'operajo, così la vita di questo martire del lavoro era finita col sabato. Intorno al suo letto, oltre il medico e sua moglie, v'erano i figli Piero e Luigi; il primogenito gli chiuse gli occhi, e lo compose su l'origliere.

All'annunzio della morte di Gaspero Barbèra, per quanto la sua persona fosse un po' dimenticata a causa di un isolamento che durava da quasi sette anni, tutta Italia si commosse. Non vi fu giornale che non ne parlasse con grandi elogi; non vi fu amico o conoscente che non rivolgesse alla famiglia desolata parole di condoglianza e di conforto.

Sarebbe lungo il riassumere gli articoli dei giornali e le lettere; alcuni di quelli e alcune di queste meriterebbero di essere ristampati per intero.

Il professor Giovanni Mestica, dopo poche settimane, pubblicò coi tipi eleganti dello Zanichelli un *Ricordo di Gaspero Barbèra*, dettato con arte ed amore, in cui ritrovammo viva e parlante la cara immagine paterna. Ma quegli che in quel primo momento commemorò più eloquentemente e con maggiore affetto le virtù di Gaspero Barbèra, tracciando un più fedele ritratto del suo carattere e una più sincera sintesi della sua vita piena di opere, fu l'onorevole Edoardo Arbib in un lungo articolo del suo giornale *La Libertà* (15 marzo 1880).

L'Arbib era stato, da giovanissimo, addetto alla Tipografia Barbèra, come abbiamo notato in altra parte di queste Memorie; egli adunque vide nostro Padre all'opera, e poteva discorrerne con conoscenza di causa. « Scendeva in Tipografia alle 6 del mattino (scrive il nostro egregio amico), e ci restava d'un fiato fina alle 11 ¼, l'ora della colezione per tutti; tornava a mezzodì, e si tratteneva sino alle 6; e spessissimo poi, anzi quasi ogni sera, si portava su in casa pacchetti di bozze di stampa, per correggerle fin nelle ore avanzate della notte. »

Vi sorprende? Ma credete voi forse che la Fortuna si lasci sedurre dai molli amatori? Credete forse che si pervenga all'agiatezza da poverissimo stato senza deviar d'una linea dal sentiero della più scrupolosa onestà, quando non si lavora giorno e notte, colle braccia e con la mente, al conseguimento della mèta prefissa?

Concludendo, il Direttore della *Libertà* scriveva: « Fu Gaspero Barbèra amico a moltissimi, che tennero in gran pregio il suo ingegno, la sua indole, la sua cultura. Nei primi anni del tirocinio, quando combatteva la difficile lotta dell'esistenza, parve non di rado alle persone che avevano a che fare con lui, aspro e severo; ma era l'asprezza del generale che avendo dinanzi il nemico teme d'essere sopraffatto, e talvolta s'irrita, perchè la vittoria non giunge tanto presto, quanto ei desidera; era la severità di chi, avendo sotto di sè molti soldati, sa che la disciplina è il primo e indispensabile elemento di vittoria. La sua conversazione era piacevolissima, e acquistava pregio dai molti fatti veduti da lui o dei quali fu parte, e dai rapporti molteplici ch'egli ebbe con gran numero di personaggi ragguardevoli nelle lettere e nelle scienze. »

« Uomo d'antico stampo (diceva un altro giornale[1]), si potrebbe dire di lui che ha conservato, come editore, le buone tradizioni del gabinetto Vieusseux. Predilesse le pubblicazioni classiche, la letteratura onesta, stampò insomma per la gente di garbo. Coi giovani andava a rilento; ma potè vantarsi di non essersi ingannato mai nella scelta. Egli ha rivelato all'Italia il suo miglior poeta, ed uno fra i suoi prosatori più acclamati: Carducci e De Amicis. » E un giornale popolare di Roma: « È morto ricco, ma era nato povero; la sua fortuna se l'è fatta tutta colle sue brave mani, lavorando giorno e notte. Giù il cappello dunque; è morto un galantuomo.» [2]

« Osservatore acuto, ingegno pronto, operosissimo, il Barbèra per sola virtù propria si elevò al grado in cui ebbe forse emuli ragguardevoli, non già chi lo vincesse nell'arte sua. » E questo elogio è molto

---

[1] *Fanfulla*, 14 marzo 1880.

[2] *Il Messaggero*, 15 marzo 1880.

probabilmente di un *emulo ragguardevole*, giacchè comparve, con un suo bellissimo ritratto, nella *Illustrazione* di Milano (28 marzo 1880), reputato periodico diretto, come tutti sanno, dall'operoso editore Emilio Treves.

L'illustre barone Alfredo Reumont, parlando a lungo nella *Allgemeine Zeitung*,[3] di nostro Padre, dopo averne esposti i pregi come editore e come tipografo, lodando la scelta delle sue pubblicazioni, il buon gusto e la correttezza delle sue stampe, dopo aver reso omaggio alla lealtà e generosità del suo carattere, terminava con queste parole, che sono, chi ben le consideri, un elogio non piccolo in bocca di un tale uomo: « Se oggigiorno in Italia le condizioni della repubblica degli editori e degli autori sono alquanto migliorate, ben si può affermare avervi grandemente contribuito il compianto G. Barbèra. »

In un giornale professionale, *L'Arte della Stampa*,[4] un operajo divenuto principale raccontò le relazioni di nostro Padre con i suoi lavoranti, e l'interesse grandissimo che egli prendeva a tutto ciò che aveva attinenza col loro benessere. Siccome quel racconto è tutto verità, pensiamo di riprodurlo qui quasi per intiero, giacchè ci sembra colmare una lacuna delle Memorie da attribuirsi alla verecondia del loro Autore:

« Egli può dirsi, senza reticenze e sottintesi, uno dei migliori principali... Il Barbèra amava soprattutto gli operai istruiti. A questo scopo, nel 1866, stipendiò un professore di lingua francese, affinchè, la sera, desse lezione nella propria casa[5] ai suoi operai....

Era scrutatore attivissimo, e l'operajo indolente ed ozioso non tardava a provare tutta la sua severità, basata però sulla giustizia. Cercava d'indovinare i pregi e i difetti dei suoi operai. I vanitosi detestava.

Chiunque fosse rimasto leso, per un motivo o per un altro, dai meccanismi del suo Laboratorio, trovò in lui un perenne ajuto materiale ed un morale conforto. Ben lo sanno i giovanetti Luigi Picchi e Dante Mannelli.

Interveniva sempre, unitamente alla famiglia, nelle riunioni annuali dei suoi operai.

---

[3] *Beilage zur Allgemeinen Zeitung*, n° 95, 11 aprile 1880.

[4] Anno X, n° 39.

[5] Cioè in una stanza di Stamperia.

Nella bella stagione invitava nella sua villa, nei dintorni di Firenze,[6] i più vecchi fra i suoi operai con le loro mogli, e li teneva famigliarmente a pranzo secolui, trattando tutti con affabilità ed amore, unendosi a tali gentili dimostrazioni di stima ed affetto anche la signora Vittoria, moglie del Barbèra.

Nell'ora del riposo giornaliero il *sor Gaspero* trattenevasi a parlare familiarmente coi suoi operai,[7] parlava loro del suo passato, dei suoi progetti avvenire; e richiedeva anche il loro parere.

Era prodigo di consigli e di soccorsi quando la sventura batteva alle porte dei suoi operai.

Senza indiscrezione possiamo citare le famiglie di Giorgio Della Lunga, uno dei migliori stampatori, di Paolo Bolognesi, Giuseppe Maremmi, Angiolo Tofani, Giuseppe Saccardi, Michele Baldotti, Pietro Biagiotti, il quale ultimo rimase privo della vista, e che tutti, nelle loro lunghe malattie e nelle loro croniche affezioni, vennero assistiti sino alla morte. E lo sanno molti orfani che non vennero abbandonati sinchè non ebbero stabile collocamento. Non poche vedove dei suoi operai ebbero a provare gli effetti efficaci della sua beneficenza.

Ci sono note anche le visite ch'egli faceva ai suoi operai, e di recente, non potendo egli recarsi a visitare un amico nostro carissimo, delegava a tale affettuosa missione il figlio maggiore Piero. »

E tratti non meno affettuosi e toccanti ci sarebbe da mettere insieme, scorrendo le molte lettere pervenute alla famiglia in quella luttuosa circostanza.

« A tanta perdita (ci scriveva il nostro caro Mestica) si commoveranno quanti pregiano le persone singolarissime, che da sè stesse con l'operosità e con l'ingegno salgono a grado eminente; se ne commoverà l'Italia, ch'egli con l'arte tipografica ha sì altamente onorata. A me la fanno oltre a ciò dolorosa la sincera amicizia che a lui mi stringeva, la gratitudine che gli professò per avermi egli aperta da prima la via a uscire dall'oscurità, e l'ammirazione che concepii di esso più che mai viva dopo aver letto le sue *Memorie di un Editore,* delle quali gli piacque affidarmi per alcun tempo anche il manoscritto. Ma qual dolore potrà paragonarsi a quello della desolata famiglia? Nè io saprei trovar parole di consolazione; salvo quelle che a pochissimi e ben di

---

[6] Il Pian de' Giullari, sul Colle di Arcetri.

[7] Questo particolare è esattissimo.

rado si possono rivolgere sì opportunamente come alla vedova infelice e ai figli di Gaspero Barbèra: Che sia loro di conforto la memoria delle sue virtù insigni, la gloria che lo fa più grande ora ch'è disceso nel sepolcro.»

Un antico suo condiscepolo, caduto in miseria e al quale nostro Padre, non avendo trovato dove impiegarlo, aveva fatto per qualche anno un posto presso di sè, associandosi alla famiglia nel piangerne la perdita, ci mandava da Milano queste parole:

« La morte di mio padre non mi colpì più profondamente di quella del suo, del mio veneratissimo amico e benefattore. Sono sopraffatto dai dispiaceri, ma la perdita del mio Gaspero mi affoga. Non posso dirle di più, perchè le lacrime mi fan velo agli occhi. »

« L'ho sempre amato, e lo ricorderò sempre con affetto e con gratitudine, » scriveva Edmondo De Amicis, che può star sicuro di essere stato corrisposto. Ed un altro scrittore illustre, il Del Lungo: « La memoria di lui mi si congiunge nell'animo ai miei cominciamenti letterari; ne' quali giovanissimo, anzi troppo giovane, trovai in Giampietro Vieusseux e in Gaspero Barbèra conforti ed ajuti. Mi ricordo d'una sua lettera dove mi scriveva: *Vorrei ch'Ella lavorasse per me il più possibile*. E mi è caro ripensare d'avergli, dopo molti anni, stretta novamente la mano, or fa appunto un anno. »

« Povero signor Gaspero! (esclama in una commoventissima lettera il nostro buon amico professor Giuseppe Guerzoni.) Non dimenticherò mai finchè vivo l'ultima volta in cui lo vidi! Quando il degno uomo, sforzato dal male crudele che l'uccise dava in uno scoppio di pianto, io avrei pianto con lui; ma quando ne' lucidi intervalli riprendeva a parlare, mi pareva ancora sì lucido il senno di quella mente, e sì pura la bontà di quel cuore, e sì onesta e cortese ogni sua parola, che per un'altra cagione mi sentiva intenerito fino alle lagrime, e piangevo davvero.

Di lui, se la Storia vorrà essere sincera, si dovrà dire che tutti gli devono qualcosa in Italia, per lo meno la lettura di quasi tutti i buoni libri che da anni si stampavano tra noi; io che mi terrò sempre uno de' suoi primi beneficati, gli devo, posso dire, una delle più gradite azioni che l'amico possa compiere verso l'amico: quella di celebrarne la memoria e di scriverne la vita. Se non era lui, io non avrei scritto la *Vita di Nino Bixio*; l'avessi scritta, non l'avrei potuta stampare con tanto decoro e tanta fortuna! Oh non me lo scorderò mai, signor Piero! ne stia certo.

Povero signor Gaspero! Che sia benedetta la sua memoria, e che i suoi figli trovino nel retaggio della sua virtù il solo compenso possibile alla gran perdita che hanno fatta, e l'Italia riconoscere che uno degl'Italiani invocati dal suo grande amico Massimo D'Azeglio, era Lui!»

Ma torniamo al triste racconto.

Alcune ore dopo che fu morto, e quando lo scultore Duprè ebbe fatto ricavare la maschera della faccia, nostra Madre e noi due, ajutati dal cameriere che aveva servito nostro Padre nell'ultima malattia e da un vecchio lavorante affezionatissimo al suo Principale, spogliammo il morto corpo, e lo lavammo diligentemente; quindi rivestitolo di nuovo lo deponemmo sul letto ove era spirato, con la persona tutta ricoperta di un velo.

Fino alla mattina seguente fu lasciato così, mentre si davano le disposizioni per il seppellimento. Nelle prime ore di domenica lo trasportammo noi stessi con l'ajuto di due servi della Compagnia della Misericordia in una sala parata a lutto, dove ammettemmo amici e operai alla visita del cadavere.

Sull'imbrunire ebbe luogo il trasporto. Innumerevole lo stuolo degl'intervenuti, e fitta la folla nelle strade che il funebre corteggio percorse. Gli amici presenti in Firenze può dirsi vi fossero tutti; qualcuno ne venne di fuori.

Da noi invitati, reggevano i lembi della coltre il senatore Carlo Fenzi, il professore Augusto Conti, rappresentante del Sindaco di Firenze, il cav. Felice Le Monnier, stato principale del defunto, poi suo degno emulo, il commendatore Celestino Bianchi, antico socio ed amico, il professore Giovanni Duprè, l'illustre statuario che doveva eternarne nel marmo i nobili lineamenti, ed un vecchio operajo di Stamperia, il compositore tipografo Antonio Guidi.

Molti degl'intervenuti, e gli operai tutti senza eccezione, seguirono la bara fino a San Miniato; quivi Cirillo Ceruti, revisore, a nome dei suoi colleghi dette l'estremo saluto alla salma del lacrimato Maestro.

La bara restò in chiesa tutta la notte, e nelle prime ore del lunedì 15 la Vedova ed i figli Piero e Luigi salivano al Cimitero. Riaperta in chiesa la cassa, dopo avere impresso un ultimo bacio su quella fronte adorata, deponevano sul petto dalla parte del cuore una busta con i ritratti loro e ciocche dei loro capelli unite ad alcuni fiori, e da un lato una copia della *Imitazione di Cristo* nella Collezione Diamante, che egli teneva sempre sul suo tavolino da notte, insieme a una pergamena in cui erasi scritto un breve ricordo della vita dell'estinto; e sopra fu disteso uno scialle già appartenuto alla signora Rosa Guerra

Barbèra, nel quale durante la malattia nostro Padre amava di ravvolgersi, avendoci egli più volte ordinato di seppellir seco quel ricordo della Madre sua. Dopo ciò la cassa interna di piombo fu saldata, e chiusa a chiave quella di legno, e il feretro riposto provvisoriamente in un colombario, in attesa che fosse pronta la Cappella, dove, presso i figli morti pargoletti, Gaspero Barbèra dovesse avere sepoltura definitiva, e dove speriamo noi pure di riposare in pace, quando che sia.

Alcuni mesi dopo la Cappella era pronta. L'esterno, in istile che bizantineggia, è di travertino di Perugia; all'interno fu ripreso lo stile del di fuori, adoprandosi tre qualità di marmi: bardiglio, rosso caldano e nero di Siena. Dalla parete di facciata si stacca un padiglione sorretto da colonnine che racchiude il busto scolpito in marmo bianco dal Duprè; nella base in basso rilievo veggonsi gli emblemi della nostra arte; le pareti laterali, interrotte da due grandi finestroni con cristalli azzurri nei quali campeggia una gran croce in bianco, sono divise a sezioni rettangolari da contenere le epigrafi degli altri morti della famiglia. Sotto il busto di nostro Padre pensammo non occorresse scrivere altro che questo:

GASPERO BARBÈRA
TIPOGRAFO EDITORE
NATO A TORINO IL 12 GENNAIO 1818 MORTO A FIRENZE
IL 13 MARZO 1880.

Nel primo anniversario della sua morte i lavoranti della Stamperia di Firenze, d'accordo con quelli della Succursale di Roma, collocarono presso la parete occidentale della Cappella un'elegante urnetta in bardiglio, che reca sullo zoccolo questa iscrizione:

AL BENEMERITO CAV. GASPERO BARBÈRA
I SUOI LAVORANTI
NEL PRIMO ANNIVERSARIO DELLA SUA MORTE
XIII MARZO MDCCCLXXXI.

Gaspero Barbèra fu di statura mezzana; in gioventù di membra esili; dopo una fiera malattia, nei primi mesi del matrimonio, cominciò ad arrotondarsi, e si mantenne sempre così, nè eccessivamente magro, nè pingue. Nonostante che fosse nato da popolani, ebbe aspetto signorile, carnagione bianca, capelli fini e lucenti, estremità eleganti. I tratti del viso delicati, con occhi chiari e un sorriso tra l'allegro e il melanconico, tanto che poteva risolversi in pianto come in una franca risata; sorriso difficilissimo a descriversi con parole, non meno difficile a rendersi col disegno, ed invero son pochi i ritratti che lo riproducevano perfetto. Portava baffi e barba a collare, dopo averla portata tutta piena in gioventù. Agli esercizî del corpo era poco adatto, per non esservisi potuto dedicare nella prima età; e per la stessa cagione non possedeva nessuna di quelle arti piacevoli, come la musica, la pittura e simili, che con un po' di scilinguagnolo sciolto a volte bastano per figurare nelle fatue conversazioni.

Non parlava quasi mai il dialetto nativo per amore della lingua nazionale, che pronunziava con un accento che non era di nessuna regione, e senza nulla che accennasse all'accentuazione fiorentina, che riesce tanto spiacevole, quando si mescola con altre inflessioni, come accade ad alcuni forestieri stabiliti da lunghi anni a Firenze, i quali non hanno del tutto smessa la pronunzia nativa, e si è loro attaccata qualcuna delle aspirazioni fiorentinesche.

Nostro Padre fu un credente sincero, e con tutto ciò, nonostante la stessa ingenuità della sua Fede, tutt'altro che bacchettone; giacchè rifuggiva dalle forme e pratiche esteriori, ma senza ostentazione, quasi diremmo senza partito preso, per una naturale avversione, forse rafforzata dall'abuso che ne aveva visto fare in famiglia, dove gli avevano tormentato la gioventù a furia di messe, novene, prediche, rosari, digiuni e vigilie.

Crediamo che non s'addormentasse mai senza raccomandarsi a Dio con lo stesso fervore di una giovinetta quindicenne, ma non frequentò mai chiese, non rese pasque, non ebbe direttori spirituali, per quanto avesse fra i suoi amici alcuni egregi sacerdoti, e lasciò ai figli una tal libertà di pensiero e di azione su questo riguardo, che essi ebbero agio di formarsi l'opinione che più loro sembrò conforme alla propria coscienza; ma egli ben sapeva quanto su di essa avrebbe influito l'esempio della sua vita e dei suoi costumi.

Leggeva volentieri l'*Imitazione di Cristo*, specialmente negli ultimi tempi, dichiarando di ritrarne dolcissimo conforto; si provò invece più volte a leggere il *Nuovo Testamento*, ma lo tralasciò, confessando che quel linguaggio non giungeva al suo cuore.

E in politica fu lo stesso uomo. Le Memorie ce lo mostrano liberale d'antica data, da quando si correva qualche rischio ad esserlo; abbiamo visto di quanto amore amasse l'Italia, e come pur mantenendosi piemontese sapesse spogliarsi d'ogni gretteria regionale per informare le sue idee alla idea nazionale. I servizi che rese alla Patria nella sua sfera e con l'Arte sua (che in altro modo non li avrebbe creduti efficaci) sono noti del pari; ma dalle battaglie politiche sempre si tenne lontano; e quando immaginò di fondare un giornale, era per mostrare potervene essere uno che nella cerchia delle istituzioni accogliesse tutte le opinioni liberali, onestamente professate, pel solo bene del paese, senza servire nessuna chiesuola e nessuna consorteria.

A Casa Savoja fu affezionato come piemontese e come italiano, e ci sovviene con quanto raccoglimento condusse noi ragazzetti a Superga e ci fece avvicinare alla tomba del re Carlo Alberto. Però non cercò mai i favori del suo Sovrano. Quando potè rendergli un servigio, noi sappiamo che lo fece con zelo devoto; ma poi non ne trasse pretesto per sfregarsi ed intromettersi.

Una volta che il Gualterio, credendo di fargli piacere, gli offrì di procurargli il titolo di tipografo di S. M., rispose con un sorriso che diceva chiaro com'egli fosse convinto che alla Ditta bastasse il nome di G. Barbèra, senz'altro.

Due volte rifiutò la croce dei Santi Maurizio e Lazzaro, perchè in que' giorni l'avevano data a soggetti immeritevoli. Avuto di tali rifiuti notizia l'Azeglio, sospettò nel Barbèra sentimenti radicali, o, come diceva egli, *garibaldini*, e gli mostrò qualche freddezza; chiarita la cosa e conosciuto il sentimento di nostro Padre in materia di decorazioni e di titoli, si tranquillizzò e finì per dire che forse non aveva torto.

Un giorno il bey di Tunisi gli mandò un gran *crachat* e un enorme diploma in lingua turca, con la sua brava traduzione italiana a fianco. Nostro Padre lasciò che noi ragazzi ci si sbizzarrisse per una mezza giornata con quella chincaglieria levantina, poi rimesse il *crachat* nel suo astuccio, il diploma nella relativa busta, e rimandò ogni cosa da dove era venuta.

Avendo reso alcuni anni dopo un servigio al Governo non ricordiamo in quale Commissione, fu di nuovo decorato insieme ai suoi colleghi, ed egli, per non parere stravagante, questa volta accettò; ma non portò mai la croce, non si firmò mai cavaliere, e non volle che così lo chiamassero nè i suoi famigliari, nè i suoi lavoranti. Un suo amico ministro, che scrivendogli mentre era al potere, gli dava del commendatore a tutto spiano, non fu da lui avvertito che non lo era, se non quando fu uscito dal Gabinetto; ed il perchè si capisce facilmente.

Il carattere di nostro Padre fu schietto, leale, espansivo. Per la sua famiglia non ebbe mai segreti; noi sapevamo ogni sua preoccupazione, ogni suo pensiero. Solo quando non era soddisfatto di noi, spesso taceva; ma era facile indovinare il suo malcontento.

Di temperamento sensibilissimo, dava importanza talvolta eccessiva anche alle piccole cose, forse perchè la vita gli aveva insegnato che con le cose piccole si fanno le grandi.

La sua mente era fervida di progetti; ma di primo impeto non intraprendeva mai nulla. Quando gli era balenata qualche idea, cominciava a parlarne in casa, poi avvisava quale de' suoi amici fosse in grado di dargli un consiglio di maggior competenza, e a costui dirigevasi, e per qualche tempo non aveva altro in mente che quello, nè si creda che egli fosse così tenace e ostinato nel proprio concetto da non esserci modo di rimuoverlo; anzi un nulla bastava a farglielo modificare. Ma assai spesso, dopo esser passato di modificazione in modificazione, tornava al concetto primo, avendo però acquistato quella fede nella bontà di esso che viene dall'analisi; ed allora si metteva all'esecuzione senza altro indugio ed energicamente.

Il segreto del suo buon successo come editore fu forse questo: ch'egli era nato editore, cioè con tutte quelle doti che sono necessarie a una tal professione: naso acuto, palato fine, occhio sicuro; da sentir per aria se il momento è opportuno o se è meglio aspettare, da saper scegliere i suoi uomini, notare a colpo le attitudini di ciascuno; e senza tanto cincischiare distinguer l'oro dall'orpello.

Oltre a ciò egli non si dimenticava mai d'essere editore, e fu sempre ed esclusivamente editore: non ebbe nè la passione della caccia, nè fu agronomo, nè fece collezione di monete antiche, nè era vago de' geniali ritrovi. Se vi capitava (ed aveva tutte le qualità per figurarvi, essendo bel parlatore, arguto, anche un po' mordace, ricco di aneddoti), c'era da scommettere che ei lo faceva con intenti editoriali; per conoscere qualcuno, per sentire un parere, per esperimentare l'impressione che faceva qualche suo progetto in un dato circolo di persone.

Se anche gli amici lo incontravano fuori della sua Stamperia, s'avvedevano facilmente ch'egli v'era ancora con lo spirito. Più volte sentì bisogno di un po' di riposo e provò ad allontanarsi di Firenze, ma dopo breve assenza lo pigliavan le smanie, la vita sfaccendata lo uccideva, e non gli pareva vero di tornare al lavoro con slancio maggiore, come se volesse rimettere il breve tempo che se n'era allontanato, ed avesse rimorso della momentanea divagazione.

Questo lavoro febbrile unito ad un temperamento di una sensibilità da non credersi, con una mente fantasiosa che oltre alle idee vere e buone talvolta gli suscitava immaginarî pericoli e apprensioni esagerate, dovevano presto logorare un organismo non troppo robusto, ma che per altro avrebbe resistito a lungo, poichè aveva visceri sani e il sangue schietto, con abitudini morigerate, fin da giovane.

Se egli non fu un democratico nell'accezione comune di questo abusatissimo vocabolo, lo fu nel suo *vero* significato. Nella vita privata conservò abitudini popolane. Abbiamo già detto che non voleva lo chiamassero cavaliere, e in un luogo delle Memorie avvertimmo come ad un banchetto in onore del Bodoni, da lui presieduto, avendo cominciato a discorrere dell'illustre tipografo, dopo aver notato come egli restringesse il fine della Stampa col farne un'arte di lusso, al servizio dei principi e dei ricchi, venisse poi a far l'elogio di Giuseppe Pomba, che l'aveva resa popolare. Ora soggiungeremo che egli non ebbe mai l'ambizione delle stampe di gran lusso e quindi di gran prezzo; intendendo la missione educatrice della tipografia, ebbe di mira sempre il buon mercato e si studiò di dare all'Italia libri utili, stampati con nitidezza, scrupolosamente corretti, ma senza quello sfarzo e quelle ricercatezze, che son ninnoli, diceva egli, da *modiste*, mostrandosi ambizioso di giovare alle persone che vogliono istruirsi ed educarsi, non di compiacere ai capricci di qualche bibliomane che ama i libri solo per la forma, e li tiene gelosamente chiusi negli eleganti scaffali per paura di sgualcirli servendosene.

Abbiamo già detto che aveva aspetto e modi signorili; anche nel vestire era accurato ed elegante, ma senza ricercatezza. Odiava anzi i fronzoli e le oreficerie; non gli vedemmo mai nè un anello alle dita, nè uno spillo alla sciarpa; la catena dell'orologio se la comprò, si può dire, da vecchio; esigeva che i suoi lavoranti fossero puliti negli abiti, e proibì i famosi berretti di carta, ma non risparmiava qualche osservazione mordace a chi scorgesse troppo vago di frivolezze e di gingilli, con catene e anellini.

Sotto il ritratto che adorna questo volume delle sue Memorie abbiamo riprodotto un *fac-simile* della sua scrittura. Ci piace di avvertire che quel motto fu tracciato sopra una pagina delle sue stesse Memorie, quando la paralisi già cominciava ad impedirgli la mano, sicchè non è l'immagine fedele della sua calligrafia. Egli aveva scrittura molto elegante, tanto che nei primi tempi che era a Firenze, trovandosi senza impiego, si adattò, come ci ha raccontato, a dar lezioni di calligrafia alle signorine dell'Istituto Siri. E scriveva sempre con la stessa precisione ed eleganza, sia che si trattasse d'una lettera di riguardo o di una semplice annotazione sopra un taccuino, non trascurando la punteggiatura; abitudine di esattezza che gli veniva, crediamo, dal lungo uso di rivedere e correggere le bozze di stampa, dove s'impara il valore dei segni, e per paura di non essere intesi da chi deve eseguire le correzioni, ci si abitua a segnarle in modo chiaro da non dar luogo ad equivoci.

Avendo una memoria ferrea, fuorchè per i casati che non ricordava mai esattamente, non era troppo rigoroso osservatore del sistema di copiar le lettere che non fossero esclusivamente commerciali; da ciò proviene se la prima parte dell'*Epistolario*, che contiene le lettere scritte da lui, non è cosi ricca come avremmo desiderato.

Non era pigro nella corrispondenza, ed aveva acquistato uno stile epistolare che abbiamo sentito generalmente lodare dagl'intendenti. Lo stile delle Memorie si risente forse un poco del male che, quando le cominciò, già logorava la sua esistenza; ma le scritture di tempi più prosperi, che vi sono assai spesso intercalate, daranno una più vera e più favorevole idea del suo modo di esprimere i propri concetti, che a noi sembra schietto, efficace, semplice, senza affettazione di toscanerie, ma con proprietà paesana.

Chi legga attentamente queste Memorie, e le lettere che vi fan seguito, chi studi l'Editore nel Catalogo delle sue pubblicazioni, a noi sembra che debba farsi un'idea abbastanza precisa dell'uomo che fu nostro Padre. Queste poche pagine aggiunte alle sue Memorie, che egli scrisse non per ambizione, nè pel pubblico, ma col sentimento di compiere un ultimo dovere verso i suoi discendenti, avrebbero dovuto completare il ritratto morale di questo Editore italiano. Ci siamo messi a scrivere col desiderio di render l'immagine che ne portiamo nella mente e nel cuore, doloroso ancora per la sua perdita, e ora deponiamo la penna collo sconforto di chi riconosce di essere stato inferiore all'assunto, scusandoci con noi stessi e con i lettori per questo solo, che non l'amore nè il buon volere ci han fatto difetto, bensì la conoscenza dell'arte, che per questa volta almeno avremmo voluto meno imperfetta.

APPENDICE

LETTERE DI G. BARBÈRA

1.

A Cesare Guasti, a Prato.

Martedì sera, 9 del 1849.

Gentilissimo signor Cesare,

Le scrivo per rallegrarmi che il signor Felice[1] abbia voluto seguire il mio sentimento pregando Lei di assumere il lavoro intorno alle *Lettere* di Torquato Tasso. Ho inteso ciò con infinito piacere ritornando da un viaggio a Torino (mia terra nativa) e a Milano; e tanto più mi rallegro perchè Ella farà cosa grata e utile ai veri cultori delle italiane lettere, e la nostra Biblioteca[2] avrà sempre più incremento. Creda, mio caro signor Cesare, che in Italia non mancano tanto i lettori, od almeno i compratori (giacchè non tutti leggono i libri che comprano), ma veramente abbiamo penuria di libri fatti con amore e intendimento; rinfrescati di nuovi lavori, e vestiti un po' gaiamente; e tale riuscirà l'edizione delle *Lettere* di Torquato che ardentemente desidero veder pubblicate.

Non occorrerà che le dica ch'Ella deve fare questo lavoro con tutto il comodo necessario; perchè oltre al confronto della lezione dove non le sembrasse sicura, sono indispensabili alcune brevi note storiche che rischiarino i tempi e le persone alle quali sono dirette le lettere; e queste, a parer mio, si dovrebbero mettere per ordine di data: lavoro non breve, e forse molto difficile, non impossibile come il

---

[1] Il signor Le Monnier.
[2] La Biblioteca Nazionale.

Rosini disse ad un mio amico pochi giorni sono.

Suppongo che avrà la Vita che del Tasso scrisse il Serassi; della quale potrei mandarle la seconda edizione di Bergamo, che i bibliofili dicono sia la migliore. Se altri libri le abbisogneranno, e ch'Ella non abbia, e che in Prato non si possano avere, ci scriva, che procureremo di acquistarli o farceli imprestare.

Nell'edizione rosiniana avrà veduto che vi sono non pochi errori materiali, e che la punteggiatura è pessima. Trattandosi di lettere, non credo sia necessario far capiversi, ad eccezione però delle letterarie, le quali sono piuttosto lunghette. Tutte queste cose dico a modo di dubbi, e le sottopongo, come è mio debito e mio volere, al suo giudizio.

Parlando un giorno coll'ottimo Mamiani di questa edizione che da molto tempo ravvolgo nell'animo, egli fece plauso all'impresa, e parlando del discorso preliminare disse, se ben mi ricordo, che in esso dovevasi avere in mira le vicende della vita del Tasso, le sue opere, la filosofia e la storia dei suoi tempi.

Queste cose che sono inutili dire a Lei tanto dotto e tanto diligente, le ho volute dire per farle conoscere la contentezza che questo lavoro sia stato posto nelle sue mani, perchè mi sembra che l'animo suo sia per ogni rispetto degno interprete dell'ingegno di quel giovane ed infelice scrittore. Mi perdoni la troppa dimestichezza che mi sono preso favellandole di cose sì delicate, io povero cultore dell'abbaco.

Se talvolta le sovvenisse qualche scrittore che sia meritevole d'essere senza indugio compreso nella Raccolta, mi farà somma grazia suggerirmelo, che io non ho più tempo non solo di studiare (che di tanto non posso vantarmi), ma di leggere; talmente sono sopraffatto da ogni sorta di occupazioni mercantili, che mi hanno tolto la memoria e inaridito l'animo. Ma se dessi il tempo alle cose geniali, non desinerei.

Finisco questa lunga lettera col pregarla di avermi per sincero ammiratore del suo ingegno e del suo animo, e col dirmi suo devotissimo servitore G. B.

PS. – Credo bene mandarle un libro che l'ab. Gazzera pubblicò nel 1838, nella prefazione e preambolo del quale si parla diffusamente di varie opere del Tasso. – Ebbi questo dono dalle mani stesse del Gazzera, e credo non sia mai stato messo in commercio il suo libro.

2.

Allo stesso.

Venerdì, 1° febbrajo 1849.

Carissimo signor Cesare,

Ho letto due volte attentamente e con piacere il suo articolo intorno alla Bibliografia Dantesca di De Batines, e sperò di averla contentata; almeno ho fatto quel poco che so e che posso; e poi, con un ms. così nitido, esatto e preciso, è quasi meno difficile far bene che sbagliare.

So che Viani vuol partire per Torino fra dieci giorni circa. Egli vuole affidare interamente a Lei la cura della revisione dei fogli che rimarranno a vedere; e principalmente per le lettere del Giordani al Leopardi che faranno Appendice al secondo volume. E saranno 200 pagine circa di stampa.

Un poco più in là voglio pregarla di sentire come di suo quale sarebbe il lavoro geniale che il valoroso Bindi[3] farebbe per la nostra Biblioteca. Avrei in idea affidargli il Malispini e il Dino Compagni; ma se del Dino l'edizione del suo signor Padre[4] non fosse esaurita, noi volentieri ci asterremmo senza alcun nostro scomodo dal pensarci per qualche altro tempo ancora.

Fin d'ora voglio pregarla di un favore, anzi di due: e sarebbe che preparasse un articoletto intorno all'*Epistolario* di Leopardi, ed un articolo un po' più disteso, perchè la materia lo richiederebbe, intorno alla edizione del Gozzi, ordinata dal Tommasèo: sarebbe nostra cura e nostro interesse che questi due articoli fossero ristampati nei principali giornali d'Italia, incominciando dal *Conciliatore*. Ma soprattutto ci preme l'articolo sull'edizione del Gozzi, perchè è necessario che l'Italia abbia un rendiconto del lavoro del Tommasèo; lavoro che susciterà qualche controversia, spiacendo a taluni che l'Autore abbia dato a pezzi e a bocconi alcune opere più volgari del Gozzi; ma noi viviamo tranquilli sull'autorità letteraria di Tommasèo, il quale avrà avuto il suo perchè di fare come ha fatto. Ed ancora speriamo che

---

[3] Il professore canonico Enrico Bindi, poi vescovo di Siena e in ultimo di Prato e Pistoia.

[4] Il signor Ranieri Guasti, tipografo pratese.

questa nostra edizione sia per essere adottata nelle scuole italiane.

Ad un suo cenno le manderò i fogli finquì stampati dell'una e dell'altra opera, e via via che usciranno di torchio i susseguenti fogli.

Mi condoni il troppo ardire, ch'Ella deve attribuire alla molta sua bontà, ed alla inclinazione che ho di trattare famigliarmente con Lei. Mi ripeto con particolar stima ed affetto suo buon servitore G. B.

3.

A Natale Gino,[5] *a Torino.*

1° maggio 1849.

Mio caro Gino,

Dopo ventidue mesi ho incontrato in strada il venerando Niccolini, che il poco senno di chi lo circonda tentava tener nascosto a' suoi più intimi e affezionati. Egli mi è apparso mentre io me ne andava solo, pieno la mente di Foscolo, e l'anima straziata delle cose presenti. Ho fermato il buon vecchio: egli mi ha chiamato per nome: gli ho parlato di Foscolo, ed una lagrima caldissima palesò a chi accompagnava il Niccolini che gran tumulto d'affetti egli mi aveva destato nell'anima. A chi preme la salute di questo ultimo amico degno di Foscolo, dirai che vive, se non che le sue facoltà sono visibilmente alterate. Mi disse: La malinconia mi strugge; del resto sto bene; non ho nulla; sono sempre lo stesso. – Povero Niccolini!...

Da Niccolini a Foscolo. – È incominciata la stampa delle Opere complete. A momenti riceveremo copia delle sessantasei Lettere che stanno trascrivendo a Montpellier. Ne ho lette alcune: mi pajono più belle delle bellissime che già si conoscono. Ti mando un esemplare del *Carme alle Grazie*. Ti mando un Prospetto ed il 1° foglio stampato della edizione, intorno alla quale mi vo occupando per quanto l'ingegno e i tempi avversi me lo concedono. Ti manderò il Manifesto che col 1° vol. delle opere pubblicheremo, se tu mi farai noto il tuo

---

[5] È questi quel suo amico di gioventù, di cui ha descritto nel Capitolo primo il carattere bislacco e il singolare ingegno. Vedi pag. 9 (pag. 16 della presente edizione, NdR).

[6] Il signor Antonino Cane, altro degli amici di gioventù, tuttora vivente in Torino.

indirizzo. Mi scrisse Cane[6] che tu eri occupato. Vivamente desidero che tu lo sia sempre con vantaggio e soddisfazione. Conservami la tua amicizia. Ricordami agli amici veri e buoni; non posso soffrire con rassegnazione la noncuranza di Angelino. Non mi par di meritarla. Scrivimi, scrivimi: l'antico nostro affetto mi rappresenti sempre vivo a te. Io non ho altri amici che te; nè voglio averli, nè potrei trovarli. Addio, Addio, mille volte Addio. Tuo G. B.

4.

Ad Angelo Bazzi, a Brissago.

Firenze, luglio 1849.

Mio caro Angelo,

Ti sono oltremodo grato della lettera che mi scrivesti in data del 9 giugno. Ringrazio parimenti Gino del favore particolare che mi ha fatto scrivendoti appositamente per me. Ma egli conosceva quanto afflitto mi tenesse il tuo lungo ed ostinato silenzio, epperciò credo la pietà lo abbia vinto. Riconosco volentieri che nell'esprimere il mio dolore fui troppo acerbo; ma quella espressione dovrebbe far fede che io serbo sempre viva memoria di te; e se il modo ti può aver amareggiato un poco, la cagione della mia impetuosità dopo tanti anni di separazione non sarà, credo, indegna di compatimento.

Dalla tua lettera apprendo quanto tu sia disgustato delle cose e degli uomini; nè io presumo distorti da' tuoi mesti pensieri: se non che la nostra età offre ancora qualche modesta speranza; ma occorre vegliare continuo coll'esercizio e colla meditazione, acciò la Fede, quella sacra fiamma senza la quale la vita è un fastidioso peso, non venga meno. Io qui intendo parlare della fede politica, religiosa e sociale: fede nel vero, nel giusto, nel bello. Quand'anche non avessi determinate idee della fede religiosa, la vista dei campi e del firmamento mi torrebbe le forze di negare l'Autore di tante meraviglie. Ma per credere bisogna amare; e tutte le cose offrono amore quaggiù, se abbiamo mente e cuore da conoscerle. Pur troppo il nostro cuore inclina spesse volte all'ira, e questa è la principale cagione per cui non possiamo godere la schietta natura. In questi casi io soglio richiamare l'animo al cospetto della ragione, ed alcune volte questa riesce vittoriosa.

I molti anni passati in Toscana mi hanno reso forse migliore; e se questo è vero, lo debbo, anzichè agli uomini, alla mia abitudine di conversare co' libri e con me stesso, scansando studiosamente tutti quelli che col loro cinismo avvelenano ogni cosa.

In politica sono moderato; non freddo, nè impetuoso. Parteggio per chi è generoso ed onesto; i facinorosi, grandi o piccoli, li credo perniciosi. Amo l'Italia ogni giorno più; dalle presenti sventure spero che trarrà argomento di mostrarsi meno vanitosa, e più concorde. Radice de' nostri mali reputo sia la pessima nostra educazione, la quale non poteva esser buona, se buoni non furono i governanti. Questi e i popoli vedranno ora che bisogna rifare la vita intima per entrare in quella pubblica; nè le cose di questo mondo si mantengono con i soli cannoni, nè i mali si rimediano col solo desiderio del bene.

[...] Proseguo a scrivere dopo un qualche intervallo di tempo. Ho riletto ciò che poc'anzi ho scritto, e rimango stupito come io abbia lasciato correre la penna a una specie di sermone. In verità quando scrivo agli amici mi accade rare volte di dare in questa sorta di lungherie, ma scrivendo a te, dopo tanti anni che non ti vedo, il mio animo ha voluto far mostra di sè, come se dir volesse: Vedi, caro amico, come io sono ora; non indegno forse della memoria tua e del tuo affetto.

Finisco col dirti che del mio impiego e delle mie occupazioni mi trovo contento; converso con letterati, con politici e con negozianti. Ma con nessuno di questi mi trattengo lungamente. Non ho dimenticato l'inglese, anzi di tanto in tanto riprendo in mano libri e quaderni antichi. Mi è anche accaduto tradurre qualche articolo da' giornali inglesi per un giornale italiano che si pubblica qui. Ultimamente ho letto e postillato, per mio puro diletto, le *Memorie* che il Dottor Franklin scrisse di sè. Ora sto leggendo il *Saggio* sul Petrarca dettato in inglese da Foscolo: libro maraviglioso, dotto ed elegante.

Ho qua la mia sorella minore[7] che abita in casa del mio principale e amico,[8] e più lo sarebbe se lo avessi conosciuto prima ed in tempo da poter uniformare la sua alla mia indole malinconica. Egli è vispo, gaio, mezzo indifferente del mondo e delle sue pazzie: io m'arrabbio continuamente, e delle malvagità degli uomini non mi so dar pace,

---

[7] Lucia.

[8] Il signor Le Monnier.

quantunque vegga che le mie ire siano inutili e a me dannose.

Ora io conto trentadue anni circa. Penso di accasarmi; ma il cuore non mi sorride; pure sento il bisogno di definire la mia vita avvenire, e forse contrarrò matrimonio, nella guisa stessa di chi stanco del mondo entra in un chiostro. Sarò, spero, marito fedele e amorevole. Le rose che mi circondarono per tanti anni la vita, sono oramai appassite; e sento che tutto dintorno a me è un niente. Non amo, non sono amato, nè inteso, nè compatito, nè contrariato: vivo tra esseri indifferenti, e che mangiano per vivere. L'occhio mio è troppo acuto; ha voluto scandagliar troppo; e poi ha sentito ribrezzo e rimorso di aver alzato troppo la cortina che misteriosamente e provvidamente cela in parte le umane miserie.

Tra le opere che andiamo stampando e pubblicando per conto nostro vi è il Foscolo, edizione completissima. Io, quantunque occupato nella parte commerciale, pure do volentieri le mie cure ed il mio affetto per alcune pubblicazioni, e questa del Foscolo mi sta moltissimo a cuore. Da qualche tempo lavoro sopra autografi di questo grande Italiano; e non posso dirti quanto io goda trattenendomi a leggere, copiare, riscontrare le scritture sue, che mi recano tanto conforto, e mi ricordano gli anni giovanili, ed i lunghi colloqui con Gino, il quale mi ha ispirato gran parte del riverente affetto che ho per questo uomo, che pochi anni di posterità hanno inalzato al di sopra della invidia; e si parla di lui non altrimenti che dei più grandi nostri scrittori.

Da queste cure bibliografiche trapasso con indicibile facilità alla partita doppia ed ai calcoli. Amo la scrittura dei registri e la regolarità del carteggio commerciale e il far spedizioni dei nostri libri noti e stimati in Italia e fuori, come amo le lettere; forse perchè da questo ritraggo denaro e ozio per darlo ai lavori geniali. Io sono un essere non facilmente definibile; so che taluno si maraviglia di me. Gli affari mi rendono tenace, le lettere generoso, l'ozio increscioso; poi questi tre sentimenti combattono assieme, e mi tormentano e mi lacerano, e mi tolgono la quiete. Evidentemente ho bisogno di affetto: affetto d'amico o di donna; di donna spiritosa o semplice; così, come sto, non mi sembra vita. Dover vivere all'osteria ed abitare casa non mia, mi è venuto a noja; metter su casa ho timore di capitar male. Ma qualche cosa deciderò innanzi che il 50 mi cada sulle spalle. Sopra alla finestra dove scrivo vi è una ragazza non brutta, ma povera: sembra che mi ami, nè io rimango indifferente alle sue tenere occhiate: ma è povera; povera, poverissima, od almeno non ha un soldo di dote. Vive per il solito in campagna, e ciò mi piace assai, in un modesto villaggio distante nove miglia dalla città.

Nelle ore più meste della vita penso al Lago Maggiore, a Brissago, alle ragazze nipoti del parroco, al vecchio che stava vicino agli ultimi scalini della tua casa; penso a quella Caterina villanella che andò a stare presso Canobbio; alla festicciuola fatta con te l'autunno del 37 nel piano, ove io bevvi fuor di misura; penso al ritratto in camera tua che tu mi dicevi rassomigliare tanto a tua madre; penso alla tua sorella Carolina, alla quale mando un saluto e mille buoni auguri; ma soprattutto non cesso mai di figurarmi la gioja di quelle buone donne che dalla spiaggia o dal muricciuolo della chiesa stanno alla sera mirando ansiose il passaggio del Vapore, e ciascuna d'esse febbrilmente agitata al suono della campana che accenna lo sbarco dei passeggeri, spera di veder scendere e poter abbracciare lo sposo, il figlio od il fratello.

Nessuna scusa accetterò se oltre un mese tu ritarderai a scrivermi, non dirò un *mese data*, ma per esser discreto assegnerò *un mese vista*, dacchè penso di mandar questa a Gino acciò te la invii da Torino.

Fa' che Tonino, Matteo e Domenico abbiano, ovunque essi siano, i miei affettuosi saluti; e tu, caro Angelo, pensa talvolta al tuo povero Gaspero che ti ha sempre amato in modo particolarissimo. Addio.

5.

A Cesare Guasti.

Lunedì, 28 gennajo 1851.

Mio caro signor Cesare,

La ringrazio del dono che mi ha fatto del suo scritto intorno al Fossi. Jeri sera lo lessi, e provai quel piacer soave che provo quando mi tocca per sorte leggere scritture sue. Perchè non si mette sul serio a scrivere? Che le manca a fare un bel volume? E se i valorosi non entrano nella mischia, saremo sempre assordati da' clamori di gente ambiziosa o trista o dappoco, che mentre intende regolare il mondo, sperpera ancora quel poco di bene che ci rimane, ed è la patria letteraria.

Io invero vivo giorni mestissimi; ma se avessi l'età sua e l'ingegno e virtù sue, vorrei chiamarmi felice. Il vederla talora involta in cose filologiche mi faceva dubitare che l'ingegno suo ne venisse mortificato; se non che dubbio siffatto mi è ora sparito interamente dall'animo, vedendo com'Ella alla grazia dello scrivere accoppia energia e robustezza e certa singolarità d'idee, che desidererei comuni.

Io doveva soltanto ringraziarla del dono; ma la penna corre ed il cuore la spinge. Io auguro a Lei quella prosperità e contentezza che io non posso godere, dacchè sono mio malgrado costretto logorarmi l'anima sull'abbaco; ed ora più che mai, e non per voler mio; poiché il voler mio sarebbe *continuare* a promovere con tutti i nervi la Biblioteca. Mi abbia sempre, mio caro signor Cesare, per ammiratore sincero e libero delle sue virtù, e stia sano e lieto. Suo G. B.

6.

Al Barone De ***. [9]

4 marzo 1851.

Mio carissimo signor Barone,

Poichè domenica scorsa non ebbi il piacere di trovarla in casa, mi sdebito con Lei mandandole in iscritto le considerazioni che ho fatte dopo le parole che io udii da Lei in proposito dei miei desideri verso il signor Le Monnier, con il quale Ella ha voluto adoperarsi perchè fra me ed il detto signor Le Monnier continuasse salda e durabile concordia.

Non posso astenermi dal dichiararle novamente in iscritto la mia gratitudine per la sua benevolenza a mio riguardo, tanto più ch'essa

---

[9] Riferiamo questa lettera, la quale espone le origini della separazione del Barbèra dal Le Monnier, che doveva accadere tre anni più tardi. Sarebbe vano ricercare da quale parte fosse la ragione, poichè ad ogni persona discreta ed esperta della natura umana apparirà chiaro che non v'era torto nè da una parte nè dall'altra, e che il Le Monnier non poteva continuare ormai a tenere presso di sè il Barbèra, nè questi a star più oltre sottoposto o al Le Monnier o a chiunque altro, perchè sentiva di aver messo le penne maestre, e non poteva fare a meno di volare per conto suo. Abbiamo a bella posta voluto pubblicare questa lettera per mostrare che la separazione fra nostro Padre e il suo Principale, al quale serbò sempre amicizia e riconoscenza, non ebbe motivi che tolgano nulla, nè all'uno nè all'altro. Del resto veggasi più avanti la lettera n. 12, pag. 476 (pag. 312 della presente edizione, NdR).

produsse il grato effetto di sentire che il signor Le Monnier riconosce spontaneamente e ricorda la mia devozione costante dal luglio 1841 in poi.

Mi pare ch'Ella dicesse che il signor Le Monnier sente il bisogno di sapermi tranquillo e lieto in mezzo alle mie occupazioni; e che, disposto a contentare i miei onesti desideri, solo premette la condizione che non debbasi parlare tra noi di società. Sopra queste basi egli vuole che io esponga i miei desideri.

Questa condizione, che non sarebbe ostacolo per me, non essendo arrivati mai sì alto i miei desideri, messa ora innanzi dal signor Le Monnier mi reca qualche maraviglia. Per credermi bramoso d'essere socio, bisognerebbe ch'egli potesse supporre in me o cupidità di guadagno, o vanità di accoppiare il mio al suo nome. Queste due cose, aliene dal mio modo di pensare, io non ho vagheggiate mai; e che io non sia avido di guadagno nè stoltamente ambizioso, il signor Le Monnier deve averlo a quest'ora esperimentato.

Il mio scontento deriva da cagioni più ragionevoli, e meno ambiziose. Io, con quell'esperienza che mi trovo avere, giudico che la direzione dello Stabilimento del signor Le Monnier oggi richiegga un ordinamento adattato alla maggior estensione che fortunatamente gli affari hanno preso e andranno prendendo. Io penso di non poter prestare quei servigi di cui il signor Le Monnier ha bisogno, se più a lungo rimango nella piccola sfera in cui mi trovo ristretto e dalla naturale mia timidezza, e dai segni palesi che in due volte mi ha dato il signor Le Monnier, allorquando ha giudicato che il mio zelo ed i miei consigli potessero impedirgli l'esercizio della sua autorità. Questi sentimenti manifestatimi, a dir vero, con modi insoliti al signor Le Monnier mi fecero ad un tratto cadere l'animo; e riflettendo se io gli aveva dato giusta cagione di dolersi di me, ed in siffatto modo, io invece credei di conoscere che il signor Le Monnier non amava per niuna ragione che io uscissi dal grado molto inferiore in cui era fino allora dimorato. Questa sua opinione non corrispondendo in nessun modo alla fiducia fino allora palesemente dimostratami, e ai bisogni veri e visibili che ha lo Stabilimento, dovetti credere che il signor Le Monnier volesse o giovarsi di me come persona salariata, oppure tenere i suoi affari in un limite che l'opera mia a lui non fosse indispensabile.

[...] Alla saviezza del signor Le Monnier non può essere ignoto che le sue forze soltanto non bastano oramai a dirigere convenientemente la parte letteraria, tipografica ed economica dello Stabilimento:

perchè le pubblicazioni non procedono secondo il bisogno e le promesse; la Tipografia richiede sorveglianza maggiore di quella che può dare una sola persona per quanto attiva, intelligente e interessata che sia; – e se una sola persona bastasse, certamente il signor Le Monnier sarebbe quel solo che più d'ogn'altro avrebbe tutti i pregi che in un uomo si possono trovare; – e la parte economica, alla quale ora principalmente coopero come so e posso, non è abbastanza coltivata, perchè neppure in questa io posso sempre fare quello che si richiederebbe, e perchè distolto talvolta, sebben di rado, da cure molto differenti, e perchè alcuni rami di questa parte essendo in mano del signor Le Monnier, occupatissimo in altre cure, rimangono perciò intiepidite e interrotte le mie forze.

A parer mio, questi sono i difetti cui vanno soggette le operazioni della parte letteraria, tipografica ed economica. Li ho accennati per seguire i suoi consigli, non per spontaneo mio volere: a emendarli sono necessari alcuni compensi che il solo signor Le Monnier può proporre, e che io non debbo mettere avanti, avendomi egli, con mio dispiacere, palesato una certa diffidenza, od almeno un modo assai diverso di vedere, che io amo meglio rispettare che contrariare.

Attenendomi a questo sistema, io dovrò necessariamente reprimere il mio zelo, e limitarlo nel modo che faccio dal novembre in poi. Se facessi altrimenti, io mi potrei trovare nel caso di dispiacere al signor Le Monnier, e di essere talvolta esposto a sfigurare in faccia agli uomini della Tipografia, come una volta è accaduto. Ma credevo allora di spiacere solo a quelli: ora vedo che non avrei neanche la soddisfazione di far cosa grata al signor Le Monnier.

Da quanto ho candidamente esposto per seguire i suoi consigli. Ella vede, signor Barone, che se io non sono contento, non sono neanche incontentabile; ma ad ottenere lo scopo, ch'Ella mi ha con tanta benevolenza espresso, incontrasi (dissimularlo non giova) una forte ritrosia nel signor Le Monnier, il quale forse crede che, accettando i miei servigi in modo più ampio e più libero, debba nuocergli il compartecipare la sua autorità, che io non voglio usurpare; nè, se lo volessi o il potessi, sarebbe desiderabile, perchè il mio operare sarebbe veduto (com'è naturale) di mal occhio da chi dovrebbe invece riconoscere spontaneamente il bisogno e il mio giusto desiderio di trovarmi in quel grado che l'animo ricevesse una volta compenso e nuovo vigore a spingere avanti il compimento delle intraprese che la mia coscienza non può dissimulare di avere cooperato a recare al punto in cui felicemente sono.

Taccio le cose secondarie, e che al mio materiale e sicuro benessere si riferiscono, per provare sempre più che il mio desiderio è l'incremento della Casa, a cui ho l'onore di appartenere.
Con stima e gratitudine mi dico suo affezionatissimo G. B.

7.

A Vincenzo Marchese, a Genova.

Firenze, 6 giugno 1851.

Chiarissimo Signore,

La cortese sua lettera dei 24 maggio[10] mi ha recato tanta dolcezza all'animo che niun compenso maggiore poteva io ricevere per un atto che la generosità di VS. volle ingrandire. Scrissi quelle poche righe, perchè sentivo entro di me un bisogno vero di scriverle, nè in quel momento di generale timore potevo insistere affinchè altri meglio di me adempiesse quell'uffizio. A quant'odo, sembra che il Guasti abbia ricevuto una lettera di VS. con la quale gli significa che il suo ritorno non sarà sì presto quanto gli amici desiderano. Sono veramente dolente e di questa e di altre notizie che non tralasciano di rendere la vita ognor più angusta.

Io accetto con grande, allegrezza l'onore ch'Ella mi fa di offerirmi la preziosa e cara sua amicizia, ed in contraccambio le dico che se in alcuna cosa mi crede buono mi adoperi, acciò possa veramente mostrarle quanto riverente affetto io abbia per VS., alla quale auguro il compimento dei suoi desideri. Il suo affezionatissimo servitore ed amico G. B.

---

[10] Vedi questa lettera del P. Marchese a pag. 528. Il fatto a cui l'una e l'altra si riferiscono è ricordato nelle *Memorie* a pag. 66 e segg. (rispettivamente pag. 358 e pag. 52 della presente edizione, NdR).

8.

A Natale Gino, a Torino.

6 giugno (1851?)

Mio diletto Amico,

Da molti mesi so che tu sei incomodato, e finalmente per cura dell'amico Darbesio ho potuto avere tue particolari notizie, le quali sono contrarie alla mia aspettazione, e mi gettano in grande tristezza. Ricordando la tua florida salute, la robustezza delle membra e la gagliardia dell'animo, mi andavo lusingando che presto presto avrei avuto il piacere di nuove migliori; invece, oltre al male che in giovine corpo è sempre frenabile, sento dal signor Darbesio che ti assale una melanconia profonda, e che nè desideri nè accetti compagnia di alcuno. Perchè, mio caro Gino, vuoi tu esacerbare l'animo del tuo lontano amico col lasciare che la sdegnosa natura imperi assoluta sopra un animo già fiero e libero? Se io fossi accanto al tuo letto, ben io saprei consolarti, e l'antico nostro affetto dovrebbe ottenere qualche dominio sulla tua ragione. Ma invano io mi dibatto in mille pensieri, invano posso sperare di commuoverti colla ragione; voglio piuttosto dir tutto in una parola, cioè che il sentire che tu ti abbandoni alla misantropia è la cosa che maggiormente mi accuora, e mi fa quasi credere che le persone dotate d'ingegno siano talvolta più deboli dell'uomo incolto.

Mio caro Gino, non darti in balia all'immaginazione, poichè la è cosa molto seducente, e che alla perfine non lascia l'uomo contento. Pensa che se questo mondo ha nulla di attraente, perchè uno rimanga a prezzo di viltà, per questa stessa ragione non merita che uno se ne affligga, perchè non riscontra gli uomini essere del tutto buoni. Mio caro Gino, io sono uno di quelli che mi credo poco felice; ma sono felicissimo agli occhi di chi crede che l'uomo viva di solo pane. Io provai e provo le più crudeli contrarietà della mia famiglia, a cui ho sempre voluto bene, e sono poche settimane che dalla medesima ho ricevuto nuovo ed immeritato dispiacere. Darbesio te lo dirà a voce. Qui non ho conseguito quella gratitudine che meritavo, se debbo ascoltare la coscienza, la ragione e la voce di quelli che sono stati spettatori. Eppure io sopporto con pazienza la incontentabilità mia, pensando che rare volte gli uomini sono felici e per lungo tempo; anzi credo che felicità vera non possa essere durevole. Animo, mio caro Gino, non sdegnare i soccorsi dell'arte medica ed i consigli degli amici. Io spero nella bella stagione in cui siamo, e spero che tu vorrai trattarti umanamente, per bene tuo e di coloro che ti conoscono. Se tu appena guarito vorrai venire un poco qua, io ti offro la mia casa e la mia mensa e quel poco che ho; te lo offro con amore sincero. Io spero che il signor Darbesio avrà la cortesia di tenermi ragguagliato dell'andamento della tua malattia come ha fatto dopo il suo ultimo viaggio qui, benchè una delle sue lettere sia andata a traverso. In qualsiasi tuo bisogno, tuo desiderio, tuo piacere, al quale io possa soddisfare, tu non hai che dirlo al signor Darbesio, al quale oggi scrivo espressamente, pregandolo di volermi rappresentare e dicendogli quant'altro in proposito. Io spero che tu non prenderai in mala parte questa premura che ho di farti sapere che sono sempre quali eravamo l'uno per l'altro in tempi della nostra giovinezza, e siccome io non m'adonterei di tale offerta fattami da te, io credo poter supporre egual benevolenza e mansuetudine da parte tua.

Ora il foglio m'obbliga a lasciarti con le parole, ma il pensier mio sarà senza alcun sforzo occupato a penetrare il segreto dell'avvenire. Che la mia lettera riesca importuna? Che Gino non voglia nemmeno leggerla, nè dettare a qualcuno una breve risposta? Invece sono di opinione che l'amico mio vedendo questi caratteri si figurerà di vedermi presente, e mi rallegrerà o di sue notizie dirette, o col mezzo di Darbesio.

Miglior conforto nell'infelicità ho sempre provato che sia elevare l'animo nostro alle soprannaturali cose; epperciò ti consiglio di procurarti un po' di pace, pensando al Creatore di queste cose quaggiù, agli amici tuoi che sono nel numero dei beati, al tuo amatissimo Padre, che ti farebbe aspra rampogna se tu avessi negletta la tua salute per raggiungerlo. Innanzi di sprofondarti nella melanconia, pensa che hai qualche conforto da godere, e pensa che le anime più austere per ossequio o per intima convinzione non hanno sdegnato di inebbriarsi l'anima della più alta poesia, qual è la fede nell'Infinito e nel Creatore di tutto l'universo.

Prendi un bacio dal tuo affettuoso amico G. B.

9.

A Luigi Carlo Farini, a Torino.

Firenze, 24 giugno 1851.

Mio caro e riverito Signore,

Dopo tanto tempo io vengo con questa lettera a ricordarle la mia umile persona. Non le scrissi mai particolarmente, perchè sperava di farle una visita in Torino. Invece non so sino a quando si prolungherà questa desiderata congiuntura, vo' dire di salutare Lei ed il signor Massimo,[11] e rivedere il mio paese nativo, che cresce sì prospero e sì gagliardo.

La notizia da Lei ricevuta e ripetuta dai giornali che il suo libro [12] è stato tradotto dall'onorevole e illustre signor Gladstone ha recato piacere agli amici e stupore a tutti. Piace assaissimo il 3° volume: è giudicato non inferiore di merito ai due primi, ma la materia è più importante e curiosa. So che al venerando Capponi piacque moltissimo. Le dico all'orecchio che ove Ella accenna al colloquio ch'egli ebbe col Mazzini, avrebbe gradito ch'Ella avesse riferita la risposta che il Capponi fece a voce in sua casa al Mazzini; la qual risposta Ella forse ricorderà avere inteso ridire dal marchese Capponi stesso. Stupiscono taluni dell'onorevole abito che ha messo sulle spalle al Valerio; io non ne sono rimasto maravigliato, perchè ho conosciuto molti anni sono il signor Valerio, e l'ho trovato diverso da quello che gli amici e nemici suoi lo predicavano. È stato notato che intorno al Ministero Rattazzi Ella sorvolò leggermente Sembra ancora che per riguardi onorevoli Ella non rischiarasse a sufficienza certa lettera del G. D.[13] a Carlo Alberto. Queste le osservazioni degli esperti. I più sono veramente abbagliati dallo splendore dello stile, dai maravigliosi e arditi tratti che in un lampo dipingono uomini e cose, tanto che ad ognuno sembra aver vissuto in mezzo ai conciliaboli di Gaeta ed assistito ai baccanali di Roma. A senso mio, degli scrittori contemporanei

---

[11] D'Azeglio

[12] *Lo Stato Romano dall'anno 1815 al 1850*, per LUIGI CARLO FARINI, 4 vol. Le Monnier, 1851.

[13] Il Generale Durando?

niuno può starle a riscontro nella sola arte di pingere al vivo i personaggi storici, se non che quell'arcidiavoletto di monsieur Thiers nel *Consolato e Impero*. Costretto come sono da certa combinazione di cose a ravvolgermi in certi lavori non geniali, ho potuto dare scarso ajuto alla correzione del 3° volume suo. Pure almeno una volta l'ho letto, e, come ai due primi volumi, vi ho fatto i titoli correnti, l'ultimo dei quali a pag. 380 del vol. 3° la farà sorridere.[14] Prego l'avvocato Galeotti acciò raccomandi a Villamarina[15] che s'incarichi di farle avere i due esemplari del 3° vol. che consegno con questa al signor avvocato Galeotti.

Ho inteso con rincrescimento che le siano giunte lagnanze circa alla diversità del prezzo dalla sua alla nostra edizione. Ella può viver tranquillo che nessuno avrà il 3° e 4° volume se non ebbe da noi i due primi volumi. Altro non possiamo fare; e le ripeto che mi è venuto spesse volte un vero rincrescimento di essere innocente cagione di coteste querele dei librai fiorentini.

Il signor Le Monnier, che ha idee non sempre conformi alle mie, ha trattato e concluso il contratto con Guerrazzi per avere la proprietà assoluta di stampare l'*Apologia della Vita politica* che scrisse egli medesimo in carcere. La stampa è a un terzo. Sarà un volume, un quarto più grosso dei Documenti dell'opera di Gualterio. È libro architettato da malizia e da menzogna, ma, a senso mio, non si regge. I cardini su cui s'aggira la Difesa sono due: – Avversione profonda al Piemonte, – Manifesta disapprovazione di aver i Toscani mosso guerra all'Austria. – Quando mi chiamaste al Ministero (dice Guerrazzi), voi mi consegnaste una casa incendiata. Che colpa ho io se non giunsi a spegnere lo incendio? sì bene impedii che divampasse maggiormente, ora blandendo or rampognando i faziosi; ma la fuga del Principe mi sopraffece, e rimasi compromesso; ebbi un bel fare a contenere le intemperanti voglie del Niccolini[16] e di altri ospiti molesti. Io vi provo che niuno più di me fu nemico dei Repubblicani, gente matta e talora peggio. Servii lealmente e con devozione il mio Principe costituzionale; lo ammonii di non abbracciare la Costituente

---

[14] Questo titolo è *Il Re Galantuomo*.

[15] Ministro sardo presso il Granduca di Toscana.

[16] Non Giambattista Niccolini, ma un Niccolini marchigiano, trasferitosi nel 1848 a Firenze, e qui fattosi poi gran sommovitore di popolo. Vedi RANALLI, *Istorie italiane dal 1846 al 1858*.

Montanelli, col quale alla fin fine non avevo buon sangue. Dissi alla Corona: – Veda, Altezza Reale, a Lei non conviene prender parte alla guerra contro l'Austriaco, perchè, se questi vince, noi lo vedremo venire in casa nostra; se vince il Piemonte, avremo per vicino un formidabile regno di dieci milioni di abitanti; gente fiera e tracotante per la vittoria, che ci molesteranno, e terranno noi vassalli loro, ed ogni corriere ci recherebbe ordini da eseguire. In questo caso vegga. Altezza Reale, quale il decoro, quale umiliazione sarebbe della sua Augusta Corona!... – Mio caro signor Farini, le basti questo cenno, che io non ho potuto far a meno di darle, perchè sono veramente afflitto come il Guerrazzi proceda insensatamente in questa sua Apologia; la quale se gli otterrà un'amnistia, le torrà quasi direi il compianto di quanti non poterono fin qui obbliare che il Guerrazzi è uomo di tanto ingegno, ma fatalmente travolto da infrenabile e insensata ambizione. S'Ella crede far leggere questo tratto, che riguarda il Guerrazzi, al signor Massimo, faccia Lei; ma raccomando che la cosa rimanga tra noi, non avendo altri veduto i fogli usciti di torchio.

Ella dovrebbe scrivere subito a Le Monnier notandogli i volumi che ha della Biblioteca, e chiedendogli che le completi la Raccolta sino al giorno d'oggi. Scrivendo subito, ed in questo momento che la ricerca della sua opera si è alquanto risvegliata, credo che il signor Le Monnier, quantunque un po' chiuso, si lascerà con piccolo sforzo indurre a donargli la copia che io le ho promesso a voce. Già indussi una volta il signor Le Monnier a scriverle, chiedendole nota dei volumi che occorrevanle, ma Ella non ha risposto, ed ha lasciato passare una buona occasione. Della sua opera abbiamo venduto fin qui un 950 copie; nessuna in Lombardia oltre Po, nè a Roma, nè a Napoli.

La prego caldamente di riverire a nome mio il signor Massimo, al quale auguro tanti anni di vita ch'egli possa vedere tutti gli altri Stati d'Italia ordinati a libertà nella guisa stessa che Europa vede ora il Piemonte con ammirazione.

Se in alcuna cosa posso esserle utile, mi comandi. Se a questa mia Ella avesse da rispondere, gradirei che la lettera mi venisse col mezzo del signor avv. Galeotti, poichè altrimenti correrebbe doppio rischio che a voce le spiegherò un giorno. Altro a questa lunga lettera non aggiungo, perchè oramai troppe sono le aggiunte; ma non voglio omettere di offerirle la libera e sincera mia devozione. G. B.

10.

Allo stesso.

Firenze, 2 agosto 1851.

Mio caro Signore,

Giorni sono le mandai scritte alcune curiose notizie. Di cosa più importante debbo oggi scriverle. Sarò breve, perchè Ella possa leggermi presto, e presto trovare compenso a un torto che il nostro paese forse non sa di fare al signor Mariano D'Ayala, tenendo a questo dabbene uomo chiusa l'entrata in Piemonte, nel mentre che la generosità del Governo di S. M. non vieta che altri uomini di altra fama e tempera d'animo stiano a Genova e a Torino non senza inquietudine del Governo.

Ognuno può sapere i meriti palesi del signor D'Ayala; a molti sono però ignote le modeste e rare virtù sue. E in questo dubbio mi conferma il sapere che il nostro Governo non desidera riceverlo in Piemonte, e sì ostinato rifiuto mi deve far supporre che l'ottimo signor Massimo D'Azeglio sia erroneamente informato sul carattere del signor D'Ayala, uomo innocuo tra gl'innocui, dedito agli studi più che alla romorosa politica; caldo promotore del bene nel modo stesso che lo è Lei, signor Farini, ed altri pari suoi.

Il signor D'Ayala chiese di poter andare in Piemonte, e gli fu negato. – Non può andare in Piemonte il Ministro del Ministero Guerrazzi, il quale mai sempre mostrò ardore di congiungere le forze di Toscana a quelle del Piemonte? È incerto se il suo zelo fosse smorzato da quella gente del suo Ministero che avversava la guerra; ma è certo e noto e divulgato qui che il signor D'Ayala s'adoperava per mettere insieme un nerbo di forze che dovessero concorrere alla riscossa. Questo divieto che fa stupore a taluni, fa batter le mani a coloro che godono che il nostro Governo tenga lontano il signor D'Ayala, perchè questi è uno che ha fede negli ordini che reggono il nostro paese.

Lo stesso Governo di Toscana seppe distinguere il ministro D'Ayala dal Ministero democratico. Il signor D'Ayala, che non volle accettar profferte non degne del suo nome e della candida sua fede, vive in qualche angustia; in Piemonte potrebbe avvantaggiarsi dando lezioni di Matematica e di Storia Militare. E perchè si nega a uomo sì dabbene avere stanza in paese che si può dir suo, ed al quale è legato di affetto alle istituzioni ed alle discipline militari? Io per me credo fermamente, ed ho impegnato la fede mia, dicendo che costà voi siete in errore sul conto del signor D'Ayala. Io non ho autorità di penetrare i segreti che vi possono essere a riguardo di questo onorato uomo; ma chiedo in grazia che si esamini pacatamente questo diritto negato al signor D'Ayala di recarsi in Piemonte; chiedo e supplico VS. di far noto al signor D'Azeglio questa cosa. Il signor D'Azeglio è tal uomo che volentieri condonerà il mio ardire, perchè sa che procede da stima e reverenza al nome suo, da sincero amore al mio paese. Il signor D'Ayala in tempi e casi diversi da quelli d'oggi mostrò pubblicamente la sua alta considerazione per l'autore del *Niccolò de' Lapi*, stampando una breve scrittura che ad un tempo serviva di Prefazione, e illustrava l'egregio lavoro del signor Azeglio, all'epoca in cui si fece in Napoli una ristampa del *Niccolò*. E ciò basti a provare che il signor D'Ayala è meritevole della sua intercessione, ed io a nome mio e spontaneamente la invoco, fidente nel suo bel'animo e nella sua generosità.

Con infinito desiderio aspetto replica a questa mia. – La vendita della sua opera[17] è notabilmente accresciuta. La nostra edizione sarà certamente esaurita innanzi che si pubblichi il 4° ed ultimo volume. Ne mandiamo in conto assoluto 150 copie a Reggio di Lombardia. Da Londra ebbimo un'ordinazione per conto assoluto di Rolandi di copie 45!! Dunque spero bene. Le Monnier è ilare. Io sono sodisfatto di avere cooperato a questa pubblicazione in seno a una.... [18]

Sarò sempre a Lei sinceramente devoto e obbligato. G. B.

---

[17] Si accenna ancora alla *Storia dello Stato Romano*.

[18] Parola che non s'è potuto nè leggere, nè indovinare.

11.

A C. A. Bohm, a Firenze.

Lunedì, 22 dicembre 1851.

Mio caro Signore,

Rimettendole la lettera per il mio intimo amico signor Antonino Cane a Torino, ch'Ella troverà facilmente chiedendo conto di questo Signore alla Libreria conosciutissima di Carlo Schiepatti vicino alla Piazza Castello, io le auguro buon viaggio e molta prosperità di salute, e l'accompimento de' suoi desideri. S'Ella credesse di volermi fare cosa gratissima, sarebbe che Ella da Torino mi scrivesse una lunga lettera, in cui fossero dipinti i sentimenti ch'Ella proverà per ciò che spetta ai costumi del paese, ed in genere al carattere degli abitanti. Se mi scriverà in inglese mi darà luogo a esercizio che sento averne grandissimo bisogno; se mi scriverà in modo libero, e senza riguardi al mio essere piemontese. Ella mi farà l'onore di giudicarmi uomo superiore alle ambizioni municipali, essendo io Italiano, ed amando individualmente e tutte insieme le province italiane, e siccome nel mio paese nativo so che al molto bene vi è pure misto qualche po' di male, desidererei conoscerlo per mezzo di una persona fornita di ottime qualità come è Lei. Suo aff. amico G. B.

12.

A Cesare Guasti, a Firenze.

Ultimo giorno dell'anno 1851.

Mio caro signor Cesare,

Bisogna che la mia lettera le arrivi costì, dacchè non ho potuto trovarla nè all'Opera, nè a casa. Non adempio soltanto al mio dovere, ma soddisfo al mio cuore visitandola in questo giorno con questa mia lettera; la quale le reca i miei auguri per l'anno nuovo imminente, e tra molte cose che le desidero sia la conservazione della salute e le occasioni per mostrare agli amici suoi i pregi del suo ingegno, di cui ebbi nuovo e bellissimo saggio nel *Michelangelo* ed in quei mestissimi versi. Io la conforto a scrivere e rallegrare in siffatto modo i cultori delle belle lettere, i quali da gran tempo vedono troppo spesso spegnersi i maggiori nostri astri.

Al caro Milanesi debbo l'accomodamento fatto in modo onorevole con il signor Felice. Spero che non vi sarà più nessun malinteso tra me ed il signor Felice, e dalla esperienza degli anni passati caverò qualche frutto. Riprendo novamente quell'influsso che avevo nell'andamento della Biblioteca, e vorrei che un giorno si parlasse a buono delle *Lettere* del Tasso. Penserò ancora al Davanzati, e farò che il signor Bindi abbia quanto prima riscontro da Milano e da Venezia. Mi saluti tanto il signor Bindi ed il signor Limberti, e ad entrambi faccia i miei auguri per il nuovo anno.

Mi conservi la sua benevolenza e mi abbia sempre per servitore e amico. Devotissimo e affezionato G. B.

13.

A Giovanni Vassallo, a Torino.

Mercoledì, 6 ottobre 1852.

Mio caro Signore,

Io non so facilmente esprimerle la contentezza che provo sentendo che le mie intenzioni sono state così bene effettuate da Lei, e mi riconosco volentieri debitore di molte grazie e d'infinita riconoscenza. Dacchè sono ritornato nello amore dei miei mi sento e più lieto e più soddisfatto. Benissimo l'acquisto della catenella d'oro. La mia ottima madre mi ha sempre amato, ed io l'amo con la maggior tenerezza, perchè in lei ho ravvisato sempre pietà materna. Scrivendo al mio padre gli parlo del marito di mia sorella. Sono abbastanza rassicurato che il mio padre sarà con me giusto e amorevole, e mi lascerà sempre in grado di riverire il suo nome e laudare la sua equità. Scrissi quelle parole, perchè sembravami che il marito di mia sorella avesse preso il posto mio nella famiglia; ed allora io per più ragioni non doveva essere a ciò indifferente. Ma di ciò basti.

Mi sono scordato di avvisare mio padre che ho messo su una piccola, modesta, comoda casa e in situazione delle più belle di Firenze.

Sono oppresso da spese impreviste in falegnami, magnani, tappezzieri ed altro. Per ora non ho in mira di ammogliarmi, perchè non mi è mai apparsa donna che faccia al caso mio, e la donna non è mobile che si possa ordinare al manifattore; perciò vivo solo per ora, adocchiando se la sorte in questo mi ajutasse. Ho bisogno di mediocre bellezza, qualche piccola dote, molto giudizio e bontà infinita di carattere. Le donne di Firenze non hanno facilmente tutte queste qualità riunite. Basta: farò ciò che la Provvidenza vorrà. Comunichi pure a mio padre queste mie idee.

Sospiro il giorno in cui mi sarà dato di essere in mezzo ai miei ed ai pochi veri e saldi amici, che la morte non ancora m'ha tolti.

Questo tal Ricchiardi mi sembra che sia qui impiegato da uno dei principali cappellai. Non ho potuto assicurarmene senza entrare nella bottega a domandare a qualcuno se proprio quel garzone piemontese di fresco venuto era il Ricchiardi; ma non vi sarà dubbio ch'egli non sia desso. La bottega è di un certo Baldocci.

Le spese straordinarie a cui ho dovuto soggiacere non mi permettono di mandarle oggi un po' di danaro, almeno in rimborso dello speso di più nel dono per la festa della mia madre. Sarà mio dovere di non indugiare. Abbia pazienza, e tenga memoria del mio debito.

Avendo casa, piccola se vuole, e che col tempo mi permetterà di far qualche economia, io sono in grado di offerirle un buon letto, pulito e lindo come sposa novella. Venga una volta; si troverà contento....

I miei saluti alla sua rispettabile famiglia, madre, sorella e fratello. Mi comandi, si ricordi di me, mi contraccambi sempre come ora fa il gran bene che io le porto e per naturale mia inclinazione, e per sentita gratitudine. Suo affezionatissimo G. B.

14.

A Francesco Silvio Orlandini.

Firenze, 1° marzo 1858.

Mio caro signor Silvio,

Vorrei pregarla di avvisarmi quando Ella sarà in Firenze un sabato sera; perchè una domenica gradirei che venisse a far colazione in casa mia propria (non sto più a dozzina), via Faenza, N° 4730, 3° piano, quella strada che da Piazza Madonna conduce diritto alla Fortezza da basso; a 2/3 della strada v'è una casa non grande, casalinga, pulitina, con tre persiane vere per piano e una finta. Con il cuore le offrirò caffè e latte squisito, burro fresco, ova di Bellosguardo, pane di Prato. Vorrei parlarle con agio del programma del giornale scritto da Foscolo, e che ora possiede il marchese Gino Capponi. Sono 3 o 4 anni che lo lessi considerando cotesto scritto; scritto innocente e spiegabilissimo, non inutile a purgarlo della taccia che il Pecchio gli appone allorquando parla di certo programma, ec. ec. Le vorrei anche dare vari fascicoli di riviste inglesi, che gioveranno al signor Mayer nella compilazione del volume che dovrà comprendere le traduzioni. Ma importa che ci vediamo con agio e con libertà, e che io possa parlare senza suscitare timori e gelosie. Loro mi hanno voluto donar tanto ponendo il povero mio nome a pubblicazione sì splendida;[19] almeno bisogna che io mostri il buon volere di non essere uno scroccone. Utile veramente avrei potuto esserlo; ma bisogna che io non penetri là ove mi è tacitamente vietato. Ma il cuore ne soffre. Pazienza. Vi sono al mondo altre miserie da considerare e da compiangere; perciò sorridendo la lascio, e l'aspetto sull'uscio di casa: via Faenza, 4730, 3° piano. Eternamente suo G. B.

15.

A Carlo Tenca, a Milano.

Firenze, maggio 1857.

Cortese e caro Signore,

Molte occupazioni e qualche incomodo di salute m'hanno impedito di ringraziarla in modo più conveniente (che non feci col viglietto in cui le raccomandavo l'inserzione del Manifesto del Guicciardini) della non men cortese che giudiziosa e feconda sua lettera del 9 marzo,[20] la quale lessi e rilessi più volte, e che conserverò tra le più

---

[19] Allude al ricordo che i pubblicatori del Foscolo fecero della collaborazione di nostro Padre nell'Avvertenza. V. nota a pag. 54 di questo *Memorie* (pag. 44 della presente edizione, NdR).

[20] Veggasi quella lettera a pag. 542 (pag. 372 della presente edizione, NdR).

care lettere che io abbia mai ricevuto da persone dotte e amanti del progresso intellettuale del nostro paese. E prima di entrare in qualche particolare dei consigli che le piacque di porgermi, io sento di doverle attestare il profondo mio rammarico che al suo giornale sia stata fatta un'offesa non meritata dalla grande circospezione con cui esso ha sempre proceduto nell'esposizione del movimento delle cose politiche europee. L'Austria (a senso mio) riceveva onore grande non osteggiando il libero ma assennato operare del *Crepuscolo*; ed io, che sono un volgare e timido osservatore delle cose umane, confesso che più d'una volta al finire la lettura del suo giornale concludevo che l'Austria aveva finalmente trovato modo di rendersi meno incresciosa nei dominî suoi e nel resto d'Italia non ponendo più inciampi al libero corso della civiltà. Ora vedo che nel mio giudizio erravo, e me ne duole assai; ma forse è provvidenza che le cose camminino in questo modo.

Eccomi a cose meno acerbe, anzi liete. Del Carcano prenderei un racconto originale della mole dell'*Angiola Maria*; ma il Carcano ha fatto cose buone, e talune un po' languidette: come assicurarsi che quella che prenderei appartenga alle prime? Valente assai mi pare la signora Percoto, che scrive con grazia toscana e con affetto. Belli quei due brani della *Schiarnete*; meno bella la scelta del titolo, non facile a pronunziare, bisognoso di una nota; ma vedo che la signora Percoto darà al suo giornale i suoi scritti, quantunque a me sembri che il *Crepuscolo* dovrebbe occuparsi quasi esclusivamente di riviste d'opere, ufficio proprio del giornalismo letterario.

M'è noto Carlo Cattaneo. Un progetto per stampa di uno o due volumi delle cose migliori di lui lo avrei caro.

Una raccolta di scrittori umoristici sarebbe ghiotta davvero, ma io non so immaginarmi donde si possa trarre dai nostri scrittori; e perciò un progetto anche di questa raccolta mi piacerebbe aver sott'occhio, e sarebbe molto facile che ne affidassi subito l'eseguimento all'autore del progetto. Le piace la serie dei Critici, ideata dal Giudici prima di ricevere la sua lettera?

Per i canti popolari delle altre province d'Italia sentirò Pietro Rotondi. Un Toscano s'imbroglia maneggiando dialetti, dei quali nulla intende, nè apprende mai per quanto tempo rimanga fuori di casa. In ciò somiglia al Francese.

Se a suo grand'agio e poco alla volta mi ajuta a dar compimento ad alcuno di questi pensieri e suggerimenti suoi, o col parlarne a persone adatte a simili lavori o col fare da sè, crescerà la gratitudine che sento verso di Lei, tanto buono, tanto operoso, sì benemerito dei buoni studi.

Duolmi che il Giudici non adoperi tutto il suo ingegno nelle corrispondenze della Toscana, che a me pajono sempre fatte con fretta troppa. Inutili vedo i libri che gli dono; parlarne come fa, non giova. E poi tace lungamente su cose non senza importanza, come sarebbe il volume degli *Scritti inediti* del Machiavelli; di cui molti giornali hanno parlato, e il più autorevole di tutti, che è senza contrasto il *Crepuscolo*, ne tace tuttora: taluni potrebbero argomentarne biasimo. Ciò non può piacermi.

Il Perelli le porgerà il Reumont e il Petrarchino. Le serbo una copia dell'edizione in 8° del Guicciardini, il cui 1° volume pubblicherò al tempo promesso. Ma la *Civiltà Cattolica* mi picchierà ben bene; me l'aspetto, nè moverò parola per quanto ne dica. Che ho che far io se un Guicciardini, vissuto più tra' preti che tra' secolari, è cosi rabbiosamente inferocito da esclamare che – avrebbe fatto lega con Martino Lutero per cooperare all'estirpazione della trista genia de' preti? – Il loro governo gli detta sempre parole acerbe, mentre si mostra reverente alla religione. Bello n'è il dettato, lucidi e ben torniti i pensieri, e un andare maestoso che pare il re de' re. Ma io un po' tardi m'accorgo del mio impertinente cicalare con Lei tanto occupato; e se si maravigliasse di tanto ozio mentre ho interposto le mie varie occupazioni per ottener scusa del ritardo a porgerle i ringraziamenti espressi in sul cominciare di questa lettera, sappia che, seduto in letto, scrivo sopra un molto servizievole tavolino che mi vi tiene così unito a lui, che non riesce facile di staccarmivi e spengere il lume, come faccio or ora, dando poi a copiare questa lettera di giorno.

Augurandole ogni prosperità e il compimento dei suoi desideri, m'è grato ripetere suo aff. e dev. ser. e amico B.

16.

A Francesco Domenico Guerrazzi, a Livorno.[21]

Mercoledì, 4 marzo 1863.

Illustre Signore,

La sua lettera del 27 mi ha recato un'insolita amarezza. Intendimento mio fu di avvertirla intorno ad un errore di fatto, che poteva per avventura farla accorta di altre sue informazioni non meno inesatte. Ella invece tra due voci a me dilette, *Caro signor Gaspero* e *antico e affez.* amico, riempie la sua lettera di espressioni tali a carico dei miei amici non politici, ma affettuosi (in mezzo a tanti uomini di Stato giova considerarmi uomo non politico, ma amatore del bene della nostra patria comune), che se io le lasciassi correre senza schiarimento, sarebbe viltà o almeno debolezza.

Quali persone Ella abbia innanzi alla mente quando discorre dei Moderati, non so; so che i giovani scrittori della *Nazione* sono gente dabbene, che non ha onori nè stipendi dal Governo, e lo ajutano perchè loro sembra patria carità sostenere il nostro nazionale edifizio crivellato da palle nemiche e da amici incauti. Chi scrive costantemente nella *Nazione* sono l'avv. Piero Puccioni, l'avv. Augusto Barazzuoli e Filippo Perfetti, e sono amici miei. Di tutti quelli che lodano o applaudono questo giornale per mire meno rette, io non posso farmi solidale; non tutti li conosco: conosco, stimo, e difenderò sempre gli scrittori sopra nominati, i quali se fanno guerra a talune delle sue idee politiche, non hanno mai cessato di compiangere con me che un uomo un dì tanto benemerito della causa italiana siasi posto tra gente che non può essergli utile anche se amica sinceramente.

Malagevole per me entrare in questi intricati cespugli, dovendo sorvolare sull'argomento, e perchè la penna non corre ardita, ma timida volgendomi all'autore di tanti scritti che m'ispirarono l'affetto che io,

---

[21] È in risposta ad una breve ma fiera lettera del Guerrazzi a nostro Padre, in cui fulminando il giornale *La Nazione*, i suoi collaboratori e in generale i moderati, che metteva in un mazzo col demonio, deplorava ch'egli ne fosse lo stampatore.

pur invecchiando, sento ringiovanirsi per l'Italia; malagevole, perchè invece di una lettera vorrei cogliere quegl'istanti sereni in cui Ella, cortese sempre, amabilissimo allora, ode benigno e pacato la voce di un suo antico amico, di un suo schietto ammiratore, di chi è spettatore non tiepido nè accidioso di questo tumultuoso agitarsi di affetti contrari o diversi.

Non ho dimenticato, anzi ricordo spesso a taluno dei suoi antichi avversari, i patimenti da Lei sofferti, e che non avrebbe mai dovuto soffrire per le mani loro; nè ora sono insensibile alle contumelie o parole irose che leggonsi nei giornali moderati di Toscana; ma chi fu il primo a squadernare il Vocabolario per cavarci voci e modi che stanno male in ogni luogo? Ella si sdegna dei morsi che le avventano scrittori spesso frettolosi, forse non peranco ammaestrati da quell'esperienza che reca l'età soltanto; ma Ella non annovera gli strali che con ingegno gagliardo e veloce scocca senza pietà! Ho perfino notato che i suoi avversari di qui non hanno peranco fatto uso delle voci *ribaldo* e *asino*; ma Ella si è già affrettato a sbarazzarsi di questi epiteti che in verità non dovevano scriversi dalla sua penna, così schiva delle trivialità.

Ho sempre avuto il profondo convincimento ch'Ella avrebbe disarmati, scornati, annichiliti, quelli dei suoi avversarî che da un pezzo la contristano (non quelli della *Nazione* da me citati, e amici perfino del Martinati della *Nuova Europa!*), se alle loro sleali guerre Ella avesse opposto un silenzio fecondo di opere che « possano servire a ritemprare a verace sapienza e a magnanimità i cuori degli Italiani; » e se alle parole irose avesse opposte parole che noi miseri mortali nè politici nè letterati, ma lavoratori, crediamo debbano uscire dalla penna di chi ha riempito la patria di tanti scritti egregi.

Non reso acerbo dalle sventure ho sognato spesso il momento di una leale riconciliazione con chi non dissente da molte sue opinioni politiche: ma oramai mi è forza confessare che questo sogno è dileguato. Pure una severa temperanza di parole dalla parte di chi per ingegno e per età è maestro, potrebbe imporre ai contrari reciprocità. Questo solo m'è lecito oramai sperare, e questo auguro sia per accadere, non foss'altro perchè il pubblico alla per fine darebbe torto a tutti.

Acuto com'Ella è, da queste parole uscite dal cuore Ella non scorgerà altro che miei particolari pensieri, messi assieme nei brevi intervalli dal lavoro al riposo, e la coscienza mi dice che non saranno indegni di chi con animo lieto ripete la sua cara parola. Antico e affezionatissimo amico G. B.[22]

17.

A Enrico Bindi.

Firenze, 18 del 1864.

Chiarissimo signor Canonico,

Rispondo sollecito alla sua del 16, perchè mi preme mostrarle ch'Ella è da un gran tempo in errore credendomi uomo tenace, duro, spietato coi letterati. Ho il conforto nell'esser creduto ben diversamente da altri che mi conosce più, e mi avvicina spesso.

I volumetti dell'edizione Diamante sopportano ordinariamente la spesa di cento lire. A Lei ho offerto il doppio; e per averle offerto il doppio, io non posso nè debbo aumentare il prezzo del volume. Questo prova non già ch'Ella abbia avuto un compenso adeguato alla sua fatica, ma prova che non tutti i lavori letterari si possono compensare adeguatamente. S'Ella, invece di seguire il suo genio, nell'imprendere lavori letterari, seguisse i bisogni o le voglie di un editore, che sono o i bisogni o le voglie del pubblico, Ella troverebbe larghi compensi da un editore intelligente; e se Ella volgesse l'animo a libri per le scuole, io potrei col fatto mostrarle che non sono gretto, e che quasi sono, più di quel che non potrei, splendido; come potrei provarle raccontandole i compensi dati al Fanfani, al Cantù, ec., e promessi al Meini ex-segretario, che mi fa un nuovo Vocabolario italiano per le scuole. Ma Ella mi stuzzica così sul compenso non perchè Ella sia desideroso di danaro, che potrebbe darne a me, ma perchè (amo credere) le piace pungermi per sentire come io la pensi su ciò, o per farmi un po' inquietare, sapendomi forse non tanto mercante, nè editore di romanzi, com'Ella finge credere. Ad ogni modo, a questo suo invito tacito, io ho risposto con una professione di fede in materia di libri, e le ho parlato franco e con rettitudine.

Dopo ciò, mi è lecito dirle che della Collezione Diamante le darò

---

[22] Vedi la lunga replica del Guerrazzi a pag. 553 (pag. 382 della presente edizione, NdR).

quel numero di copie che le abbisognerà, affinchè Ella non abbia il rincrescimento di comprare il libro che contiene il suo lavoro, e che io riconosco di non aver compensato adeguatamente, perchè in un'edizione così a buon prezzo non posso far gravare una spesa maggiore d'autore. E quando avrò pubblicato questo volumetto col ritratto (che mi costa 220 franchi, ma sarà bello a vedersi), io per seguire il consiglio del mio amico Padre Corsetto, che mi conosce da un pezzo, e non mi stima un mercante (nel senso che si suol dare a questa parola), farò delle *Confessioni* [23] una edizione che arieggi un libro da preghiere o di lettura pia, e allora di questa edizione le offrirò quel numero di copie che le abbisognerà.

In contraccambio di questa mia buona disposizione (non la chiamo neanche condiscendenza) ritengo a mente la sua proposta di lasciarmi padrone di questo suo volgarizzamento delle *Confessioni*, che se non mi faranno bene corporalmente, me ne faranno spiritualmente.

Finisco, pregandola di gradire i miei rispettosi saluti, e di avermi come suo servitore devoto G. B.

18.

Alla signora Giulia Bechi, a Firenze.

Firenze, 19 febbrajo 1864.

Egregia Signora,

Col dono che ho promesso di fare della intera edizione dello scritto di N. Tommasèo intorno al martire illustre qual fu il colonnello Bechi, io ho inteso dimostrare qual parte io prendessi al grave infortunio che cotanto afflisse Lei e la sua famiglia, non che ogni anima non ingenerosa. Io ho ringraziato i signori Lotti e Farinola di avermene data l'occasione. Desidererei che il mio omaggio alla sventura non venisse divulgato, anche perchè l'opera mia non perda quel po' di merito che possa avere. D'altronde gl'Italiani hanno prima di me dimostrato la loro tenerezza per quegli orfani infelici; e in mezzo a sì grave sventura questo sentimento generale di benevolenza dev'essere

---

[23] *Le Confessioni di Santo Aurelio Agostino* volgarizzate da monsignor Enrico Bindi.

a Lei, egregia signora, di qualche conforto.

La stampa dell'opuscolo è avviata. Credo che per il 1° di marzo io potrò consegnare tutte le copie stampate nelle mani del signor Farinola.

Con profondo rispetto ho l'onore di dichiararmi suo devotissimo servitore G. B.

19.

Ad Aleardo Aleardi, a Brescia.

Firenze, 22 febbrajo 1864.

Appena ricevuta la vostra lettera del 19, sono andato a vedere il quartierino, che a me pare convenientissimo, perchè è pulito assai e tranquillo; non avete nè il rumore di bambini, nè la soggezione di altri uomini in casa; sareste solo, con la padrona e una donna di servizio, e non sareste neppure in quelle case, o presso persone che sogliano dare a pigione, no. La padrona è donna di 50 anni, robusta, savia, di modi cortesi e riservati, vedova di un impiegato superiore alla Dogana, che dà la prima volta a pigione una camera e un quartiere per esser rimasta sola, con casa ben provvista e troppo grande per due soli. È zia del segretario privato del ministro Feruzzi, e ha nome Prezzolini. La casa non è precisamente sulla piazza dell'Indipendenza; ma dopo l'uscio d'ingresso alla casa, incomincia la piazza, e dalla finestra vedete la vostra strada (via Nazionale, una volta della Robbia) e la piazza dell'Indipendenza. Il salotto è a ponente sul davanti della casa; la camera a levante pretto, e sotto alla finestra si vedono vari giardini; sull'alto delle case di faccia, spunta la montagna ove siede la Vallombrosa.

Il quartierino è in una casa, anzi palazzina moderna, di buon gusto, di architettura regolare e solida. Ottime le scale, agevoli e arieggiate. Ma qui sta il busillis: è un 3° piano; sono sei scale, ognuna di quattordici scalini; ma, ripeto, sono agevoli, si salgono comodamente.

In questa casa potreste dire di essere in casa tutta vostra con due buone donne che badano alle cose vostre come due persone di lunga conoscenza, e ciò dico perchè due donne sole, modeste e buone, riguardano come un messo di Dio, se va a star con loro un uomo buono, cortese, affabile, come voi. Ecco l'effetto che m'ha prodotto il vedere il quartiere e la padrona.

Non so dirvi il prezzo, perchè quella buona donna della padrona ha detto che facessi io e il Puccioni; e se il 3° piano non vi dispiace, per il prezzo faremo cose eque e per voi e per la padrona.

Non ho fissato nulla: avrò forse lasciato travedere dal viso che lì ci sarebbe tornato il mio Aleardi; ma ricordandomi che in Brescia state a terreno, m'è parso un po' alto il 3° piano. E badate che la camera è bella assai, ma è ammobigliata secondo l'uso comune, non v'è quel lettino elegante e lindo che vidi costà in quel giorno d'inverno, non v'è quello scrittojo che mi parve di magogano; ma col rimanerci, col vostro gusto, coll'approfittare delle occasioni, qualche mobile si potrà cambiare in altro più geniale, che invogli a scrivere o a rimanere in casa fantasticando seduto con una gamba sull'altra.

Dunque rispondetemi se posso fissare, e ad ogni modo rispondetemi col ritorno del corriere.

Non parto più davvero: dunque scenderete da me nel caso che il 3° piano vi paja esser troppo vicino al cielo. Addio, il vostro G. B.

20.

Al marchese Di Rorà, sindaco di Torino.

Firenze, 9 giugno 1865.

Desideroso di partecipare all'onore di fornire di libri la incipiente Biblioteca del Municipio della mia città natale, mi faccio un dovere di recare a sua notizia che ho inviato col mezzo della strada ferrata una cassa che contiene i libri di mia edizione descritti nel foglio che unisco alla presente lettera.

Voglia, onorevolissimo signor Sindaco, ravvisare in questo mio atto spontaneo un segno della mia perenne devozione e di caldo affetto verso una città, alla quale è invidiato onore l'appartenere.

La prego dì gradire i sensi di mia inalterabile stima e del profondo rispetto, con cui mi dico[24] suo dev. serv. G. B.

---

[24] Vedi la risposta del Municipio torinese a pag. 560 (pag. 388 della presente edizione NdR).

21.

1865.

Mio illustre Amico,[25]

Nel pensare allo stato presente degli studi e degli studiosi in Italia, la mente non può che rattristarsi sul destino degli uni e degli altri in un avvenire non lontano, se ai mali non si pone rimedio, e se al terreno che minaccia isterilirsi non si somministra nutrimento benefico e fecondatore. Io non spazierò, notando tutte le ragioni del male; mel vieta la brevità che mi sono prefisso per non esser tacciato d'importuno, e mel vietano anche le deboli ali del mio ingegno. Non escirò di casa: vi parlerò degli studi e degli studiosi dal mio punto di vista, vi parlerò col linguaggio e colle abitudini di un editore.

Non estraneo al movimento della libreria in Italia, debbo confessare che da un pezzo in qua veggo diminuite le buone pubblicazioni, infiacchiti gli editori, accresciuti gli ostacoli agli autori per la pubblicazione dei loro scritti. Ciò deriva da mancanza d'ordine e di accordi tra letterati ed editori. I primi studiano per conto loro, se onesti come i più in Italia; i secondi, volendo aver complici più che compagni nelle loro pubblicazioni, rifuggono dal salire le ardue scale e solitarie del letterato coscienzioso, e s'affratellano con quegli scribacchiatori che hanno sempre la penna intinta e l'occhialino al naso per scrivere o un articolo pagato, o l'introduzione di un'opera per lo meno storica.

Parrebbe che il letterato che vive in solitudine operosa potesse coll'occhio della mente seguire i bisogni della sua patria e apprestarle libri di cui difettasse, e con quelli ravvivare e innamorare i giovani alla lettura, e parlando di cose antiche congiungere con sapiente avvedutezza ammaestramenti e precetti che avessero efficacia sullo spirito vivace e forse impaziente dei lettori. Ciò non accade, o accade troppo di rado perchè non abbia luogo questa osservazione.

---

[25] Ignoriamo a chi questa importante lettera fosse destinata. Da una nota in lapis di nostro Padre sulla minuta sappiamo che non si decise a mandarla, ma non la distrusse. Questo ci fa supporre che mentre era sicuro della diagnosi del male in essa deplorato, non lo era altrettanto sul sistema di cura, che gli era venuto in mente. Noi però siamo lieti di stampare questo documento che potrebbe chiamarsi *Confessioni di un Editore*.

Provatevi a consigliare o col vostro senno o col vostro gusto tale o tal altro letterato a preparare un volume originale, che voi editore tenete per fermo possa essere bene accolto dal pubblico; ed allora vedrete quante smorfie, quante spallucce, che tiepidezza ritrovate nel letterato da voi creduto capace a lavoro siffatto. E non parlo a caso: parlo per un'esperienza di venticinque anni. Volete che vi rechi almeno qualche esempio? Da ott'anni io non posso levarmi di mente che chi facesse un Compendio della Storia di Venezia in uno stile nè pomposo nè negletto, e che desse alla narrazione qua e là forma di racconto, alla storia frammettesse i costumi, ai costumi le arti, alle arti l'aneddoto, che se bene scelto, ben collocato, lumeggiato bene, è storia viva e sentita da tutti, e che fa senso e sospinge il lettore se affaticato nella lettura [...] [26] Questo libro io chiesi a più d'un letterato veneto; a più d'uno ricorsi perchè m'additasse questo mio gondoliere; ma invano: io sono ancora sulla riva aspettando che qualcuno vegga i cenni che faccio, disperato di far udir la mia voce.

E ai Toscani prima del 59 non chiesi lungo tempo un Saggio storico sopra Leopoldo Primo? E dopo l'annessione, prevedendo che dal Piemonte ci avrebbero mandati i libri scolastici fatti a vapore, non chiesi a più d'uno che anche qui sorgesse una Biblioteca del Padre di Famiglia, che in poco più di venti volumetti comprendesse quanto bisogna a un padre di famiglia italiano per istruire anche da sè i suoi figli, cominciando dall'*Abbecedario* e giungendo sino a un sunto della Storia Universale? Sforzi inutili. Attoniti e malcontenti vedevano giungere un diluvio di libri immaginati e scritti da cupidi speculatori, e qui nulla si potè fare che avesse un disegno, un ordine, un addentellato, che potesse aver un insieme, che rispondesse completamente a un bisogno.

E non picchiai a più usci, e non scrissi lettere molte, e non feci prove vane per trovare chi formasse un Compendio della Storia della letteratura italiana per le scuole, che non avesse l'aridità di quella scritta da Giuseppe Maffei, nè l'ampiezza di quella del Ginguené?

Invece accade tutt'altro. Ogni giorno lettere che vi annunziano lavori nuovi, immaginati o compiuti: su cinque manoscritti offertivi, quattro di poesie; ed è cosa mesta a pensare come vi siano tanti poeti in Italia, e gl'Italiani siano dipinti dagli stranieri come tanti trovatori,

---

[26] Qui allo scrittore è rimasta nella penna la fine della frase. Mancano forse le parole: " *Farebbe un libro di esito sicuro* " o qualcosa di simile.

mentre, tra' viventi, se eccettui le poesie di quattro scrittori, non è possibile far gradire al pubblico i versi. E segno di gradimento a me pedante è l'acquisto del libro.

Pure talvolta avviene che da letterati più accorti siano offerti manoscritti che rispondono ai bisogni dei lettori, e questi sono i manoscritti prescelti. Ma tra i rifiutati o per sbadataggine di colui al quale l'offerta è fatta, o per la moltiplicità delle offerte che spesso non permette di scegliere con quella pazienza amorosa e sapiente, non accade di dover respingere un buon libro? Ecco il rimorso che spesso provo, e che non posso interamente non provare. È egli possibile legger tutto, intender tutto, giudicar tutto? Se avessi queste doti, invece di star a bottega in occupazioni talvolta geniali, ma spesso incresciose, non sarebbe meglio per me adoperare l'ingegno per far cessare uno degl'inconvenienti che vengo deplorando?

E qui eccomi giunto al nodo della questione, ecco perchè ho scritto questa lettera, ecco perchè ho invocato benigna la vostra attenzione.

A costo di parere un visionario, un facitore di progetti, vo' dirvi che secondo me si recherebbe un gran benefizio agli studî e agli studiosi se sorgesse una Istituzione composta di letterati e di scienziati, che avesse per uffizio di ricevere i manoscritti inviati sotto il velo dell'anonimo, per essere esaminati da persone competenti nella materia, e dopo l'esame mandare trascritto il parere del giudicante. Se buono il giudizio, quello sarà ottimo passaporto per entrare nei domini di un editore: non buono il giudizio, senza che il manoscritto riceva nocumento, rimane privo di un attestato che abbrevi la strada, che il giovane o inesperto scrittore deve percorrere prima che arrivi a fortunato porto.

Se i manoscritti sono inviati in copia ben leggibile, e se dal seggio di questa Istituzione, che chiamerei *L'Ateneo*, sarà con accorgimento distribuita la lettura dei manoscritti, non è cosa ardua mandar giudicato un manoscritto anche se non letto interamente. A uno versato in quella tal materia, uomo non giovane, ma di fama almeno già cominciata, non deve esser neppur tedioso vedere gli sforzi felici o impotenti dei giovani ingegni; e l'ufficio mi par così nobile, così alto, da imporre sull'amor proprio del giudice, se quello alla coscienza facesse velo. E poi è un giudizio che non si pubblica, se all'autore giudicato non garba, o se non gli conviene.

E con questo arbitrato letterario voi agevolerete le vie ai giovani letterati di trovar gli editori; e gli editori aumenteranno, se troveranno una guida, un bandolo, che li istruisca sul manoscritto che toccano con la mano bramosa di non ingannarsi e coll'occhio della mente spento o inerte per valutare del manoscritto il pregio. Dando all'editore una siffatta bussola, voi vedrete che molti intraprenderanno pubblicazioni ardimentose, e questa professione che può essere nobilmente e con utilità esercitata, cesserà di essere una specie di giuoco del lotto ove ognuno spera di vincere, e pochi son quelli che si avvantaggiano nella riputazione e negli averi.

E che sia urgente prendere qualche provvedimento io lo desumo dal vedere scemato il numero degli editori in Italia, e colla corrente che abbiamo di grandi lavori per il governo e per le amministrazioni dei privati, io dubito che mancherà il tempo e la volontà di pubblicare molte opere in avvenire.

Ma notato che poco approda quel pubblicare uno o due volumi di tanto in tanto da tipografi, che il caso o la bramosia di tentar cose nuove induce a farsi editori; noi dovremo rallegrarci quando sorgerà una classe a sè di editori, come nelle grandi capitali straniere; poichè essere editore e tipografo insieme, penso che tolga il tempo e la quiete necessaria a stare in corrente degli studi in Italia e fuori, e senza meditazione e ardimento le doti necessarie a un editore non si formano.

Permettete dunque che a voi e ai letterati pari vostri io raccomandi questa Istituzione d'incoraggiamento ai cultori delle lettere italiane, e a me basti avervi accennato il male, perchè voi coll'affetto e colla dottrina immaginiate il modo di ordinare i rimedi, i quali vogliono esser pronti e somministrati in comune dagli uomini che, come voi, godono la stima e l'affetto degl'Italiani.

E mentre in Torino si adunano per discutere e riformare quell'aborto che ha nome di legge sulla proprietà letteraria, sarebbe utile veder sorgere in Firenze una Commissione che studiasse un disegno di Statuto per animare e incitare gli autori non ancora noti [...]

22.

A Pietro Benini
Vice-Presid. della Società di Mutuo Soccorso fra gli Operai.

Firenze, 19 luglio 1867.

Essendo ancora per qualche settimana assente da Firenze nella domenica, a motivo che ho tutta la mia famiglia ai bagni di mare, stimo bene di mandarle in iscritto il mio parere intorno alla proposta fatta dal signor dottor Cesare D'Ancona.

Approvo pienamente che siano dati premi ai figli dei nostri soci operai, i quali nell'annata avranno regolarmente frequentate le scuole loro assegnate, e che avranno fatto buon profitto delle lezioni.

Quanto all'istituire una biblioteca ad uso dei socî operai, io non ne spero gran profitto, perchè non mi sembra che l'operajo nostro sia già a quel punto invaghito dell'istruzione da venir a cercare il libro, leggerlo e restituirlo. L'operajo adulto, per quanto sembra a me, continuerà a vivere come ha vissuto finora. Si piega male a un cambiamento di abitudini, e poi credo che a cambiare sia troppo tardi.

Io, per conseguenza, non sarei d'avviso che s'istituisse per ora una biblioteca circolante, la quale costerebbe non meno di tre a quattrocento franchi, giacchè sui doni non vi sarà molto da contare. Altre società consimili alla nostra, che hanno fatto appello alla generosità cittadina, ebbero in dono libri non adatti allo scopo, e dalla rivendita o dal cambio poco si ricaverebbe.

Io sarei d'opinione che invece della biblioteca si pensasse al modo di poter ogni anno donare ai nostri soci operai un volumetto. Comincerei dalla *Vita di Beniamino Franklin*; il second'anno darei gli opuscoli dello stesso autore, e così ogni anno deporrei nella casa del nostro socio un libro utile, che gli parlasse al cuore e alla mente, e avvezzasse lui o almeno i suoi figli a sentimenti più elevati e più fiduciosi nell'avvenire, purchè voglia seguire i consigli degli uomini che s'interessano al vero benessere del popolo. Propongo le opere morali del Franklin, perchè è uno scrittore che ha sollevato da basso stato molti individui che abbracciarono le sue dottrine morali.

La spesa di questi volumetti può essere calcolata da 60 a 75 centesimi per esemplare.

Un libro portato ogni anno nella casa dei nostri operai sarà un dono che frutterà certamente. Sul frontispizio dovrebb'essere scritto il nome e cognome del socio, e dovrebbe aver lo stemma della nostra società. L'operajo adulto non lo leggerà tutto, lo sfoglierà anche sbadatamente; lo dimenticherà fors'anco; ma a me pare di vedere il di lui figlio, la figlia, un pigionale accanto, di festa, in caso di convalescenza, prender il libro in mano, leggerne parecchie pagine difilato, e deporlo contento di aver udito una voce insolita, una voce amica. Un libro moderno, ma con morale antica, in casa del nostro socio operajo sarà un mobile nuovo, e forse sarà meno negletto di quello che si penserà.

Adescata in tal modo alla lettura la famiglia del nostro operajo, sorga pure la biblioteca copiosa e svariata, e allora vi saranno domande e restituzioni certe e proficue.

Non potendo esser presente alla prossima adunanza, prego Lei, signor vice-presidente, di voler esporre queste mie idee. Intanto ho l'onore di dichiararmi suo devotissimo servo G. B.

23.

Al signor ***, a Vicenza.[27]

Firenze, 1° luglio 1868.

Ella si meraviglia come dal maggio 67 io non abbia più detto parola sul conto della Guardia Nazionale. Desidero ch'Ella sappia che io non ho più parlato, perchè dovevo tacere: mi ero prefisso di osservare silenzioso il corso che quella mia proposta avrebbe fatto, poichè se talvolta m'è parso bene eccitare l'opinion pubblica su qualche interesse del paese, non ebbi mai la presunzione nè di premerla nè di sforzarla.

Mi è grato dunque di dichiararle che stando cosi spettatore non indifferente degli effetti che andava producendo quella mia proposta, ho veduto che la stampa italiana l'accolse con voto quasi unanime di approvazione. La lodarono giornali d'ogni colore. E mentre la più parte di essi riconobbe l'urgenza di provvedere che la istituzione della Guardia Nazionale venisse radicalmente riordinata, la *Riforma* nel suo bel primo numero ne domandava l'abolizione con le seguenti parole: «...Chiederemo per conseguenza con la voce pubblica suffragata da innumerevoli ragioni che venga abolita l'odierna Guardia Nazionale.» E queste parole furono sottoscritte dai signori *Crispi, De Boni, Cairoli, Carcassi* e *Bertani*.

Alcuni giornali di Torino non badarono in sull'istante alla mia proposta; ma trascorso qualche tempo, la fecero loro propria, e la proclamarono con molto calore; nè si ristanno ancora dal chiedere che cessi o si riformi questa Guardia Nazionale, che è diventata colà un grave inconveniente, per non dire uno scandalo, poichè il servizio si fa ora-

---

[27] Questa lettera fu stampata nella *Nazione* del 4 luglio 1868.

mai quasi tutto da salariati, e si dice comunemente che l'esenzione è tassata a lire cinquanta all'anno.

Da ciò Ella vede ch'io ebbi la rara sorte di trovare concordi al mio progetto quanti partiti contrari annovera l'Italia.

A Napoli poi un giornale che s'intitola *L'Avvenire* pubblicò in quei giorni uno scritto intorno la mia proposta: la disse opportunissima, l'ampliò, la commentò con esempi paesani, pur troppo veri anche altrove, e tutto quello scritto era sparso di sali e motti arguti e di pensate bizzarrie, che si estendevano persino alla sottoscrizione dell'articolo, la quale era così: *Un Farmacista*. Ma io ebbi prove non dubbie che la sottoscrizione era una finta: il farmacista è invece un vero e proprio patrizio napoletano, liberale di lunga data, scrittore fecondo e deputato di parte democratica, che siede a sinistra.[28]

E a Napoli un altro buon successo ha pur ottenuto la mia proposta. Quel Municipio che nel 66 spendeva lire 512,953 per la Guardia Nazionale, nel 67 la ridusse a lire 440,952; sicchè il risparmio è stato di lire 72,001. E questo risparmio, com'Ella vede, rappresenta un capitale di un milione e mezzo di lire.

Non le parlo di lettere, di complimenti, d'incoraggiamenti ricevuti da ogni parte. Se fossi un po' più vanitoso, mi sarei creduto a quei giorni un uomo non comune; ma io che sapeva che tutto il mio coraggio e tutto il mio ingegno consistevano nell'aver detto *alto* quello che tutti dicevano *basso*, non mi son lasciato trasportare dall'aura infida dell'amor proprio, e mi trovo sempre allo stesso posto, per fare a Lei la storia di questi tredici o quattordici mesi, che scorsero non inutili per il completo trionfo della mia proposta.

Dunque, Ella mi dirà, gl'Italiani che non scrivono giornali non sono concordi nel volere che questa istituzione venga sospesa o abolita?

Oserei dire che sulla sospensione sono tutti d'accordo. Ci manca però il consenso del Ministro dell'Interno, il quale non s'è finora indotto a recare questa questione al Parlamento.

Ma senta ancora un po' di storia, che io ho appurata prima di scriverle questa lettera. Il commendator Rattazzi nel 67 nominò una Commissione affinchè studiasse una riforma della legge organica sulla Guardia Nazionale. La Commissione, presieduta dal generale Cucchiari, si riunì senza indugio, lavorò con zelo non comune, e

---

[28] Il conte Giuseppe Ricciardi.

venne ad una conclusione, a senso mio, molto lodevole: – Mantiene la istituzione come ultima riserva delle forze nazionali. Abolisce il servizio in tempi ordinari, mantenendone i ruoli. Comprende i cittadini dai 21 ai 45 anni, senza distinzione di censo. Ne forma due categorie: nella prima i più giovani, nella seconda i più vecchi. Primi a esser chiamati in caso di bisogno saranno i più giovani; esenterebbe dal servizio coloro che vivono del lavoro delle proprie braccia, se lo chiedono.

Questa, in ristretto, la proposta della Commissione, la quale non arrivò in tempo a rassegnare il lavoro al Ministro che l'aveva nominata, perchè accadde quel breve, ma doloroso fatto di Mentana.

Il lavoro venne successivamente presentato al ministro Gualterio. Esaminatolo, ordinò che si stendesse la legge relativa; ma in quel mentre è successo uno di quei tafferugli non infrequenti alla Camera, e il Ministro credè di dover abbandonare il portafogli dell'Interno. L'estensore della legge rimase in asso, dubbioso se doveva o no scrivere, o interrogare prima il nuovo Ministro, che fu poi il commendatore Cadorna. Interrogato dal presidente della Commissione, il Ministro lodò in genere il lavoro, ma prese tempo a riflettere sull'opportunità di proporre o no la legge; perchè, se la riforma proposta dalla Commissione poteva essere utile per i Comuni piccoli, non la credeva egualmente utile per le città principali del Regno, nelle quali l'esercizio della Guardia Nazionale era non solo utile, ma forse desiderato.

Tutti conoscono e apprezzano la devozione del ministro Cadorna alle libere istituzioni, ma non credo ch'egli pensi e dica queste cose oggidì, poichè ha potuto oramai convincersi che qui in Firenze la repugnanza al servizio della Guardia Nazionale è giunta al colmo. Lo sa la Camera, la quale non è mai sicura di avere il servizio alle porte del Parlamento; e non potendo aver sempre Guardie Nazionali, chiede spesso il servizio delle Guardie Municipali. Nè credo che in altre delle principali città del Regno lo zelo della Guardia Nazionale sia più edificante. Ne abbiamo una prova recente nella città di Padova, ove il Sindaco fu costretto a esonerarla tutta dal servizio attivo.

Qui finisce la storia, alla quale, per amore di brevità, non faccio commenti. Li devono bensì fare i Comuni e i cittadini italiani, i quali se non hanno una parola energica e risoluta che spinga il Ministro, io dico che il Ministro fa bene a traccheggiare. Se i Prefetti armati dalla legge non consentono petizioni dei Comuni al Parlamento, come accadde nella sua Vicenza che formulò una petizione al Parlamento su questa cadente Guardia Nazionale, parlino le petizioni con firme raccolte tra i militi della Guardia stessa; parlino i deputati, che nei loro frequenti giti per l'Italia hanno modo di udire i lamenti dei cittadini per questo aggravio non più richiesto dai nostri tempi.

Intanto la mia parola che da altri invoco energica è risoluta sia questa lettera che mando a Lei, e che, non pregato, ma pregando, procuro venga diffusa dai giornali. Se l'Italia vuole davvero togliersi questo fastidioso e inutile e dannoso peso del guardare chi non ha bisogno ormai di esser guardato, io dico che in quest'anno 68 vedremo compiuto un desiderio e un bisogno universalmente riconosciuto. Protrarre questa istituzione che ha fatto il suo tempo, è screditarla; è farla morire d'una morte inonorata, mentre in passato ha reso servigi memorabili.

I bisogni dell'erario c'incalzano inesorabilmente. Se ci preme far prosperare il nostro credito sì all'interno che all'estero, dobbiamo incominciare una vita nuova. Il paese sente queste verità e le dice; ciò è buon augurio. Si cancellino dunque dai bilanci dei Comuni le spese improduttive, se vogliamo che a mano a mano diminuisca dai bilanci dello Stato la enorme cifra di 500 milioni che annualmente paghiamo per titolo di frutti. L'unica via di salute, l'unico espediente che rimanga al nostro paese è il lavoro congiunto a savie economie. Perchè il Governo non lo seconda? G. B.

24.

A Francesco Domenico Guerrazzi, a Firenze.[29]

Giovedì, 9 dicembre 1869.

Egregio Signore,

Ella si è affrettato troppo a ringraziarmi di un atto, del quale non ho merito. Io della *Nazione* non sono che lo stampatore, e, se vuole, anche l'amministratore; ma veramente dovrei dire cassiere. In generale gli scrittori della *Nazione* non sono accaniti suoi nemici, e narra-

---

[29] È in risposta ad una lettera del Guerrazzi dell'8 dicembre. Vedi a pag. 576 (pag. 403 della presente edizione, NdR).

rono quel fatto con ingenuità, e accolsero ora la rettificazione della parte contraria per debito d'imparzialità, e segnarono le parole non proprie, ma dell'avversario. Certo, se io potessi far cosa grata a Lei, mi parrebbe d'andare a festa, che io l'ho sempre riverita affettuosamente, non da jeri, ma dal 37, quando io ruppi il confine sardo per venirla a conoscere di persona a Livorno, ed Ella stava in fondo di Piazza Grande in una strada stretta che conduce ad un ponticello.

Io non ho avuto cuore di leggere le dispute che mi dicono atroci tra Lei e il Sanna, che non conosco. So che sarebbe utile che qualche persona dabbene componesse tra loro una questione che dura troppo tempo e con vantaggio di nessun de' due. Così Ella avrebbe la sua quiete, e potrebbe pensare a qualche libro che mostrasse sempre viva la potenza del suo ingegno singolare.

In qualunque modo, io le auguro giorni tranquilli e lieti, e mi ripeto suo affezionatissimo G.B.

25.

A Vittorio Bersezio, a Torino.

Firenze, 31 dicembre 1869.

Egregio Signore,

Detto in quale collezione destinavo il libro che chiedo alla sua penna, mi pareva ch'Ella potesse suggerirmi il soggetto che più le andrebbe a genio.

Io ho bisogno di un libro popolare, che ispiri l'amore al lavoro, che questo lavoro sia cercato, non aspettato, nè protetto, nè garantito; che col lavoro vi sia il risparmio, senza di che nessuna fortuna piccola o grande si fonda: vi siano esempî di alta moralità, caratteri generosi e indipendenti; amore di famiglia intenso e mantenuto anche per allontanamento dalla patria in cerca di guadagni onesti, ma talvolta più fruttuosi che quelli nel proprio paese nativo; un figlio che a vent'anni ajutar il padre e la madre infermi o inabili al lavoro. Ecco quello che avrei desiderato di dirle a voce, perchè a voce si cambiano con l'interlocutore le idee, o si modificano, che è un cambiarie in parte. Tutto questo in un racconto alla buona, senza pretensione, con le idee naturali al popolo che chiama *pane il pane*, con quel largo buon senso del minuto popolo piemontese onesto, tipo maraviglioso in confronto con gli altri popoli italiani, massime verso il mezzodì. Io intitolerei questo racconto: *Una famiglia piemontese*, o *La famiglia piemontese*.

Ora che ho discorso io, che cosa dice Lei? Vuol aspettare a dirmelo qui, o in lettera? Preferirei parlare, che m'è più agevole dello scrivere; e quando ci saremo intesi sul soggetto, c'intenderemo più facilmente sul compenso. Intanto mi creda suo devot. G.B.

26.

Allo stesso, a Torino.

Firenze, 11 del 1870.

Egregio Signore,

Poichè ho un momento libero, voglio rispondere alla sua del 2, e render cosi più spicciativo il colloquio che avremo insieme, alla riapertura della Camera.

Ho caro ch'Ella approvi il soggetto del libro che mi occorre per la mia raccolta; e quantunque sia proclive ad arrendermi con molta facilità alle idee altrui quando le giudichi migliori delle mie, pure, le confesso, lo scarto reciso del titolo mi fa supporre che non siamo ancora ben d'accordo. D'altronde è cosa anche un po' naturale, perchè Ella non mi conosce troppo, e ci siamo scambiati due solo letterine, le quali non sono che il preludio del colloquio che desidero vivamente avere con Lei.

In quel racconto, che bramo avere da Lei, vorrei un quadro quanto più naturale di una famiglia popolana piemontese, con le sue virtù e con i suoi difetti. Le idee dominanti del racconto vorrei che fossero il lavoro, l'energia, la rettitudine, ed anche la fede in un essere superiore che sorregge le forze del credente (dico *credente* e non bigotto, nè fanatico). Quanto alla forma, vorrei che avesse qualche analogia con quella che adopera il Toselli quando rappresenta qualche personaggio: egli nè declama, nè recita, ma parla. Quindi io mi contento che il dialogo abbia del piemontese e non del toscano; poco spirito, molto senso comune; poca eleganza, ma delicatissima sensibilità dell'onore e del dovere. Tutto vorrei fosse piemontese, i caratteri principali e il contorno; gradirei proprio un lavoro di campanile; vorrei poter ridurre a libro una famiglia piemontese.

E che questo titolo Ella tema possa riescire increscioso e molesto al resto d'Italia è opinione che non posso approvare, e dalla quale dissento enormemente. Da trent'anni vivo fuori del Piemonte, e sono giudicato quasi non più piemontese: ebbene, prima del 59 e dopo, jeri ancora, nemici acerrimi degli uomini politici piemontesi cambian voce, s'acquetano, diventano mansueti quando parlano del nostro buon popolo minuto, al quale accordano quella stima che per odio di parte negano talvolta al popolo grasso, per dirla con frase toscana del cinquecento.

Quindi io sostengo il titolo messo innanzi da me; e a voce udrò volentieri le ragioni dell'averlo così recisamente scartato: forse, dico io, perchè Ella vive nell'ambiente un po'artificiale della *Gazzetta Piemontese*, la quale è riuscita ad immaginarsi e persino a stampare nel suo rabbiosetto periodico che io godo i favori di certi ministri. Chi mi conosce sa di quali favori io goda, e sa che non sono uomo che mi occupi di politica se non quel tanto per non essere un disamorato delle sorti del proprio paese; e se io ho amici in tutti i partiti, ciò vuol dire molto chiaro che io non servo nessuno nelle loro ire, forse potrei servirli, ma unicamente nelle conciliazioni, se queste non avessero fatto mala prova. La penna è sdrucciolata un po' fuori del nostro discorso, ma non sarà male ch'Ella mi conosca un po' meglio, e cosi c'intenderemo meglio.

Per chiudere questa lettera, oramai lunga, coll'intenzione medesima colla quale è stata principiata, le racconterò un fatto *vero*, uno di quelli che possono rendere preziosa una pagina del futuro racconto; e si tratta di un Piemontese del popolo minuto.

Varî anni sono, in quella via che da Dora grossa conduce a San Tommaso, sulla cantonata di via........ (di faccia a un caffè) vi era un magazzino di Cotonerie, Lanerie, ec. di un certo signor D***, ritirato ora dagli affari, ma che abita in Torino, via Nuova.

Questo signor D*** si vide arrivare in negozio un individuo, ch'egli non conosceva; e da costui essendo stato domandato se ricordava quanto gli doveva un tale individuo che da molti anni era partito per l'America, D*** (uomo un po' rozzetto, risentito e violento) risponde: Chè mi parla lei di quel tocco di birbante che fu X? Non vo' perder tempo a tirar giù i vecchi registri per darle soddisfazione di cosa tanto disperata, ed alla quale non ci penso più. E con una spallata caratteristica del D***, lascia l'individuo su due piedi nella prima stanza della bottega, e mostra di pensare ad altro. L'individuo lo riprende con modi tranquilli e concilianti, sicchè il D*** ordinò ad un commesso di fare quel che chiedeva quello sconosciuto. Aperto il vecchio registro, verificata la cifra del debito (cifra ch'io ho dimenticata), lo sconosciuto si affretta di saldarlo; ed era il vero e proprio debitore, che tornato non ricco, ma sufficientemente ben provvisto dall'America, primo suo pensiero fu di levar di mezzo alcuni debiti lasciati involontariamente al momento della partenza.

Di questi fattarelli ne conosco altri. Ella ne faccia quel conto che stima. Io l'ho narrato a Lei per agevolarmi il modo di farmi comprendere, e perchè questo può suscitare in Lei la memoria di altri consimili.

Scusi la prolissità. Non si incomodi a rispondere; mi risponderà a voce qui. Intanto mi creda suo devotissimo G. B.

27.

A Leopoldo Cattani-Cavalcanti, a Firenze.

Firenze, 12 aprile 1870.

Egregio signor Cavaliere,

Com'Ella avrà saputo, giovedì scorso, io e i miei due figli fummo a visitare il suo Istituto agrario, la Colonia e la villa.

Io vi ho passato tre ore con molta mia soddisfazione. Vi ho trovato un insegnamento solido, e sciolto da quelle affettazioni che rendono gli alunni tante macchinette. Bello è il vedere che dal disegno si passa nel campo; che l'allievo di tre anni fa ora è maestro. Notai la conoscenza pratica e teorica del Tommasi, che mi pare un giovane che faccia onore a sè ed all'Istituto che l'ha formato. Il maestro di calligrafia e di disegno ha talmente illeggiadrita la mano di scritto di quegli alunni, da parer di signorine inglesi, anzichè di giovanotti robusti e rotti alla fatica. Ho veduto in quell'ora pochi maestri, ma ho esaminato gli scritti che gli alunni hanno di lor genio composto per offerire ai loro genitori nel ritorno per le feste di Pasqua. E ciò m'ha dato lume a formarmi un criterio.

Infine ho trovato tutto soddisfacentissimo, e non meno la Colonia che l'Istituto; e sì l'uno che l'altra devono essere ascritti a molto suo merito. Io che non sento invidia per gli onori e per le ricchezze, perchè degli uni e delle altre ne ho quanto basta al mio amor proprio, le invidio la soddisfazione che deve provare grandissima di avere fondato e sostenuto uno Stabilimento, che onora la Toscana e e l'Italia. Se le principali province del Regno avessero ciascuna un gentiluomo come il cavaliere Cattani-Cavalcanti, credo che in breve tempo si potrebbe rimediare al male che da gran tempo corrode l'Italia; e questo male si chiama ozio, apatia, indifferenza.

Mi permetta dunque, signor cavaliere, di rallegrarmi con Lei in modo tutto speciale, e chiamarla benefattore dell'umanità. Ella non poteva in modo più degno impiegare il suo lauto censo, se non a creare il lavoro e l'istruzione, acciò giovani possano acquistare la propria indipendenza, che è fondamento e difesa a quella del paese.

E con sentimenti di profonda stima e rispetto mi dichiaro suo devoto G.B.

28.

A Giosuè Carducci, a Bologna.

Firenze, 6 giugno 1870.

Caro Carducci,

Rispondo alla sua del 31 maggio. Il volume del Camerini è gradito molto dai buongustai, e mi lodano di avere indotto l'Autore a raccoglierlo. Dello stesso ora stampo una ad una varie Commedie antiche con prefazione a ciascuna, sul genere di quella al Cecchi, la quale m'innamorò dell'ingegno e della dottrina del modesto Camerini.

Parve un momento che fossi d'accordo col Dina per avere il suo giornale mediante una egregia somma. Poi il Dina sollevò qualche difficoltà, ed allora m'accorsi che prima di morire dovevo fare il sacrifizio di tentare la fondazione di un giornale politico *al servizio del pubblico*; ed ora sono in questa idea talmente ingolfato che non penso più ad altro.

Sarà un giornale grande come il *Secolo* di Milano, e a cinque centesimi. Oggi o domani saprò se la mia offerta all'ex-ministro Bargoni di esserne il Direttore sarà definitivamente accettata. Bargoni voleva colla sua numerosa famiglia partire col Bixio, ed io l'ho trattenuto.

Egli sa per prova che cosa vuol dire fare un giornale. È uomo di rettitudine rara, di molta pratica in cose amministrative, stimato (cosa singolare oggidì) da tutti i partiti: è liberale all'antica, sobrio, cortese, di costumi semplici; non piegherà nè a diritta, nè a sinistra, farà il suo cammino secondo gli detterà la coscienza. Un uomo tale è prezioso, e vi aggiunga le mie idee quasi un po' selvagge d'indipendenza, e vedrà che faremo un giornale che potrà dire in alto quello che veramente si dice in basso. Poi la politica non occuperà tutto il giornale. Ci ricorderemo d'essere Italiani, e che abbiamo una letteratura, arti belle, industrie nostre; quindi faremo un giornale con la penna più che con le forbici; bandite le inserzioni per compiacere ai compari, i quali spesso vengono in ajuto allo sterile giornalista o con elogi scritti da sè, o con lettere con cui due amici si ricambiano le lodi.

Il titolo del giornale sarà *La Nuova Italia*, e io solo ne sono il proprietario senza soci di sorta che ho già rifiutato.

Pierino, che ha sedici anni compiuti, dirigerà i suoi studi per divenire un giorno scrittore di materie politiche; intanto entra come ultimo collaboratore. Tutto il corpo della collaborazione è discretamente formato.

Le posso dire che questo annunzio dato a voce in Firenze ha fatto manifestare le più belle speranze della sua riuscita. Vedremo. Io spero e temo, come quando nell'ottobre del 1854 mettevo la chiave nella porta della Stamperia per aprirla la prima volta. Ed allora ero povero, poverissimo; con meno esperienza d'ora, ed in tempi contrarî alla professione che imprendevo. Vedremo! Io mi ci metto con serietà, e conto di fondare un giornale del quale affido la conservazione ai miei figli, e nipoti se ne avrò.

Da questo Ella comprende come io debba non pensare per ora al giornale letterario. Però il signor De Gubernatis non sarebbe alieno di cedermi la sua *Rivista Europea*, rimanendone Direttore. Che le pare di questa proposta? Liberato dalla parte materiale, il signor De Gubernatis potrebbe correre con maggior agilità il suo campo, e lavorarlo meglio.

Mandi quando vuole la raccolta delle sue poesie; vi metterò mano subito, ma non le pubblicherò prima del novembre, quando la gente che compra libri ritorna alle case d'inverno. Viva tranquillo, che non l'abbandono, e che le voglio sempre bene. G. B.[30]

---

[30] La risposta del Carducci è a pag. 577 (pag. 404 della presente edizione, NdR).

29.

A mio figlio Piero, all'Ardenza.

Martedì, 12 luglio 1870.

Caro Pierino,

[...] Colgo la buona occasione per mandarti l'*Osservatore*, il 4° dell'Ambrosoli, un volume del Puoti, e la seconda lettera del Civinini, che leggerai o percorrerai subito, e poi gli scriverai ringraziandolo.

Vidi il tuo secondo *Corriere*.[31] Non posso dirti di averlo letto e gustato tutto. Sì, lo lessi tutto, ma le lettere così male scritte mi hanno infastidito, e per talune ho avuto bisogno della lente, che gli occhiali non bastavano. Se tu fossi persuaso quanto dannoso sia avere un carattere di lettura difficile nel corso della vita, certo faresti più attenzione nel formare le lettere. Per amor tuo io rileggerò questo *Corriere*, e se avrò tempo vi farò alcune note per richiamare la tua attenzione sopra certa confusione d'idee che svia il lettore anzichè condurtelo dietro. M'avvedo che tu ti poni a scrivere senza aver prima fissato nella tua mente i punti principali che vuoi toccare; e se così fosse, all'atto dello scrivere la tua mente sarebbe doppiamente affaticata, cioè e dal far venir alla mente le cose che possono esser dette, e dal modo di dirle e

---

[31] Esercitazione letteraria di un giovane che si sarebbe dedicato specialmente al giornale, che suo padre stava per fondare pensando soprattutto ad aprire un campo all'operosità del figlio, non presentendo allora che un'infermità mortale lo avrebbe obbligato a trasmettergli di lì a non molto la direzione della Tipografia; sicchè fu bene da una parte che il giornale non attecchisse, giacchè i giovani Barbèra si sarebbero trovati sopra le spalle un carico troppo più grave, quando venne loro meno la direzione paterna.

Desiderando egli che il suo Piero si disponesse alle cure del giornale con serietà di preparazione, pregò l'amico suo Giuseppe Civinini di tracciare un programma di studi politici, storici e sociali. Ciò fece quel valentissimo in tre lettere a Piero Barbèra, che questi sfortunatamente non ha più presso di sè, perchè per facilitarne al Civinini la correzione, avendole fatte comporre tipograficamente senza però allora l'intenzione di pubblicarle, gliene mandò le bozze con l'originale; ma il povero Civinini non fu a tempo di correggerle, perchè la morte spezzò quella vita destinata a cose forse maggiori. Noi crediamo che quelle lettere saranno state trovate sullo scrittojo del Civinini da coloro che ne raccolsero le carte. Cogliamo quest'occasione per esprimere il desiderio che essi sciolgano una promessa fatta nei giorni successivi alla morte, quando era più vivo il rammarico per la perdita di un così raro ingegno, di raccogliere e pubblicare gli scritti dispersi e gl'inediti, fra' quali crediamo non sarebbero immeritevoli di figurare le tre lettere a Piero Barbèra.

ordinarle. Uno scrittore provetto nell'arte difficile dello scrivere potrà benissimo prender la penna e scrivere d'improvviso, ma per un giovane come sei tu la cosa è pericolosa: si corre rischio di prender abiti cattivi, e, come accade ai fanciulli, far le gambe torte per voler camminar troppo presto e troppo. Bada che qualche inesattezza ortografica e di punteggiatura l'ho notata, e te la scriverò, se domani avrò meno da fare d'oggi; e tu comprendi che quando si mandano fuori questi scritti, per i quali si compiace al nostro amor proprio, s'ha rigoroso dovere di esser netti da mende di ortografia. Leggi, Pierino, leggi e medita, e scrivi anche, che se non altro sgranchisce la mente, ma non lasciarti sopraffare dalla fretta o dalla impazienza. I più eletti ingegni sono pazienti e minuziosi, e nella *Rivista* vedi ciò che del Giusti dice il professor Giorgini intorno al modo di lui di comporre e alle correzioni della *Chiocciola*. G. B. Niccolini copiava per disteso TRE VOLTE le sue composizioni prima di leggerle agli amici; poi sulle bozze non faceva più niente. L'Alfieri ricopiava, e poi sulle bozze correggeva tanto che un tipografo francese faceva eseguire le correzioni, a conto dell'Alfieri, a un tanto l'ora. E cotesti omoni scrissero a trent'anni, pieni di studi e di letture di scrittori greci e latini, ricchi di memoria, eppure correggevano e limavano. Perciò tu non devi scansare la fatica di rivedere un tuo scritto e correggerlo anche con postille o cancellature prima che vada fuori delle tue mani. Addio dunque, e credimi tuo affez. padre G.

30.

Allo stesso.

Martedì, 19 luglio 1870.

Caro Pierino,

[...] Io posso dire che sto bene. Tutte le ore sono da me occupate nel disbrigo delle faccende piccole o grandi che siano; e si vede che questa occupazione giova a tenermi di umore, se non lieto, almeno tranquillo. Quell'oziare lungo e sbadato dei bagnetti mi genera facilmente sazietà, e siccome ho il pensiero fisso in quella impresa del giornale, costà mi par di essere fuori di mano, mi par d'essere sviato, come un colonnello che sia lontano dal suo reggimento, non già in tempi tranquilli, ma prossimi ad una battaglia. E la battaglia sarà il giornale. Bisognerà lavorar molto e perseverar molto prima di credere di aver vinto; ma i principi sono di buon augurio. Io adempio questo sacrifizio per più ragioni: primo, per non restar vinto da un colpo, di avversa fortuna; secondo, per aprire a te un campo per svolgere il tuo ingegno e la tua operosità. Se tu imponi a te stesso di abbracciare con serietà, con temperanza, con amore questa carriera, a me pare quasi cosa certa che fra sette od otto anni tu ti troverai possedere un gran mezzo di avere autorità nel tuo paese, e un mezzo per mantenere ed accrescere la fortuna che ti lascerò; ma prima di arrivarci occorre uno studio temperato sì, ma costante, e coniugare bene chiaramente il verbo *Volere*; e quando leggerai la Vita di Vittorio Alfieri, osserverai che la coniugazione di questo verbo lo ha fatto uomo, e lo ha salvato da essere uno dei mille Conti che non contan nulla, e meno che nulla. Io non voglio sgomentarti coll'idea di uno studio grave, continuato, e non mai interrotto. Oibò. Io amo il lavoro e lo studio, ma nelle ore stabilite; poi lo spasso, le giterelle e i viaggi. Ti divertirai, se saprai lavorare; ma e nel lavoro e nei divertimenti occorre tempo e misura. Nulla fatto senza un qualche ordine, se non ordine perfetto e militare. Vedi: dal 10 settembre[32] alle 8 in Stamperia come se tu scendessi in scuola: alle 11 a colazione, e a mezzogiorno a qualche lezione pubblica. Dalle 8 allo 11 della mattina tra giornale e Stamperia; poi, nelle ore da convenirsi, lezioni di latino, italiano e tedesco.

Comprendo che ti rimarrà appena la sera dopo andato in torchio il giornale, al quale non devi voltar prima le spalle; ma considera che il più bel tempo di imparare qualche cosa è dai sedici ai venticinque anni, e rifletti che il giornale è l'istrumento per fondare il tuo avvenire, ed allora vedrai che ancora nove anni di lavoro (che considero lavoro i sei passati a scuola) non sono molti.

Quando penso che tu compierai questi miei desideri per il bene tuo e della tua famiglia e per onorare il mio nome, che io trassi da una profonda oscurità a un posto di luce abbastanza viva, io, dico il vero, sento di essere fortunato, e orgoglioso di questa fortuna, invidiata da molti.

E con il tuo fratello Luigi, che ti aiuterà col suo senno calmo e severo, tu raccoglierai tutti i frutti del tuo ingegno; che tu sarai la pianta da sè stessa rigogliosa, e Luigi il coltivatore sagace e attento, che vigi-

---

[32] Era il giorno in cui doveva cominciarsi la pubblicazione del giornale *L'Italia Nuova*.

la, che prevede, che non lascerà andar a male per negligenza il raccolto. È cosa di cui debbo ringraziare la Provvidenza che voi due miei cari figli siate alquanto dissimili. *Dissimile* non vuol dire *contrario*, e spesso vediamo esser necessario il dissimile per armonizzare un tutto. Ed avete la sorella, della quale a suo tempo sentirete, ne son certo, tutta la compiacenza, e per dividere un dispiacere, e per essere curati in caso di malattia, e per tenervi la casa ordinata e linda senza dover dipendere unicamente da persone mercenarie, le quali, oggidì più che mai, riescono più moleste che comode, perchè i nostri tempi sono tali da confondere le menti non sorrette da buona istruzione, nè gli animi sono informati all'affetto sincero e disinteressato.

Volevo scrivere brevemente, e il primo pezzetto di carta lo indica; poi la penna è corsa, è corsa perchè spinta da quel movente interno che si dice amore paterno sempre vigile, sempre timido, sempre desideroso di dar un consiglio ai suoi cari figli, acciocchè, incogliendo qualche sventura, essi abbiano i segreti sentimenti del loro padre scritti in carta, a quelli s'ispirino, quelli seguano. Perciò per il vostro bene non sperdete questi fogli scritti con effusione e con tenerezza paterna, in cui si possono trovare i segreti della vita, che si apprendono o coll'esperienza lunga e quasi mai gratuita, o dalle labbra d'un padre.

Addio. Pierino, tu sei vicino alla vetta del colle. Il mondo sta per aprirtisi davanti in tutta la sua seduzione: ascolta e ricorda le parole del tuo padre, e serba i suoi detti scritti. Un giorno saranno una gran consolazione per te e per Luigi e Rosina, e di questa guida non potete che fidarvi, perchè interessata al vostro bene.

Amatemi e amate vostra Madre, e continuate ad essere degni come siete del nostro amore. Addio a venerdì. Il vostro affez. padre G.

31.

A sua moglie, a Firenze.

Roma, lunedì 8 ottobre 1870.

Mia cara Vittoria,

Sarai forse meravigliata come io non t'abbia ancora scritto per dirti quello che penso della mia situazione. Vedi: mercoledì scorso avevo scoperto da me, così a caso, il locale. Giovedì ne trattai coll'agente della casa, il quale volle scrivere al principe di Piombino a Milano per avere il permesso di mandar via il vecchio inquilino e dare il locale a me. Il Principe, che è anche Senatore del Regno, epperciò liberale o non codino affatto, autorizzò l'agente a trattar con me. Il locale è centrale, magnifico, ha 11 finestroni, come il palazzo Pucci, sopra una piazza, e gran luce nel cortile, che è grande tre volte il giardino. Prezzo 3500 lire. Però bisogna che l'inquilino, che non ha scritta, se ne vada di buona voglia, mediante buon'uscita, o dargli per via di tribunale la disdetta; il che genera questioni, e si va per le lunghe, un quattro mesi circa. Oggi si tratta tra l'agente e l'inquilino questo accomodamento. Intanto io passo le giornate sempre colla lima al cuore, perchè se ho detto che vi mettevo una Stamperia, non ho detto che vi mettevo il vapore. E il vapore in un palazzo di gran lusso sarà una difficoltà, benchè vi sia un cortile immenso. Qui il Monti mi ajuterà col raccomandarmi all'architetto della casa: quindi spero bene; ma chi mi garantisce che non speri invano? Al più tardi domani si farà la visita con il detto ingegnere o architetto, e la mia sorte sarà allora decisa.

Se sarò fortunato di avere questo locale, io domani stesso ordino quei lavori di restauro più semplici, prendo la pianta del locale, e partirò domani sera martedì, mandando però un telegramma. Se non combino, bisognerebbe stare qui chi sa quanto; e allora lascio le istruzioni a un compositore romano che mi ajutò a veder locali, e tornerò qui quando mi scriverà che si è scavato qualche locale adattato per un laboratorio; cosa veramente difficile, perchè Roma era più abitata di quanto si credeva, ed ora le ricerche sono infinite, e le pretese straordinarie. Insomma per il Governo e per chi lo segue sarà cosa ardua a collocarsi; a meno che si mandino via i frati e i preti. Allora sì che vi sarà da abbellirsi; ma per ora le difficoltà sono tali da scoraggiare. Aggiungi che qui si usava di fare scritte per tre, sei e nove anni; e tutto è affittato.

Pierino sta bene, si diverte molto, perchè non ha lo sgomento che provo io ai cambiamenti di vita, che produrrà nella nostra famiglia questo trasloco. Certamente qui sarà una sorgente di guadagni da compensare abbondantemente quello che si perderà a Firenze; ma io ai nuovi guadagni preferiva di star tutti uniti in famiglia. Ma almeno si potesse avere questo locale bello, vasto, comodo, centralissimo, e, a dir vero, a un prezzo mite! Lo saprò domani: altre 24 ore di sospensione d'animo. Pure mi conforta il pensiero che ai nostri figli sarà fornito il modo di lavorare con energia e di accrescere sempre più la riputazione che il nostro nome gode in tutta l'Italia. Gigino e Pierino si possono cambiare il soggiorno tra Roma e Firenze ogni sei mesi, e noi faremo delle gite a vedere il figlio che farà la sua dimora qui. Basta che la salute e i guadagni vi siano: forse fra un anno godremo di questi disturbi che ora provo con qualche intensità. Ma il dovere, e non l'ambizione, nè avidità di guadagno, mi spinge innanzi.

Dunque io spero che mercoledì rivedrò te e Gigino e la Rosina. Poi da costì mi orizzonterò meglio di quello che dovrò fare qui e in che tempo debba trasportare qui la Stamperia. Per ora ho la base ancora incerta, cioè non ho ancora la scritta in mano, epperciò non posso che far progetti in aria [...]

Conoscerai il risultato della votazione. Uno che si volle far notare, votando per il *no*, non gli fu nemmeno badato. Si prepara il Quirinale per il Re: intanto là gli sgombri sono cominciati.

Certamente Roma diventerà un Parigi, ma ci vorranno cinque anni almeno. Come è bella ora che Roma è libera! Che scene commoventi! A ogni tratto baci, lagrime di consolazione tra amici, parenti, che s'incontrano per via dopo anni e anni di separazione. Dei preti non se ne parla quasi più. Sono già dimenticati, quantunque abbiano recato per tanti anni la desolazione tra le famiglie romane, che piangevano le vittime fatte da questo governo più crudele di quello austriaco. Eppure non si impreca, non si torce un capello nè a un frate, nè a un prete. Jeri sera nel Corso e in tutta la città grande illuminazione. Il Corso era una sala luminosissima. Un numero stragrande di signore con cappelli di paglia alla marinara, con scialli sulle spalle gettati alla romana, con incesso maestoso, veramente romano, a braccetto tra lor signore o con borghesi, spesso con ufficiali, tutte allegre, contente, gioviali; musica a ogni tratto, nessuna carrozza, gruppi di artisti preceduti da chitarre, flauti e simili istrumenti, che ricordavano le feste tranquille di una città in perfetta calma, tutto ciò faceva un grato effetto, o saluti e baci e auguri e capannelli qua e là molto briosi, che accrescevano lo spettacolo rompendo la uniformità dell'incedere compassato, uniforme della giornata quando passavano le centomila bandiere sotto le finestre del Cadorna. L'esercito poi ebbe Evviva INFINITI; poi il Re e l'Unità d'Italia e il Cadorna. Il tuo affezionatissimo G.

32.

A Edmondo De Amicis, a Torino.

Firenze, 13 agosto 1873.

Egregio signor cav. De Amicis,

Rispondo senza indugio alla graditissima sua lettera del 10, giunta questa mattina. Io l'ho letta due volte, e tutte due le volte mi ha fatto grata impressione. Dalla Spagna all'Olanda mi pare che vi sia un'antitesi, che porgerà occasione a colori nuovi della sua feconda tavolozza. A me pare che la scelta del paese sia felicissima, e che debba somministrarle altre tinte, altri pensieri, e che debba colla diversità del soggetto divertire l'Autore e i leggitori. Insomma l'impresario, per la smania di far applaudire, batte già le mani quando il teatro è vuoto ancora, spenti i lumi, perchè il cartellone non è ancora fatto, e il pubblico ignaro di tutto. Pure applaude, al solo cenno del suo caro Alatore.

Ora vengo ad alcuni particolari. Prima di tutto le dico che prenderò un mezzo volume o un volume intero sull'Olanda. Però se facesse un volume *quasi* come la *Spagna*, io lo gradirei di più: 1° perchè i mezzi volumi sono come gli uomini troppo piccoli; la società non li cura abbastanza; 2° molte spese (annunzio, legatura, copertina, registrazione) sono eguali per mezzi volumi, come per volumi come la *Spagna*. Se le farà comodo, per l'*Olanda* adoprerò carattere più grossetto, e mi contenterò di 50 pagine meno. Detto ciò, accetto anche un mezzo volume.

Che il volume nuovo abbia *Olanda* per titolo sarà bene, desterà curiosità, non v'è dubbio; ma non potrebbe come *stradale* descrivere i paesi incontrati per via prima di arrivare ad Amsterdam? E coll'*Olanda* non può dare qualche cenno sul Belgio? Dicono che la parte fiamminga del Belgio abbia grande attinenza coll'Olanda; che vicino ad Anversa vi sia un intero villaggio che serve di *Manicomio*; che il convento dei *Trappisti* in quelle vicinanze sia cosa degna a vedersi; e che in Anversa Giorgio Podesti, un italiano, abbia scritto un opuscolo su codesti due luoghi, e lo abbia pubblicato nella stessa città.

Ma il guajo sarà che Ella non vorrà lasciarsi cogliere dall'inverno in codeste parti, che non è ironia chiamar basse. Eppure un intelligente mi diceva che senza veder l'Olanda d'inverno non si può parlar dell'Olanda; che la sua singolarità è più spiccata d'inverno che nell'estate o nell'autunno.

Ciò detto, io là lascio alle sue riflessioni. Se mi dirà le sue decisioni, l'avrò caro: Ella mi potrà sempre contare come suo Impresario, quantunque dopo la pubblicazione della *Storia del Capponi* abbia voglia di cedere il campo al figlio o ai due figli, perchè non mi accada quello che vidi accadere alla celebre Grisi alla Pergola, sette o otto anni sono: pregata, supplicata di cantare nella *Norma* per una serata di beneficenza, venne spietatamente fischiata. Chi ottenne i favori del pubblico è spesso trattato in questo modo, se non ha il buon gusto di fare a tempo una profonda riverenza ritirandosi per sempre tra le quinte.

Ella mi parla dei suoi critici: io potrei parlarle dei compratori sempre in vena e non sazi; ma è tempo che la lasci, giacche Ella è entrato nel paese ove *time is money*. Mi permetta almeno di augurarle buona prosecuzione del viaggio. Il suo aff. G.B.

33.

Ad Alfredo Reumont.

Firenze, 24 del 74.

Illustre Signore,

Io mi sono astenuto finora di venirla a visitare con qualche mia lettera perchè seppi ch'Ella ha avuto contrarietà piuttosto penose, e perchè la stampa del lavoro del signor marchese Capponi non si era molto discostata dal principio. Ora invece posso dirle che siamo alla metà del 1° volume stampato, e il Marchese desidera che si affretti il passo; nella qual cosa sarà soddisfatto. Io vorrei domandarle, col pieno consentimento del signor Marchese, se VS. per avventura desiderasse che io le spedissi costà i fogli tirati. A un cenno di Lei io sarei lieto di servirla.

E il suo *Lorenzo de' Medici* come va? La stampa è cominciata? Io non chiedo che mi risponda, se a primavera avrò l'onore di riverirla qui a Firenze, come disse jeri il Marchese, che gode buona salute.

I fogli tirati, che potrei mandarle a leggere, oggi sono alla cacciata del duca di Atene, o poco più in là: ma come è ora avviato il volume, oso sperare che nel marzo il 1° volume sarà compiuto. Non credevo che il marchese Capponi fosse così infaticabile correttore delle bozze della sua opera; e mi sprona facendomi temere della sua salute. Invece io attribuisco la sua impazienza al desiderio molto naturale di ogni autore a vedere pubblicati i lavori una volta finiti di scrivere.

Prima di finire mi prendo la libertà di toccare una corda, che vibra oggidì fortemente in Italia. Molti censurarono la pubblicazione del libro storico del generale La Marmora, ma moltissimi sono sdegnati del linguaggio violento e affatto sconveniente del presidente Bismark a proposito del generale La Marmora. Per aver voluto difendersi oltre l'onesto, invece di abbattere l'avversario il presidente Bismark ha fatto creder veritiero il generale La Marmora, giacchè i giornali d'Italia che hanno disapprovato il libro, oggi dicono: « Tra Bismark e La Marmora, noi crediamo al La Marmora.»

Non per questo, il Generale da me visitato jeri mi è sembrato alquanto impensierito dal colpo brutale di quello Onnipotente del giorno. Ma la mia affettuosa stima per la lealtà del La Marmora mi avrà fatto travedere nella breve visita che gli feci jeri.

Scusi lo sfogo e mi perdoni l'ardire, e mi creda suo devotissimo G. B.

34.

A Edoardo Arbib, a Roma.

11 marzo 1874.

Caro signor Edoardo,

Jeri mattina lessi subito la sua Appendice sopra Stuart Mill, ed ho veduto che aveva toccato e indovinato la cagione per cui quelle sue Memorie non hanno fatto uno straordinario rumore. Col titolo curioso di *Autobiografia* Stuart Mill ci fa assistere a una lezione delle sue dottrine, dopo averci fatto assistere alla invero curiosa analisi del suo pensiero e del modo di comporlo.

È libro un po' *secco* per gl'Italiani. Io lo lessi attentamente, e lo rileggerò, ma più colla speranza di scoprire nuovo paese che di rigustare le bellezze che posso aver gustato la prima volta.

Se avessi potuto legger subito l'originale, non avrei esitato a fare un'edizione a 1000 esemplari; ma dopo l'edizione francese, e dopo che essa è da quarantacinque giorni in vendita, mettermi ora a stampare una traduzione italiana non mi sento, considerato che il libro non potrebb'esser pronto che alla fine di luglio, a camminar lesti.

E poi, con che coraggio si ha voglia di convertire il denaro in libri? ora che la mano d'opera, la carta, tutto costa il 25% di più, e noi Editori non possiamo far prezzi maggiori di quelli che anni addietro? Certe collezioni di volumi a una lira iniziate a Milano stanno recando un vero danno: danno ai librai, ai letterati, e presto anche ai loro stessi, editori; che è follia sforzare l'ordine delle cose. Vediamo le grandi nazioni se hanno imprese simili a quelle di cui parlo: edizioni belle, ma care, unico modo di compensare gli Autori, e qualche classico a molto buon prezzo; ma non una letteratura intera. Si metteranno al mondo tanti volumi che non serviranno a nulla, perchè sono stampe troppo grette e poco leggibili, e i letterati che preparavano le edizioni, e tenevano in ordine le ristampe, non vi saranno più, se durasse questo stato di cose.

Io non parlo per invidia, perchè sono un giubilato; ma dico cose che a me pajono giuste, e dettate dalla pratica che ho di libri.

Mi conservi la sua amicizia, e mi creda suo affez. G. B.

35.

A Giuseppe Guerzoni, a Palermo.

Venerdì, 6 novembre 1874.

Caro signor Guerzoni,

[...] Colle pagine[33] che mando oggi s'entra a parlare del generale La Marmora. Ella saprà che, tornato dal suo lungo viaggio, il Generale si trova più sofferente di prima, massime degli occhi. Eppure vuol leggere sempre giornali e libri. Avvicina pochi, ed è in uno stato da mettere in pensiero gli amici suoi. Io credo di esser di questo numero, benchè nè uomo polìtico, nè militare; ma ero grande ammiratore ed amico dell'Azeglio; e il La Marmora mi ereditò da lui, cioè prese a

---

[33] Della *Vita di Nino Bixio*, che si veniva stampando.

ben volermi, avendomi conosciuto per via dell'Azeglio. Ho creduto di far precedere questi particolari per rendere naturale la preghiera *caldissima* che io le faccio: Voglia, mio gentil Signore, risparmiare al La Marmora, in grazia dell'età, della sua salute, dei suoi lunghi servigi, non dico il racconto dei suoi atti militari, nè le considerazioni di Lei, ma le sferzatine, gli epiteti, e cose che a queste assomigliano, le quali la Storia non esige, e forse trascura se pur non le danno sospetto. Questa è la preghiera che le faccio: non mi pare irragionevole, nè audace; quindi confido di ottenere da Lei l'esaudimento dei miei voti.

Come s'avvedrà dalle mie correzioncelle, o piuttosto suggerimenti, o meglio dubbi, io continuo a prender molto interesse nel leggere il suo lavoro sul Bixio. Oramai non temo più di un difetto che mi pareva avesse quando leggevo il manoscritto, cioè di una certa *soprabbondanza*: composto, corretto, messo in pagina, il lavoro mi pare perfettamente arieggiato, ben disposto, e colorito. Ne sono contento [...]

Mi creda suo affezionatissimo G. B.

36.

A Giovanni Mestica, a Jesi.

Firenze, 16 aprile 1875.

Egregio signor professor Mestica,

Io la ringrazio senza fine della umanissima sua lettera. Non che non conosca che nei suoi elogi a me vi sia un'esuberante di lei bontà, ma pure è sempre grato il sentirsi encomiare da persona dabbene e di merito come è Lei.

Quanto alle *Memorie di un Editore*, io vi ho sempre pensato; e nell'estate passata ho steso la prima parte, che tratta brevemente dei primi miei anni sino all'apertura della Stamperia nel 1854. Il Marietti, che è il solo che abbia avuto in mano il manoscritto, ne dice troppo bene, ed io rimango perplesso per i molti suoi elogi; ma siccome ho scritto quello che è vero e quello che sento, così mi acqueto, perchè non saprei mutare, nè correggere. Lascerò questa cura ad altri, quando si dovrà stampare, se si crederà di stampare, dopo la mia morte.

Quanto a questa prima parte, non maggiore di una settantina di pagine delle sue *Istituzioni*, copiata chiarissimamente da un mio figlio, io vorrei mandarla a VS., ma non oso finchè Ella non abbia finite le *Istituzioni*. Avrei caro di sapere da Lei se l'intonazione le par giusta e se posso continuare cosi. Vedrà che non apparirò vanerello, ma ho scritto per i miei figli e nipoti. Comprendo che il secolo va cambiando, e certa roba schietta non potrà più piacere fra qualche anno; ma io non ho scritto per vanità, bensì per dovere. In queste settantacinque pagine vi sono cenni lunghi e curiosi sul Giordani, sul Niccolini, sul Giusti, sul Guerrazzi e perfino sull'Alfieri, avuti quest'ultimi dall'ultimo segretario di lui, il Tassi, della Crusca [...]

Ora, a maggio, vado in campagna, e là torno a scrivere. Scriverò dall'apertura della Stamperia (1855) ad oggi. La vita di un Editore è la storia delle sue edizioni. Eccomi subito nel dubbio di essere monotono come un catalogo. Il pensiero di riuscire uggioso mi scoraggisce, scoraggiato come sono già dalla mia infermità accresciuta. È vero che io farò conto di narrare le cose mie ai miei nipoti senza burbanza, nè orgoglio, ed allora il pubblico sarà meno rigido con chi è modesto, seppure avverrà che s'abbia bisogno d'importunarlo, lo avrei in animo di frammischiare alla bibliografia le cose famigliari, le tecniche, il commercio dei libri, i viaggi, le notizie di persone più notevoli da me conosciute, ed infine il poco bene e molto male che fanno i giornali; ma tutto questo, in mezzo a questo turbinio di cose, è roba che invecchia e che muore presto.

Può Ella darmi norme per questa seconda parte? Conosce altro editore che abbia fatto un lavoro simile a quello che mi proporrei ora di fare?

Fino al 1° di maggio io non andrò a ripormi in campagna, vicino a Firenze, accanto accanto alla villa di Galileo in Arcetri, e fino allora posso aspettare la sua lettera. Dopo quel giorno prenderò carta e penna, e scriverò quello che è realtà, e vi aggiungerò quelle considerazioni che mi verranno suggerite non dal mio ingegno, ma dal mio animo non turbato da vanità. Certo quel brio che avevo una volta quel fare rustico del vecchio Piemontese ammorbidito a Firenze dopo trenta e più anni di assiduo studio degli usi toscani io non l'ho più; non gli anni (ne ho 57), ma la presente infermità mi ha prostrato. Conforto unico e grandissimo è l'avere una buona famiglia, e la coscienza di aver tentato di far bene al mio prossimo.

Mi scusi se ho trascorso in queste querimonie. Se le rimarrà tempo, mi dia norme e precetti per questa seconda parte, che è altamente bibliografica. Avendo ingegno ed animo lieto si potrebbe illeggiadrire anche più della prima parte, la quale è racconto semplice come un libro di Franklin, meno la differenza dell'ingegno ch'egli aveva nutrito di studi severi e di molta pratica di mondo.

Insomma, se non mi rispondesse per non saper che cosa suggerirmi, sappia che io non farò broncio per questo; capirei che Ella ha molte faccende, e che questa sorta di lavori vogliono esser fatti come l'indole propria detta. Io però sento il desiderio di domandarle fino da ora scusa se l'ho importunata con una lettera così prolissa e così sconnessa.

Mi continui la sua benevolenza, e mi creda suo obbligatissimo G. B.

37.
Ad Antonio Panizzi, a Londra.

Firenze, 29 settembre 1875.

Illustre Senatore,

Dal signor Guarducci ho ricevuto le sue gradite nuove e i suoi preziosi saluti. Esce in questo momento dal mio scrittojo, in via Faenza, il marchese Gino Capponi, che mi raccomanda vivamente di salutare i suoi amici Panizzi e Lacaita. Il signor Gino sapeva da me che io voleva scriverle, come vedrà più appresso, epperciò mi entrò a parlare di lor signori.

Io voleva scriverle che gli editori Longman e Green mi scrissero, un buon mese fa, chiedendomi il permesso di far tradurre e pubblicare in inglese la *Storia della Repubblica di Firenze* di Gino Capponi. Mi chiedevano i patti a cui avrei dato simile licenza.

Io risposi subito a loro, dicendo che patti non potevo imporre, perchè non avevo fatto il deposito alla *Stationer's Hall* dell'esemplare dell'opera, prima che finissero tre mesi dalla pubblicazione dell'originale. Quindi io mi rimetteva nella loro equità, discretezza, volontà, purchè l'edizione inglese si fosse fatta, giacchè non nascondevo a quei signori Longman e Green che l'Autore era molto lusingato dall'idea che la sua Storia fosse stampata a Londra.

Credevo che m'avrebbero ringraziato della mia correntezza. Invece non ho mai più saputo nulla, e ignoro se l'edizione inglese si faccia o no; ed io vorrei soddisfare la legittima curiosità dell'Autore, che qualche volta me ne domanda, e vorrei non indugiare, perchè l'illustre uomo è in su cogli anni, e se potessi dargli questa consolazione, non mi parrebbe vero.

Perciò a Lei, signor Panizzi, io mi raccomando, ed al signor Lacaita, che potrà veder Longman, e sapere come stanno le cose intorno a questa edizione, e farmi un ragguaglio per lettera, che io porterò a leggere al marchese Capponi.

Della mia salute mi debbo contentare. Io le auguro ogni bene. Il suo affezionatissimo servitore G. B.

LETTERE DI VARÎ A G. BARBÈRA

1.

Di Luigi Carrer.

Venezia, 19 settembre 1850.

Stimatissimo signor Barbèra,

Era mortificatissimo per non vedere ancora data dal Zante risposta alcuna a quel signor greco, che con tutta premura l'avea ricercata; e mi pesava di avere a scriverle senza nulla dirle su questo argomento. L'altrieri finalmente la risposta arrivò, ed è tal quale in copia gliela compiego. Vedrà da questa che per ora non è da far molto fondamento sui mss. di casa Bulso; ma in quella vece troverà aperto l'adito all'acquisto di un'operetta che parmi voglia essere di somma importanza. Non so se i patti offerti dal signor Naranzi per la cessione del manuscritto saranno di loro gradimento; la trattativa ad ogni modo è intavolata, e credo molto facile il venire a capo di qualche cosa. S'Ella crede di porsi in diretta corrispondenza con esso signor Naranzi, mi sembra che potrebbe farlo, dicendo esserle da persona amica di Venezia stato profferto, ec., ec. Dico questo per sollecitare possibilmente la conclusione del negoziato; senza per altro rifiutarmi d'intromettermi io stesso, se questo sembrasse loro più opportuno. Troverà cancellato il nome del signor greco cui la lettera del Naranzi è indiritta, e ciò per ragioni tutt'affatto particolari di quel signore, assicurandola per altra parte che ciò nulla pregiudica al buon riuscimento dell'affare. Qualunque per altro sia la deliberazione che le piacerà di prendere, pregola a farmene avvisato per mio governo. Quanto ai manuscritti del Foscolo che debbo inviarle io, secondo siamo rimasti, gli ho fatti pulitamente copiare da un giovane intelligente, che per buona ventura m'è venuto alla mano. Son essi: Lettere cinque, tra le quali due sulle grammatiche greche. – Frammenti di Sermoni. –

Novella, o satira, sopra un caso accaduto in Milano ad un ballo. – Traduzione d'una poesia di Pontano. – Piano di studj scritto nella primissima gioventù dell'Autore, e catalogo di varj lavori in verso e in prosa da lui immaginati o condotti a termine in quegli anni stessi. Questo catalogo glielo mando più per alimento di curiosità, che perchè se ne possa giovare nell'edizione; ben potrà tornar non inutile a chi avesse a scrivere la vita. Del piano credo che si potrebbe forse far qualche cosa, ed anche pubblicarlo tra le appendici. Vedranno ad ogni modo lor signori. Ora mi dica Ella che mezzo io debba usare per la spedizione di queste carte, che non sono un gran fascio, tra per la materia in sè stessa e per aver io cercato che la copia fosse fatta in modo da non abusare lo spazio. Sebbene impedito dalla malattia a Lei troppo nota, che, quando più quando meno, mi tiene in continuo travaglio, ho sempre l'animo al Discorso sull'Alfieri, e ne vo scrivendo ora uno, ora un altro branetto; sicchè spererei di averglielo a dare compiuto: sempre già inteso che, secondo il nostro accordo, prima dello spirare d'ottobre avranno una risposta definitiva. E il Foscolo anch'esso nol perdo mai d'occhio, anzi le dirò che spererei aver trovato qualche altro ripostiglio di lettere inedite; ma non voglio scrivergliene finchè non ne sappia qualche cosa di più fondato. Mi convien bensì darle la trista nuova che quel buono e bravo dottor Guarnieri che ha tanto profittato i miei lavori sul Foscolo, e al quale intendeva ricorrere nuovamente per benefizio della loro edizione, è morto, e non so se mi sarà possibile di nulla più ritrarre da chi venne in possesso delle sue carte. Al qual proposito mi raccomando di tener conservato quel catalogo delle Opere foscoliane di pugno di esso Guarnieri, per trasmettermelo ad una colle notizie del Fantuzzi, quando se ne saranno serviti con tutto loro agio. Sono impazientissimo del volume degli scritti politici, i quali non mi parrà vero di avere sullo scrittoio: tanto parmi che a ogni poco possano sorgere impedimenti a quella pubblicazione. Mi obbligherà poi moltissimo, quando spedirà al Maisner la nuova edizione del Giannotti, se porrà nel pacco un esemplare per me, con quello sbasso che potrà farmi godere maggiore. Vorrei empire la facciata, ma sono soprappreso dalla tosse, sicchè per oggi conviene far punto. Continui a volermi bene, mi saluti caramente il Le Monnier, e i signori Mayer e Orlandini, se crede che un mio saluto possa loro esser grato; ch'io intanto rimango, come sempre,

il suo affezionatissimo
L. Carrer.

PS. – La ringrazio sommamente del foglietto Celliniano. Quanto al riscontro delle lettere al Cicognara, avremo modo di farlo senz'altro, tosto che gli eredi delle carte del Conte saranno tornati di villa, ove sono presentemente.

2.

Dello stesso.

Venezia, 24 ottobre 1850.

Signor Barbèra stimatissimo,

Ho già presso di me i manoscritti foscoliani mandati dal Naranzi, anzi con soprappiù alcune lettere inedite, come potrà vedere dall'acchiusa. Sarebbe stato bene che quel signor Naranzi usasse qualche diligenza maggiore nel fare la spedizione; che così si sarebbero causate l'eccessive spese postali dal Zante a Trieste e da Trieste a Venezia, le quali furono niente meno che di austriache 14.30. A principio credetti che fosse corso errore, e non ritrassi il pacchetto della posta, se prima non parlai con qualche Greco pratico di tali cose, dal quale venni assicurato che la tassa stava a dovere, e che n'avea tutta la colpa lo speditore. Ma questi forse intese far bene, preferendo il mezzo più pronto al men dispendioso. Ora, per non caricare di nuove spese eccedenti la spedizione per di qui a Firenze, starò attendendo alcuni giorni se mai si offrisse qualche buona congiuntura, e a rendere più probabile la cosa ne ho anche parlato col Maisner. Ove poi nulla mi si affacciasse di meglio, mi servirò, com'Ella dice, del corriere, e cercherò di attenermi a' suoi suggerimenti nella facitura del pacco. Ai manoscritti foscoliani del Naranzi unirò, come siamo rimasti, i miei pure. L'acquisto da loro fatto mi dà intanto motivo di rallegrarmi con esso loro, perchè lo scritto è veramente bello e succoso, pieno d'ottime considerazioni, e con uno stile sull'andare del Machiavello. In altri tempi avrei temuto che la stampa trovasse impedimento, essendo parlato in esso de' governi inglese ed austriaco con libertà più che grande; ma se l'edizione cammina con qualche sollecitudine, voglio sperare che tale impedimento non darà loro noja. Dall'acchiusa, che il Naranzi mise dentro di un'altra a me diretta, e che ho letto per avermi scritto esso Naranzi che non vi poneva suggello alcuno, affinchè rimanessi io pure informato del fatto, ho inteso il pericolo corso dall'opericciuola di andarsene per sempre perduta negli archivj del Ministero inglese, ed anche per questo conto l'Italia avrà non piccolo obbligo colle signorie loro. E basti per ora del Foscolo.

Circa al Giannotti la ringrazio sommamente del dono gentile, che terrò per cara memoria, tanto più trattandosi d'edizione condotta con vero amore, ed importantissima per più rispetti. Non potrei parlarle, come fo, del merito di questa edizione, se avessi dovuto attendere l'esemplare mandatomi col mezzo dello Scandella; dacchè questi non ha per anco ricevuto il pacco che lo contiene, e mi disse che non lo riceverà se non forse di qui a dieci o quindici giorni. Impazientissimo com'era di esaminare l'edizione, me ne feci prestare una copia dal Maisner fin tanto che giunga la mia, e su questa ho fatto i miei esami e confronti che riuscirono tutti a mio pieno contentamento. Dal Maisner stesso ebbi pure il foglietto del Cellini, di che nuovamente ne la ringrazio.

Tornando al Foscolo, ch'è pur sempre il nostro argomento prediletto, godo assai ch'Ella non ometta di far indagini per iscoprire e riavere ciò che possedeva la buona memoria del Guarnieri. Anche di colà potrebbero per avventura balzar fuori altre cose inedite, o per lo meno notizie desiderabili. In proposito del Guarnieri devo anche dirle, che fu per isbaglio il richiederle che feci quel catalogo manoscritto, il quale ho trovato benissimo ne' miei cartolari. È inutile ch'io le ripeta con quanta impazienza me ne stia attendendo il quarto volume; credo avergliene scritto a bastanza in altra mia.

Della mia salute nulla di nuovo, solo ch'io vo riprendendo alquanto di vigore, e se non potrò vincere affatto la malattia, che questo il tengo oggimai per un impossibile, non so disperare di avermi a trovare l'un di più che l'altro in condizione di usar della vita meno scioperatamente di quello ho fatto ne' passati mesi. Da tutto questo Ella intende, che se non mi sopravvengono altri sinistri, il Discorso sull'Alfieri il farò immancabilmente; e ne ho già steso di lunghi tratti. Ora mi dica il tempo preciso in cui converrebbe che fosse terminato, e se, in cambio d'andar premesso al volume della *Vita*, non si potesse premettere al primo delle *Tragedie*, che sarebbe il suo luogo. Il foglio è pieno, e vorrei pur continuare; ma Ella mi risponderà presto, di che anzi la prego, e così avrò modo di ripigliare. Mi creda intanto dal cuore

tutto suo
L. CARRER.

3.

Dello stesso.

Venezia, 25 novembre 1850.

Mio caro signor Barbèra,

La mi tragga, di grazia, d'un grande imbarazzo, che per altri sarebbe forse cosa da nulla; per me, le ripeto, è un grand'imbarazzo. Ho qui da molto tempo, com'Ella sa, que' mss. foscoliani, e me ne stetti tutt'occhi e tutt'orecchi ad attendere se nessun buon mezzo mi si offerisse di farglieli salvamente ricapitare. La stessa diligenza usò pure, da me pregato, il signor Maisner; ma inutilmente sì l'uno che l'altro. Ero dunque in procinto di farne un involto, e mandarli col mezzo del corriere, quando mi fu detto che a' confini i pacchi si slacciano, e vengono sottoposti ad esame. Questa notizia mi atterrì. Pensai quindi di nuovamente soprassedere, aspettando qualche opportunità d'incontro privato, sempre però tale che mi lasciasse tranquillo sulla sicurezza della consegna. Intanto mi fu prescritto da' medici di starmene confinato in casa, prescrizione che difficultò più che mai le mie ricerche, e nulla di fatto mi si presentò di quanto desiderava. Ed eccoci al termine di novembre, senza che per nulla io sappia come cavarmi da quest'impiccio. Se si trattasse di cosa mia, o che smarrita si potesse ricoverare, sarei più coraggioso, ma tra i mss. zantioti vi hanno delle lettere autografe, la cui perdita è irreparabile. Mi riscriva dunque, caro il mio signor Barbèra, che debba fare, e mi tolga di dosso una responsabilità che sommamente mi pesa. Quand'Ella mi dica: Consegnate l'involto al tale, e a quel tale farò che tosto sia consegnato. O se dirà: Corriamo la sorte della Posta, ed io sulla forza della sua persuasione farò la spedizione a quel modo, senza chiamarmi garante del fine. Si ricorda il ridere che abbiamo fatto di codesti signori fiorentini, che ad ogni inezia che tu abbia a fare ti dicono: *La non si confonda*; ora sarebbe per avventura da ridere di me che mi confondo per questo tanto. Ella però saprà ascrivere ciò tutto parte al gran desiderio che ho di non nuocere minimamente un'impresa, cui vorrei anzi con ogni mio studio giovare, e parte all'infermità di mia salute, che non può a meno di mettere certa esitanza e sospensione fuori dell'ordinario anche nei pensieri e nelle deliberazioni che si hanno a prendere. Avrei avuto un bell'attendere il Giannotti, se mi fossi contentato di leggerlo sull'esemplare inviatomi col mezzo dello Scandella! Nè quell'esemplare, nè il quarto volume del Foscolo mi fu ancora ricapitato. Forse che potrò metterci su l'occhio nella gran valle di Giosafatte. Un'altra volta le dirò io con qual mezzo abbia a mandarmi i volumi, di cui vorrà favorirmi; che qualche lira di porto non vale certamente queste mortali lungaggini. Non altro per ora, bastandomi liberarmi dal grave peso di responsabilità che le dissi, e per altra parte non essendo senz'affanno ogni riga di più che mi viene scritta. Mi voglia bene, caro il mio signor Barbèra, cui mi spiace aver conosciuto quando la mia vita non è più quasi vita, offerendomele sempre, anche così infermo e caduco,

tutto suo
L. CARRER.

PS. – Coi mss. zantioti imposterò anche i miei secondo l'inteso.

4.

Di Vincenzo Marchese.

Genova, 24 maggio 1851.

Stimatissimo Signore,

Soltanto quest'oggi per lettera del comune amico Cesare Guasti ho potuto conoscere a chi io vada debitore di tanto singolare favore, quale io reputo i due articoli che Ella in mia difesa inserì nel *Costituzionale*.[1] Io non mi aveva al mondo altro bene che l'integrità del mio nome; i tristi si argomentavano togliermi quest'unica consolazione, che mi aiutava a portare la vita. Ella sorse generosamente a mantenerla; e questo beneficio è tanto grande e così profondamente scolpito nel mio cuore, che ne terrò memoria fin che mi basti la vita.

S'abbia Ella adunque la mia più viva e più sincera gratitudine. E perchè le anime gentili non si retribuiscono che di amore, le offro la povera sì, ma leale e affettuosa mia servitù ed amicizia. Mi conside-

---

[1] Vedi pag. 66 e 467 (rispettivamente pagg. 52 e 304 della presente edizione, NdR).

ri pertanto come cosa sua, che ora e sempre stimerò mio vanto il dirmi il suo

affez. amico e servo
Fr. VINCENZO F. MARCHESE, de' Predicatori.

Tante care cose al signor Le Monnier.

5.

Di Filippo Antonio Gualterio.

Firenze, 6 aprile 1852.

Carissimo Barbèra,

[...] Io sono libero nello scrivere, e lascio piena libertà agli altri. Quanto al documento, copia del quale è in mie mani, già vi dissi che per nessuna ragione, pendente il giudizio Guerrazzi, io non lo pubblicherei; perchè nessuno mi ha insegnato giammai nè ciò che debbo agli altri, nè ciò che debbo a me stesso. Il documento però non è *apocrifo*, e se constasse per avventura a chi è interessato che l'originale *più* non esiste (sul che non so al momento la verità), consta egualmente a me che ha esistito eguale a quello di cui ho copia. I processi che fa lo storico coscienzioso non si sviano con cavilli di curia; il criterio che ha lo storico nell'interrogare, nell'esaminare atti e persone lo autorizza ad asserire ciò di cui è convinto. Ora nel caso concreto siccome a me *consta positivamente* che l'originale era eguale alla copia che io possiedo, e mi consta per testimonianza d'uomini, il sì dei quali vale più del no interessato del Guerrazzi, d'uomini la parola positiva dei quali sarebbe prova irrecusabile per qualunque giudice del mondo, quindi non posso a meno di ritenerlo per atto autentico. Torno a dirvi che non me ne giovo nelle condizioni attuali, perchè le prove che dovrei dare per convalidarlo sarebbero a danno altrui, e non me ne gioverei neppure per produrlo senza le firme finchè lo stato delle cose non muta.

Del resto io non ho scritto nulla spinto da animosità contro chicchessia; ma parlando degli avvenimenti del 1847, e dovendo farmi strada a quelli del 48, non poteva tacere degli uomini che prepararono la rovina d'Italia; imperocchè il settembre 1848 è stato l'origine di tutte le sventure italiane, e se io mi tacessi, e tacessero i contemporanei, non per questo tacerebbero i posteri, non per questo stornerebbe dal suo capo la responsabilità di quelle sventure chi fu cagione principale delle vergogne livornesi, che mal furono riparate dagli sforzi fatti più tardi per porre un argine al torrente al quale si era rotto ogni diga poco innanzi, allorché le acque ingrossavano d'ogni parte.

Ecco ciò che aveva a dirvi sul documento, nè più nè meno di quanto vi dissi a voce. Scriva adunque il Guerrazzi ciò che vuole; io compatisco la sua posizione; ma deve capire che la storia non gli può essere benevola, nè la sua vita politica può essere soggetto d'encomio, ed egli come gli altri debbono essere persuasi che nulla può deviare la mia penna dal sentiero della verità, e che, se posso prendere qualche abbaglio involontario, non mi faccio trascinare da passione, nè soggiogare da alcun influsso. Credo averne date prove sufficienti. Quindi è che se il Guerrazzi difendendosi proverà che fui tratto in errore, esaminerò le prove come promisi a tutti; se farà declamazioni e sofismi, manterrò intatti i miei giudizj. Quanto alla forma, aspetterò a giudicarla dopo averla veduta.

Vostro affezionatissimo
F. A. Gualterio.

6.

Di Camillo Ugoni

Brescia, 25 settembre 1853.

Pregiatissimo signor Barbèra,

Benchè io ne abbia scritto direttamente al signor Felice, ciò che gli chiedo mi sta tanto a cuore, ch'io stimo necessario di affidare a Lei pure questa mia premura. Si tratta di non pubblicare quelle lettere del Foscolo capitate alle mani del signor Le Monnier. Se egli ne avesse ottenuto copia per prezzo, sono prontissimo a rimborsarlo di quanto può aver pagato e d'ogni altra spesa contratta per ciò.

Allorchè ebbi il piacere di conoscerla, Ella mi parve persona gentile e da pigliare a cuore le premure altrui. Mi ragguagli adunque prontamente dell'esito di questa mia raccomandazione, e mi creda

suo dev. servitore
Camillo Ugoni.

7.

Di Enrico Mayer.

Pisa, 1° decembre 1854.

Pregiatissimo signor Barbèra,

Ebbi la sua circolare e poi la sua lettera, e le domando scusa dell'indugio a risponderle; ma sono stato da più mesi ravvolto in tante penose cure di famiglia, che non mi è stato possibile il soddisfare ai debiti di carteggio anche i meno tolleranti di ritardo.

Io credo ottimo il suo pensiero di una raccolta di operette educative e istruttive, e son pur d'avviso che una simil raccolta, fatta *con ordine e con un concetto prestabilito* IN TOSCANA, gioverebbe non solo ai Toscani, ma agli Italiani tutti; giacché avrebbe in sè il pregio della lingua, che sempre non hanno le scritture piemontesi e lombarde. Peraltro non posso dissimularle che prevedo grandissime difficoltà da incontrare, perchè sono pochi fra noi quelli che siansi esercitati a porgere con grazia toscana le nozioni elementari delle cose. Bisognerebbe poi anche intendersi sul significato di questa voce *elementare*, perchè a me pare che anche le primissime cognizioni della natura dovrebbero trasmettersi nelle menti giovanili con tutta l'esattezza della scienza attuale, altrimenti s'imbevono le tenere intelligenze di falsi concetti, che è poi difficile farne svanire per sostituirvi la verità. Gli scrittori per l'infanzia dovrebbero dunque essere a un tempo buoni scienziati; e questa esigenza essendo difficilissima a soddisfarsi, io credo che più agevolmente si raggiungerebbe lo scopo se quegli educatori toscani da Lei desiderati per dar vita all'ideata raccolta si accordassero per modo, che mentre ciascuno attendesse alla sua *specialità* per le materie da trattarsi, fosse poi cura di *un solo* la libera revisione della lingua. Se questo venisse accordato, potrebbero ancora gli autori non essere toscani; e questo pensiero mi riconduce alla memoria un fatto di cui non so se Ella abbia cognizione. Tempo addietro il signor Bagarotti di Parma, direttore di un Istituto in Firenze, mi scrisse aver egli in pronto alcune operette elementari su varj argomenti, per le quali avrebbe desiderato di trovare un editore, ma prima mi domandava ch'io avessi voluto, venendo in Firenze, prenderle in esame. Ciò non ho potuto fare, non essendo più venuto da gran tempo, se non di volo, costà; ma credo che metterebbe conto di veder quei lavori, perchè il signor

Bagarotti, nelle poche volte ch'ebbi opportunità di parlargli o di vederlo nel suo Istituto, mi parve uomo di coscienza e di sapere. Son per altro trascorsi molti anni dacché più non lo vidi, nè tampoco so se ancora abbia vita il suo Istituto; ma a Lei o al signor Bianchi sarà facile il verificarlo; e mi contenterò di aggiungere che il signor Bagarotti giunse fra noi con calde raccomandazioni del Giordani, di cui era molto amico.

La signora Ferrucci non ho sinora potuto vederla se non di volo, ma appena mi troverò a poter più liberamente disporre di me medesimo, tornerò a riverire questa distintissima donna, e le parlerò del suo proponimento. Essa potrà certamente con efficacia coadiuvarlo, cosa ch'io non posso promettere di me, giacchè, dopo il cessar della *Guida*, non mi sono più *letterariamente* occupato di educazione. Ne rifaccio la pratica in famiglia con *cinque* figliuoli, da' quali imparo assai più di quel che non presumessi altre volte insegnare altrui. Ella pure si prepari a imparar molte cose dal suo vispo bambino, al quale dia un bacio per me.

Le desidero poi ogni miglior successo nelle sue imprese, e me le dichiaro sinceramente

devotissimo
E. MAYER.

8.

Di Raffaello Lambruschini.

Figline, 20 decembre 1854.

Carissimo signor Barbèra,

La lettera del Parravicini, che le rimando qui inchiusa, è un ottimo elenco delle opere da pubblicarsi per formare una biblioteca d'educazione. Ma la difficoltà, per me, non istà nel distendere una di queste indicazioni, che pur valgono a mostrare la via. L'osso duro è lo scoprire se vi sono le opere da accomodarsi a quel disegno, o il farle comporre o tradurre. S'Ella riesce a metterle insieme, *eris mihi magnus Apollo*. Io sono cosi poco contento dei libri che conosco (spero però che ve ne siano degli ottimi o buoni frai molti che non conosco), ho tale concetto dei pregi che dovrebbero avere per le idee, per l'ordine, per la dicitura, che non so veramente qual altra cosa dirle fuor questa: Si metta all'opera, e vegga quel che le riesce. L'ajuto ch'io posso darle, e che volentieri le offro, è questo; di esaminare, se a Lei e al signor Celestino piace, i libri o manoscritti che saranno a loro offerti o da loro adocchiati, e dire francamente se essi rispondono all'ideale che ho in mente. Quando io sia lasciato un poco in pace, e che possa dar termine al mio libro, farò (spero) conoscere che regna ancora molta confusione ed incertezza nelle norme da seguirsi nei libri per l'insegnamento, e che tutti (compreso me) siamo andati a tentone. Ci abbiamo azzeccato talvolta, ma non sempre; e ci è avvenuto di annojare i ragazzi poco svegli e poco vogliosi, di stancare i pronti e diligenti, e di formare il più delle volte nelle loro menti un mazzolino di fiori che appassiscono, invece di far nascere la pianta che dia fiori e frutte.

Queste cose non posso qui toccarle se non vagamente; pure le accennerò una conclusione pratica delle mie dottrine che concerne appunto i libri, ed è questa: che per ogni cosa, la quale si voglia insegnare ai ragazzi e ai giovani, fino a tanto che non sappiano studiar da sè, ci vogliono due, tre e quattro di quelli che oggi si chiamano *Corsi;* ne' quali si mettano prima in mostra solo certi punti, poi altri, poi altri; e si compia così bel bello l'esposizione con una successione armoniosa, che è insieme una ingegnosa e piacevole ripetizione. Così non si ingombra l'intelletto, e si fa lavorare; così si apre sempre un nuovo paese all'occhio, e si fanno le cognizioni sempre più compite, ma insieme sempre più distinte e profonde. Questa successione poi richiede una scelta sagacissima, le cui norme sono dettate dalla natura, e che io stabilirò.

Ora Ella apra, per esempio, un libro di storia naturale pei ragazzi: che cosa ci trova di speciale per loro? Nulla, fuorchè uno stile che per esser chiaro diventa bambinesco; e il solito ritornello – Miei cari bambini. Ma la materia è data tutta ad un tratto; il sistema botanico o zoologico è esposto con intierezza e minutezza, come si trova nei libri degli scienziati; e il ragazzo deve ingojare tutte quelle divisioni, delle quali dopo due giorni non sa più nulla. Così della storia, così della grammatica, così di tutto. Se io avrò vita, non farò certo tutti i libri elementari che si richiedono; ne farò alcuni (e tra questi la grammatica), e degli altri darò le norme a chi li saprà e vorrà fare. Con tutte queste cose che le scrivo alla peggio, io intendo solamente di renderle ragione dell'astenermi di darle pel suo disegno indicazioni precise e suggerirle libri. Ma non intendo di scoraggiarla. Tenti, cominci e vegga.

Mi rallegro con loro di quel che già fanno; e mi rallegrerò del Giornale a garbo, che medita il signor Celestino, se riuscirà ad averne la permissione. Certo é una vergogna che non vi sia.
Stia bene e a rivederci presto.

Suo affezionatissimo
R. LAMBRUSCHINI.

9.

Di Augusto Conti.

(1855?)

Pregiatissimo signor Barbèra,

Io mi ricordo benissimo, e caramente, di Lei, non solo per la memoria che io serbo del comune amico Caccia, ma ben anche per la memoria di un mio sogno giovanile. Non si rammenta? Ella diresse la stampa de' miei Canti Lirici, dai quali io sperava di raccogliere una qualche lode; e quella speranza allora mi era dolcissima. Povero ragazzo! Non conosceva che mi mancavano tre cose, prima di tutto l'ingegno, e poi il rimbombo dei paroloni e la condiscendenza ai tempi. Ma io non stupisco punto di quel mio sogno, mentre ora, che passo i trent'anni, mi avvedo che sogno pur sempre e sognerò. Del resto mi ricordo ancora, che io la conobbi, non dato al traffico, ma all'arte sua nobilissima; e però molto bene io spero dell'opera sua per l'onore d'Italia.

Non ho ricevute le 100 copie del mio Discorso sulla Turrisi. Se queste ancora non sono state spedite, Ella può mandarmele per mezzo del procaccia di Samminiato, che parte di costà il sabato, e che ha la stanza presso l'arco dell'Arcivescovato; e nella settimana ventura le manderò il tenuissimo compenso delle venti lire. Sì, tenuissimo, meschino compenso, e di ciò la ringrazio quanto più so e posso. Anzi io manderei spontaneamente di più, se le mie forze fossero maggiori; ma io, caro signor Barbèra, son povero assai, perchè non so risolvermi di dare tutto il mio tempo ai pettegolezzi del fòro.

Avrei letto volentierissimo il primo numero dello *Spettatore*, ma non l'ho ricevuto. Oggi che corre la voga dei giornali, e che questi ad ogni modo possono essere utilissimi, era necessario che si pensasse a farne uno buono, largo, meditato e fecondo; e però Ella e l'egregio Bianchi si son posti ad un'impresa che merita lode per ogni verso. Il male è che noi Italiani siamo vogliosi del fare, ma svogliati del perdurare; e però temo che i buoni capitani non abbiano da trovarsi presto senza soldati. Comunque siasi, senza tentare non si fa mai nulla; e chi fa bene insegna a fare. Quanto a me, non so se la natura de' miei studi potrà rispondere a quella del giornale. Io mi sono dato tutto, bene o male che io faccia, agli studi filosofici, e da molti anni vo preparando un Corso di filosofia. È un caso che io tratti altri argomenti; nè giova mettere troppa carne al fuoco. Ho quasi pronto un lavoro sul Franchi; ma se il Neri pubblicherà un suo giornale, io l'ho promesso per lui. Nondimeno, quando io avrò letto qualche numero dello *Spettatore*, se vedrò che anch'io possa mettermi in quella carreggiata, concorrerò di tutto cuore nell'opera loro; tanto più che io devo mostrarmi riconoscente alla cortese opinione che le SS. LL. hanno per me.

Oh! quanto fanno bene a stampare le Lezioni del Niccolini, che saranno, io credo, bellissime. Alcuni anni fa lessi per caso il libro dell'Ugolini, ch'è davvero un bello ed utile libro; anzi pregai molto chi me lo diede in prestito, a vendermelo; ma non potei ottenerlo.

Mi conservi la sua benevolenza e mi abbia sempre per

suo affezionatissimo servitore
AUGUSTO CONTI.

10.

Di Pietro Selvatico.

Venezia, 5 marzo 1855.

Egregio Barbèra,

Allorchè mi vidi capitare tre numeri del nuovo Giornale, *Lo Spettatore*, senza lettera che me li annunciasse, non seppi, in sulle prime, a chi dovessi rivolgere la mia gratitudine; ma scorgendo dappoi il vostro nome fra gli editori, mi figurai tosto foste voi il gentile donatore, e stavo per indirizzarvi una riga di ringraziamento, quando la vostra mi venne a raccertarmene. Grazie dunque, e molte e sincere.

Con quella solita cinica schiettezza che mi conoscete, vi dirò, che scorrendo il primo numero mi pose un pochino di malumore lo abbattermi subito subito in una polemica, ed in una polemica di versi. Che diavolo! dissi fra me, che non si sappia, qui in Italia, se non menar la penna per ciance inutili. Ma dappoi cangiai parere, vedendo e il bel lavoro del Reumont, e l'articolo sulla Storia dell'Amari, ed altri scritti pregevoli, da cui però escludo (scusate) quella Necrologia sul Quarena, roba buona per Gazzette urbane e non conveniente a giornale grave e sodo; non perchè non sia scritta con pulita diligenza e con penna amorosa, ma perchè quel povero decrepito pittore era una così pitocca *minimità*, da non meritare altro epitaffio se non quello celebre:

Un epitaffio corto:
Pietro viveva, è morto.

Voi mi chiedete articoli, ma li chiedete in modo così obbligante, che sarebbe più che scortesia il rifiutarveli, se mi restasse un solo centellino di tempo libero. Ma, figliuol mio, io rinnovo la storia di quel tale che dovea fare da Zanni e da Burattino in una stessa commedia. Figuratevi, ho cominciato la mia carriera accademica col Professorato di Estetica e il Segretariato, poi mi posero indosso la giornèa del Presidente, indi m'aggiunsero l'altra, forse più grave, d'Ispettore generale di tutte le scuole pubbliche di disegno nelle province venete. Così, addio tempo di pensare a scrivere un po' da cristiano su qualche cosa che meritasse d'essere riprodotta da un buon giornale come il vostro. Rapporti, Note, Protocolli, Rescritti, ecco gli esercizii di squisita letteratura a cui mi conviene consacrare la magra penna da mattina a sera. Capite, che con questi trastulli alle costole, non restano ore da pensare a scrivere per Giornali, per quanta buona volontà ci si voglia mettere. Quel poco tempo che m'avanza dalle gioie del *bureau*, devo darlo alla correzione delle bozze delle mie Lezioni di Estetica di cui son già stampati il primo volume e gran parte del secondo. Quando l'opera sarà finita (che spero lo sia fra due mesi), ve ne spedirò un esemplare.

Con tutto questo non voglio già concludere che non vi manderò mai nessun articolo. Voglio dir solo che sino al momento in cui non mi spiglio un poco dai più grossi fardelli che mi stanno sulle spalle, vedo difficile di poter secondare il gentile vostro invito ed il vivo mio desiderio di compiacervi.

Intanto, come quei debitori che invece di saldare i loro conti domandano nuovamente denari, io vengo a chiedervi un favore, quello cioè di far inserire nel vostro Periodico lo annuncio dell'accennata mia opera in corso di pubblicazione, secondo il polizzino che qui vi includo. Se frattanto vi premesse vederla, prima d'annunciarla, vi avverto che Reumont e Milanesi l'hanno.

Ringraziandovi in anticipazione di questa nuova cortesia, vi mando un cordiale saluto del vostro buon amico

P. SELVATICO.

PS. – Potrei mandarvi, e presto, un mio scritto già quasi al termine: *Considerazioni sulla tecnica dei pittori del trecento e del quattrocento sì a tempera che a fresco.* Ma vi prevengo di due cose: 1° che lo scritto prenderebbe circa un foglio da 16 pag. in 8°, quindi dovrebbe essere spezzato in più numeri del Giornale; 2° che dopo stampato da voi, lo sarebbe in un'appendice alle mie Lezioni d'Estetica. Sarebbe anche mia intenzione di preparare un articolo critico sulle migliori opere artistiche del giorno (straniere e nostrali) che trattano d'arte italiana. Ditemi alla schietta qual dei due potrebbe più convenirvi.

11.

Di Antonio Ranieri

Napoli, 23 marzo 1855.

Gentilissimo signor Barbèra,

Dopo tanto tempo che mancava delle sue nuove, può immaginare quanto gradite mi sieno state le due sue lettere. Non risposi immediate, come avrei voluto, nè alla prima nè alla seconda, perchè avrei desiderato di risponderle con frutto. Ma quanto è ch'Ella manca di qua?... Ella sembra presupporre che qui sia o possa essere un movimento intellettuale! E certo, se, potendo esservi, non vi fosse, o ve ne fosse non più di quanto veramente ve n'è, si dovrebbe credere che i nove milioni di animali bipedi non volatili onde sono popolate queste due estreme parti d'Italia, appartenessero ad una razza inferiore alla razza umana. Fortunatamente io ho una migliore opinione degli sventurati abitatori di queste contrade! Una serie fatale di lugubri avvenimenti li ha condotti in termini che ogni pensiero, quantunque forte e vitale, non che intendere ad effondersi e manifestarsi, intende, anzi, al contrario, ed o muore in sul nascere, o vive vita così tenebrosa e solitaria che, quanto agli effetti obbiettivi ed estrinsechi, è come non nato o morto! Queste terribili necessità non possono esser vinte da una volontà umana, quantunque potentissima; nè un uomo non irreligioso della patria e di sè stesso, potrebbe mai parlare o scrivere del movimento intellettuale di queste contrade come cosa che sussistesse; salvo se non appartenesse alla genia de' Torelli e somiglianti, de' quali non credo che lo *Spettatore* voglia mai sognare di far tesoro!... Io non intendo però di rifiutarmi, sia per me sia pe' miei pochi ma non indegni amici, al cortesissimo ed onorevolissimo invito. Intendo solo ch'Ella mi meni buona la scusa dell'essermi indugiato e del dovermi ancora indugiare a somministrarle cosa che valga, e del non poter mai questa cosa essere una rassegna di ciò che, da un pezzo in qua, non ha potuto, nè può tuttavia, aver vita. Non le hanno detto il falso intorno al mio vivo e fermo desiderio di lasciar le mie ossa in cotesta mia patria di elezione; e questo mio desiderio è incredibilmente aiutato dalla resurrezione al mondo intellettuale dell'immortale Niccolini (la quale bench'io già conoscessi, la ringrazio quanto so e posso d'avermi annunziata), e dalla resurrezione della Toscana a quella qualunque siesi vita letteraria che la rendette gran tempo la più bella, anzi, la sola oasis del nostro Saharah. Dello *Spettatore* m'è pervenuto il 2°, 3°, 4°, 6° e 7° quaderno: non il 1° e il 5°; nè so intenderne la cagione! Ora che so ch'esso accoglie anche poesie, potrò forse mandarle qualcosa d'un mio amico capace a ricercare più d'una nobile fibra d'un cuore toscano. Mia sorella l'è grata della memoria ch'Ella serba di lei. Ed io la prego a non pensare a spesa di posta, perchè ben altro spenderei per conversare coi lontani non immeritevoli!... Mi creda cordialis.

dev. obb. serv.
A. RANIERI.

12.

Di Ruggiero Bonghi.

Stresa, 10 giugno 1855.

Egregio Signore,

Rispondo subito alla sua gentilissima lettera. Il formato del Tommasèo mi conviene, se a Lei piace meglio d'un formato in ottavo. Le bozze di stampa le manderà qui come Lei dice; ed io gliele manderò ricorrette. Per il manifesto potremmo tenere una via di mezzo. Io le scriverei una lettera in cui l'informerei di tutto il disegno del mio lavoro; e Lei la pubblicherebbe a modo di manifesto con alcune poche parole sue d'introduzione in qualità d'editore. Io credo che i cinquecento associati si faranno, perchè Platone non è scrittor nojoso, nè che s'indirizzi solo a' filosofi, e mi par d'altra parte che si senta oramai in Italia il bisogno ed il desiderio di studii più sodi e nutriti. Resta, dunque, che Lei mi dica quanta sia la somma che le bisogni anticipare per un primo volume, e di che maniera intenda dividere il ritratto dell'edizione. La prego di rispondermi presto; perchè come il mio primo volume dell'*Aristotile* s'è venduto – cosa che mi par molto strana – l'editore mi dimanda il secondo; ora, io non potrei impegnarmi a tirare avanti ad un tempo l'*Aristotile* ed il *Platone*.

Mi consolo con Lei del suo ardire d'editore. Certo che ha una impresa difficile alle mani: la povertà delle nostre lettere oggi è tanta e tale, ch'io non so come potrebbe spremerne due buoni volumi per anno. Il Le Monnier, col ristampare i Classici, s'è aperta una via facile e sicura; ma parecchie delle sue edizioni hanno, secondo il mio parere, maggior reputazione di quella che meritano, e non sono di nessuna utilità per facilitare lo studio della lingua e dello stile. Le note al Cellini, per esempio, sono un mare di spropositi.

Un editore come Lei potrebbe farci del bene molto. Ci mancano grammatiche e dizionarii della lingua nostra e delle straniere. Non abbiamo, per esempio, un dizionario greco per le scuole nè per i dotti; non un dizionario latino. Il nostro dizionario della Crusca si ha a rifare su altra base, perchè agevoli lo scrivere e non l'impacci. Delle pubblicazioni che mi accenna, mi piace il Cecchi e le Canzoni popolari. In quanto a' moralisti greci, hanno maggior credito del dovere; e troverà grandissima difficoltà nello scegliere le traduzioni. Da quelli tradotti dal Leopardi in fuori, gli altri sono tradotti di maniera che non si possono ristampare. Aggiunga che il principale moralista greco è quel Platone. Il volume del Gioberti poi avrà delle bellissime pagine, ma altre vaghe ne' giudizii e abbondanti di parole; nè credo che lo troverà sempre concorde con sè medesimo. Lei sa ch'io sono schietto; e con Lei a cui sento, non so perchè, di volere del bene, parlo come con un fratello.[2]

Mi dimanda del Rosmini. L'ho visto che non è un'ora. M'è parso quasi consunto e stremo di forze; parla a gran pena; ha difficile il fiato; e non che la parola, neppure l'idea gli vien pronta. Fuori che in questo affievolirsi continuo, non peggiora del resto, dicono i medici, da tre settimane. Speranze di salvarlo ce n'è poche o forse nessuna: e più l'incertezza dell'arte medica che non l'efficacia de' rimedii lascia luogo a non disperare del tutto. Ahimè, come questa Italia resta deserta di nomi illustri, se quella gran vita si dilegua anch'essa! E tutti par che lo sentano. Nemici ebbe già; ora, per la natural carità della patria e la venerazione della virtù e del genio, a tutti preme che non muoja. Non si può figurare in quanti luoghi si preghi per lui. Non avevo mai visto meglio di ora, quanta sia la convivenza di spirito che la religione cattolica sa generare ne' suoi credenti. Non vi ha frate, non vi ha prete, non vi ha cattolico sincero a cui arrivi la notizia della malattia del Rosmini, che non gli paja di sentirsi venir meno qualcosa di proprio, e che non offra a Dio quella preghiera nella quale ha più fede. Una settimana fa gli è stato amministrato il viatico: e tutti gli abitanti di Stresa, che altri in altri tempi avevano tentato di incitargli contro, tutti seguirono il Sacramento, si sparsero per la corte e per le scale, e quanti più potettero, tentarono di entrar nella camera per rivedere – credevano – l'ultima volta quell'uomo che sentivano in tanto ossequio del mondo e vedevano, loro, ogni giorno. Il barone Malfatti, sindaco di Rovereto, è venuto pochi giorni sono a visitare l'ammalato e a presentargli da parte de' suoi concittadini una lettera firmata dal Clero e dalle persone più scelte della città che attestasse quanto fosse vivo in tutti il desiderio della sua vita. Certo, questo consenso di dolori consolerebbe il Rosmini se a lui, così mite e rassegnato di animo, la morte potesse parere una cosa da doverne essere consolato; ma consola almeno noi e c'incoraggia, co' mezzi più effi-

---

[2] Da qui in giù questa lettera fa stampata nello *Spettatore*, 15 giugno 1855, pag. 240.

caci su nature più deboli, al bene. Addio. Parlar del Rosmini più a lungo me lo vieta il dolore!

Sono tutto suo
RUGGIERO BONGHI.

13.
Di Giovanni Batista Niccolini.

Popolesco,[3] li 8 luglio 1855.

Gentilissimo signor Barbèra,

Ben volentieri le permetto, secondo ch'Ella desidera, di stampare le Lezioni da me recitate nell'Accademia delle Belle Arti nel primo anno del mio corso; la prego nulladimeno di fare avvertire che sono scritte coll'unico scopo di porre nei giovani il desiderio di leggere i Classici, il cui studio tanto aiuta la fantasia degli artisti. Per giungere a ciò ho tradotto non piccola parte dei loro scritti; e se nella gioventù fosse entrato l'amore di questi studi, io avrei fatto di più. Altri lavori avrei resi di pubblica ragione, ma non sono compiti; come la Storia della Casa di Svevia, alla quale ora ho rivolto le mie cure. Quei lavori drammatici che ho scritto ultimamente, e la versione d'Eschilo hanno bisogno ancora di lima; ed altre cose che ho tentate non ho per adesso intenzione di pubblicare. Mi approfitto di questa occasione per segnarmi colla maggiore stima

suo dev. servo
G. B. NICCOLINI.

---

[3] Villa del Niccolini fra Prato e Pistoja, non lungi da Montemurlo, detta anche dell'Agna, dal vicino torrente.

14.

Di Carlo Tenca.

Milano, 9 marzo 1857.

Carissimo Signore,

Mi manca il tempo di scriverle un po' diffusamente, come vorrei, intorno a libri da pubblicare: mi contenterò adunque di brevi cenni, ed Ella pure se ne contenti, e ne faccia quel caso che crede. Innanzi tutto comincerò dal dirle che Carcano ha quattro tragedie da dare alla stampa, tre delle quali compiute, l'ultima vicina ad esserlo, e di queste Ella potrebbe fare un bel volume, essendo l'autore disposto a cedergliene la proprietà. S'intende che sono tragedie sue, non tradotte, e di due, ch'io lessi, posso dirle aver molte bellezze e particolarmente una versificazione stupenda. Carcano inoltre potrebbe darle da ristampare il suo *Damiano*, romanzo di maggior mole forse dell'*Angiola Maria*, e che, uscito in luce sett'anni fa, in momenti tutt'altro che letterarii, non attirò l'attenzione che meritava: circostanza questa favorevole a una ristampa. E forse lo stesso Carcano ha altri lavori inediti, specialmente novelle; che potrebbero fare al caso suo. Gliene scriva direttamente. Altri scrittori che sappian fare un romanzetto quale Ella lo desidera, io non conosco, fuori di due, un uomo e una donna, e questi potrebbero mettervisi, qualora fossero note le condizioni ch'Ella farebbe. Il primo è uno de' miei amici e collaboratori, di cui lessi già qualche bellissimo racconto; l'altra è la contessa Caterina Percoto del Friuli, autrice di parecchie novelle ch'io stimo fra le migliori nostre, e la quale, ove non fosse obbligata a vivere in un oscuro paesello dell'Alpi, avrebbe fama pari all'ingegno. Tommasèo, che la conosce e l'ammira, ha voluto dare a Le Monnier la raccolta delle novelle già edite di lei, e credo che usciranno tra non molto; ma si potrebbe averne di nuove, ed io, che le sono amico, volentieri le procaccerei un'occasione di metter mano alla penna. E a proposito di novelle, di quelle appunto affettuose e scritte con garbo, noi ne abbiamo di belle della signora Luigia Piola, un'altra valorosa donna, morta nello scorso anno. Seguace della scuola manzoniana, essa ha limpidezza e amabilità di stile, e come autrice di scritti che hanno un proposito di moralità, tiene un posto ragguardevole. Non so se tutte le cose sue starebbero bene insieme unite, giacchè alcuni racconti sono destinati all'età giovanile; ma certo si potrebbe raccoglierne un bel volume, che sarebbe letto volentieri.

Le noto qui di passaggio ch'Ella farebbe buona cosa a dar posto più di frequente nella sua biblioteca ad autori di questa parte d'Italia, dove pure le pubblicazioni fiorentine trovano grande spaccio. Vedo, per esempio, ristampati scritti d'autori d'assai poco valore, mentre si potrebbero ristampare quelli del nostro dottor Carlo Cattaneo, che non solo godono di molta riputazione fra noi, ma sono fra i più bei lavori di critica letteraria, storica e scientifica dati in luce da qualche tempo in qua. Credo che ai già noti egli potrebbe aggiungerne d'inediti; e la ristampa qui sarebbe ben accolta, e altrove gioverebbe a divulgare uno dei più robusti scrittori e pensatori de' nostri dì.

Un autore, di cui s'attende ancora la raccolta compiuta delle opere, è il Grossi. Alla morte di lui Le Monnier ne aveva fatto richiedere la famiglia: non so se i motivi che allora impedirono di far quella ristampa, sussistano tuttora. Si potrebbe ritentare.

So pure che presso una famiglia del Bergamasco è un volume di poesie inedite del Mascheroni. Il cavalier Maffei me ne parlò più d'una volta, e credo anzi fosse incaricato di trattare con qualche editore per la pubblicazione.

Nelle ristampe d'autori antichi io amerei attenermi alle collezioni d'un dato genere di letteratura, perchè queste, allorchè sono compiute ed illustrate con buona critica, diventano indispensabili in ogni biblioteca anche modesta, e giovano poi molto a concentrare l'attenzione sui singoli rami dell'albero letterario. Se la raccolta dei satirici, per esempio, non fosse stata fatta di recente, sebbene nel modo più scellerato, mi piacerebbe ch'Ella la tentasse. Si dovrebbe anzi fare senza timore di concorrenza con quella sì orribile del Fredari; ma ad ogni modo crederei che in questa maniera di pubblicazioni resti ancor molto da fare.

Una ghiotta raccolta sarebbe tra l'altre quella degli *Umoristi* italiani, la quale darebbe a conoscere un aspetto poco avvertito della nostra letteratura, e autori che al bizzarro dello scrivere associano il più delle volte il bizzarro dei casi. Ma sarebbe da fare con molta cura, facendola precedere da un discorso sull'indole e sullo sviluppo dell'*umorismo* in Italia in relazione col pensiero e colla vita nazionale, e accompagnandola man mano delle biografie dei diversi autori. Credo che, fatta a dovere, la raccolta piacerebbe, e dove le paresse opportuno intraprenderla, potrei suggerirle fra' miei amici l'uomo atto a dirigerla.

Di questo genere potrebbe farne altre, quella, per esempio, dei *poemi rusticali*, quella dei *didascalici*, e così via. Chi non vorrebbe acquistarle quando l'edizione non lasci nulla a desiderare? Una raccolta nuova e curiosa potrebbe esser quella dei *poeti popolani d'Italia*, di cui ogni provincia può dirsi avere il suo. Non intendo dire dei poeti vernacoli, ma dei molti che scrissero in italiano, più che mediocremente talora, trattando la pialla o la lesina. Si potrebbe mostrare così una ricchezza nostra, quale nessun'altra nazione può vantare; e poi che bell'argomento di prefazione non offrirebbe, e quali studi biografici interessantissimi!

Tra gli autori da riprodurre parmi che non dovrebbero esser dimenticati alcuni del secolo scorso. Io ne avevo ideato una serie di studi biografici pel *Crepuscolo*, e uno dei collaboratori aveva già posto mano a un lavoro su Mario Pagano: fu sospesa, perchè, le condizioni del giornale aggravandosi, mi convenne abbandonare ogni argomento che appena appena potesse dar ombra. Diverso però sarebbe il caso per una pubblicazione separata, e forse un'edizione dell'opere di Mario Pagano corredata d'una buona introduzione tornerebbe accetta.

Un altro desiderio. Ella ha dato in un volume i canti popolari toscani: perchè ora non farebbe tener presso un altro volume contenente canti popolari d'altre parti d'Italia? Si potrebbe profittare di quel che v'è di già pubblicato, e far incetta eziandio di cose inedite. Con un po' di pazienza si otterrebbero. E per le lombarde io potrei ajutare la ricerca.

Perchè poi, oltre a' romanzi italiani, non darebbe dei buoni romanzi stranieri tradotti? Perchè, se gli editori da dozzina appestano la nostra letteratura con romanzacci orribilmente tradotti, non vi sarà chi provveda degnamente a un bisogno così vivo nella pluralità dei lettori? Non vorrei che fosse seguita in ciò nè la frivola moda, nè l'opportunità che offre l'abbondanza francese. Mi piacerebbe che questo genere di pubblicazioni avesse un tal quale intento letterario; mirare cioè a far noti all'Italia alcuni libri e alcuni autori che hanno fama e posto distinto in altre letterature. Tanto più se i romanzi, che si vorrebbero tradurre, contenessero pitture sociali atte a farci conoscere lo stato di qualche popolo! Che sappiamo noi della letteratura e della società tedesca? Perchè non leggeremo noi alcuno dei romanzi del Gutzkoff o del Freytag? Ecco che il *Dare e l'avere* di quest'ultimo è giunto in un anno alla sua sesta edizione in Germania; e da noi è molto se alcuno ne sa il titolo. Direi, che, lasciando in disparte la

Francia, ove tutti vanno ad attingere, si potrebbe dell'altre nazioni dare alcuno dei romanzi più eminenti e caratteristici; e sarebbe ottimo servigio ai lettori, e parmi anche ottima impresa libraria. Se le piacesse avere qualche più particolare suggerimento intorno a ciò, di buon grado le esporrei il mio pensiero.

Rispetto alla Guida, essa non mi pare eseguibile al modo ch'Ella addita: ne uscirebbe un lavoro a rappezzi e di poco valore. Essa è una di quelle imprese che, fatte a mezzo, cadono. E a farla, come si dovrebbe, occorrono viaggi, spese e tempo non breve; e però costerebbe assai all'editore. È vero che poi s'avrebbe un libro unico e indispensabile e da vendersi a migliaja d'esemplari.

Chiudo col dirle che, malgrado le mie istanze, non mi riuscì di ottenere il Dantino dal Brigola, il quale dice attenderne da Lei l'esemplare. Il Brigola è male avvisato nel fare con me il dispettoso; mi piace però avvertimela, giacchè io non rinnoverò con lui la richiesta. Ella mi creda suo

affezionatissimo
C. TENCA.[4]

15.

Della signora Caterina Ferrucci.

Pisa, 3 maggio 1857.

Pregiatissimo Signore,

Finalmente le scrivo, e non per dirle che ho in pronto il volume, anzi per dirle che lo stato della mia mente e del mio cuore ora è tale, che se ponessi mano a terminarlo farei un lavoro da fare arrossire me e Lei. Non ho più memoria, non ho più intelligenza, nè fantasia. Non posso pensare che alla mia Rosa: piango, mi struggo nel desiderio di rivederla ove più non mi sarà tolta. Se potrò riacquistare le facoltà della mente, mi proverò a finire il volume. Quando? Dio solo lo sa. Ove fra qualche mese mi trovi sempre così smemorata, così stordita, le proporrò, se le piace, di stampare ciò che ho fatto con una mia nota

---

[4] Vedi la risposta di nostro Padre a pag. 480 (pag. 315 della presente edizione, NdR).

in fine, in cui si spieghi la cagione dell'interrotto lavoro. Ora non potrei fare nemmeno questo; perchè devo correggere un terzo del manoscritto, ricopiarlo, porvi molte citazioni, e la mia povera testa non n'è capace. Già glielo scrissi: Se Rosa muore, la mia vita intellettuale è finita. Glielo scriveva, perchè sapeva quello che la sua morte avrebbe fatto in me. Viveva in essa, e sono morta con lei. Ora ho desiderio vivissimo di pubblicare certi suoi piccoli scritti religiosi e morali, in cui si vede la bellezza dell'anima sua. Voglio premettervi una breve notizia della sua vita. Credo che potrò fare questo lavoro, perchè lo farà da sè il mio cuore. Mi pare che facendo una edizione con caratteri simili a quelli del mio libro, ed anche un poco più grandi, in tutto verrebbe un volumetto di circa duecento pagine. Lo farò a mio conto, per dispensarlo agli amici. Non ne vorrei più di cinquecento copie. Se ne avrò forza (ogni parola che scrivo mi costa una lagrima) desidero di avere in pronto il manoscritto per i primi di giugno p. v. e di pubblicare il volumetto pel dì 2 di luglio, giorno in cui la mia povera figlia avrebbe compiti 22 anni. Vuole Ella farsi mio tipografo? E a quali patti? Se le conviene, e che a me convenga la spesa, le manderò il manoscritto appena lo avrò in pronto, ed Ella poi mi manderà le bozze. Tra le mie pene è il pensiero del danno che le reco col ritardo del secondo volume. Se potessi, farei uno sforzo: ma come debbo fare, se non ho più mente? Ella è padre, e mi compatirà, ne son certa. La riverisco, e sono di cuore

sua devotissima obbligatissima serva
C. Ferrucci.

16.

Del Ministro degli Affari Esteri del Re di Sardegna.

Torino, 26 luglio 1857.

Chiarissimo Signore,

S. M. il Re, a cui nell'udienza di ieri ho presentato il volume delle Opere postume del Guicciardini da VS. chiarissima testè pubblicato, m'ha ordinato di parteciparle i suoi ringraziamenti per l'offerta da Lei fatta e dalla M. S. benignamente accettata.

Nell'eseguire così grati ordini del nostro Sovrano, io mi congratulo secolei della fama meritamente acquistata nella nobile arte ch'Ella esercita, e dello aver così per parte sua contribuito all'incremento del nome piemontese in Italia e fuori. Colgo ad un tempo l'occasione d'offerirle l'espressione della mia distinta osservanza.

C. Cavour.

17.

Di Francesco Domenico Guerrazzi.

Genova, 25 agosto 1857.

Mio caro Signore,

Il perditore nel non vederla fui io; perchè chiunque viene di là, e di là mi parla, mi pare un pezzo staccato vivo vivo dalla patria; e questo si capisce.

Io mi valgo di questa occasione per ringraziarla dei libri, ch'Ella si compiacque donarmi; dove ammirai le lodevoli industrie di dotare il paese con edizioni nitide ed eleganti: spero che di questo le abbia già parlato il signor Corsi.

Non ho veduto, nè vedo con diletto cavare dal campo santo del tempo tante carogne letterarie sepolte. Mi creda, signore, di rado il tempo ha torto, e voi costumate come se lo avesse sempre. A mo' di esempio, qual costrutto dal Cecchi e dal Panciatichi? Io lo domando; e poi che giovano quelle prefazioni, e note, e appendici? Fiori intorno a' morti, ed eglino stessi fiori morti.

Filologhi, critici ottimi, ma in cucina a badare che l'arrosto non bruci; in camera non ci stanno bene; ci ricondurranno al pappo e ai dindi: paionle tempi da ciò? Rammentate, che con simili ninne nanne il dispotismo in Toscana addormentò la letteratura: rammentatevene.

Passiamo ad altro: non tanto presto perchè impegnato in altri lavori, ma alla fine dell'anno 1858 (Dio concedendo) o poco prima mi tengo spiccio. Il nodo sta nell'argomento. Poco posso produrre; la critica è mestiere da gottosi, ed io ho gambe *superior fines*; la politica non mi pare merce dal mercato cui accenna, rimangono storia e racconti. Quale dai due garba a Lei? Storia, qualche monografia. Racconti ne ho pronti un cento, e glieli potrei mandare anco subito, se non ci cascasse di mezzo la difficoltà del non averli anco scritti. Poi rimangono altri intoppi, che non so se le riuscirà superare; e sono che il signor Cesari mi retribuisce franchi 200 per ogni foglio di pagine 16 come quelle dello *Scrittore Italiano*, e proprietà reversibile dopo un anno. Boniotti e Guigoni 15 o 16 pagine foglio uguale alle *Contenzioni* di La Farina, proprietà otto anni, ma non ho accettato. Le Monnier lire f. 4500 di un libro come *Isabella Orsini*, cioè 400 pagine. Il Cesari paga subito; Boniotti e Guigoni con cambiali a due, quattro e sei mesi dopo la consegna del manoscritto; e così anco Le Monnier. Stanno per uscire due racconti, che ho venduti a Boniotti e Guigoni, fra giorni; Ella li veda, e mi dica se le garbano; sono in tutto diversi, lingua, stile, concetto, genere; io m'ingegno di saltare per tutti i pioli della scala; ma sono vecchio, e un giorno o l'altro temo rompermici le gambe: poco preme.

Alla sua breve scrissi lunga lettera, e tale da provocare una epistola più lunga di quella di San Paolo ai Corinti. Affettuosi saluti al mio buon Corsi; a Lei salute, danari e guarigione dalla crittogama dei pedanti brulicata a Firenze.

Affezionatissimo suo
F. D. Guerrazzi.

PS. – Se le occorre venire a Genova io per sua regola abito nella villa Giuseppina sopra l'*Embarcadero*; a piè della salita vi ha sempre copia di asini (s'intende di quelli che si cavalcano), i quali con quaranta centesimi portano su come spose.

18.

Del Ministro degli Affari Esteri del Re di Sardegna.

Torino, 11 dicembre 1859.

Illustrissimo Signore,

Mi feci premura di presentare a S. M. il secondo ed il terzo volume delle Opere inedite del Guicciardini, ch'Ella pubblica con nitidezza di tipi mirabile e degna veramente degli scritti di quell'impareggiabile storico. S. M. degnò gradire l'offerta di Lei, e si compiacque d'incaricarmi d'esprimere la sua soddisfazione verso un R. Suddito, che, coltivando l'arte tipografica nella gentile Firenze, seppe rivolgere a patriottico scopo l'industria privata.

Gradisca ad un tempo i sensi della mia ben distinta considerazione.

DABORMIDA.

19.

Di Massimo D'Azeglio.

Cannero, 17 giugno 1861.

Signor Barbèra carissimo,

La ringrazio del Liverani, che gentilmente m'ha spedito. L'ho subito cominciato, e sul primo non capivo bene che roba fosse. Ora mi par di capire che è un galantuomo, e anche un originale. Quel che è certo è che non ha paura de' nomi proprj.

Lei, come tutti, sarà stato colpito ed afflitto della morte del povero Cavour. Chi se la sarebbe aspettata! C'era però in molti il pauroso pensiero che tutto era attaccato al filo d'una vita; qui come in Francia! Basta; abbiamo traversato tante burrasche e siam vivi. Traverseremo anche questa, purchè siamo uniti, costanti, veri uomini. Come sa, io non ho mai fatto corte alla piazza (come non la feci alla reggia), ma in questa circostanza spero nel senno del popolo italiano, che ha saputo con esso drizzare le gambe alla pace di Villafranca. Il popolo vero, quello che non va in piazza a urlare dietro agli speculatori, il popolo vero, dico, salverà il paese. È mai finita la lite di Manzoni?[5] Mi saluti Galligo[6] se lo vede, e mi voglia bene.

Suo di cuore
M. D'AZEGLIO.

---

[5] Allude alla lite fra Alessandro Manzoni e l'editore Le Monnier, a proposito dei *Promessi Sposi*, lite nella quale ebbe a interessarsi anche nostro Padre, come s'è veduto a pag. 217 e seg. (pag. 142 della presente edizione, NdR)

[6] Il dottor Isacco Galligo, noto per un trattato sull'igiene dei bambini.

20.

Dello stesso.

Cannero, 16 agosto 61.

Signor Barbèra carissimo,

Ella ha indovinato perfettamente e a puntino. Matteucci mi scrisse una lunga lettera su Napoli: io gli risposi *currenti calamo* in tutta confidenza, e si può figurare se potevo pensare d'essere *stampato!* Dopo, mi scrisse lettere desolate, dicendo che era stata sorpresa la sua buona fede; ma il come non l'ho capito bene. Del resto gli dissi che, senza disperarsi tanto, facesse mettere su un giornale com'era andato il fatto; e cosi venne jeri una sua lettera sulla *Gazzetta del Popolo*, che lo spiega. Quanto alle mie idee su Napoli, prima di tutto, tanto avevo intenzione di occuparne il pubblico come di farmi frate; in secondo luogo, se avessi avuta una simile idea, avrei spiegato il mio sentire in altre forme. Avrei poi creduto che se gli atti d'una vita intera non bastavano a mostrare ch'io desidero l'Italia unita in nazione, almeno si facesse alla mia intelligenza l'onore di crederla capace a capire che è meglio esser ventiquattro milioni che dodici! La questione verte sui modi onde ottener l'intento; e questa vorrebbe lunghe discussioni. Invece io ho scritta una lettera senza pensarci, come s'usa tra amici, e credo che a ognuno sia libero in questa maniera di dire quel che diavolo gli passa per la testa. Qui non ricevo giornali italiani, ma suppongo *che fremiti!* Finchè in Italia le questioni pubbliche non si potranno trattare sotto tutte le forme, sarà la libertà per i giornali *frementi*, ma per la nazione no. Sarà come in America: o far la corte alla piazza, o Legge Linch.

La ringrazio della premura amichevole ch'Ella m'ha mostrata in quest'occasione. Colla mia lettera Ella può sgannare gli amici: e mi voglia bene.

Suo di cuore
M. D'AZEGLIO.

21.

Di Filippo Antonio Gualterio.

Cortona, 28 marzo 1862.

Carissimo Barbèra,

Grazie della vostra lettera piena di bontà. Io sto benissimo di salute e tranquillo come avrete veduto dalla lettera venuta in luce mio malgrado per indiscrezione di un amico. In mezzo ai pericoli che corre il paese (unica mia preoccupazione) mi allieta il vedere che gli amici di Toscana sono tetragoni e fedeli alla bandiera pericolante di Cavour, fuori della quale non havvi salute per l'Italia. L'opinione dei giornali più onesti d'Italia mi ha confortato, perchè l'approvazione delle coscienze oneste è la sola soddisfazione vera nel mondo. Mi duole però che non sono riuscito come avrei voluto ad evitare che di me si facesse bandiera per lotte inutili, poichè sul terreno delle personalità le lotte immiseriscono, e non vi si debbono trarre giammai quando è in giuoco (come lo è pur troppo) la salute del paese. Io non aveva bisogno di essere [...],[7] poiché riposavo tranquillo all'ombra del mio nome, e di tutta una vita spesa per questo povero paese.

Addio, caro Barbèra, vogliatemi sempre bene, come io lo voglio a voi. Vi sarò grato se mi spedirete la *Nazione* a Cortona.

Affezionatissimo
GUALTERIO.

---

[7] Parola inintelligibile.

22.

Di Francesco Domenico Guerrazzi.[8]

Livorno, 9 marzo 1863,
Villa Torretta.

Mio signor Gasparo,

Cortesia e volontà mi persuadono a risponderle. Da venti anni o giù di lì ci conosciamo; quindi non preme che di me le dica niente. Tra i moderati (così detti) e me vi ha lite di persona e di cose. Circa a persona, la parte che rappresenta il suo Giornale, i modi che tenne perpetuamente meco furono giudicati capaci da infamare non un partito, bensì una generazione, un secolo. Lo ricorda Ella? Catene, accuse scelleratissime e assurde, calunnie sempre, mostruose ingratitudini, mortali insidie, tradimenti, prigionie di quattro anni e quattro mesi, stato distrutto, averi inabissati, famiglia, a me tanto più cara quanto di elezione, dispersa, che per sottrarre il nepote ai pericoli lo ebbi a mandare in America, esilio desolato di quasi dieci anni. Parle poco? E pure, richiesto, volentieri io poneva ogni cosa in oblio; e lodavanmi, e mi dicevano *Tienti pronto, che ti verremo a prendere!* Io non mi allestiva esperto della poca bontà dell'uomo; ma nè anco mi aspettava alla perfida insolenza dell'amnistia e alla rabbia di cui mi fanno fede lettere di amici vecchi, ed anco bene accetti al Governo d'allora. Nè basta; quando si trattò di deputazione, mi vidi ferocemente cacciato di terra in terra come lupo, in ciò smaniosa la *Nazione;* nè basta ancora. S. M. mi chiama a Torino, e messomi a parte dei segreti di Stato mi mostra una lettera di N.[9] che lo sconsiglia di unirsi la Toscana; in ogni caso non consentirlo mai, se non per via del suffragio universale. Ed io: Lo pigli in parola, e non dubiti. Invitato a esporre le ragioni del mio parere, le dissi, e garbarono; per ultimo pregato a disporre gli animi, lo feci per amore di Patria, e a *tutte mie spese*: alle larghe, anzi troppo larghe profferte renunziai rin-

---

[8] È in risposta atta lettera di nostro Padre del 4 marzo, vedi pag.482 (pag. 318 della presente edizione, NdR).

[9] L'Imperatore Napoleone III.

graziando. Ora, mentre mi adoperava in ciò a tutto uomo, ecco con altri giornali la *Nazione* appuntarmi di concerti coll'Austrìa per tradire la Patria!... Signore Barbèra, io tengo per amico adesso chi un dì per ferita mi condusse presso a morte, ma chi scrisse cotesta infamia io non perdonerò mai. E non finisce qui; sempre, in ogni contingenza nocque la *Nazione* a me, ed in tutto. Ricorda la lite co' soldati? Chi li metteva su? I moderati; e la *Nazione* stampava in quel supremo pericolo corrispondenze provocatrici di tali...... E non conta nulla le perfidie della *Nazione,* con le quali pretinamente industriavasi mettere male biette tra me ed onorati cittadini, che reverisco e stimo? La parte *moderata* e la *Nazione* tutto quel male, che potevano farmi, mi hanno fatto; adesso, se non erro, incomincia a mutare vento; però di tanto sieno convinti, impetuoso non rancoroso, io spingo la generosità fino all'eccesso. Ella poi non tenti mutare le parti: perchè nego risolutamente, ed i fatti stanno li a provarlo, essere io stato provocatore mai; assalito, infestato in modo selvaggio, mi sono difeso con la forza, che la natura mi ha dato: nella contesa non si misurano i colpi.

Quanto a cose; quello che scrivo penso, e con amarezza inestimabile sento le faccende della monarchia versarsi in grandissimo pericolo per colpa dei Moderati. Eglino stessi confessano due cose. Solo a queste stiamo: 1ª avere fatto spreco di danaro, ovvero, messo in fondo la finanza; 2ª essersi comportati nel governo *esclusivi*. Quanto alla prima, io più che ci penso più trovo il guaio non rimediabile; potrebbero tentarsi alcuni partiti, i quali oltre a non credere io sicurissimi non si potrieno eseguire che in mezzo a rivoluzioni radicali. Qui non mi è concesso a parte a parte aprirle il mio pensiero: noi vivremo (così giova sperare) ancora qualche anno, e vedremo. Circa la seconda, chi conosce storia e politica sa che *esclusione* importa ingiuria, e quindi odio; per essa capitò male Roma, ruinò Firenze; non nocqne a Venezia, ma a quali patti?

Io non accenno a persone, se non si mostrano. Quale concetto io abbia degl'innominati ho palesato: altro non aggiungo.

Io non presumo, che i Moderati dabbene (e dico così perchè co' Moderati da macello di mala carne corrotti, venduti per utilità presente, o per presagio futuro, non pace mai nè tregua) pieghino la faccia a me, come stranamente pretendono che noi la chiniamo a loro; bensì, se hanno cara la Patria e la fama, con noi convengano; discutiamo, e persuadiamo e lasciamoci persuadere. Questo desidero, e ho fatto sempre con piena libertà di giudizio perchè aborrii sempre da ogni setta o consorteria.

Nella sua lettera occorrono altresì certe altre avvertenze, a cui non mi occorre fare risposta: piacemi rilevarne solo una. E sembra che taluno, il quale, per suo giudizio, mi sta allato, a Lei non garbi. Già Ella comprende che a 57 anni io i me' polli l'avrei a conoscere; nè qui si tratta di comporre vezzi di perle alle spose; e poi avrebbe a parere anco a Lei officio degno industriarci al miglioramento dei non buoni o almanco tentarlo. Tale che i Moderati, perseguitando, hanno reso *tigre*, ripreso da me amorevolmente rispose: – Ormai la è finita, sento che mi farei boia per impiccarli; lei solo avrebbe potuto salvarmi, adesso sono dannato! – Cotesto suo rimprovero è antico ed ingiusto: com'io nelle lettere private ragioni può scorgere dai frammenti che, me inconsapevole, furono riportati nella *Strenna* del Garibaldi.

Concludo, ripetendo il desiderio che consiglio migliore o tempi mutati dieno fine più generoso, più utile, e più onesto alla sua *Nazione,* la quale allora mi fia lieto plaudire, come adesso mi tocca a vilipendere con tutte le mie forze.

Intanto mi continui la sua benevolenza.

Affezionatissimo amico
F. D. GUERRAZZI.

23.

Di Aleardo Aleardi.

Brescia, 20 aprile 1863.

Mio egregio Amico,

Non ci volea di meno della vostra affettuosa e pertinace insistenza, ajutata anche un poco dalle ristampe di quella ladronaja di editori laggiubasso, per vincere la mia ritrosia a raccogliere un volume di roba poetica. Ma alla fine ve lo manderò: sarete contento: così volesse Dio fossero contenti i lettori! Se belli non saranno i versi, almeno di certo lo saranno i tipj.

Questo volume comprenderà i varii Canti già usciti, coll'aggiunta di altri inediti d'argomento politico; comprenderà una parte che mi rimase del Poema sulla Campagna di Roma; una serie di lavorini intitolati: *Ore cattive*; qualcuno de' miei Canti giovanili; forse un poco di prefazione; e non so bene cos'altro ancora.

Del resto quella mia repugnanza avea il suo perchè. Io ho una grandissima stima dell'arte; e nientissima di me. Lasciar ricomparire molti di questi versi, così come uscirono prima, senza racconciarli un poco, parevami superbia, parevami villania verso qualche critica cortese ed onesta: mettermi d'altronde a correggerli, ritocchino incontentabile come mi sentirei, diventava fatica nojosissima, era forse un rifarli; e avrei temuto, in capo a un mese, di gittarli tutti, un bel momento, sul foco.

E poi, ritoccare dopo anni i proprii lavori, nella impossibilità di ricollocar l'anima in quello identico posto da cui prima avea veduto le cose, gli è spessissimo come restaurare un buon fresco: non si riesce che a far delle macchie. Aggiungete che questo tempo ama poco i versi. A ogni modo i miei, giacchè li avete voluti, li piglierete tali quali saranno.

Un giorno avevo un'ambiziosa speranza. Speravo di poter presentare al mio paese un volume di versi non discari: speravo che in quell'ora affaccendata che si prepara la valigia per un viaggetto, o per qualche settimana di villeggiatura, e si va cercando coll'occhio un libretto caro che vi faccia compagnia, qualche giovine della mia terra dicesse: « Pigliamo su le Poesie di Aleardi. »

Ora invece temo che le abbiano a pigliar su in quell'altra ora che si desidera disporsi al sonno; nella quale occasione lo auguro ai miei lettori, di tutto cuore felicissimo. Addio, onesto editore. Due parole, che in altri pugnano; in voi s'abbracciano. Addio, gentile amico.

Il vostro
ALEARDI.

24.

Di Enrico Mayer.

Firenze, sabato, 28 novembre 1863.

Pregiatissimo signor Barbèra,

Se ho tardato qualche giorno a metterle in carta alcuni de' pensieri che le espressi a voce intorno a libri di educazione e d'istruzione, non attribuisca ad altro la mia tardanza che al sentimento profondo che è in me della differenza grande che passa fra il parlare e lo scrivere sopra argomento di tanta importanza. Pure ritornando coll'animo su quanto le accennai, non trovo ragione per cambiar di consiglio, e le ripeto:

1° Sembrarmi ora più urgente in Italia lo scrivere buoni libri di educazione per le famiglie, che non d'istruzione per le scuole;

2° Sembrarmi poi anzi tutto desiderabile un libro elementare nelle famiglie, di cui ogni madre potesse valersi per educare insieme i figli, e nel tempo stesso prepararli ancora per la prima istruzione da ricevere poi nelle scuole;

3° Non conoscere per la compilazione di un tal libro elementare per le madri migliori suggerimenti educativi che quelli pe' quali il Pestalozzi si rese tanto benemerito della educazione, e non esservi intorno ai principj del Pestalozzi opera che pareggi il merito di quella pubblicata due o tre anni addietro dal barone de Guimps suo antico alunno.

Da queste tre premesse io toglieva il suggerimento di pubblicare senza indugio una traduzione di questo libro, che forse trovasi presso al Vieusseux, al quale mi ricordo di aver suggerito di farne venir qualche copia, quando ne pubblicai una breve notizia nel Giornaletto che stampavano insieme il Lambruschini ed il Conti.[10]

In quanto al *Libro delle madri italiane*, non sarebbe facile l'improvvisarne un programma, e ritengo che meglio che un uomo lo farebbe una donna. Le donne italiane si sono riscosse, e ne fan prova il Giornaletto *La Donna e la Famiglia* che stampasi a Genova, e quello che ha cominciato a qui pubblicare la Paladini. Non dovrebbero peraltro le nostre scrittrici sdegnare di veder quello che si è fatto oltremonti, e giacchè la lingua francese è ormai a molte di esse assai famigliare, dovrebbero prenderne a confronto qualche opera, come, per esempio, *La Ruche* delle signore Belloc e Montgolfier, *L'Éducation Familière* de Madame Amable Tastu, *L'Éducation Nouvelle, Journal des Mères et des Enfans*, e per tacer d'altri molti gli aurei scritti di Mademoiselle Ulliac-Trémadeure.

Mi vergogno il dirlo, ma se io voglio dare alle mie figlie un libro da leggere, ne ho presto esaurito il numero fra i libri italiani, mentre mi è d'impaccio la scelta fra i tanti che mi offron la Francia, la Germania e l'Inghilterra. Vorrei su questo campo destar bella gara fra le nostre

---

[10] *La Famiglia e la Scuola*. Oltre il prof. Augusto Conti e Raffaello Lambruschini, vi collaborarono anche il Buonazia e Aurelio Gotti.

autrici e le oltramontane; che grandemente se ne troverebbe avvantaggiata la nostra vita di famiglia; e credo che un concorso aperto per un *Libro delle madri italiane* potrebbe porgere un'opportuna occasione per far nascere una tal gara.

Ecco, mio caro signore, ciò ch'io aveva in animo di dirle; e mi è grato di aggiungervi quanto mi rallegrasse il vedere ch'Ella aveva già dato opera alla pubblicazione di altri libri d'istruzione, e che intendeva pure di mettere in luce il Manuale del bravo Franceschi, i cui lunghi servigi e sacrifizi a pro dell'educazione infantile sono stati con troppa ingratitudine dimenticati fra noi.

Sempre pronto a rispondere in ciò ch'io valga ad ogni sua domanda, mi ripeto di cuore

dev. suo
E. MAYER.

25.

Di Filippo Antonio Gualterio.

Napoli, mercoledì sera (1865?)

Caro Barbèra,

Questa sera stessa, non appena ricevuta la vostra, ho mandata l'acclusa a M.me Somerville che è qui e che vedo. Qualunque cosa abbiate bisogno per lei, mandatemela.

Non so perchè mi vorreste fisso a Firenze. A che fare? Ad assistere da presso a codeste vergogne dei Ciompi? Mi sa abbastanza amaro il vederle da lontano. Voi sapete cosa io pensassi dopo la pace. Uscito lo straniero d'Italia, la rivoluzione era chiusa, ed io sentiva la necessità che si pronunziasse *risolutamente* il *sat prata bibere*.

Era una necessità; e ogni giorno pili questa necessità sarà sentita. Il buon senso trovò ostacolo nella viltà. Il sofisma fu chiamato ai servigi della viltà. E perchè? perchè in Italia difettano i caratteri quanto a nostro danno abbonda l'ingegno quasi sempre abusato. Basta, lascio questo discorso che mi fa proprio male. Sento ribollire le ire del 1849 quando si redigeva lo Statuto. Non mi sento nè fiacco, nè sfiduciato.... ma quasi mi pare di dover diventare brontolone come il povero Massimo.

Salutate vostra moglie, e baciate per me i vostri cari bambini. Quaggiù l'eco delle ire parlamentari giunge smorzato; ed è cosa singolare che la sola assenza di pochi deputati basta a mantenere il paese tranquillo del tutto.

Vostro affezionatissimo
GUALTERIO.

26.

Del Municipio di Torino.[11]

Torino, addì 6 luglio 1865.

All'onorevolissimo signor Gaspero Barbèra,

L'atto di generosità e di cortesia compiuto dalla SV. colla lettera a margine indicata regalando alla Biblioteca del Municipio una cassa contenente oltre a cento opere di diversi autori, stampate dal di Lei Stabilimento, riuscì di gradita sorpresa al Consiglio comunale, il quale nella seduta delli 22 giugno p. p. ha accettato il generosissimo dono, ed ha deliberato di rendere a Lei solennissime grazie.

Nello esprimere alla S. V. Ill.ma la riconoscenza del prefato Consiglio comunale, chi scrive presenta in particolare alla SV. ì più vivi ringraziamenti, e si protesta

dev. obb. serv.
L'assessore: B. BARICCO.

---

[11] Risposta alla lettera di nostro Padre a pag. 488 (pag. 323 della presente edizione, NdR).

27.

Di Enrico Dalmazzo.

Firenze, 24 luglio 1865.

Caro Barbèra,

Lessi in questo momento nella *Nazione* la bella e degna vostra lettera all'amico Dina.[12] Non posso trattenermi dal farvi sincero e cordialissimo plauso. Voi avete fatto una buona opera che porterà i suoi frutti, come tutte le opere procedenti dall'amore del bene e del vero. Pur troppo negli attriti politici l'uomo considera sè stesso come centro al cui bene debbano convergere gli sforzi degli altri, e non si pone sempre, come dovrebbe, al posto loro, e non ne pesa le ragioni, e non adopera per essi la stregua che vorrebbe per sè adoperata.

Ma anche a questo vi può esser rimedio nella buona volontà di tutti, e specialmente poi nello spirito di sacrifizio operoso e bene inteso. È legge della povera nostra umanità che non si possa mai ottenere il bene vero, assoluto, senza la corrispondente fatica, e colui che vuole emanciparsi da questa legge non fa che aumentare senza prò le difficoltà da vincere, e allontanarsi dalla mèta. Insisto specialmente, come Piemontese, sulla necessità dello spirito di sacrifizio, perchè la esperienza mia personale mi infuse tale convinzione nell'animo, da osar inculcare ai miei fratelli questa grande verità, questo eroico rimedio, che pose il nostro caro Piemonte nella condizione di adempiere così strenuamente il suo dovere di provincia italiana.

Lavoriamo dunque tutti a questo scopo di altissima civiltà, e mentre i singoli cittadini nella limitata sfera delle loro attribuzioni faranno del loro meglio per togliere ogni malintesa divisione o gelosia fra i vecchi ed i nuovi abitatori di Firenze, facciano pure per parte loro i giornalisti ogni sforzo per smorzare le irritanti polemiche, e non portino alla luce del sole certe miserie inevitabili nella umana società, che, soffocate sul loro nascere, hanno effetto nullo e limitatissimo, e, gettate nel pubblico, indispettiscono a vicenda, e allontanano indefinitamente dall'unificazione morale, che è la più necessaria alla cara nostra comune patria, l'Italia.

---

[12] Vedi pag. 301 (pag. 199 della presente edizione, NdR).

Fate di questa mia l'uso che credete, e compatite alle durezze di lingua inevitabili a chi scrive solo per affari, e non ha troppa famigliarità col bello stile.
Vi saluto in fretta, ma di cuore.

Vostro affez.
Enrico Dalmazzo.

28.

Di Giosuè Carducci.

Bologna, 31 luglio 65.

Mio Signore,

[...] Ho letto con piacere la sua bella e nobile lettera al signor Dina. Ma temo forte non i rimedii a cotesti *malintesi* sieno più tosto una bella speranza di VS. che un fatto da verificare. La Convenzione di settembre e le sue conseguenze han creato uno stato di cose che i Piemontesi aborrono, che i Toscani non si aspettavano nè desideravano nè l'han caro (se non gl'ingegni vani e gl'interessati), che pare anormale a chi ha fatto di buona fede il plebiscito e ha creduto sul serio al voto del Parlamento del marzo 61. Veda dunque quante idee e passioni e interessi sono di fronte e in contrasto su 'l terren di Firenze. Non è nulla per ora; e s'anderà a peggio: ed Ella dice molto opportunamente: « Niuno sa dire se questo fatto possa recar beni all'Italia, o se le prepara disinganni amari e fecondi di lotte intestine. » Per me Firenze capitale e le trattative con Roma sono un pericolo serio per la monarchia e per l'unità. L'Italia da vero non ha più che la speranza dei disperati, che Ella chiama Provvidenza, e che secondo Lei protegge visibilmente la sullodata Italia, e che io chiamo il caso che aiuta i matti e gl'imbecilli e i furfanti. Nell'ipotesi però che questa baracca si reggesse in piedi ancor per qualche tempo, fa onore al suo buon gusto la preghiera che « non si adempia il voto di taluno che dai varii dialetti d'Italia sorga una lingua nuova che sia la vera lingua italiana. » Fa onore, dico, al suo buon gusto siffatta preghiera; ma credo che non possa esser dalla Provvidenza ascoltata. Oh sì, questa nuova lingua sorgerà di certo; e come la vecchia lingua faceva ritratto dell'Italia del popolo piccola e meschina, cosi la nuova sarà degnissimo tecmirio dei beduini del gran regno d'Italia. E con ciò la riverisco, e me le offero per

devotissimo
GIOSUÈ CARDUCCI.

29.

Di Massimo D'Azeglio.

Cannero, 25 agosto 1865.

Signor Barbèra gentilissimo,

Ricevei ier sera la sua dei 23, che mi annunzia i giornali per oggi, e mille grazie. La ragione del mio silenzio su Roma è stata per non voler entrare in politica, nè sollevare questioni *brûlantes*, mentre volevo fare un lavoro tutto di conciliazione. Poi mi pare che fra le *Questioni urgenti*, ed il discorso in Senato, la mia opinione che è sempre la medesima l'ho detta abbastanza chiara; e siccome l'andare a contrappelo può esser dovere, ma non è certo un gusto, perciò sembrandomi aver largamente compito il dovere di parlare apertamente, non mi sento nessuna smania di ribattere di nuovo idee che mi fanno venir in tasca al prossimo. Di Venezia ho dovuto toccare una parola, perchè la mia rassegnazione circa la impossibilità di riacquistarla ora coll'armi, non venisse fraintesa. Ecco le mie ragioni. Ho avuto per massima costante di non mai entrare in polemiche nè in commenti su quello che potei pubblicare; per molte ragioni che può indovinare, ma che sarebbero lunghe a dirsi; non crederei quindi opportuno scostarmi ora dal mio sistema. Ma, per quanto ciò mi sembri di poco interesse, se la *Nazione* crede bene d'affermare come vere le spiegazioni che le ho date, io non ci vedo obbiezione.

Mi pare realmente che il libretto abbia più fortuna che non merita. Dio faccia che possa servire a qualche cosa.

Quanto al resto, a conti finiti mi dirà – le vien tanto – e basta. Tra noi va a fiducia.

M. D'AZEGLIO.

30.

Dello stesso.

Cannero, 3 settembre 1865.

Signor Barbèra gentilissimo,

Le mie Memorie non hanno molto progredito. Dal settembre scorso, con tante diavolerie pel capo, era difficile aver tempo e quiete a ciò. Tuttavia sono dopo la metà del 2° tomo, e se mi favorirà a Cannerò come mi fa sperare, se ne potrà discorrere.
Neppur io avrei creduto che la mia lettera trovasse tanti lettori. Io non posso se non lodarmi del pubblico ed anche del giornalismo che comincia, mi pare, a mettere *des formes* nella sua critica. Ma.... io ho proprio parlato col cuore, scordando ogni passione, e facendo un appello all'amor patrio di tutti, onde non si pensi che all'Italia (almeno per un pajo *di mesi!*), e negli articoli che ho letti, salve rare eccezioni, in fondo ci vedo sempre trasparire l'interesse di partito, di setta, di una personalità politica, o d'un ministro, o del far associati, o di adulare la piazza.... Finchè non si trova una massa di gente che scordi passioni, rancori, campanili, cupidigie d'ogni sorta per pensar solo all'Italia, non faremo niente. Per questo non ho risposto nè risponderò, nè entrerò in polemiche con nessuno: e neppure vedo nessun bisogno d'entrarvi colla *Nazione*. Partiamo da principii troppo diversi e parliamo due lingue che non s'intendono.
Basta... quel poco che sapevo l'ho detto, io non posso far altro, e Iddio ci ajuti.
Mi creda con tutta stima

suo dev. servo
M. D'AZEGLIO.

Le spiegazioni che le scrissi è meglio non farne nessun uso: ha pienamente ragione, onde siano per non dette.

31.

Dello stesso.

Cannero, 24 settembre 1865.

Stimatissimo Signore,

Io mi rimetto totalmente al suo giudizio per il progetto che le scrissi. Era una semplice idea. A ogni modo non si occupi della mia qualità di *socio*. Mio primo scopo è far cosa utile al paese: il resto vien dopo.

Io non conosco Natoli come Lanza, e mi par meglio non esser io che li metto in relazione. Avesse da credere che agisco o per vanità ovvero per spirito di speculazione? Ma poi ho qualche idea che sia amico* della combriccola che va dolcemente scalzando La Marmora, ec. ec.

E questa combriccola *so* che ha impedita la mia lettera di diffondersi in Romagna. Capisco che il mio anatema agli *intriganti* ed agli *uccelli di rapina* non piaccia a tutti.

Ove poi creda bene mettersi in relazione col Natoli, cerchi d'un giovane ufficiale aiutante di campo del generale Petitti, e che si chiama conte Giuseppe Zanucchi-Pompei, e lo preghi di trovar modo onde Ella possa presentarsi al ministro Natoli. Gli sarà facile. Può mostrare al detto Ajutante di campo questa mia lettera colla quale lo prego di aiutarla in questo; e son certo che farà tutto il possibile, essendo amico d'antica data della sua famiglia.

Mi creda con tutta stima

suo dev. servo
M. D'AZEGLIO.

* Intendo in relazione cogli uomini, ma non d'accordo con loro contro La Marmora.

32.

Di Carlo Pellion di Persano.

Ancona, addì 26 luglio 1866.

Carissimo signor Barbèra,

Gliel'aveva ben detto io che quella sua *Nazione* non mi era amica. Ma non basta, mi è ingiusta.
Prima di farmi a rispondere ai quesiti che gratuitamente quel giornale pone a mio carico, mi piace osservarle che ove si prendesse il vezzo di sottoporre a Consigli d'inchiesta gli ammiragli bersagliati dalla stampa prima di avere conoscenza reale dei fatti, giudicando solo dal contenuto di lettere private soventi scritte da malevoli e nemici, saremmo a buon partito per la disciplina. E mi lascio tagliar la testa se si troverebbe mai più un ammiraglio che volesse assumere comandi d'armate in tempo di guerra.
In quanto a me, come Persano, mi sottomettano pure a mille Consigli, non che ad uno, che nulla desidero più. Sarà la ricompensa che mi avrò avuta per i servigi che ho resi al paese. Ciò che preme è che si soddisfi ai gridi di cotesti benedetti giornalisti che hanno il cuore nelle calcagno e solo son contenti quando denigrano.
Eccomi ora alle risposte.
Non son io che ho cercato Lissa, mi venne indicata da chi aveva diritto di farlo. Ed io non esito a dichiarare che Lissa, come punto strategico, era il vero da occupare. Solo si mancò nel non lasciarmi aspettare le forze terrestri necessarie all'impadronirsene; ma di questo la colpa prima è dei signori giornalisti, che facendo pressione sul Governo lo forzarono a farmi insistenze sopra insistenze, perchè movessi colla flotta e sparassi il cannone. Una volta in via, non poteva restarmi a mezzo. Mio dovere era di fare ogni sforzo per ottenere lo scopo in mira.
È facile, signor mio, la critica a chi se ne sta seduto a tavolino. Il difficile è l'operare quando vi spingono a precipizio – come fu il caso mio. Lo dica allo scrittore mio benevolo.
Mi son messo sull'*Affondatore* perchè ne aveva il diritto, e perchè lo credeva utile alla direzione dei movimenti della flotta.
Come abbia combattuto lo dicono i projettili che lo forarono da

ogni lato e da parte a parte. Son visibili a chiunque si compiaccia girarvi intorno.

Come abbia diretto il combattimento lo dirà abbastanza il rapporto, solo chiedo si abbia la sofferenza di aspettarlo; che la è cosa che non si può, nè si deve fare a precipizio.

Ora non mi rimane che riverirla, mentre colla sicura coscienza di aver adempiuto al mio dovere verso il Re e la patria, mi è grato ripetermi

devotissimo suo
C. Di Persano.

33.

Di Quintino Sella.

Torino, 28 aprile 1867.

Pregiatissimo Signore,

Non potei rispondere subito alle sue cortesie che mi riescirono graditissime, perchè fui assalito da una vera valanga di lettere, ed io non era disoccupato.

Meglio tardi che mai, dicono però i nostri savii, ed Ella faccia quindi buon viso ai miei cordialissimi ringraziamenti che oggi soltanto le posso mandare.

Mi permetta però di fare amplissima riserva sopra parte non piccola delle cose gentilissime che Ella mi dice. Io non ho altra aspirazione ed altra potenza che quella di andar qualche volta predicando che nel governare gli Stati oggi più che mai sono indispensabili quella onestà, quel lavoro e quella parsimonia senza cui famiglie, comuni, province e Stati sono travolti a rovina. Che questo linguaggio incontri la sua simpatia mi permetta dire che non ne faccio meraviglia. È uno spirito tradizionale nei nostri monti, e di cui Ella è in Firenze splendida illustrazione.

Con vera considerazione

suo devotissimo
Q. Sella.

34.

Di Giosuè Carducci.

Bologna, 17 settembre 1867.

Caro signor Barbèra,

Oggi stesso faccio il pacco e le spedisco per vapore tutto il necessario alla composizione degli erotici: tutto, eccetto il Metastasio facilissimo a trovarsi, e il Mazza, del quale dovendosi comporre sol due odicine, tornerà meglio ch'Ella le faccia trascrivere. Mi raccomando per la miglior conservazione possibile dei volumi, alcuni dei quali non son miei, altri (come il Crudeli) son rari e a me, che ho un po' la mania di far collezioni, carissimi. Mi raccomandai già, che mi si mandasse composto tutto insieme ciascuno autore; perchè io poi potessi regolare un po' a mio senno la distribuzione dei singoli componimenti. Rinnovo la preghiera, e prego anche che con le prove di ciascun autore mi si rimandi a mano a mano il suo volume; per meglio assicurare la correzione.

Quanto alla stampa di alcune mie rime, conosco troppo bene e il genio de' tempi e la natura del mio verseggiare, sì che non l'avrei mai proposta a un editore. Nè mio fratello è già editore. Mi saltò in testa di buttare 400 o 500 franchi per fare un certo numero di libretti a cui non do nè pure il mio nome; e questi non saranno venduti, ma regalati e solamente a' miei conoscenti: tanto poco mi curo della nomea di versificatore, e tanto poca stima ho del popolo italiano come giudice di poesia. Trattandosi di buttar via 400 o 500 franchi, Ella vede bene che era meglio li raccogliesse mio fratello. Del resto, le ripeto, la stampa è più tosto fatta per divertimento di me individuo che per gli altri. Se non fosse che a non far nulla mi annoio, e se non fosse che di quando in quando ho bisogno di 100 franchi, io bandirei di casa mia inchiostro e penne; contentandomi d'un lapis per pigliare gli appunti. Tengo inchiostro e penne pur troppo, ma solamente per illustrare gl'immortali morti; passando qualche mese ed anche degli anni in compagnia d'uno di loro, non sento più il puzzo del padule politico e letterario in cui si diguazza deliziosamente, come fosse il bagno d'Armida, l'Italia libera e una.

Per ciò ora penso con piacere al Petrarca; e penso e spero di far un lavoro che sia d'ottimo gusto. Mi spiace che dovrò interrompere gli

studi ora ferventemente ripresi per tornare a ottobre in Firenze a cagion d'un esame. Ma ad ogni modo su la fine dell'anno Ella avrà i primi 100 componimenti pronti per la stampa.....
I miei saluti alla sua signora Vittoria; e mi creda

suo affez.
GIOSUÈ CARDUCCI.

35.

Dello stesso.

Bologna, 21 novembre 1867.

Caro Barbèra,

Ella saprà omai al pari di me (perchè lo veggo annunziato anche dalla *Nazione*) che mi voglion mandare a Napoli professore di latino.[13] Ora mi dica un po' Lei se è un bel modo di procedere questo, fulminarmi d'un tratto una nota con cui mi si annunzia che il giorno innanzi è stato firmato il decreto che mi manda a Napoli in un'altra cattedra! Come? fu il Governo stesso che mi *offrì* l'insegnamento universitario dell'italiano, perchè da quel che avevo pubblicato mi riputava idoneo a cotesto; sono sette anni che, per fare il mio dovere di professore, mi occupo *esclusivissimamente* di filologia italiana; e ora pretendete che di subito, di punto in bianco, vada ad assumere un insegnamento al tutto diverso dal mio; un insegnamento che, per esser fatto con coscienza, al punto in cui è la filologia oggigiorno, richiede studi particolarissimi e a quello effetto ordinati? A un pover uomo che è arrivato a trentadue anni facendosi conoscere fin dalla primissima gioventù come critico e filologo italiano, qualunque siasi, volete interrompere così la vita letteraria? Come cultore degli studi italiani potrebbe esser qualcosa di non volgare affatto; e voi, distraendolo a forza dalla sua via, volete farne una nullità assoluta, malcontenta di sè, tremebonda, ciarlatana? Lascio che un trasporto così grave, un impianto in città nuova affatto a me (non vi conosco, alla

---

[13] Veggasi in proposito la prefazione al recente volume di GIOSUÈ CARDUCCI, *Giambi ed Epodi*.

lettera, nessuno) rovinerebbe per altri cinque o sei anni i miei interessi; lascio lo sconcerto che dal mutare abitudini dee derivare a una famiglia di due donne e tre bambini; lascio che, per mettermi al caso di far le nuove lezioni il meno male possibile, dovrei intralasciare affatto i lavori letterari a cui sono impegnato e che pur qualcosa mi fruttano; lascio... tante altre cose che lascio.....

Tengo al punto: io al Ministero non ho più conoscenze, ho ragione di dubitare che la gente che ora governa non abbia motivi particolari per favorirmi (sebbene i termini della comunicazione fossero per me onorevolissimi); per ciò io non tralascio di mettere in moto tutti i galantuomini che non mi hanno a noia, perchè *allontanino da me codesto calice*. Il Rettore di questa Università e i miei colleghi di Facoltà si faranno sentire. Prego anche Lei di giovarmi: se mi mandano a Napoli a spiegare Orazio, addio Petrarca. Faccia intendere a qualcheduno, che, se il trasmutarmi così dall'italiano al latino fu fatto innocentemente, è un'insipienza burocratica che di un onest'uomo fa un ciarlatano e ammazza un ingegno che pur qualcosellina prometteva....

Lei mi conosce, e può parlare con coscienza.

Sono sul finire la revisione del Rolli, e domenica manderò il tutto. La saluto di cuore.

Suo affez.
GIOSUÈ CARDUCCI.

36.

Di Alessandro Rossi di Schio.

Schio, 24 novembre 1867.

Egregio Signore,

Il grazioso dono ch'Ella mi fa d'ogni sua spesa di stampa al mio *Discorso Scolastico*, io lo impiegherò utilmente; e il sentimento onesto e patriottico che glielo consigliò aumenta in me la stima che le professo.

Mi pare che le nostre idee armonizzino: e come cittadini e come industriali apprezziamo l'impulso del cuore accompagnato all'energia della mente. Perciò più facilmente riuscimmo; ed è vero che solo il lavoro potrà salvare il paese; ma se poco ancora è il lavoro, non abbonda il progresso morale in Italia.

Il paese può essersi in parte rinsavito dopo gli ultimi fatti, ma noi alla Camera siamo gl'istessi, e se anche il Ministero guadagnasse una maggioranza, non l'avrà mai tale da procedere spigliato alla ristaurazione dell'amministrazione e della pace interna. Ora come per la finanza occorrono rimedj eroici, non eviteremo più, io temo, una grave crisi economica.

Che il bene non possa farsi per ora dall'alto al basso, ma dal basso all'alto, può essere una mia opinione personale, può essere cammino più lungo ma più sicuro.

Quanto è certo si è che a parlare di politica mi credo senza abilità e senza voglia, e che un povero industriale, quasi solo alla Camera, è una pianta esotica.

Il trovarsi fortunatamente in una privata posizione da fare egualmente il bene pubblico, benchè in campo più modesto, è ancora un riflesso che può consolare di una inutile prova.

Invero l'anno scorso io moveva a pari epoca a Firenze con altri sentimenti nell'animo. Era forse la luna di miele della vita politica.....

Suo affez. amico
A. ROSSI.

37.

Di Giosuè Carducci.

Bologna, 27 novembre 1867.

Caro Barbèra,

Ieri scrissi privatamente al Ministro, esponendogli le ragioni per le quali non potevo accettare l'onorevole carico: prima di tutte e ragionevolissima, che io non mi sentiva capace d'insegnare latino. Intanto oggi è venuta la replica officiale alla mia risposta avanzata per mezzo della Reggenza universitaria, risposta appoggiata dal Consiglio Accademico. E il Ministero ha risposto che io accetti e vada: se promovo la questione di diritto, rimettersene al Consiglio superiore d'istruzione, *salvo anche a provvedere per legge ove le disposizioni vigenti non bastassero.*

Come? Volete fare una legge perchè uno debba insegnare quel che non sa? È nuova, è strana, è ridicola. Io per me mi rimetterò al Consiglio superiore, ricorrerò anche al Consiglio di Stato, anche al Parlamento; in ultimo, se non basta, se il diritto, se l'onestà, se la logica, che militan per me, devono cedere innanzi all'arbitrio burocratico, io darò le mie dimissioni. Rovinerò, lo so, la mia famiglia; ma gli uomini come me non cedono alla prepotenza. Io non andrò a Napoli a fare il ciarlatano, per il piacere d'un ministro, o meglio d'un burocratico.

[...] Non sanno chi mandare a Napoli: nell'estate volevasi dare questa cattedra al G... e poi al T...: a loro, latinisti e professori di latino conosciutissimi, furon menate buone le ragioni del rifiuto. A me, professore d'italiano, che non ha mai pubblicato nulla che si riferisca al latino, si fa un decreto tra capo e collo: rispondo che non posso accettare, perchè non ho mai studiato la propria filologia latina; e mi si dice: Ricorrete al Consiglio superiore; e se il Consiglio superiore vi dà ragione, faremo delle nuove leggi. Viva Dio! è mostruoso.....

Ma bisognerebbe far sentire al signor Broglio che la burocrazia gli fa commettere un'opera odiosa e ridicola: bisognerebbe fargli sentire che quel che io ho esposto nella risposta al Reggente di Bologna e nella lettera privata a lui è la pura verità; che io sono uomo di coscienza; che, quando dico *non posso*, è amor della scienza e della dignità mìa che me lo fa dire. Perchè mi si deve mandare a scomparire a Napoli, quando ai latinisti sono state menate buone le ragioni del rifiuto?....

Mi faccia il piacere di far sentire queste cose. Conosco la sua affezione per me: mi aiuti: questa è la volta che mi rovinano.

Suo amico
GIOSUÈ CARDUCCI.[14]

---

[14] Il ministro Broglio, a cui nostro Padre fece premurosamente sentire la convenienza di conservare il professor Carducci all'Università di Bologna non interrompendogli il glorioso insegnamento di lettere italiane, si lasciò persuadere, e revocò la tramutazione.

38.

Di S.A.R. la Principessa di Piemonte.[15]

Napoli, 9 gennaio 1869.

Signore,

La opportunità che Ella mi porge di conservare sempre a me vicino tutto quanto produssero di ammirato gli eletti ingegni che sono gloria ed onore di questa nostra cara patria, mi rende singolarmente grato il dono che Ella ebbe il gentile pensiero di offerirmi, della preziosa sua Collezione Diamante. Preziosissime gemme sono, invero, tutte le opere che la compongono, gemme che all'Italia formano una invidiata corona.

Possa il ritratto che qui unisco essere al tempo stesso segno del mio gradimento e prova dell'interesse grandissimo che porto ad un'arte, della quale Ella fu cosi costante e fortunato cultore.

MARGHERITA DI SAVOIA.

39.

Di Giosuè Carducci.

Bologna, 25 febbraio 1869.

Caro Barbèra,

La ringrazio del libro di M. Lessona,[16] che ho scorso oramai quasi tutto con piacere.... L'ideale del Lessona a me *rêveur des grands horizons* certo non arride. Ma per questa borghesia, ciuca, poltrona e cialtrona, sarà un libro utile e buono. E certo, perchè l'Italia non riesca a peggio della Grecia e della Spagna, vuolsi, per intanto e prima del popolo, educar la borghesia, se pur si potrà, che è paurosamente

---

[15] Questa lettera si riferisce a un dono di cui è fatto cenno a pagina 129 di questo volume (pag. 87 della presente edizione, NdR).

[16] Il *Volere è Potere*.

disfatta. Ho visto con piacere che Ella ha pensato anche al vecchio *buon uomo* Franklin. Bisognerebbe poi provveder qualche romanzo per bene. Il romanzo può far molto: e l'Italia non lo sa fare, pur troppo; il romanzo attuale, intendo; che Manzoni, Grossi, Azeglio, ec., e tutti gli storici *furono* una volta, ma ora non son più... Mi voglia bene, e mi creda

suo affezionatissimo
GIOSUÈ CARDUCCI.

40.

Di Augusto Conti.

Firenze, 24 di giugno 1869.

Pregiatissimo signor Barbèra,

La ringrazio senza fine d'avermi sì prontamente mandato, a nome del Fornari, la *Vita di Gesù Cristo*, la quale vo leggendo con insolita bramosia, e già son presso al termine; ond'io non posso tenermi da dire a Lei com'a lui dirò (benchè le mie parole non richieste sieno un di più) quanta contentezza io pigli da leggere un libro di sì alta dottrina e di sì alto intendimento e sentimento. La *Vita di Gesù Cristo* è, nel disegno di Vito Fornari, tutta la storia del genere umano; talchè il suo libro rassomiglia molto l'Apologie de' Padri, segnatamente la *Città di Dio* scritta da sant'Agostino, con le differenze che i tempi richiedono, cioè, da un lato, i più e diversi secoli che a sant'Agostino son seguiti, e le forme nuove di filosofia, di teologia, d'erudizione; da un altro lato, le forme nuove di critica e d'opposizioni negatrici; ma sempre in un punto s'accorda il Fornari co' Padri, specie con l'Ipponese, in tirare a unità d'armonie la storia profana e la sacra, gli ordini naturali e i soprannaturali, filosofia e teologia, civiltà e chiesa, vedere le religioni nella Religione, le scienze nella Scienza, i fatti d'ogni specie in un fatto, le speranze in una speranza, i perfezionamenti in un perfezionamento, raccogliere i particolari nell'universale, nell'universale dico, non in astratte generalità, i particolari sempre distinti e congiunti, non separati nè confusi. Allora, quel primo repugnare d'intelletti dubitativi al cospetto di certe particolarità segregate, quindi non ispiegate, quindi non esplicabili, poichè l'attinenze soltanto dien la ragione d'ogni cosa e d'ogni concetto e d'ogni affetto, quel repugnare cessa dinanzi a un ordine, che assegnando suo luogo a' singoli fatti, li dimostra parti d'un tutto; e nel tutto, non lampeggia solamente un alcun che di ragionevole, ma la ragione stessa d'ogni ragione. Però il Fornari non procede in modo apologetico nè polemico; ci ha sì apologetica e polemica, pure in via secondaria, quando l'argomento vi cade; bensì egli, mirando alla storia, interpreta con l'intelletto l'unica universale idea che nella storia medesima imprime da sè o per mezzo degli uomini l'Artista eterno; la imprime dentro noi e fuora di noi, da principio a mezzo e a fine. Avrei tuttavia qualche obiezione su certo dimostrare *a priori* il *Fatto divino*, anzichè la *possibilità* razionale di questo fatto, che per la storia mostrasi accaduto, e *a posteriori* si dimostra; fatto d'assoluta libertà, e che suppone fatti liberi dell'uomo; l'obiezioni, per altro, non contano nulla rispetto alla grandezza e bellezza singolari dell'opera; molto più che, parendo, si corregge senza difficoltà, l'una conclusione con l'altra. E aggiungo, che il nobilissimo scrittore dell'*Armonia universale*, e dell'*Arte del dire*, parmi avere in quest'ultima sua scrittura, oltre l'antica dignità, una più efficace abbondanza di modi, un guizzo più vivo di stile, un uso più sicuro più nativo più vario più frequente di quelle apparenti sgrammaticature, che sono poi regola e grammatica più vere, perchè più reali o più conformi al pensiero ravvivato d'immagini e di sentimenti. E con ogni ossequio mi ripeto

suo
A. Conti.

41.

Di Francesco Domenico Guerrazzi.

Firenze, 8 dicembre 1869.

Mio riverito signor Gaspero,

Stamane visitandomi l'amico Gherardo Gherardi mi annunziava come la *Nazione* narrasse l'indegno fatto del Sanna[17] assai benignamente verso me. Io non mi aspettava questo dalla *Nazione*; siccome

---

[17] Per affari privati il Sanna ebbe un alterco col Guerrazzi nel cortile di Palazzo Vecchio all'uscita della Camera.

credo doverlo a Lei, così ne la ringrazio, e tanto più la ringrazio, quantochè io mi trovi in tali termini di animo e di corpo, che anco una parola meno che benigna mi trafiggerebbe. Però non è vero che il Sanna esplodesse contro me; tentò farlo più volte, ma fu trattenuto. Ora sento che stamane ha sporto querela contro me!... È singolare; io non profferii parola nè buona, nè trista, non feci atto, eccettochè abbracciare cotesta belva per impedire che si avventasse contro il suo genero: vietai perfino che il genero parlasse.... e ora mi accusa! Così Fimbria accusava il proscritto di Mario, perchè non si era lasciato ammazzare. Di nuovo grazie, e la saluto.

Affezionatissimo suo
GUERRAZZI.[18]

42.

Di Giosuè Carducci.

Bologna, 28 giugno 1870.

Caro Barbèra,

A pena ricevuta, or è, a dir vero, un bel pezzo, la penultima sua lettera, io voleva risponderle subito; ma, cagione le molte occupazioni che mi tengono incatenato tutto il giorno, e la sera poi mi sento stanco e non ho voglia di scrivere, cominciai (brutto vizio) a mandar la cosa d'oggi in domani, e così mi son ridotto a ricevere la sua d'oggi, dalla quale mi dispiace intendere che Ella abbia pur sospettato ch'io apprezzi meno il divisamento dell'*Italia Nuova*.

Un giornale, che si proponga raccogliere le forze vive del paese per significare alta e sola l'opinione del paese, la quale io credo che sarà sempre più per lo svolgimento della libertà; un giornale, che, mantenendo il gran formato, ribassa il prezzo, e che con ciò dà a vedere di rivolgersi e affidarsi al vero popolo; a me non può non piacere e non parermi, in principio, degno di lode e d'incoraggiamento dai buoni. Tanto più poi mi piace, quando parte da Lei, che è uomo onesto e d'esperienza e di giudizio acuto. Il farlo Lei questo giornale (che,

---

[18] La risposta di nostro Padre è a pag. 499 (pag. 332 della presente edizione, NdR).

badi, nel campo della stampa più aristocratica, è una rivoluzione, un colpo ardito) mostra che i tempi e le idee si mutano, e che gli uomini di senno se ne accorgono: ed io l'ho caro. Il Bargoni, uomo onesto e liberale schietto, tanto che seguita ad esser rispettabile anche dopo stato ministro (cosa oggigiorno, per nostra sciagura, rarissima), il Bargoni è tale da dar subito una fisionomia simpatica al giornale. Del quale io ho già parlato a molti, e sento che incontra molto l'idea. Ora sta a Lei, sta al Bargoni, di cominciar bene: di che non dubito. D'una stampa indipendente e severa il paese ha davvero bisogno. La forma e il colore più o meno acceso importa poco: l'essenziale è che si dica il vero. Abbiamo bisogno di verità più che d'aria. S'affoga nelle simulazioni, nelle menzogne, negli equivoci. Aria! Aria! Se la *Nuova Italia* avrà appendici letterarie e critiche, io me le offro per una al mese.

Lavoro molto; finisco domani un articolo promesso da gran tempo alla *N. Antologia*; e poi finirò la prefazione ai Lirici che è molto bene avviata, anzi più che mezza composta. Colla nuova settimana manderò anche le poesie.

Mi creda

suo affez. amico
GIOSUÈ CARDUCCI.

43.

Dello stesso.

Bologna, 22 gennaio 1871.

Caro Barbèra,

Par fatto a posta. Son dodici giorni che sto male, male, di testa. Ho un continuo senso di vanità, interrotto spesso da vertigini violente; sì che non ho quasi il coraggio di andar fuora di casa solo. Dopo tanta e disamena fatica di cervello, dopo tante lotte e contensioni di cuore, in questi ultimi tre anni, senza mai nè riposo nè sollievo; è naturale che alfine la resistenza venga meno. E poi questo orribile inverno per giunta. Ecco un altro giorno intiero che nevica!

Tutto questo per una ragione del non aver mandato ancora altro di quella famosa, anzi nefanda, prefazione. Mi manca la biografia del Mazza, e la conchiusione del Fantoni. Le farò, poi ripiglierò sotto gli occhi le stampe, e vedrò tutto quel che potrò portar via. Io già oramai starei ad abolirla tutta, fuorchè il 1° capitolo. Minaccia di diventare una cosa orribile, anzi è già. Tant'è! Non posso lavorare. Son malato; malato al tutto, e specialmente di testa. Non son più capace di nulla. « La mia favola breve è già fornita. » Il volume delle poesie è il mio testamento. Riposo. Se non muoio, a ogni modo sono un invalido.

Ma, poichè sono un invalido io, voglio almeno raccomandare i valenti. Enrico Nencioni, scrivendomi l'altrieri di più cose, mi disse che non facea più parte del giornale suo. Mi dispiace al cuore. Il Nencioni è un bello e forte ingegno: fa già bene: farà benissimo. Senza che l'amicizia m'inganni, il giornale deve tenerlo caro. È il solo, o un de' due o tre, che sappian fare critica giudiziosa a un tempo e scintillante, come ci vuol pei giornali. La Rivista della Esposizione artistica è una cosa stupenda; stupenda, vede, per giudizio e per istile. L'altra sul Tackeray (come si chiama quel romanziere inglese?) la potea aver fatta il Sainte-Beuve. La *Italia Nuova* ha il torto (perdoni la franchezza) di essere un po' monotona, troppo monotona: quel che vorrebbe esser leggero e piacevole, è di cattivo gusto: le rimangon di buono certe notizie che non ha che lei, certe lettere di quando in quando del Villari, certe corrispondenze (non tutte) da Roma, certe corrispondenze austriache, e le appendici del Nencioni: queste, artisticamente, sono le cose migliori. Non voglia, caro Barbèra, per un po' di risparmio perdere tal collaboratore. Ciò le sarà utile per il giornale, avendo un po' di pazienza e un po' di fede nel tempo: ciò le sarà onorevole come editore; perchè Ella avrà dimostrato e nutrito all'Italia un vero ingegno: gli lasci campo di dimostrarsi.

Non so quel che ho scritto, perchè, ripeto, sto male, male, di testa e di cuore. Ritornasse almeno un po' di sereno, un po' di sole! A Firenze non si possono immaginare quel che sono tre settimane, anzi un mese, di neve in Bologna. Alla fine, ci si ammala; chi è tristo e solitario e doloroso come son io.

Mi stia bene. Scriverò, scriverò di certo, se prima non mi prende una congestione cerebrale. Nel qual caso le raccomando la mia famiglia e il mio libro.

Suo amico
GIOSUÈ CARDUCCI.

44.

Di Francesco Paolo Perez.[19]

Firenze, 25 novembre 1871.

Carissimo signor Barbèra,

Senza complimenti, le dirò ch'io sono assai lusingato dal benigno giudizio ch'Ella mi dà sulla Orazione per Cavour. E il perchè si riassume in poche parole: chiunque ha seguito la operosa di Lei carriera sa, o dovrebbe sapere, com'Ella, per più di trent'anni, sia stato (prima sotto altrui nome, e poi per sè) uno de' più operosi ed efficaci cooperatori a quella unità morale che addusse la politica. Un uomo che, a questo titolo, e pel raro gusto e giudizio letterario ed artistico, sopravviverà onorato nella memoria de' posteri, ben fa inorgoglire e incoraggia quando approva.

La sua modestia non si ribelli: questo io sento sinceramente e profondamente, e non vedo ragione per cui l'abbia a dissimulare.

Quanto alla stampa. Ella dice vero pur troppo; e anch'io mi sono accorto dell'errore del frontispizio. Ma l'amico mio, che, sotto lo pseudonimo di Filalete, fece eseguire quella ristampa, aveva già tutte distribuite le 200 copie tenute per sè; e le altre 50 a me date, che compivano la modicissima edizione, non mi parve meritassero la pena d'una rifazione del frontispizio: tanto più che l'errore riusciva evidente.

La ringrazio nondimeno dell'avvertenza, che sempre più mi mostra l'interesse ch'Ella prende per chi fu sempre e sarà

suo affez. amico
F. PEREZ.

---

[19] Su questa lettera nostro Padre di sua mano annotò: "È in risposta a una mia brevissima in cui lo ringraziavo del dono della sua Orazione in morte del Cavour, che a me sembra una cosa molto pregevole, e gliela lodai con calore, ma con brevi parole. Dissi ciò che pensavo dopo averla letta, e non dissi iperboli di sorta; anzi, dopo scritta la lettera, volevo dire di più."

45.

Di Giovanni Mestica.

Jesi, 28 aprile 1872.

Pregiatissimo signor Cavaliere,

La ringrazio della cortese lettera, che le piacque scrivermi da Roma su la proposta, che avevo fatta a Lei col mezzo del signor Serafini. Ella, che non solo è eccellente nell'arte tipografica, ma sa giudicare anche le Opere degli scrittori, vedrà se le mie *Istituzioni di Letteratura* siano degne di comparire, formando un giusto volume, nella sua bellissima Biblioteca. Non posso mandarle subito il manoscritto, perchè voglio metterlo proprio a ordine per la stampa; e però devo dargli l'ultima mano e copiarlo. A ciò attendo, e solleciterò, per quanto le occupazioni scolastiche me lo consentano. Fo conto di potergliene spedire la prima metà, che è la più importante e difficile, entro il venturo giugno, il resto dopo un altro mese. Ora posso dirle che la parte filosofica, non che soverchi la letteraria, forma appena un settimo di tutta l'opera, comprendendo soltanto le nozioni più necessarie di psicologia, logica ed etica, le quali spogliate delle astruse formole scientifiche riescono piane e chiarissime ai giovanetti, che studiano rettorica. Ho grande speranza, e parecchi professori che conoscono il mio lavoro l'hanno in me raffermata, che questo possa avere buon successo e corso nelle scuole, perchè i libricciuoli di rettorica, pubblicati da un dieci anni in qua, sono generalmente povere cose, e gli *Ammaestramenti di Letteratura* di Ferdinando Ranalli e l'*Arte del dire* di Vito Fornari, due Opere belle e pregevolissime per diversi rispetti, servono più ai maestri che agli scolari, e certamente non possono adottarsi in tutte le scuole mezzane, come, se non m'inganno, potrebbe adottarsi la mia. Farò ogni diligenza, perchè Ella stessa possa giudicarne al più presto. Intanto con particolare stima mi professo

suo devotissimo
GIOVANNI MESTICA.

46.

Dello stesso.

Roma, 30 ottobre 1872.

Pregiatissimo signor cav. Barbèra,

Speravo di poterla vedere in Roma nei giorni che mi sono trattenuto qui a far parte della Giunta centrale per gli esami di licenza degl'Istituti tecnici; ma poichè non ho avuta questa fortuna, ora, sul punto di ripartire per Jesi, lascio all'egregio suo figlio signor Piero e al signor Serafini il manoscritto delle mie *Istituzioni di Letteratura* per Lei. Ella dunque lo esaminerà a suo agio; e poi vorrà esser cortese di rinviarlo in Roma alla sua Tipografia; che lo prenderò io stesso se mai venissi a stabilirmi in questa città, dove mi è stata conferita dal Ministero dell'Istruzione pubblica la cattedra di Lettere italiane nel Liceo Ennio Quirino Visconti, o avrò cura di farlo ritirare se, come è più probabile, resterò, almeno per ora, in Jesi.

Dell'intendimento che ho avuto nel comporre quest'Opera e dell'uso da farsene nelle scuole ragionerò brevemente in una prefazione, e già ne scrissi al signor Serafini in una mia del 14 aprile consegnata a Lei insieme col Sommario. Onde qui accennerò solo che essa è fatta per servire non ad una delle speciali scuole *secondarie*, ma a tutte, cioè ai Ginnasi e ai Licei, alle Scuole tecniche e agl'Istituti tecnici, alle Scuole normali maschili e femminili. Perciò ho avuto cura fra le altre cose di non mettervi nessun esempio latino. Se per alcune di dette Scuole v'è nel libro un poco di più che non sarebbe richiesto dai rispettivi programmi, ciò, non che scemargli l'opportunità, a mio credere glie l'accresce; perchè nei Ginnasî, nelle Scuole tecniche e nelle normali l'istruzione letteraria non è compiuta, e perciò agli alunni di esse sarà utile avere un libro, di cui possano poi servirsi anche ne' Licei e negl'Istituti tecnici se proseguono gli studi, o a casa se li smettono e specialmente se si danno ai magisteri nelle scuole inferiori. I quattro capitoli (2° 3° 4° e 5°), contenenti le nozioni elementari di logica e d'etica con applicazioni alle belle lettere, danno allo studio di queste buon fondamento, e sono particolarmente opportuni ai molti giovani, che non fanno nelle Scuole un corso regolare di filosofia. Chi però volesse insegnar la rettorica senza il sussidio di tali nozioni, potrà saltarle a dirittura e valersi egualmente del libro. Ma di queste cose giudicherà Ella esaminando il manoscritto. A me importa avvertirla che i 24 capitoli, che le mando, non sono veramente rifiniti. Se ne avvedrà di leggeri Ella stessa anche dalle correzioni che vi ho portate in una rapida lettura dopo che li ho fatti copiare; e io, a questo proposito, le chiedo scusa se glie ne mando alcuni un po' troppo sgorbiati. Dovrò dunque rifare qualche paragrafo, qualche cosetta ampliare o sfrondare, mutar qualche esempio, corredare gli esempî stessi di brevissime note, dove mi parranno indispensabili per i giovani, ec. Ma nella sostanza il lavoro resterà quale lo presento a Lei; ond'Ella può giudicar fin da ora se le convenga farne un volume della sua pregevolissima *Collezione scolastica*. Nel caso affermativo. Ella vede bene che ormai non è possibile pubblicarlo perchè sia adottato in quest'anno scolastico. Converrebbe preparare la pubblicazione per il principio del seguente, e a tal fine mandar fuori il volume,[20] affinchè sia conosciuto in tempo, nell'estate del 1873. Ma anche di questo nessuno potrebbe essere miglior giudice della SV., che è in tali faccende espertissima. Quanto a me, sarei pronto anche subito; che la revisione del manoscritto, di mano in mano che si consegna alla stampa, non richiederebbe che pochissimo tempo, è non porterebbe ritardo. La prego di scrivermi a suo comodo in Jesi quel che ne pensa, e, se mai credesse il lavoro meritevole di essere stampato da Lei, voglia compiacersi di propormi le condizioni. Dimenticavo di dirle che mancano nel manoscritto gli ultimi otto capitoli, perchè non ho fatto in tempo a copiarli, e due o tre sono solo abbozzati. Se vuole, manderò fra non molto anche questi. Aggiungo il Sommario, che avrà la bontà di rinviarmi a suo tempo col manoscritto. Intanto con particolare stima mi raffermo

suo devotissimo
GIOVANNI MESTICA.

---

[20] Le *Istituzioni di Letteratura* nella stampa risultarono di due volumi.

47.

Di Filippo Mariotti.

Camerino, l'ultimo del 72.

Mio caro signor Barbèra,

La ringrazio di cuore della franca maniera colla quale mi ha significato i suoi pensieri circa la stampa del Demostene. Unico mezzo è questo per togliere ogni differenza, e per far sì che gli animi vòlti ad una stessa impresa siano il più possibile concordi. E concordi al tutto possiamo essere noi due.

Il mio fine è di pubblicare questo lavoro col proposito che Ella ne sia contento all'ultimo come al principio. Teme Ella, anzi ritiene che le spese siano troppe più che non si pensava? Per parte mia ecco il rimedio. Quel che Ella spenderà oltre il consueto per siffatti volumi sarà tolto dal compenso che abbiamo pattuito. E questa lettera le sia di garanzia. Ma io bramo che il libro sia utile, e a questo effetto, desiderato anche da Lei, sono necessarie le note che vo facendo. Ella ricordi che i discorsi del Cavour stampati da Lei hanno note e schiarimenti. Che dovrà fare un editore che lo pubblicasse di nuovo di qui a duemila anni? Senza moltissime note e schiarimenti le orazioni non s'intenderebbero. Or per fare intendere Demostene, che parlò duemila anni fa, le note sono necessarie davvero. Ed io le vado scrivendo per modo che tutte insieme facciano conoscere la vita civile degli Ateniesi di quel tempo, e sempre con riscontri coi fatti posteriori o recenti, acciocchè i lettori ne prendano dilettevole conoscenza. Note non meno copiose hanno le traduzioni e le pubblicazioni del Demostene del Cesarotti, dello Stievenart francese e d'altri alemanni. E poi dopo i lavori de' dotti di Germania e i desiderii ragionevoli degli studiosi sarebbe impossibile, a voler far bene il lavoro, non corredarlo di note. La differenza fra i lavori degli altri ed il mio sta nel modo, e anche nel proposito che si leggano con profitto. E mi pareva venuto il tempo che si dovessero studiare le orazioni di Demostene con un intento politico e letterario insieme. Finora parmi che questo grandissimo oratore sia stato quasi sempre nelle mani di soli filologi.

Le note sono sparse qua e là, ma fanno un insieme. Io forse e parecchi amici miei s'ingannano vedendo nelle note importanza e novità; ma se l'una e l'altra vi sono, non mi pentirò di averle meditate lungamente e scritte. L'avverto però che quindi innanzi saranno meno, per molte ragioni che sarebbe lungo lo scriverle.

Un altro intento c'è nelle note. La pubblicazione del Demostene può servire per tutti quelli che si danno alla trattazione degli affari pubblici, e quindi per tutti i giovani che hanno o il desiderio o la speranza di trattarli. Ora come si fa, dicevo fra me, a far loro intendere l'utile che si potrà trarre dalla lettura dell'antico oratore, se non si fanno conoscere opportunamente le somiglianze e le differenze fra l'eloquenza degli antichi e dei moderni? Per questo è utile il ricordare la maniera tenuta dai sommi oratori politici de' tempi moderni, che hanno studiato sugli antichi E per questo conviene osservare i fatti che avvengono nei Parlamenti, se vuolsi che l'eloquenza si ravvivi; perchè parmi che tutti i libri che ne trattano, siano l'eco lontana delle cose dette dagli antichi. E pure se nelle scienze naturali si ha per guida l'esperienza, nelle civili deve essere l'osservazione. Queste cose ho voluto accennare a Lei, perchè scrivo ad un uomo, che non è un editore qualunque, e perchè, avendo esso fatta un'avvertenza, mi è parso conveniente dire le ragioni del mio operare.

Ora le dirò qualcosa del manoscritto. Circa il quale io sono disposto a copiarlo o farlo ricopiare in modo che le troppe correzioni o i fogli volanti non rechino difficoltà, spese ed indugi. E siccome del volume che si sta stampando, sono da stamparsi ancora dieci orazioni, di cui sette quasi eguali in lunghezza alle stampate, e tre assai lunghe, così crederei che si potessero stampare tutte in due o tre tempi. Sicchè, mentre si stamperanno le prime sette, si ricopieranno le altre. In conclusione io voglio che Ella non abbia danno, e vorrei che provasse il piacere di avere stampato il Demostene. Faciliterò colla nuova copia la stampa, e procurerò insomma che per parte mia le cose vadano bene.....

Ella mi conservi la sua preziosa benevolenza. Spero che le tribolazioni di casa mi consentano di venir presto a Firenze per stringerle la mano.

F. Mariotti.

48.

Di Giovami Mestica.

Jesi, 13 aprile 1873.

Pregiatissimo signor cav. Barbèra,

Ho gradito immensamente la sua del 10, e la ringrazio di tanta bontà. Sono però assai dispiacente nel sentire del malessere che la travaglia. Un uomo come Lei, che con l'arte tipografica ha tanto giovato alle buone lettere e onorato altamente non pure sè stesso, ma l'Italia, merita bene di poter condurre il resto della vita tranquillo. Io le auguro con tutto il cuore che possa recuperare la salute, e la conforto nel tempo stesso, se mi è lecito osar tanto, di dare l'ultimo compimento all'Autobiografia, di cui già mi tenne parola. Le *Memorie di un Editore* tramanderanno caro e onorato alla posterità il nome di Gaspero Barbèra non meno che i bei volumi da lui stampati. Intanto Ella viva, e viva lungamente alla famiglia, agli amici e all'arte.

Quanto alle *istituzioni*, le dirò in prima che molto mi conforta il suo giudizio, del quale io faccio più stima che di quello dei letterati. Della estensione, che ho data al secondo volume congiungendo ai precetti una breve storia critica delle tre letterature e specialmente dell'italiana, le diedi conto in altre mie lettere l'anno scorso. Ora rispondendo alla sua giusta domanda le dico che per finire il secondo volume restano soltanto quattro Capitoli dopo il XXVI, di cui mandai già il manoscritto, e sono: *Della poesia epica, Della poesia drammatica, Della poesia didascalica, Della critica letteraria*. Del primo di essi ho pronto già il manoscritto, che imposterò posdomani. I tre rimanenti devo ancora metterli in buon ordine, e li manderò, secondo il solito, di mano in mano che mi torneranno le bozze degli antecedenti. Gli ultimi due saranno assai più brevi degli altri; l'ultimo poi brevissimo, se pure non mi risolvo a sopprimerlo affatto, perchè nel corso dell'opera mi è caduto a proposito di dire ai luoghi opportuni parecchie delle cose, che avevo in animo di raccogliere in esso. Sicchè questo secondo volume nella mole resterà equilibrato col primo. Ella spera con ragione che la stampa sarà finita nell'estate; io anzi ho per fermo che il volume potrà pubblicarsi, se non prima, alla fine del prossimo giugno. Il primo volume, per quanto io so, è stato già adottato in qualche scuola pubblica, e per esempio, nell'Istituto tecnico di

Bologna, dove però i professori non imporranno agli scolari l'obbligo di acquistarlo che pel futuro anno scolastico.

Appena finito questo secondo volume, si stamperanno, se a Lei piacerà, le *Novelle* e le *Lettere* del Gozzi. Nessuno, che io sappia, ci ha prevenuti.... Mi conservi la sua benevolenza, e mi abbia a tutte prove per suo

obbligatissimo e affezionatissimo
GIOVANNI MESTICA.

49.

Di Alfonso La Marmora.

Dijon, 31 agosto 1873.

Pregiatissimo cav. Barbèra,

Come Ella vede io mi trovo sulla strada di Parigi. Infatti mi sono deciso a recarmivi per pochi giorni, anzitutto nella speranza di trovar qualche buon cavallo, ma anche per vedere che cosa si fa, e capir meglio, se possibile, di quel che dai giornali si può malamente arguire, quale sarà la sorte di questa terza repubblica. Siccome, le ripeto, non mi fermerò che pochi giorni, non vedrò nissuno, e mi lascerò vedere il meno possibile, io la prego a scrivermi subito e darmi notizie della nostra pubblicazione, che, come le scrissi da Wildbad, amerei che venisse alla luce anche prima del 10, se è possibile. Ho sempre l'intenzione di trovarmi a Torino verso il 10, ma senza andar a Firenze. È più facile che da Torino io vada ancora a Vienna, se il colèra non è troppo forte....

Siccome non anderò al mio solito albergo a Parigi, e non so ancora a quale anderò, la prego di mettere alla sua lettera questo indirizzo; senza La Marmora, e senza Eccellenza: *À monsieur A. Ferrerò, général dans l'armée italienne. Paris (Poste restante).*

Se per caso Ella ha mandato la sua circolare sulla pubblicazione del mio libro a qualche libraio di Parigi, favorisca mandarmi l'indirizzo di quel libraio dal quale mi recherò, come general Ferrerò, per sapere che cosa ne pensa.

A Carlsruhe un Professore di Berlino, parlandomi colla massima serietà dei nostri rapporti colla Germania nel 1866, mi sosteneva che non vi fu mai *vera* alleanza e un vero trattato, che l'Italia deve la Venezia alla generosità della Prussia, e che il generale La Marmora era un *birbante* che intrigò sempre con Napoleone per smembrare la Prussia, e che se non è riesciuto, lo si deve al grande accorgimento di Usedom e alla lealtà di Ricasoli. Capisce! ed è ciò che tutti credono in Prussia. Le stringo la mano.

A. FERRERO.

50.

Di Giovanni Mestica.

Jesi, 22 febbraio 1874.

Pregiatissimo signor cav. Barbèra,

Le avevo fatto qualche premura a voler tenere piuttosto basso il prezzo del volume delle *Istituzioni*, perchè so per lunga esperienza che gli scolari generalmente sono poveri o di assai ristrette fortune; oltre a che coll'attuale ordinamento di studi essendo ognuno di essi costretto a frequentare contemporaneamente più scuole, la moltiplicità dei libri occorrenti ha accresciuta la difficoltà di acquistarli tutti. Convengo con Lei che chi si decide a prendere il volume delle *Istituzioni* non baderà a 50 centesimi, quando però si tratti di compratori che non siano scolari, io mi lusingo che lo prenderanno molti anche fra i maestri e studiosi di lettere; ma il libro, se va, deve avere il maggiore smercio fra gli scolari, e temo che il prezzo di oltre a tre lire possa renderne meno facile ad essi l'acquisto. D'altra parte comprendo bene che Ella non debba rimanere senza alcun premio di tante spese e fatiche, e mi duole di non aver saputo far meglio per suo vantaggio. Ella dunque faccia pure come le parrà più conveniente; che ciò che fa Ella, a me starà bene. Io desidero e auguro con tutto il cuore che alla fine dei conti Ella possa rimanere non mal soddisfatta dell'opera mia.

Delle *Novelle* del Gozzi vi sono parecchie edizioni e ancora economiche. Tuttavia io credo che ristampate da Lei possano avere molto smercio, purchè l'edizione abbia qualche cosa che la renda, anche per la materia, preferibile alle altre. Il Gozzi è uno dei prosatori meglio adatti ai giovanetti, perchè il suo stile è moderno senza avere i difetti degli scrittori d'oggidì, purgato senza arcaismi e senza affettazioni, spigliatissimo senza trivialità; e quanto alle cose, è sempre morale e verecondo. Per le Scuole però, massime per le inferiori, le sue *Novelle* non sono tutte opportune, e bisognerebbe levarne un quinto all'incirca, perchè o insulse o difficili o, sebbene morali, non castigatissime pei giovinetti. Per ammazzar poi le altre edizioni converrebbe aggiungervi le sue *Favole esopiane* in versi, che sono appena una quindicina, piuttosto brevi, bellissime e proporzionate anche all'intelligenza dei fanciulli; e inoltre una parca raccolta delle sue *Lettere familiari*. Di Epistolari ne abbiamo parecchi e belli, ma in generale essendo collegati colla storia letteraria e civile, non si possono intendere se non da giovani un po' maturi; il simile dico delle scelte che se ne fanno. Le *Lettere familiari* del Gozzi però sono piane, e hanno assai meno difficoltà che quelle del Caro, del Leopardi e del Giusti. Onde una scelta giudiziosa di esse potrà servire assai bene anche per i fanciulli delle Scuole elementari, ai quali oggi se ne danno a studiare o di quelle che essi non capiscono o delle malfatte. Io dunque le proporrei una scelta di quasi tutte le *Novelle* e di non molte *Lettere familiari* del Gozzi, aggiuntevi le *Favole esopiane*. Verrebbe un volume tra 200 e 250 pagine delle Nuova Collezione scolastica, per le Scuole elementari superiori e per le classi inferiori dei Ginnasi, delle Scuole tecniche e delle Scuole normali. Una breve prefazione dovrebbe dichiararne l'uso. Occorrerebbe poi qualche brevissima noterella a spiegare ciò che è necessario per comodo degli scolari, e, a dirla fra noi, anche dei maestri. Se a Lei piace un libro così fatto, io sarei disposto a servirla nella scelta e in tutto il lavoro occorrente. La stampa si potrebbe cominciare e sbrigar con prestezza.

Mi dica in grazia per mia norma; quando intende di dar principio alla stampa della seconda parte delle *Istituzioni?* Io ci lavoro attorno, e mi adopero a rifinire, perchè Ella quanto alle correzioni non abbia a trovarsi troppo malcontenta; ma ci vuole un po' di tempo.

Mi scusi degli sgorbî e della fretta. Sono coll'usata stima

suo devotissimo e affezionatissimo
G. Mestica.

51.

Di Filippo Mariotti.

Firenze, 10 settembre 1874.

Mio caro e cortese Amico,

Non si maravigli se stamane ritorna il manoscritto[21] venuto qua ieri sera. Incominciai subito a leggerlo e smisi allorchè Ella entrò dal Le Monnier. Appena levato ne ho ripigliata la lettura, e via sino alla fine con un piacere ineffabile. Ella ha studiato il gran libro che è il mondo, ignoto alla più parte dei letterati, perciò incapaci a far libri che giovino. Il suo lavoro è alla Franklin, schietto, semplice, disinvolto. Per carità non se lo lasci guastare dai letterati, e se sarà letto da alcuno di loro. Ella sia cauto nell'accettare i loro consigli. Ella stessa non lo guasti credendo di poterlo far meglio. Io non lo credo, perchè il lavoro è di vena. Il racconto è di molta importanza, e chiunque lo leggerà si sentirà migliore e accrescerà la forza della volontà propria, il difetto della quale è il più pernicioso e il più comune. I ritratti degli uomini sono evidenti, tanto di Angelo Bazzi, Natale Gino e Garnarone, quanto del Giordani, magro, piccolo, tutto sopraccigli, stizzoso, e del Giusti e del Niccolini e del Guerrazzi. L'indole di Lei si palesa intera, e la narrazione dei suoi casi vari e dei fatti curiosi degli uomini eminenti d'Italia mi piace sempre. Qua e là ho notato qualche piccolo difetto che le dirò a voce, perchè non ne sono sicuro. Il gran difetto del suo lavoro, e che le dico apertamente, si è che non è compiuto. Ella lo compia, e per carità non lo guasti. La maggior bellezza nocerebbe alla candida verità.

F. MARIOTTI.

---

[21] Nostro Padre, come abbiamo detto nell'Avvertenza, lasciò leggere all'amico deputato Mariotti una prima parte delle sue Memorie.

52.

Di Gino Capponi.[22]

Di casa, 7 del 1876.

Carissimo signor Gaspero,

Non posso altro che ringraziarla colla vivacità stessa con la quale ho messo fuori i dubbi dell'animo impaziente, e quasi le doglie dell'autore, il quale ha qualcosa da mettere in luce che a lui pare un bel bambino, e che si figura non possa a meno di parer tale al cólto pubblico. Il male è che se sarò gastigato io, sarà anche Lei dopo averci messo tanto amore e tante cure, e dopo avere avuto il gusto di assaggiare il *genus* bisbetico che sono gli autori. Intanto mi creda però sempre
suo devotissimo
G. CAPPONI.

53.

Di Giovanni Mestica.

Jesi, 24 aprile 1875.

Pregiatissimo signor cav. Barbèra,

Le cose scrittemi da Lei intorno al suo lavoro[23] sono tanto sensate, che io tengo per fermo ch'Ella dettando la seconda parte conformemente al disegno farà opera utile e bella. Del resto la ringrazio della fiducia di cui mi onora chiedendomi consigli in proposito. Io non potrei dirle altro se non che faccia come ha ideato; e farà ottimamente. Le aggiungo poi che io non conosco lavori consimili; e credo che, almeno nella nostra letteratura, non ci siano: il che renderà il suo anche più originale e conseguentemente più pregevole. Ottimo è il

---

[22] Vedi pag. 422 (pag. 269 della presente edizione, NdR).
[23] Le *Memorie di un Editore.* - Vedi la lettera di nostro Padre a pag. 518 (pag. 349 della presente edizione, NdR).

divisamento, con cui intende di rimediare alla monotonia ch'Ella teme poter derivare al suo libro dalla natura del soggetto nella seconda parte, frammischiandovi, come dice, cose familiari e tecniche, notizie sul commercio de' libri, su viaggi, persone, giornali, ec. Così non solo potrà provvedere alla varietà, ma farà opera veramente compiuta, dando il ritratto intero della sua vita interiore ed estrinseca. L'Italia ha già avuto quello dell'artista, del letterato, del politico, dal Cellini, dall'Alfieri, dal D'Azeglio; da Lei avrà quello del tipografo; e non mica di un tipografo qualunque, ma di uno dei pochissimi che si possono accompagnare agli Aldi e ai Bodoni. Non si lasci sgomentare dal pensiero che in questo rapido tramutarsi di cose e di opinioni possa parer già troppo vecchio ciò ch'Ella scrive. La verità non perde mai le sue attrattive, massime quando è esposta in forma polita. Il periodo bibliografico poi, che prende a descrivere, per la storia letteraria e politica d'Italia è di grande importanza. La nostra letteratura, dall'Alfieri fino al 1870, è stata essenzialmente politica. Nell'ultima parte di questa età gloriosa, che ormai possiamo dire finita, come editore ha operato a pro della letteratura anche Lei, e splendidamente: il nome del Barbèra è indissolubilmente congiunto con moltissime opere letterarie o nuove o rimesse in corso, che hanno giovato assai al buon gusto o al risorgimento d'Italia, o all'una cosa ed all'altra insieme. Un lavoro bibliografico così fatto non può dunque non avere grande importanza. Nessuno meglio di Lei potrà far sapere ai presenti e ai futuri quanto abbia giovato o nociuto ai libri l'attualità politica in un tempo in cui, preparandosi e compiendosi questa grande epopea del risorgimento italiano, la letteratura era adoperata come mezzo per accelerare la rivoluzione e assicurarne i vantaggi: cosa che ha dato momentanea celebrità anche a libri che artisticamente considerati non potevano meritarla.

La *Prefazione* ch'Ella ha avuto la gentilezza di mandarmi, m'è piaciuta assai. Mantenendo Ella questa forma semplice, familiare e polita senza affettazione, renderà le sue *Memorie* un libro di assai gradita lettura. Nel rinviarle oggi la detta *Prefazione* l'accerto che leggerò volentieri la prima parte quando a Lei piacerà di mandarmela, ovvero quando verrò io stesso a Firenze; ma non le menerei buono ch'Ella volesse, come par che accenni nella lettera che mi ha scritta, lasciar la libertà a chicchessia di correggere il manoscritto, quando s'avesse a stampare. Io non dico che delle correzioncelle non vi si possano fare; ma, secondo me, queste devono lasciare intatta l'impronta originale dello stile, ed essere ristrette a lievi perfezionamenti di forma, che non stuonino però affatto col resto; e di ogni correzione, se pure occorra farne, dovrebbe in ultimo restar giudice l'autore stesso. Quando Ella avrà posto all'opera sua il suggello, a nessuno dovrebbe esser lecito di toccarla.

Le auguro che l'aria della sua villa d'Arcetri possa valere a ristorarle la salute. In quella quiete Ella compia tranquillamente il ritratto di sè stesso, e continui la benevolenza al suo

affezionatissimo
GIOVANNI MESTICA.

UNA LETTERA DI NICCOLÒ TOMMASEO *

Il Tommasèo, come era stato pronto a soccorrermi di consigli per dar vita a una collezione di opere, così fu non meno sollecito a trasmettere al Direttore del giornale, Celestino Bianchi, un elenco dei più noti scrittori che avesse allora l'Italia, affinchè venissero sollecitati a collaborare al giornale.

Reco qui la lettera, con la quale egli trasmetteva quell'elenco. Mi pare curiosa a leggersi anche dopo tanti anni e tanti avvenimenti succeduti, e che da essa si possa avere un'idea dello stato intellettuale dell'Italia d'allora.

Ecco i nomi. « Veggano (accennava al Bianchi e a me) di scrivere appropriato a ciascheduno, un pochi alla volta; e dei segnati con crocellina mi avvertano quando scrivono, ch'io possa in voce o per lettere raccomandare e avviare. Non tutti faranno; ma, anche pochi, è guadagno: e di molti giova invocare per discarico di coscienza, per fare al possibile cosa toscana e italiana veramente....

Albèri, di quel ch'è di nuovo nel suo *Galileo*. Per divulgarne la notizia forse lo farà volentieri.

Aleardo Alardi, Verona. Chiedergli de' suoi versi su la campagna di Roma; notizie su l'istituto e la vita del Mazza, su' monumenti d'arte in Verona.

Alverà a Vicenza. Canti popolari del Vicentino, notizie su gli Istituti di carità.

Gian Giacomo Amper. Qualche tratto di quanto avrà scritto de' suoi viaggi in Italia, o d'altri viaggi. Egli passerà di Firenze; o scrivergli, se ritornato a Parigi.

---

* Per ragioni di brevità, riportiamo qui per intero la nota 2 del capitolo ottavo, presente a pag. 77 di questa edizione, NdR.

Padri Armeni nell'isola di San Lazzaro a Venezia. Notizie delle opere loro o delle tradotte, stampate o manoscritte, dal principio del secolo. Notizie dei loro collegi a Venezia e a Parigi; de' loro negozianti in Europa, in Turchia, nelle Indie; di quanto essi donarono e donano per la stampa di libri; delle condizioni presenti e de' costumi d'Armenia.

Massimo D'Azeglio. Qualche tratto della sua *Lega Lombarda*.

Ab. Baruffi, a Torino. Notizie sul nuovo baco da seta. Istituti pii in Piemonte, qualche breve narrazione de' suoi brevi e infiniti viaggi.

Nobile G. Baseggio, a Bassano. Lavori dell'Accademia da lui istituita, la storia della Casa e Tipografia Ramondini, opere d'arte, dintorni di Bassano.

Ab. Jacopo Bernardi, a Pinerolo. Del Collegio di quella città, degl'Istituti pii, e viventi scienziati e letterati notabili del Trivigiano, di dov'egli è; dell'eloquenza sacra.

Stanislao Bianciardi. Traduzione veramente toscana di cose francesi in stile famigliare; del dialetto senese, del Monteamiata.

Prof. Samude Biava, a Milano. Su gli uffizi della poesia; su' lavori musicali fatti a uso della poesia popolare.

Prof. Enrico Bindi. Lavori di critica civile, raffronti di modi italiani viventi a' latini.

S. Boissard, a Parigi, rue de Seyene, 15. I libri francesi riguardanti l'Italia, usciti di fresco.

Jacopo Cabianca, Vicenza. Notizie letterarie ed economiche della città e del distretto.

Calvi, siciliano, a Malta. Della Sicilia in genere.

Canestrini. In quelle cose che non servono all'*Archivio* del Vieusseux.

Cesare Cantù. Il lago di Como e quel che gli piace.

Capponi Gino. Quel ch'egli vuole.

Giulio Carcano, a Milano. Qualche scena dello *Shakespeare* tradotto, o qualche brano di racconto inedito.

* *Carrano*, a Torino. Della milizia nel Regno di Napoli, letteratura militare.

* *Castiglia*, a Torino, nell'uffizio del nuovo giornale *L'Industria*. Notizie siciliane.

Centofanti. Quel ch'ha di pronto.

Padre Cereseto, a Genova. Qualche tratto della *Messiade* tradotta.

* *Prof. Cicconi*, a Torino. Medicina legale. Del baco da seta. Miglioramenti agronomici. Notizie di Napoli.

Avv. Cipelli, a Parma. Leggi parmensi raffrontate a quelle d'altri paesi. Notizie d'Istituti pii, economiche, letterarie.

Conte Giovanni Cittadella, a Padova. Notizie di Padova.

Conte Conestabile, a Perugia. L'Università, l'arte perugina, nuove scoperte di monumenti, notizie su l'Umbria.

Antonio Dall'Acqua, a Venezia. Qualche scena di dramma inedito o di racconto.

* *Ariodante Fabretti*, a Torino. Antiche lingue italiche; delle antiche iscrizioni.

* *Cav. Angelo Fava*, Torino. Le scuole elementari in Piemonte.

* *Ferrari-Cupilli*, a Zara, in Dalmazia. Monumenti d'arte; scuole; notizie varie della provincia tutta.

Prof. Giovanni Flechia, a Torino. Qualche passo di poeta sanscrito. Lingua e letteratura sanscrita; Storia antica dell'India.

Fornaciari, a Lucca. Quel ch'ha di pronto: se ha cosa inedita del Papi e del Lucchesini; notizie dell'Accademia; Galleria venduta dal Duca; del dialetto lucchese.

Padre Frediani, a Prato. Memorie e scritti del Savonarola; codici di lingua; del dialetto pratese.

Tommaso Gar, a Trento. Degli Istituti pii; delle industrie; memorie del Concilio; dell'Accademia di Rovereto; costumi delle valli trentine. Pregare, per suo mezzo, di notizie simili l'abate Prato, italianissimo.

Avv. Giarelli, a Piacenza. Notizie economiche e d'Istituti pii e d'ogni cosa.

Ottavio Gigli. De' testi da lui stampati, e de' novamente scoperti, e delle biblioteche e de' codici da esaminare.

Prof. Giorgini. Vincoli delle lettore colla giurisprodenza; notizie di Lucca e Siena.

Silvio Giannini. Canti del popolo, dialetto livornese.

* *Giorgio Grassetti-Tamajo*, a Malta. Del commercio di Malta; degli ultimi Cavalieri; delle scuole. Pregare, per mezzo suo, di notizie il Barone di Sceberas e l'abate Policino, e chi sappia render ragione della lingua maltese.

Lambruschini, Del dialetto di Val d'Arno e sue differenze; del linguaggio della scienza; della moralità del popolo in rispetto alla sua coltura intellettuale, e di questa rispetto al numero delle scuole. Quel ch'egli vuole, e che può.

Vincenzo Lazzari, direttore del Museo Correr a Venezia. Notizia di quella raccolta.

Libri Guglielmo. Quel che vuole.

Prof. Lignana, a Torino. Traduzione di poesie polacche o boeme. Lavori tedeschi intorno agli Slavi.

Tommaso Locatelli, compilatore della *Gazzetta di Venezia*. Musiche divenute europee, date a Venezia per primo. Donna del popolo veneziano, ne' due estremi della città, nel centro e nelle isole. I carnevali dal 30 al 54. Pitture varie di costumi.

Andrea Maffei, Qualche passo di nuova traduzione.

Abate Magrini, a Vicenza. Istituti d'educazione, e notizie varie.

* *Prof. Stanislao Mancini*, a Torino. Qualche passo delle sue lezioni, o altra sua cosa inedita.

* *Laura Beatrice Mancini*, sua moglie. Qualche passo della nuova tragedia *L'Olgiati*.

Abate Manuzzi. Modi italiani da evitare i barbari d'oggidì.

* *Conte Giacomo Manzoni*, a Torino. Qualche passo de' suoi lavori di economia, di filologia geografica in nuovi aspetti trattata; considerazioni su la bibliografia come scienza.

Prof. Marcoaldi, a Genova. Canti di popoli vari d'Italia.

Matteucci. Fisica agli usi della vita.

* *Avv. Giuseppe Mattioli*, a Corfù. Gl'Italiani e i Greci, le feste popolari; Corfù e le altre isole; l'Albania; pregiudizi de' Greci su le sorti loro avvenire. Donne bolognesi letterate.

Mayer. Le Università d'Inghilterra.

* *Prof Luigi Mercantini*, a Genova. Del Collegio femminile delle Peschiere. La donna genovese. Memorie di Genova. De' suoi versi.

Milanesi e *Pini*. Arte toscana.

Minelli, stampatore a Rovigo. (Temo sia morto.) Chiedere al signor Niccolò Biscaccia notizie di quella elegante tipografia.

Marco Minghetti, a Bologna. Accademia di arti belle. Cimitero. Università. Notizie economiche. Quel ch'egli vuole.

* *Tommaso Minolto*, vice-direttore all'Uffizio dell'*Elettrico* a Torino. Delle scoperte del Bonelli e sue; de' perfezionamenti meccanici più giovevoli alla sanità e agli agi del povero.

Gustavo Modena, in Piemonte. Il Vestri e il De Marini. L'arte drammatica italiana. Del recitare al popolo versi di grandi poeti.

Prof. Montanari, a Bologna. Dell'insegnar la storia.

Dott. Benedetto Monti, in Ancona. Spedale de' pazzi. Medicina congiunta alla filosofia. Notizie mediche, letterarie ed economiche delle Marche.

Mossotti. Incrementi recenti della scienza dovuti a Italiani. Costumi dell'America del Mezzogiorno.

Cav. Andrea Mustoxidi, a Corfù. Qualche tratto della sua Storia inedita del paese. Notizia della raccolta numismatica del signor Lambro.
Neri. Dialetto empolese. Costumi del popolo delle terre toscane.
Nigra, a Torino. Osservazioni su' canti del popolo piemontese, e loro conformità co' toscani.
Panizzi, bibliotecario a Londra. Cose inglesi riguardanti l'Italia.
Lodovico Pasini, a Venezia od a Schio. Benemerenze dei geologi italiani. Delle dottrine fisiche del vicentino Fusinìeri.
P. Pendola. De' sordo-muti. Delle case degli Scolopi in Polonia, in Boemia ed altrove. Notizie di Siena.
* *Prof. Pennacchi*, a Genova. Dell'Istituto del Rosi. Notizie su l'Umbria.
* *Prof. Antonio Peretti*, a Ivrea. Del Collegio diretto da lui. Costumi delle province del Piemonte. Notizie di Modena.
Piria. Chimica non popolare, ma agli usi del popolo. Chimica agraria.
Polidori. Della correttezza tipografica; dell'ortografia, quanto importi allo stile. Delle ortografie vecchie e nuove.
* *Cav. Giuseppe Pomba*, a Torino. Della società di risparmio da lui già fondata pe' suoi operai.
* *Spiridione Popovich*, a Sebenico, in Dalmazia. Del riaversi delle lettere slave dal 1834 in poi, come segno del riscuotersi della nazione.
Ranieri. Delle cose di Napoli.
M. Rendu, a Parigi, rue Madame. Delle cose francesi che possano importare all'Italia; de' miglioramenti tentati e desiderabili nelle scuole alte o basse.
* *Avv. Marco Renieri*, in Atene. Dell'Università; de' libri greci recenti; de' partiti civili; costumi delle varie regioni di Grecia; canti del popolo.
Reumont Alfredo. Notizie dei libri tedeschi a uso del popolo.
Ricasoli. Vita del cittadino in campagna. Del destare il senso civile dei contadini senza trarli fuori della condizione loro.
Ridolfi. Educazione agraria del cittadino, popolare del ricco e del nobile. Sunto de' lavori agrari ed economici della sua vita.
* *Rosmini*, a Stresa. Quel ch'egli vuole.
Sagredo. Della raccolta Zoppetti, di quella di San Tommaso, dei privati musei.
Prof. Michele Sartorio, a Genova. Degli Istituti d'educazione, de' libri di testo tuttavia necessari.

* *Prof Savino Savini*, a Tortona. Canti del popolo. Costumi delle province di Piemonte. L'Università di Bologna.
* *Prof. Scialoja*, a Torino. Dell'insegnare l'economia.
Scolopî di Firenze. Loro lavori; loro scuole in rispetto alle pubbliche.
Prof Selmi, a Torino. Novità chimiche utili.
Prof march. Pietro Selvatico, a Venezia. Qualche tratto delle sue lezioni.
Emilia Siri. Qualche racconto. Relazione dell'Istituto di lei.
* *P. Solari*, scolopio, Savona. Notizie letterarie del Genovesato. Memorie di Savona e costumi.
* *Guglielmo Stefani*, a Torino. De' telegrafi elettrici.
Prof Tigri. Del dialetto e de' costumi e de' siti della montagna pistojese.
* *Prof Tommasi*, a Torino. Filosofia della medicina. Meriti de' fisiologi italiani. Sunto del suo *Trattato di Fisiologia*, in quel che aggiunge alla scienza.
Prof. abate Trivellato, a Padova. Degli uomini illustri. Delle opere utili e de' buoni libri usciti di quel Seminario.
* *Dott. Gioacchino Valerio*, Insegnamento della medicina a uso del popolo.
* *Lorenzo Valerio*, Educazione del popolo; suo setificio; parti politiche in Piemonte.
Dott. Pacifico Valussi. Udine. Notizie morali e letterarie ed economiche del Friuli. Desideri de' veri miglioramenti del popolo.
Dott. Girolamo Venanzio, segretario dell'Istituto a Venezia. Lavori dell'Istituto dal suo principio; temi proposti; premi dati; soci presenti; illustri morti; notizie del distretto di Porto Gruaro.
* *Dott. Angelo Vianello*, a Udine. Notizie degli Istituti pii di Rovigo; memorie civili del Friuli; notizie economiche di Venezia; saggio di un libro su la famiglia.
Conte Cittadella Vigodarzere, a Padova. De' giudizi degli stranieri intorno all'Italia; notizie civili ed economiche del Padovano; i più notabili lavori e i più illustri soci dell'Accademia di Padova dal suo principio; l'Istituto de' ciechi; l'Università, istituto acciecante. Quel ch'egli vuole.
De Vincenzi, napoletano, a Parigi. D'una sua scoperta sull'uso dell'elettro-magnetico.
Prof. Roberto De Visiani, a Padova. Le nuove piante o rare della sua Flora dalmatica; le piante utili esotiche da accomunare in Italia; del

rimboscare i monti e i poggi; della mostra de' fiori e de' premi dati da che è incominciata.

Prof. De Witte, a Breslavia. Lavori germanici riguardanti l'Italia.

* *Giuseppe Vollo*, a Torino. Qualche scena del suo dramma *I Giornali*; su l'arte e su l'azione drammatica. Il popolo veneziano; il cielo e le lagune e le isole di Venezia.

* *Abate Zambelli*, a Brescia. Lavori dell'Ateneo e suoi soci illustri viventi o morti di poco; parte inedita dell'opera del Mazzucchelli; officine metallurgiche del Bresciano; Lago di Garda; sua navigazione e rendite della riva; Istituti di carità.

Prof. Zambra, a Venezia. Scienze fisiche applicate alla vita; del come insegnare la fisica a' giovanetti.

Avv. Zannini, a Belluno. Notizie di Belluno e di Feltro; antiche istituzioni e memorie del Cadore.

Prof. Zannetti. Medicina legale; medicina pe' poveri; gli spedali e i loro serventi. Il medico cittadino.

Prof Zantedeschi, a Padova. Meriti degl'Italiani nello scienze fisiche dal Volta a noi (so egli non fa, farà bene lo Zambra).

Dott. Pier Viviano Zecchini (in non so che paese del Friuli). La Grecia dopo il 1830. Costumi friulani. Il medico di campagna.

INDICE

7   In principio era il torchio – di Marcello Donativi

MEMORIE DI UN EDITORE

13   Avvertenza
17   Capitolo Primo – Primi anni
29   Capitolo Secondo – Dal 1838 al 1840
35   Capitolo Terzo – Firenze
43   Capitolo Quarto – La tipografia Le Monnier
50   Capitolo Quinto – Intermezzo
59   Capitolo Sesto – Bozzetti letterari
72   Capitolo Settimo – Il matrimonio
77   Capitolo Ottavo – Barbèra, Bianchi e C.
99   Capitolo Nono – Pubblicazioni politiche
114 Capitolo Decimo – Ditta G. Barbèra
131 Capitolo Undecimo – Il 1862-63
144 Capitolo Duodecimo – Viaggio tipografico
194 Capitolo Decimoterzo – La capitale a Firenze

221 Capitolo Decimoquarto – Dal 1867 al 1870

245 Capitolo Decimoquinto – La capitale a Roma

254 Capitolo Decimosesto – Ultimi anni di operosità

275 Nota dei figli alle memorie di un editore

Appendice

297 Lettere di G. Barbèra

357 Lettere di varî a G. Barbèra

425 Una lettera di Niccolò Tommaseo

PILLOLE PER LA MEMORIA

1 GIUSEPPE BUTTÀ, *Un viaggio da Boccadifalco a Gaeta*
2 VITTORIO ALFIERI, *Il Misogallo*
3 ENRICO MORSELLI, *L'umanità dell'avvenire*
4 ALBERTO MARIO, *La camicia rossa*
5 CARMINE CROCCO, *Come divenni brigante*
6 MASTRO TITTA, *Memorie di un boia*
7 NAPOLEONE COLAJANNI, *Nel regno della mafia*
8 GIACINTO DE SIVO, *Storia delle Due Sicilie 1847-1861*, vol. I
9 GIACINTO DE SIVO, *Storia delle Due Sicilie 1847-1861*, vol. II
10 GIUSEPPE BUTTÀ, *Edoardo e Rosolina o le conseguenze del 1861*
11 GIUSEPPE BUTTÀ, *I Borboni di Napoli al cospetto di due secoli*, vol. I
12 GIUSEPPE BUTTÀ, *I Borboni di Napoli al cospetto di due secoli*, vol. II
13 GIUSEPPE BUTTÀ, *I Borboni di Napoli al cospetto di due secoli*, vol. III
14 BASILIDE DEL ZIO, *Il brigante Crocco e la sua autobiografia*
15 AAVV, *Manhès - un generale contro i briganti*

SCARICA GRATIS L'EBOOK
DI QUESTA OPERA
IN FORMATO EPUB

www.edizionitrabant.it/gabm8
PASSWORD: **klg89ewi4**

www.ingramcontent.com/pod-product-compliance
Lightning Source LLC
Chambersburg PA
CBHW020742100426
42735CB00037B/176